2021年交通运输职业资格考试辅导丛书

（监理工程师）

交通运输工程监理案例分析
（公路篇）
复习与习题

李治平 主编

人民交通出版社股份有限公司

北 京

内 容 提 要

本书为2021年交通运输职业资格考试辅导丛书(监理工程师)之一,适用于监理工程师职业资格考试《建设工程监理案例分析》(交通运输工程)专业科目。内容包括监理案例分析的基本知识点复习、典型例题解析、总复习题及参考答案、4套预测模拟试卷及答案。本书涵盖了大量考核要点,便于考生临考练兵,查缺补漏。

本书主要供全国监理工程师职业资格考试应考人员复习使用。

图书在版编目(CIP)数据

交通运输工程监理案例分析. 公路篇:复习与习题 / 李治平主编. — 北京:人民交通出版社股份有限公司,2021.3

ISBN 978-7-114-17178-9

Ⅰ. ①交… Ⅱ. ①李… Ⅲ. ①公路运输—运输工程—监理工作—案例—资格考试—自学参考资料 Ⅳ. ①U ②U49

中国版本图书馆 CIP 数据核字(2020)第139059号

书　　名:交通运输工程监理案例分析(公路篇) 复习与习题
著　作　者:李治平
责任编辑:丁　遥　石　遥
责任校对:孙国靖　扈　婕
责任印制:张　凯
出版发行:人民交通出版社股份有限公司
地　　址:(100011)北京市朝阳区安定门外外馆斜街3号
网　　址:http://www.ccpcl.com.cn
销售电话:(010)59757973
总　经　销:人民交通出版社股份有限公司发行部
经　　销:各地新华书店
印　　刷:北京市密东印刷有限公司
开　　本:787×1092　1/16
印　　张:18.25
字　　数:497千
版　　次:2021年4月　第1版
印　　次:2021年4月　第1次印刷
书　　号:ISBN 978-7-114-17178-9
定　　价:60.00元

(有印刷、装订质量问题的图书,由本公司负责调换)

前　言

2020年,住房和城乡建设部、交通运输部、水利部、人力资源社会保障部联合印发的《监理工程师职业资格制度规定》及《监理工程师职业资格考试实施办法》中明确规定,国家设置监理工程师准入类职业资格,纳入国家职业资格目录。

按照监理工程师职业资格制度规定,相关专业人员要获取监理工程师职业资格并注册执业,必须参加全国统一大纲、统一命题、统一组织的监理工程师职业资格考试。

监理工程师职业资格考试设《建设工程监理基本理论和相关法规》《建设工程合同管理》《建设工程目标控制》《建设工程监理案例分析》4个科目。《建设工程监理基本理论和相关法规》《建设工程合同管理》为基础科目,《建设工程目标控制》《建设工程监理案例分析》为专业科目。其中,专业科目分为土木建筑工程、交通运输工程、水利工程3个专业类别,考生在报名时可根据实际工作需要选择。

编者在多年参与监理工程师职业资格考试考前辅导和公路工程监理业务培训的过程中,深深体会到对于边工作、边复习应考的广大专业人员来说,能顺利通过考试并非易事。监理工程师职业资格考试不仅要求应考人员掌握广泛的知识内容,而且还要在充分理解工程监理的基本原理、基本概念、基本技术和基本方法的基础上,对所掌握的知识融会贯通,能灵活处理各类实际问题。

为了帮助广大应考人员系统地复习工程监理理论知识,在较短时间内掌握考试内容,顺利地通过职业资格考试,我们依据《全国监理工程师职业资格考试大纲》(2020年)、相关法律法规、施工技术规范、标准和规程,并紧密围绕2021年全国监理工程师(交通运输工程专业)职业资格考试用书内容,结合监理工程师工作实际,新编了《建设工程监理基本理论和相关法规复习与习题》《建设工程合同管理　复习与习题》《交通运输工程目标控制(公路篇)复习与习题》和《交通运输工程监理案例分析(公路篇)复习与习题》,作为全国监理工程师职业资格考试辅导用书。前两本适用于监理工程师职业资格考试的基础科目,后两本适用于交通运输工程专业科目。

本考试辅导用书紧扣考试大纲,覆盖了考试大纲所要求的全部知识点,并力求突出重点。同时,本考试辅导用书还编制了大量有针对性的复习题和模拟练习题,并附答案及解析,可帮助应考人员在有限的时间内进行系统复习。借助于本考试辅导用书进行复习后,能够使应考人员建立完整监理知识体系、准确理解记忆重点内容、熟练运用答题技巧、正确解答监理考试所涉及的问题。

本书由长安大学公路学院李治平主编,参加编写的还有伏晓东、李翔宇、贺文文等。在本书的编写过程中曾多次听取长安大学公路学院、经管学院、环工学院等多位专家、教授的有益建议和意见,在此表示衷心的感谢。

由于编者水平有限,加之编写时间仓促,书中难免有疏漏和不当之处,敬请广大读者批评指正。

编者

2021 年 3 月

目 录

第一章 基本知识点复习	1
第二章 典型例题解析	117
第三章 总复习题	190
第四章 预测模拟试卷	242
预测模拟试卷(一)	242
预测模拟试卷(一)参考答案	247
预测模拟试卷(二)	252
预测模拟试卷(二)参考答案	257
预测模拟试卷(三)	263
预测模拟试卷(三)参考答案	268
预测模拟试卷(四)	274
预测模拟试卷(四)参考答案	279

第一章 基本知识点复习

一、工程监理招标投标管理及其相关知识

(一) 工程监理招标投标管理

1. 公路工程施工监理招标条件及方式

(1) 公路工程施工监理招标应具备的条件。

按照《公路工程标准施工监理招标文件》(2018年版)规定,公路工程施工监理招标应具备的条件包括:

①项目已由项目审批、核准部门批准建设。
②项目初步设计文件已被批准。
③项目业主已确定。
④项目建设资金来源和出资比例已确定。
⑤招标人已确定。

(2) 公路工程施工监理招标方式。

工程监理招标可分为公开招标和邀请招标两种方式。

①公开招标。

国有资金占控股或者主导地位的依法必须进行招标的项目,应当公开招标。公开招标的优点是参加投标竞争的投标人数量基本不受限制,竞争性强,透明度高,公平性好,招标单位有较大的选择范围,可在众多的投标单位中择优选择经验丰富、信誉良好、价格合理的工程监理单位,能够大大降低串标、围标、抬标和其他不正当交易的可能性。其缺点是招标工作量大、时间长、费用高。

②邀请招标。

由招标单位向预先选择的三家以上的监理单位发出投标邀请书,邀请他们参加该项目施工监理的投标竞争,这种招标方式称为邀请招标。

有下列情形之一的项目,经有审批权的部门批准后,可以进行邀请招标:
①技术复杂、有特殊要求或者受自然环境限制,只有少量潜在投标人可供选择。
②采用公开招标方式的费用占项目合同金额的比例过大。

邀请招标的优点是被邀请参加投标竞争者为数有限,不仅可以有效减少招标工作量,缩短招标时间,节约费用,而且每个投标者的中标机会相对提高,对招标投标双方都有利。但由于限制了竞争范围,竞争性比较弱,选择投标人的范围和投标人竞争的空间有限,可能会失去技术和报价方面有竞争力的投标人,失去理想中标人,达不到预期竞争效果。

2. 公路工程施工监理招标程序

公路工程监理招标程序一般包括：招标准备，发出招标公告或投标邀请书，组织资格审查，编制和发售招标文件，组织现场踏勘，召开投标预备会，编制和递交投标文件，开标、评标和定标，签订工程监理合同。

3. 对投标人资格审查

(1) 资格审查方式。

资格审查方式分为资格预审和资格后审。

(2) 资格审查方法。

资格审查方法分为合格制审查法(强制性条件审查法)和有限数量制审查法(综合评分审查法)。

(3) 对投标人的资格要求。

对投标人的资格要求包括资质要求、业绩要求、信誉要求、总监理工程师或驻地监理工程师资格以及其他主要监理人员要求等。

4. 招标文件的组成

按照《公路工程标准施工监理招标文件》(2018年版)规定，公路工程施工监理招标文件应包括：①招标公告(或投标邀请书)；②投标人须知；③评标办法；④合同条款及格式；⑤委托人要求；⑥图纸和资料；⑦投标文件格式；⑧投标人须知前附表规定的其他资料。

此外，招标人在招标期间对招标文件所作的澄清、修改，构成招标文件的组成部分。

5. 最高投标限价

招标人可以自行决定是否编制标底或者设置最高投标限价。招标人不得规定最低投标限价。

接受委托编制标底或者最高投标限价的中介机构不得参加该项目的投标，也不得为该项目的投标人编制投标文件或者提供咨询。

6. 投标保证金

招标人应当严格遵守有关法律、行政法规关于各类保证金收取的规定，在招标文件中载明保证金收取的形式、金额以及返还时间。

招标人不得以任何名义增设或变相增设保证金或者随意更改招标文件载明的保证金收取形式、金额以及返还时间。招标人不得在资格预审期间收取任何形式的保证金。

招标人在招标文件中要求投标人提交投标保证金的，投标保证金不得超过招标标段估算价的2%。投标保证金有效期应当与投标有效期一致。

依法必须进行招标的公路工程建设项目的投标人，以现金或者支票形式提交投标保证金的，应当从其基本账户转出。投标人提交的投标保证金不符合招标文件要求的，应当否决其投标。

招标人不得挪用投标保证金。

7. 分包

《公路工程标准施工监理招标文件》(2018年版)明确规定公路工程施工监理项目禁止

分包。

8. 投标文件的组成

(1)投标文件的组成。

施工监理招标的投标文件应当采用双信封形式,第一信封内为商务文件和技术文件,第二信封内为报价文件,具体包括下列文件:

第一个信封(商务文件及技术文件):①投标函;②授权委托书或法定代表人身份证明;③联合体协议书;④投标保证金;⑤资格审查资料;⑥技术建议书;⑦投标人须知前附表规定的其他资料。

第二个信封(报价文件):①投标函;②监理服务费用清单。

投标人在评标过程中作出的符合规定的澄清确认,构成投标文件的组成部分。

投标人须知前附表规定不接受联合体投标的,或投标人没有组成联合体的,投标文件中则不包含上述文件中的联合体协议书。

投标人须知前附表未要求提交投标保证金的,投标文件中则不包含上述文件中的投标保证金。

(2)技术建议书的内容。

由于施工监理评标评审评分因素中,技术建议书是最主要的因素,必须了解技术建议书的主要内容。技术建议书的主要内容包括:

①工程概述:主要对拟投监理标段的工程总体概况进行简单描述。

②监理工作范围:依据监理合同中约定的监理服务的要求和范围,对拟投监理标段的监理工作安排、主要监理人员的岗位职责进行必要的阐述。

③现场监理机构设置与人员安排:通过框图形式,明确拟投监理标段的组织机构设置,监理机构人员组成;并对拟投入本项目的主要监理人员的资质和相关经历给予简单描述。

④监理仪器、设备和设施的配备:投标人根据拟投监理标段的现场工作需要,对其拟投入本工程的监理仪器、设备和设施的配备等情况做简要介绍。

⑤监理工作程序:结合监理工作的阶段划分,对工程质量控制、进度控制、费用控制、施工安全控制、施工环境保护、合同及其他事项管理、文件资料管理等方面,进行监理工作的方法与流程的简要阐述。

⑥监理大纲(或监理方案)和措施。

⑦本工程监理工作的重点与难点分析:根据招标文件及现场考察,对本工程监理工作需要特别给予重视的问题逐一论述并给出解决方法。

⑧对本工程及监理工作建议:为更好地完成本工程的监理工作,监理单位可根据以往的经验,对本工程及监理工作提出建议。

9. 工程监理评标方法

公路工程施工监理招标,应当采用综合评估法进行评标,对投标人的商务文件、技术文件和报价文件进行评分,按照综合得分由高到低排序,推荐中标候选人。

综合评分因素构成包括技术建议书、主要人员、技术能力、业绩、履约信誉、评标价。

综合评分满分100分,其中评标价的评分权重不宜超过10%,评标价得分应当根据评标价与评标基准价的偏离程度进行计算。

10. 评审标准

(1)初步评审。

初步评审标准包括:①形式评审标准;②资格评审标准;③响应性评审标准。

(2)详细评审。

详细评审包括:①分值构成;②评标基准价计算;③评分标准。

(二)工程监理投标工作内容

工程监理单位的投标工作内容包括:投标决策、投标策划、投标文件编制、参加开标及答辩、投标后评估等内容。

1. 工程监理投标决策

工程监理单位要想中标承揽工程监理任务并获得预期利润,就需要认真进行投标决策。所谓投标决策,主要包括两方面内容:一是决定是否参与竞标;二是如果参加投标,应采取什么样的投标策略。投标决策的正确与否,关系到工程监理单位能否中标及中标后的经济效益。

常用的投标决策定量分析方法有综合评价法和决策树分析法。

(1)综合评价法。

综合评价法是指决策者决定是否参加某工程监理投标时,将影响其投标决策的主客观因素用某些具体指标表示出来,并定量地进行综合评价,以此作为投标决策依据。

(2)决策树分析法。

决策树分析法是适用于风险型决策分析的一种简便易行的实用方法,其特点是用一种树状图表示决策过程,通过事件出现的概率和损益期望值的计算比较,帮助决策者对行动方案作出抉择。当工程监理单位不考虑竞争对手的情况(投标时往往事先不知道参与投标的竞争对手),仅根据自身实力决定某些工程是否投标及如何报价时,则是典型的风险型决策问题,适用于决策树分析法进行分析。

2. 工程监理投标策划

工程监理投标策划是指从总体上规划工程监理投标活动的目标、组织、任务分工等,通过严格的管理过程,提高投标效率和效果,主要包括:①明确投标目标,决定资源投入;②成立投标小组并确定任务分工。

3. 工程监理投标文件编制

(1)投标文件编制原则:①响应招标文件,保证不被废标;②认真研究招标文件,深入领会招标文件意图;③投标文件要内容详细、层次分明、重点突出。

(2)工程监理投标文件是反映监理服务水平高低的监理技术建议书,其主要内容包括:①工程概述;②监理工作范围;③现场监理机构设置与人员安排;④监理仪器、设备和设施与人员安排;⑤监理工作程序;⑥监理大纲(或监理方案)和措施;⑦本工程监理工作的重点与难点分析;⑧对本工程建议。

4. 参加开标及答辩

参加开标是工程监理单位需要认真准备的投标活动,应按时参加开标,避免废标情况发生。

5. 投标后评估

投标后评估是对投标全过程的分析和总结,对一个成熟的工程监理企业,无论工程监理投标成功与否,投标后评估不可缺。

(三)工程监理投标策略

1. 深入分析影响监理投标的因素

可着重分析四个方面:建设单位(买方)、投标人(卖方)自身、竞争对手、环境和条件。

2. 把握和深刻理解招标文件精神

工程监理单位必须详细研究招标文件,吃透其精神,才能在编制投标文件中全面、最大限度、实质性地响应招标文件的要求。

3. 选择有针对性的监理投标策略

常用的投标策略包括:以信誉和口碑取胜;以缩短工期等承诺取胜;以附加服务取胜;适应长远发展的策略。

4. 充分重视项目监理机构的合理设置

招标人会特别注重项目监理机构的设置和人员配备情况。工程监理单位必须选派与工程要求相适应的总监理工程师,配备专业齐全、结构合理的现场监理人员。

5. 重视提出合理化建议

招标人往往会比较关心投标人此部分内容,借此了解投标的专业技术能力、管理水平以及投标人对工程的熟悉程度和关注程度等,从而提升招标人对工程监理单位承担和完成监理任务的信心。因此,重视提出合理化建议是促进投标策略实现的有力措施。

6. 有效地组织项目监理团队答辩

项目监理团队答辩的关键是总监理工程师的答辩,而总监理工程师是否成功答辩已成为招标人和评标委员会选择工程监理单位的重要依据。因此,有效地组织总监理工程师及项目监理团队答辩已成为促进投标策略实现的有力措施,可以大幅提升工程监理单位的中标率。

二、工程监理合同管理

(一)公路工程施工监理合同的组成

为了规范公路工程监理合同,交通运输部于2018年2月发布了《公路工程标准施工监理招标文件》(2018年版),明确了公路工程施工监理合同的组成。

按照《公路工程标准施工监理招标文件》(2018年版)规定,公路工程施工监理合同文件组成包括:①合同协议书及各种合同附件;②中标通知书;③投标函;④项目专用合同条款;⑤公路工程专用合同条款;⑥通用合同条款;⑦委托人要求;⑧监理服务费用清单;⑨监理人有关人员、试验检测设备投入的承诺;⑩其他合同文件。

组成监理合同的上述各项文件应互相解释、互为说明。如果合同文件之间存在矛盾或不一致之处,以上述文件的排列顺序在先者为准。

(二)公路工程施工监理合同的履行管理

1. 监理人的义务

1)监理人的一般义务

监理人的一般义务包括:遵守法律、依法纳税、完成合同约定的全部监理工作等。

2)履约保证金

履约保证金自合同生效之日起生效。在签发合同工程交工证书后,监理人应按委托人要求的格式,以项目专用合同条款约定的额度向委托人提交缺陷责任期保函。

3)总监理工程师

(1)监理人应按合同协议书的约定指派总监理工程师,并在约定的期限内到职。监理人更换总监理工程师应事先征得委托人同意,并应在更换14天前将拟更换的总监理工程师的姓名和详细资料提交委托人,拟更换的总监理工程师资历应不低于原总监理工程师。总监理工程师2天内不能履行职责的,应事先征得委托人同意,并委派代表代行其职责。

(2)总监理工程师应按合同约定以及委托人要求,负责组织合同工作的实施。

(3)监理人为履行合同发出的一切函件均应盖有监理人单位章或由监理人授权的项目监理机构章,并由监理人的总监理工程师签字确认。

(4)总监理工程师可以授权其下属监理人员履行其某项职责,但事先应将这些人员的姓名和授权范围书面通知委托人和承包人。

4)监理人员的管理

(1)监理人应在接到开始监理通知之日起7天内,向委托人提交监理项目机构以及人员安排的报告,其内容应包括项目机构设置、主要监理人员和其他人员的名单及资格条件。主要监理人员应常驻现场并相对稳定。更换主要监理人员的,应取得委托人的同意,并向委托人提交继任人员的资格、管理经验等资料,继任人员的资历应不低于原监理人员。

(2)主要监理人员包括总监理工程师、驻地监理工程师、专业监理工程师等,其他人员包括各专业的监理员、试验员、资料员等。

(3)监理人应保证其主要监理人员在合同期限内的任何时候,都能按时参加委托人组织的工作会议。

(4)国家规定应当持证上岗的工作人员均应持有相应的资格证明,委托人有权随时检查。委托人认为有必要时,可以进行现场考核。

5)撤换总监理工程师和其他人员

监理人应对其总监理工程师和其他人员进行有效管理。委托人要求撤换不能胜任本职工作、行为不端或玩忽职守的总监理工程师和其他人员的,监理人应予以撤换。

2. 监理工作(服务)内容

1)总监理工程师办公室(简称总监办)的监理服务内容

(1)按监理合同要求建立总监办工地试验室,配备能满足合同要求的常规试验检测设备,并达到项目专用合同条款中约定的检查项目及频率要求。

(2)熟悉合同文件,调查施工环境条件。

（3）在合同约定的期限内主持编制监理计划。

（4）审批各驻地办编制的监理细则。

（5）参加设计交底。

（6）在合同约定的期限内审批承包人提交的施工组织设计（含安全技术措施、应急救援抢险方案、专项施工方案及施工环境保护措施）。

（7）审批承包人提交的总体施工进度计划，核批承包人对总体进度计划的调整计划。

（8）签发开工预付款支付证书。

（9）审批承包人提交的分项工程、分部工程、单位工程划分。

（10）检查承包人的质量、安全和环保等保证体系，审核承包人的工地试验室，抽查控制桩点复测、测定地面线和工程划分及驻地办工作。

（11）主持召开监理交底会。

（12）主持召开第一次工地会议。

（13）签发合同工程开工令。

（14）审批重要工程材料及混合料配合比。

（15）审核工程中期支付申请，签发中期支付证书。

（16）签发单位工程或合同工程的暂停令和复工令。

（17）受理合同事项管理的有关事宜，按合同约定审核、评估和处理工程变更、工程延期、费用索赔、价格调整、保险、违约、争议等合同事项。

（18）组织编写监理月报。

（19）根据工程需要主持召开专题工地会议。

（20）对发生的质量缺陷、质量隐患和质量事故进行调查、处理或督促承包人按规定报告有关部门。

（21）协助委托人审查交工验收申请，评定工程质量。

（22）参加委托人组织的合同工程交工验收。

（23）编写监理工作报告，并提交委托人。

（24）签认交工结账证书（交工付款证书）。

（25）组织编制工程监理竣工文件，并督促承包人按合同约定编制和整理竣工资料。

（26）在合同工程的缺陷责任期内，检查承包人剩余工程的实施；巡视检查已完工程，指示承包人修复发生的工程缺陷，调查、确认缺陷责任及修复费用。

（27）缺陷责任期结束，经检查符合条件时，签发合同工程缺陷责任终止证书。

（28）签认最后支付证书（最终结清证书）。

（29）参加工程竣工验收。

（30）按照项目专用合同条款约定提供其他工程管理咨询服务。

2）驻地监理工程师办公室（简称驻地办）的监理服务内容

（1）按项目专用合同条款的约定建立工地试验室，配备现场抽查常用的试验检测设备，并满足项目专用合同条款约定的检查项目和频率的要求。

（2）熟悉合同文件，调查施工环境条件。

（3）在总监办的安排下，参与编制监理计划，提供本驻地办相关资料。

(4)根据监理计划在相应工程开工前主持编制监理细则。
(5)参加设计交底。
(6)按规定程序初审本驻地监理标段承包人提交的施工组织设计(含安全技术措施、应急救援抢险方案、专项施工方案及施工环境保护措施)。
(7)初审本驻地监理标段承包人提交的总体进度计划以及施工中进行的调整计划。
(8)对承包人提交的原始基准点、基准线和基准高程的复测结果进行平行复测,审核后予以批复。
(9)验收承包人测定的地面线。
(10)确认承包人提交的场地占用计划。
(11)核算承包人对工程量清单的复核结果。
(12)按合同约定对工程分包计划和协议进行审查,审查分包合同中是否明确了承包人与分包人各自在安全生产方面的责任。
(13)审批施工测量放线。
(14)审批一般工程原材料和混合料配合比。
(15)审查施工组织及人员配备。
(16)审查承包人进场的施工机械设备。
(17)审查承包人提交的分项、分部工程的施工方案及主要工艺。
(18)审批承包人月进度计划,检查进度计划的实施。
(19)审批分项、分部工程的开工申请,签发分项工程、分部工程暂停令和复工令。
(20)验收构配件或设备。
(21)按有关规定和要求对工程进行巡视、旁站和抽检,并做好记录。
(22)对关键工序进行签认。
(23)对发生的质量缺陷、质量隐患和质量事故进行调查、处理或督促承包人按规定报告有关部门。
(24)对交工的单位工程、分部工程、分项工程进行检验和质量等级评定并签发《中间交工证书》。
(25)对已完工程按合同约定的方法进行计量。
(26)按有关规定及时对已完分部工程、单位工程及合同工程进行质量评定。
(27)编写本驻地监理标段的监理月报。
(28)主持召开工地会议和根据需要主持召开专题工地会议。
(29)编制标段监理竣工文件。
(30)编写本驻地监理标段的监理工作报告。
(31)参加本驻地监理标段合同工程的交工验收。
(32)初审交工结账证书。
(33)按照项目专用合同条款约定提供其他工程管理咨询服务。
这里应说明的是,如果只设立总监办,则驻地办的监理服务内容也属于总监办。

3.委托人的义务

委托人的义务包括:通知、协助、保障、提供资料、提供工作条件、授权委托人代表、提出意见或要求、答复、支付酬金等。

4．违约责任

（1）监理人的违约责任。监理人未履行监理合同义务的,应承担相应的责任。

（2）委托人的违约责任。委托人未履行监理合同义务的,应承担相应的责任。

（3）除外责任。因非监理人的原因,且监理人无过错,发生工程质量事故、安全事故、工期延误等造成的损失,监理人不承担赔偿责任。因不可抗力导致监理合同全部或部分不能履行时,双方各自承担其因此而造成的损失、损害。

5．合同的生效、变更与终止

（1）监理合同生效。

工程监理合同属于无生效条件的委托合同,因此,合同双方当事人依法订立后合同即生效,即委托人和监理人的法定代表人或其授权代理人在协议书上签字并盖单位章后合同生效。

（2）监理合同变更。

在监理合同履行期间,由于主观或客观条件的变化,当事人任何一方均可提出变更合同的要求,经过双方协商达成一致后可以变更合同。如：委托人提出增加监理工作的范围或内容；监理人提出委托工作范围内工程的改进或优化建议等。

（3）监理合同暂停履行与解除。

除双方协商一致可以解除合同外,一方当事人无正当理由未履行合同约定的义务时,另一方当事人可以根据合同约定暂停履行合同直至解除合同。

（4）监理合同终止。

全部工程完工后经交工验收合格、缺陷责任期满签发缺陷责任终止证书后终止。

三、工程监理机构组织形式及监理人员职责分工

(一) 监理机构的设立

监理机构的组织形式和规模,应根据监理合同规定的监理服务内容、服务期限以及工程特点、规模、技术复杂程度、环境条件等因素确定。

1．监理机构的形式（类型）

监理机构可分为以下两种形式（类型）：

（1）一级监理机构：只设置总监理工程师办公室。

（2）二级监理机构：同时设置总监理工程师办公室和驻地监理工程师办公室。

2．监理机构设置的规定

（1）监理工程项目无论规模大小,均应设置总监办统一组织实施监理工作,100km 以上的高速公路、一级公路工程可设驻地办。当不设驻地办时,总监办应同时履行监理规范规定的驻地办职责。

（2）监理机构内部的组织和规模可根据工程特点和规模等因素确定。

（3）监理机构完成监理合同约定的任务后可撤离现场。

3. 设立项目监理机构的步骤

监理单位在组建项目监理机构时,一般按以下步骤进行:

(1)确定项目监理目标。

(2)确定监理工作内容。

(3)设计项目监理机构组织结构。

①选择组织结构形式;②确定管理层次与管理跨度;③设置项目监理机构部门;④制定岗位职责与考核标准;⑤配备监理人员。

4. 制订工作流程和信息流程

略。

(二)项目监理机构组织结构形式(模式)

项目监理机构组织形式一般分为直线式、职能式、直线-职能式和矩阵式四种。

1. 直线式监理组织形式

这种组织形式的特点是项目监理机构中任何一个下级只接受唯一上级的命令。各级部门主管人员对各自所属部门的事务负责,项目监理机构中不再另设职能部门。直线式监理组织结构示意图如图1-1所示。

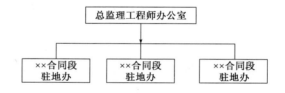

图1-1 直线式监理组织结构示意图

直线式监理组织形式的主要优点是组织结构简单、职责分明、权力集中、命令统一、职责分明、决策迅速、指挥灵便、隶属关系明确等。缺点是实行没有职能部门的"个人管理",要求总监理工程师通晓各种业务和多种专业技能,成为全能式人物,也存在结构呆板、专业分工差、横向联系困难等。直线式组织结构适用于技术较简单、专业分工不细密的小型项目,或可划分为若干个相对独立的子项目的大、中型工程项目的管理形式。

2. 职能式监理组织形式

职能式监理组织形式是在项目监理机构内设立一些职能部门,将相应的监理职责和权力交给职能部门,各职能部门在其职能范围内有权直接发布指令指挥下级。

职能式监理组织形式实际上是把监理机构中的管理部门分为两类:一类是指挥部门,另一类是职能部门。指挥部门和职能部门都有权对下级部门发布命令。职能式监理组织结构示意图如图1-2所示。

这种形式的优点是能体现目标控制的专业化分工,人才资源分配方便,有利于发挥职能部门人员的专业管理特长,处理专门性问题水平高,能提高管理效率,减轻总监理工程师负担。它的缺点是由于下级人员受多头指挥,在实际管理中易造成政出多门、责任不清、指令互相矛盾、协调困难等问题。职能式监理组织形式一般适用于内容复杂,技术专业化分工强,管理分工较细的大中型建设工程项目管理。

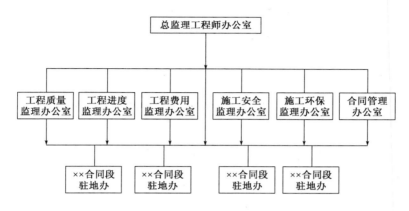

图 1-2 职能式监理组织结构示意图

3. 直线-职能式监理组织形式

直线-职能式监理组织形式是吸收直线式监理组织形式和职能式监理组织形式的优点而形成的一种组织形式。这种组织形式将管理部门和人员分为两类:一类是直线指挥部门的人员,他们拥有对下级实行指挥和发布命令的权力,并对该部门的工作全面负责;另一类是职能部门的人员,他们是直线指挥人员的参谋,他们只能对下级部门进行业务指导,而不能对下级部门直接进行指挥和发布命令。直线-职能式监理组织结构示意图如图 1-3 所示。

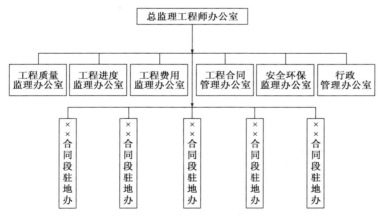

图 1-3 直线-职能式监理组织结构示意图

这种形式综合了直线式和职能式的优点,即集中领导、统一指挥;职责明确,便于人、财、物力的调配;专业分工合理、任务明确、办事效率高;组织秩序井然,稳定性较高,能较好地发挥组织的整体效率。这种组织形式的缺点为:职能部门与指挥部门之间,职能人员与指挥人员之间目标不易统一,易产生矛盾;信息传递路径长,不利于互通信息。

因此,组织机构应注意职能部门和指挥部门之间的协调,使组织迅速适应新的情况,步调一致。此种模式在工程项目组织管理中被广泛应用。

4. 矩阵式监理组织形式

矩阵式监理组织形式是由纵横两套管理系统组成的矩阵组织结构。一套是纵向职能系统，另一套是横向子项目系统。这种组织形式的纵、横两套管理系统在监理工作中是相互融合的关系。职能式监理组织结构示意图如图 1-4 和图 1-5 所示。

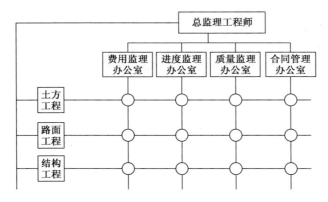

图 1-4　矩阵式监理组织结构示意图（一）

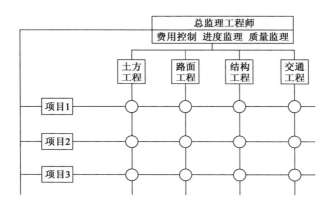

图 1-5　矩阵式监理组织结构示意图（二）

矩阵式组织结构模式的最大优点为：它是一种弹性组织结构，总监理工程师对纵向职能系统有较灵活的指挥权，它能充分适应项目资源在时间、空间上投入的不均衡性这一特点，根据不同情况和要求，随时灵活地按时、按量、按比例投入或调出必要的人力、材料、设备、资金等资源；加强了各职能部门的横向联系，具有较大的机动性和适应性；把上下左右集权与分权实行最优的结合，有利于解决复杂难题；每个管理人员同时受纵、横两方面管理部门的领导，容易沟通信息、强化协调、提高效率。其缺点是权力纵横交叉，命令源不唯一，纵、横向协调工作量大，处理不当会造成扯皮现象；部门关系较为复杂，当纵、横双方意见分歧时，横向领导往往难以开展工作，当事者更会觉得无所适从；管理人员受双重领导，职责不清。因此，矩阵式监理组织形式需要在水平和垂直方向有良好的沟通与协调配合，且对整个企业组织和项目组织的管理水平、工作效率和组织渠道的畅通都提出了较高的要求。

此种组织适用于现代化大型复杂项目或多个同时进行的项目。

(三)项目监理机构人员配备及职责分工

1. 监理人员的配备

1)监理人员的结构

项目监理机构中监理人员的结构主要包括以下三个方面的要求:

(1)合理的专业结构。即项目监理机构应由与监理工程的性质及建设单位对工程监理的要求相适应的各专业人员组成,即各专业人员要配套。

(2)合理的技术职称结构。为了提高监理效率和经济性,项目监理机构应根据工程项目的特点和监理工作的需要选择具有相应技术职称的各类监理人员。合理的技术职称结构是高级职称、中级职称和初级职称应有与监理工作要求相称的比例。

(3)合理的年龄结构。老、中、青年龄段的监理人员数量要有合理的比例。一般宜为1:2:1,以充分发挥各年龄段监理人员的特长。

2)监理人员的配备

项目监理机构监理人员的配备应符合下列规定:

(1)监理机构中的监理人员应由总监理工程师、监理工程师、试验检测人员和必要的监理员组成(监理工程师包括驻地监理工程师、专业监理工程师和其他监理工程师等)。其中,当设置一级监理机构时,监理机构中监理人员应由总监理工程师、专业监理工程师、试验检测人员和必要的监理员等组成;当设置二级监理机构时,监理机构中监理人员应由总监理工程师、驻地监理工程师、专业监理工程师、试验检测人员和必要的监理员等组成。

(2)监理人员的数量和专业结构,应根据监理内容、工程规模、合同工期和施工阶段等因素,按保证有效监理的原则确定。

(3)高速公路、一级公路等宜按每年每7500万元建安费配备监理工程师1名,并可根据工程特点和实际需要在0.8~1.2系数范围内调整。其他监理人员的数量可根据工程具体情况适当配备。

其他工程项目监理工程师的配备人数结合工程监理实际需要确定。

(4)如遇重大工程变更等情况,应经建设单位同意后调整监理人员配备,并签订补充协议。

(5)监理单位变更总监理工程师或监理工程师时,应经建设单位书面同意。

2. 项目监理机构各类监理人员的基本职责分工

1)总监理工程师的主要职责

(1)确定监理机构岗位职责及人员,建立工地试验室。

(2)根据工程进展及监理工作情况调配监理人员,检查监理人员工作。

(3)主持编制监理计划,审批监理细则。

(4)主持召开第一次工地会议、监理交底会。

(5)审批施工组织设计及总体进度计划,审验主要原材料和混合料配合比。

(6)审核施工单位提交的单位工程、分部工程、分项工程划分。

(7)审查开、复工报审表,签发工程开工令、单位工程和合同段的停工令及复工令。

(8)审核施工单位提交的支付申请,签发工程款支付证书。

(9)组织检查施工单位质量、安全和环保等管理体系的建立及运行情况。
(10)组织单位工程和合同段工程的质量评定。
(11)审核工程分包、工程变更、工程延期和费用索赔等。
(12)参与或配合工程质量、安全事故的调查和处理。
(13)组织调查分析违约事件,评估损失、提出处理意见。
(14)组织调查、收集合同争端相关资料,提出处理方案并进行协调。
(15)审查交工验收申请,评定工程质量,参加交、竣工验收。
(16)审查施工单位提交的终止缺陷责任申请,签发合同段缺陷责任终止证书。
(17)组织编写监理月报、监理工作报告和监理竣工资料。
(18)提供建设单位委托的其他工程管理咨询服务。

2)驻地监理工程师的主要职责
(1)主持编制监理细则。
(2)主持召开工地例会和专题工地会议。
(3)审批月进度计划,审查一般原材料和混合料配合比。
(4)审批分部分项工程开工申请,签发分部分项工程停工令及复工令。
(5)核查施工单位测量、施工放线成果并进行复测。
(6)核查施工单位工地试验室的人员、仪器设备、试验检测能力及管理制度。
(7)采取巡视、旁站、抽检和验收等方式,检查施工质量、安全和环保等情况。
(8)组织分项工程(中间)交工质量检验评定,进行分部工程质量评定。
(9)核算工程量清单,对已完工程进行计量。
(10)组织填写监理日志,编写监理工作报告,归集监理资料。

3)专业监理工程师的主要职责
(1)参与编制监理规划,负责编制监理细则。
(2)审查施工单位提交的涉及本专业的有关文件,并向总监(或驻地监)报告。
(3)参与审核分包单位资格。
(4)指导、检查监理员工作,定期向总监理工程师报告本专业监理工作实施情况。
(5)检查进场的工程材料、构配件、设备的质量。
(6)采取各种方式,参与检查施工质量、安全、环保等情况。
(7)参与验收隐蔽工程、分项工程,参与验收分部工程。
(8)参与处置发现的质量问题和安全事故隐患。
(9)参与核算工程量清单,进行工程计量。
(10)参与工程变更的审查和处理。
(11)参与填写监理日志,参与编写监理月报。
(12)收集、汇总并参与整理监理文件资料。

4)监理员职责
(1)检查施工单位投入工程的人力、主要设备的使用及运行状况。
(2)参与施工过程旁站、检测见证。
(3)复核工程计量有关数据。

(4)检查工序及施工结果。
(5)发现施工作业中的问题,及时指出并向专业监理工程师报告。

四、监理主要管理文件与报告的编制、审核与审批

(一)监理计划的编制依据、主要内容和审批

1. 监理计划编制的依据

(1)国家有关工程建设的法律、法规和规章。
(2)工程所在地或所属行业颁发的有关工程建设的法规、规定和文件。
(3)国家和行业及地方颁发的有关工程建设的标准、规范、规程。
(4)政府批准的工程建设文件。
(5)工程项目设计文件和图纸。
(6)监理合同和施工合同。
(7)工程项目规模、特点和建设条件。
(8)工程项目外部环境调查研究资料。
(9)建设单位的合理正当要求。
(10)工程实施过程中输出的有关工程信息。

2. 监理计划的主要内容

《公路工程施工监理规范》(JTG G10—2016)明确规定,监理计划的内容应包括:
(1)工程概况。
(2)监理工作的依据、范围、内容和目标。
(3)监理机构的组织形式,监理人员岗位职责,监理人员和设备配备及进退场计划。
(4)监理工作制度、监理程序及工作用表。
(5)工程质量、安全、环保、费用和进度等监理工作方案,应明确巡视、旁站、抽检和验收等具体计划要求。
(6)合同事项管理和信息管理工作方案。
(7)监理设施等。

3. 监理计划的审批

监理计划应在签订监理合同及收到工程设计文件后编制,在召开第一次工地会议前报送建设单位。

监理计划应由总监理工程师主持编制。监理计划编制完成后,总监理工程师签字,再经监理单位技术负责人审批后,报建设单位批准。

当工程监理实施情况发生重大变化时,监理计划应及时修订。修订后的监理计划应重新报批。

(二)监理细则的编制、主要内容和审批

1. 监理细则编制的依据

(1)监理合同及施工合同。

(2)已批准的监理计划。
(3)设计文件与图纸。
(4)工程建设相关的标准、规范、规程。
(5)经监理工程师批准的施工组织计划、技术措施与(专项)施工方案。
(6)工程建设相关的原材料、半成品、构配件的使用技术说明,工程设备的安装、调试、检验等技术资料。

2. 监理细则的主要内容

《公路工程施工监理规范》(JTG G10—2016)明确规定,监理细则应包括下列主要内容:
(1)工程内容和特点。
(2)监理工作流程。
(3)监理工作要点。
(4)监理工作方法和措施。
(5)巡视、旁站和抽检等计划。

3. 监理细则的审批

监理细则应由驻地监理工程师主持编制,报总监办审核,经总监理工程师审批后实施。监理过程中,监理细则应根据工程实际变化情况进行补充、修改。

(三)监理月报的编制、签认报送和主要内容

1. 监理月报的编制与签认报送

监理月报由总监理工程师组织编写,总监理工程师签认后报送建设单位和本监理单位。

2. 监理月报的主要内容

《公路工程施工监理规范》(JTG G10—2016)明确规定,监理月报应包括下列主要内容:
(1)本月工程实施情况。
(2)本月监理工作情况。
(3)本月工程质量、安全、环保、费用、进度监理和合同事项管理等情况统计。
(4)本月工程施工存在的主要问题及处理情况。
(5)下月监理工作重点。

(四)监理工作报告的编制、签认报送和主要内容

1. 监理工作报告的编制与签认报送

当监理工作结束时,项目监理机构应向建设单位和本监理单位提交监理工作报告。

监理工作报告由总监理工程师组织监理机构有关监理人员编制,由总监理工程师审核签字,并加盖工程监理单位公章后报建设单位。

2. 监理工作报告的主要内容

《公路工程施工监理规范》(JTG G10—2016)明确规定,监理工作报告应包括下列主要内容:
(1)工程概况。
(2)监理工作概况,包括组织机构、人员、设备和设施情况等。

(3)监理工作成效,包括质量、安全、环保、费用、进度监理及合同事项管理等措施,施工过程中检查情况,工程质量评定情况及问题和事故处理情况等。

(4)交工验收时存在的问题及其处理情况。

(5)监理工作体会、说明和建议。

五、工程主要目标控制的程序、方法和措施

(一)工程质量目标控制的方法、程序与措施

1. 工程质量控制的方法

(1)旁站。

通过旁站,对发现的问题应责令施工单位立即整改,以便使施工过程始终处于受控状态,及时清除影响工程质量的不利因素。

(2)巡视。

巡视是指监理工程师对施工现场进行的定期或不定期的巡回检查活动。通过巡视了解施工现场情况,发现质量隐患及影响质量的不利因素,及时采取措施加以排除。

(3)测量控制。

测量是监理人员在质量监理中对施工单位的施工放线、公路及结构物几何尺寸控制和检查的重要手段。

(4)试验与抽检。

监理工程师应按合同约定的抽检频率独立进行抽样试验。监理工程师应重点对施工过程中使用的主要原材料(如水泥、沥青、石灰、粉煤灰、碎石等)及各种混合料进行抽检。

(5)指令文件。

通过发出指令文件,用以指出施工中存在的各种问题,提请施工单位注意,以达到控制质量的目的。

(6)随机抽查。

抽查是指工程项目的监理机构,对工程质量进行复核的一种方式。通常情况下,工程项目总监办为保证重点工程和关键工程的质量,根据对各种报表、申请等分析结果,决定抽查密度。这种随机的抽查形式,也是工程施工质量得以保证的措施之一。

(7)工序控制。

工程项目的施工过程,就是完成一道一道工序的过程,所以施工过程的质量监理主要就是工序的质量控制,而工序的质量控制又表现为施工现场的质量控制,这也是施工阶段质量监理的重点。

(8)检查核实。

监理工程师应对施工单位的施工准备情况、各项施工活动、质量检验及自检资料等进行检查核实,以便及时发现问题,及时纠正。

(9)计量支付。

按合同约定,工程计量与支付的基本条件是质量合格。施工单位施工质量的好坏,直接与其经济利益挂钩。如果由于自身的原因,施工质量不合格,将不允许计量与支付,施工单位的

经济利益就会受到损失。这样就可以利用计量支付这一手段和方法实施质量控制。

2. 工程质量目标控制的程序

工程质量目标控制通常可按照以下程序进行：

施工准备工作的检查→审批开工申请→实施施工过程中的质量控制→审查交工验收申请→组织交工验收→实施缺陷责任期的质量控制→颁发缺陷责任终止证书。

3. 工程质量控制的具体措施

(1)组织措施。

建立健全项目监理机构，完善职责分工，制定质量监督检查制度，落实质量控制责任。

(2)技术措施。

协助完善质量保证体系；严格事前、事中和事后的质量检查监督。

(3)经济措施及合同措施。

严格质量检查和验收，不符合合同约定质量要求的，拒付工程款；达到建设单位特定质量目标要求的，按合同约定支付工程质量补偿金或奖金。

(二)工程安全目标控制的方法、措施与程序

1. 工程安全生产管理的监理方法和措施

工程安全管理的监理方法和措施主要有以下几种：

(1)巡视：是指安全生产管理人员对施工现场进行的定期或不定期的巡回检查活动。通过巡视可以全面了解掌握现场总体情况，发现施工中存在的安全隐患并及时整改。

(2)旁站：是指安全生产管理人员对危险性较大的施工工艺过程或作业面的施工过程进行的现场监督检查活动。通过旁站可以抓住重点，及时发现并处置安全事故隐患。

(3)检查核实：是指安全生产管理人员对施工单位所报送的各类报表和安全生产数据进行审核，或对施工现场落实安全技术措施情况以及安全事故隐患整改情况进行现场核实。

(4)指令文件：是指安全生产管理人员对施工安全生产管理的要求，针对施工过程中出现的安全问题或隐患的处置等向施工单位发出的书面指示。

(5)安全生产管理会议：是指定期或不定期地召开有关安全生产管理的会议，提出施工过程中存在的安全问题、分析产生的原因、研究解决与防范措施。

(6)报告：是指安全生产管理机构或人员针对施工中出现的严重安全事故隐患，或施工单位拒绝执行管理机构的整改要求时，向建设单位或政府主管部门提交有关情况的书面变更。

(7)计量支付：合同条款约定，当工程中存在安全隐患，或安全隐患尚未消除时，不得计量支付。将安全生产管理与施工单位的经济利益相联系。如果施工单位不重视安全生产管理，施工中出现了自身原因引起的安全事故隐患，且不及时消除的，将不允许计量与支付，这样施工单位的经济利益将会遭受损失。因此，可以利用计量与支付手段和方法控制安全。

2. 工程安全目标控制的程序

工程安全目标控制通常可以按照以下程序进行：

施工前准备与检查→审批开工申请→实施施工阶段的安全目标控制→审查交工验收申请→组织交工验收→实施缺陷责任期阶段的安全目标控制→颁发缺陷责任终止证书。

(三) 工程环保目标控制的方法和程序

1. 施工环保目标控制的工作方法

施工环保目标控制按照施工进程实施动态控制,应体现出事前控制和主动控制的要求。

环保目标控制工作应以日常巡视为主,对重要的施工节点应进行旁站监理,必要时还可以进行环境监测。

2. 环保目标控制的基本程序

施工环境保护目标控制一般应按照下列工作程序进行:

(1) 根据施工环保目标及任务,建立施工环保控制管理机构。

(2) 依据合同文件、设计文件、环评报告、水土保持方案等编制项目施工环保目标控制计划(规划)。

(3) 按照施工环保目标控制计划(规划)、工程建设进度计划、各项环保对策措施编制施工环保目标控制实施细则。

(4) 依据编制的施工环保目标控制计划和实施细则,开展施工期环保目标控制管理。

(5) 工程交工后编写施工环保目标控制总结报告,整理环保控制管理档案资料,提交建设单位。

(6) 参与工程竣工环保验收。

(四) 工程进度目标控制的方法、措施和程序

1. 工程进度目标控制的方法

工程进度控制的主要方法包括横道图法、S曲线法、垂直图法(斜条图法)、网络计划图法等。

(1) 横道图法:横道图法是指将项目实施过程中收集到的数据,经加工整理后直接用横道线平行绘于原计划的横道线处,进行实际进度与计划进度比较的方法。

(2) S曲线法(工程进度曲线法):S曲线法就是在S曲线坐标中绘制实际进度S曲线。若实际进度曲线在计划曲线的上方(或左侧)则表明实际进度快于计划进度;若实际进度曲线在计划曲线的下方(或右侧),则表明实际进度慢于计划进度。

进度曲线的斜率反映了进度趋势的快慢,斜率大,进度快;斜率小,进度慢。

(3) 垂直图法(斜条图法):垂直图又称为斜条图或垂直坐标表示图,是以纵坐标表示工期(进度),横坐标表示施工里程或工程位置,而各分项工程或施工工序的施工进度则以不同形式的斜条线表示。斜条图与横道图相似,它实质上是横道图的另一种表示方法。

(4) 网络计划图法。

网络计划图法就是采用最早时间时标网络图的实际进度前锋线的进度检查方法。

① 在网络图中画出实际进度前锋线。

② 通过实际进度前锋线与网络计划中工作的箭线交点的位置(日期)来判断实际进度与计划进度的偏差。

a. 若前锋线在日期线的左侧,则实际进度慢于计划进度;

b. 若前锋线在日期线的右侧,则实际进度快于计划进度;

c. 若前锋线在日期线上,说明该工作按计划进度,进度正常。

③通过时差可预计工作的延误或提前对工期的影响。

④通过进度比可预测出未来进度的趋势。

2. 工程进度控制的措施

(1)组织措施:落实进度控制的责任,建立进度控制协调制度。

(2)技术措施:建立多级网络计划体系,监控施工单位的实施作业计划。

(3)经济措施:对工期提前者实行奖励,对应急工程实行较高的计件单价,确保资金的及时支付等。

(4)合同措施:按合同要求及时协调有关各方的进度,以确保工程的形象进度。

3. 工程进度目标控制的程序

(1)计划的编制与审批。

(2)计划的实施与检查。

(3)计划的调整纠偏与批准。

简单地说,进度控制就是周期性地将实际进度与计划进度比较,发现偏差,及时调整,故又称循环控制。

(五) 工程费用目标控制的方法、措施和程序

1. 工程费用控制的方法

从时间的角度进行归类,工程费用控制的基本方法可分为三类:

(1)事后控制(反馈控制):在发生费用控制目标发生偏差以后,分析原因并采取纠偏措施,纠正偏差。

(2)事前控制(前馈控制):事前控制又叫主动控制,是指在发生目标偏差以前,即在实际支出的工程费用超过合同价格之前,根据预测的信息采取相应的措施予以调节,使工程费用不偏离或尽量少偏离合同价。

(3)事中控制(跟踪控制):是指跟踪施工过程,不断地对施工活动各环节进行检查,分析其实际发生的费用是否超出预期计划。若实际支出的费用超过计划,则分析其对费用目标实现的影响、产生偏差的原因,并制订纠偏的措施对其进行控制。

2. 费用控制的措施

(1)组织措施:包括建立健全项目监理机构,完善职责分工及有关制度,落实工程费用控制责任。

(2)技术措施:对材料、设备采购,通过质量价格比选,合理确定生产供应单位;通过审核施工组织设计和施工方案,使施工组织合理化。

(3)经济措施:包括及时进行计划费用与实际费用的分析比较,对原设计或施工方案提出合理化建议并被采纳,由此产生的费用节约按合同约定予以奖励。

(4)合同措施:按合同条款支付工程款,防止过早、过量的支付;减少施工单位的索赔,正确处理索赔事宜等。

3. 工程费用控制的基本程序

由于工程费用目标控制的主要工作是工程计量控制与费用支付控制,因此,工程费用控制的程序可分为工程计量控制的程序和费用支付控制的程序。

(1)工程计量控制的程序。

工程计量可按下列程序进行:①承包人提交计量申请;②审查计量申请;③发出计量通知;④进行工程计量;⑤提交工程量报表;⑥复核工程量。

(2)工程费用支付控制的程序。

工程费用支付通常按下列程序进行:①承包人提交付款申请;②监理人核查付款申请单;③发包人审查经监理人核查的付款申请单;④监理人向承包人出具(签发)付款证书;⑤发包人向承包人支付应付款项。

六、监理工程师各种工作方式的运用

1. 巡视

巡视是指监理工程师对施工现场进行的定期或不定期的巡回检查活动。

监理工程师应采取以巡视为主的方式进行施工现场监理,按计划定期或不定期巡视施工现场,对施工的主要工程每天不少于1次,并填写巡视记录,发现问题及时处理。

巡视应包括下列主要内容:

(1)施工现场管理人员特别是质量、安全管理人员是否到位,特种作业人员是否持证上岗。

(2)使用的原材料或混合料、构配件和主要施工机械设备是否与批准的一致。

(3)是否按技术标准、工程设计文件、批准的施工组织设计和方案施工。

(4)质量、安全、环保和施工标准化等措施是否落实,施工自检和工序交接是否符合规定。

2. 旁站

旁站主要是监理机构对工程的关键部位或关键工序的施工质量进行的监督活动。

监理机构应安排监理人员根据旁站方案和旁站计划的要求,对所规定的旁站项目的施工过程进行有针对性旁站监督检查,对主要工程的关键项目进行检测见证,并填写旁站记录,签认检测见证结果。及时采取措施消除可能发生的工程质量、安全问题和隐患。

3. 抽检

抽检是指监理机构按规定的项目和频率对工程材料或工程实体质量进行的平行或随机的检验活动。

按照有关规定,对材料和工程的抽检应符合以下要求:

(1)审查施工单位提交的施工测量放线数据和成果。监理工程师应对从基准点引出的工程控制桩的重点桩位(如道路工程的路线平面控制点和各种结构物定位的轴线控制桩位等以及各高程控制点)应抽测不少于30%,经抽测不符合规定时应要求其重新测设。

(2)监理机构应审查施工单位申报的原材料与混合料试验资料。监理工程师应对主要原材料独立取样进行平行抽检试验;对主要混合料的配合比和路基填料的击实试验结果进行平行抽检验证,审验合格、经批复后方可在工程上使用。

(3)监理机构应在施工单位自检合格的基础上按下列规定对主要原材料、混合料、关键项目和结构主要尺寸等进行抽检,并填写抽检记录:

①对钢筋、水泥、沥青、石灰和碎石等原材料及水泥混凝土、沥青混合料和无机结合料稳定材料等混合料的抽检频率不应低于施工检验频率的10%。

②对分项工程中的关键项目和结构主要尺寸的抽检频率应不低于施工检验频率的20%。

③当监理工程师对工程材料或实体质量有疑问时,应进行抽检。

4. 监理指令

监理指令是指监理机构在实施工程监理的过程中,针对所发现的施工不符合法律法规、技术标准及施工合同约定的行为和情况时,向施工单位发出的要求其整改的书面指示。监理机构向施工单位发出指令时,应签发监理指令单。

5. 工地会议

工地会议按召开时间、内容及参加人员的不同,分为第一次工地会议、工地例会和专题工地会议等三种形式。

工地会议应由主持单位作好记录,会议形成的纪要应由各参加单位签认,并可作为合同文件的一部分。

1)第一次工地会议

(1)第一次工地会议的组织。

①会议应在工程正式开工前召开。

②会议应由总监理工程师主持。

③总监办应事先将会议议程及有关事项通知建设单位、施工单位及其他有关单位并做好会议准备,宜邀请工程质量监督部门参加。

④建设单位、施工单位法定代表人或授权代表应出席会议,各方在工程项目中的主要管理、技术人员等必须参加。

(2)第一次工地会议的主要内容。

①介绍人员及组织机构。第一次工地会议上,各方应介绍各自的人员、组织机构、职责范围及联系方式。建设单位应宣布对总监的授权;施工单位应书面提交对项目经理的授权书。

②施工单位应陈述开工的各项准备工作情况。

③监理机构应说明监理工作准备情况。

④监理工程师应说明主要监理程序、质量和安全事故报告程序、文件往来程序和工地例会等要求。

⑤建设单位应说明工程占地、拆迁等与开工条件有关的事项。

⑥总监理工程师应进行会议总结,明确施工准备工作存在的主要问题及解决措施要求。

⑦具备开工条件的,可下达工程开工令。

2)工地例会

(1)会议组织。

工地例会应由总监理工程师或驻地监理工程师主持,宜每月召开一次,建设单位代表、施工单位项目经理、技术负责人及有关人员应参加。

（2）会议内容。

会议应检查上次例会议定事项的落实情况,并对工程质量、安全、环保、费用、进度及合同事项等情况进行讨论,提出解决问题的措施并确定下一步工作的具体安排和要求。

3）专题工地会议

（1）会议组织。

专题工地会议由监理工程师主持,根据工程需要及时召开,应有建设单位代表和施工单位代表及其他有关人员参加,必要时应邀请有关专家参加。

（2）会议内容。

会议应针对施工期内出现的工程技术、质量、安全、环保、费用、进度及合同事项等方面的重点、难点和需要协调的问题进行研讨,提出明确的解决方案并形成意见。

6．测量控制

测量是监理机构在实施工程监理过程中,按技术规范、质量标准和工程量计量规则,对工程实体的位置、几何尺寸、高程进行控制以及对工程实体的工程量进行计量的一种方法。

7．试验检测

试验检测是监理机构在实施监理过程中,对材料、工程设备及工程的质量进行控制的重要方式,是工程质量凭数据说话的体现。

监理机构在施工前及施工过程中,应对施工单位报审的原材料和混合料进行抽样检验,对主要混合料的配合比及路基填料的击实试验结果进行平行试验。监理机构应在施工单位自检合格的基础上,按规定的频率对钢筋、水泥、沥青、石灰和碎石等原材料及水泥混凝土、沥青混合料和无机结合料稳定材料等混合料进行抽样检验;对分项工程中的关键项目和结构物主要尺寸进行抽检。

8．现场检查验收

现场检查验收是指监理机构在实施工程监理过程中,对进场材料和工程设备、主要的工序过程、关键项目检查过程、主要施工工艺过程、已完分项工程、隐蔽工程以及质量缺陷和质量问题处理结果、质量及安全隐患等整改结果等所进行的检查验收。

监理机构所进行的现场检查验收一般都是在施工单位自检合格的基础上,在收到施工单位提交的检查验收通知单后,监理机构按照相关要求和程序进行检查验收。

七、工程施工招标投标要求、投标报价

（一）工程施工招标投标要求

1．公路工程施工招标条件及方式

1）公路工程施工招标应具备的条件

按照《公路工程标准施工招标文件》（2018年版）规定,公路工程施工招标应具备的条件包括：

（1）项目已由审批、核准部门批准建设。

(2)项目施工图设计文件已被批准。
(3)项目业主已确定。
(4)项目建设资金来源和出资比例已确定。
(5)招标人已确定。
2)公路工程施工招标方式

工程施工招标可分为公开招标和邀请招标两种方式。具体内容可参照施工监理招投标部分。

2. 公路工程施工招标程序

公路工程施工项目采用资格预审方式公开招标,应当按照下列程序进行:
(1)编制资格预审文件。
(2)发布资格预审公告,发售资格预审文件,公开资格预审文件关键内容。
(3)接收资格预审申请文件。
(4)组建资格审查委员会对资格预审申请人进行资格审查,资格审查委员会编制资格审查报告。
(5)根据资格审查结果,向通过资格预审的申请人发出投标邀请书;向未通过资格预审的申请人发出资格预审结果通知书,告知未通过的依据和原因。
(6)编制招标文件。
(7)发售招标文件,公开招标文件的关键内容。
(8)需要时,组织潜在投标人踏勘项目现场,召开投标预备会。
(9)接收投标文件,公开开标。
(10)组建评标委员会进行评标,评标委员会编写评标报告、推荐中标候选人。
(11)公示中标候选人相关信息。
(12)确定中标人。
(13)编制招标投标情况的书面报告。
(14)向中标人发出中标通知书,同时将中标结果通知所有未中标的投标人。
(15)与中标人订立工程监理合同。

采用资格后审方式公开招标的,在完成招标文件编制并发布招标公告后,按照上述程序第(7)项至第(15)项进行。

采用邀请招标的,在完成招标文件编制并发出投标邀请书后,按照上述程序第(7)项至第(15)项进行。

3. 对投标人资格审查
(1)资格审查方式。
资格审查方式分为资格预审和资格后审。
施工招标采用资格预审方式的,在初步设计文件批准后,可以进行资格预审。
公路工程建设项目采用公开招标方式的,原则上采用资格预审办法对投标人进行资格审查。
(2)资格审查方法。

资格审查方法分为合格制审查法和有限数量制审查法。

资格预审审查办法原则上采用合格制。

资格预审审查办法采用合格制的,符合资格预审文件规定审查标准的申请人均应当通过资格预审。

(3)对投标人的资格要求。

对投标人的资格要求包括资质要求、业绩要求、信誉要求、财务状况要求、项目经理和项目总工程师资格及在岗情况、其他管理和技术人员以及主要机械设备和试验检测设备等。

招标人未收到异议或者收到异议并已作出答复的,应当及时向通过资格预审的申请人发出投标邀请书。未通过资格预审的申请人不具有投标资格。

4. 资格预审文件、招标文件的编制及其澄清、修改

对依法必须进行招标的公路工程建设项目,招标人应当根据交通运输部制定的标准文本,结合招标项目具体特点和实际需要,编制资格预审文件和招标文件。

按照《公路工程施工标准施工招标文件》(2018年版)规定,公路工程施工招标文件应包括:①招标公告(或投标邀请书);②投标人须知;③评标办法;④合同条款及格式;⑤工程量清单;⑥图纸;⑦技术规范;⑧工程量清单计量规则;⑨投标文件格式;⑩投标人须知前附表规定的其他资料。

此外,招标人在招标期间发出对招标文件所作的澄清、修改,构成招标文件的组成部分。

当招标文件、招标文件的澄清或修改等在同一内容的表述上不一致时,以最后发出的书面文件为准。

招标文件应当载明详细的评审程序、标准和方法,招标人不得另行制定评审细则。

5. 施工招标工作的实施

招标人应当合理划分标段、确定工期,提出质量、安全目标要求,并在招标文件中载明。标段的划分应当有利于项目组织和施工管理、各专业的衔接与配合,不得利用划分标段规避招标、限制或者排斥潜在投标人。

招标人可以实行设计施工总承包招标、施工总承包招标或者分专业招标。

招标人结合招标项目的具体特点和实际需要,设定潜在投标人或者投标人的资质、业绩、主要人员、财务能力、履约信誉等资格条件。招标人不得以不合理的条件限制、排斥潜在投标人或者投标人。

招标人有下列行为之一的,属于以不合理的条件限制、排斥潜在投标人或者投标人:

(1)设定的资质、业绩、主要人员、财务能力、履约信誉等资格、技术、商务条件与招标项目的具体特点和实际需要不相适应或者与合同履行无关。

(2)强制要求潜在投标人或者投标人的法定代表人、企业负责人、技术负责人等特定人员亲自购买资格预审文件、招标文件或者参与开标活动。

(3)通过设置备案、登记、注册、设立分支机构等无法律、行政法规依据的不合理条件,限制潜在投标人或者投标人进入项目所在地进行投标。

6. 最高投标限价

招标人可以自行决定是否编制标底或者设置最高投标限价。招标人不得规定最低投标限价。

接受委托编制标底或者最高投标限价的中介机构不得参加该项目的投标,也不得为该项目的投标人编制投标文件或者提供咨询。

7. 投标保证金

招标人在招标文件中要求投标人提交投标保证金的,投标保证金不得超过招标标段估算价的2%。投标保证金有效期应当与投标有效期一致。

投标人提交的投标保证金不符合招标文件要求的,应当否决其投标。

招标人不得挪用投标保证金。

8. 分包

招标人应当按照国家有关法律法规规定,在招标文件中明确允许分包的或者不得分包的工程,分包人应当满足的资格条件以及对分包实施的管理要求。

投标人拟在中标后将中标项目的部分非主体、非关键性工作进行分包的,应符合以下规定:

(1)分包内容要求:允许分包的工程范围仅限于非关键性工程或适合专业化队伍施工的专项工程。

(2)分包人的资格能力应与其分包工程的标准和规模相适应。

(3)投标人应填写"拟分包项目情况表",明确拟分包的工程及规模。

(4)中标人不得向他人转让中标项目,接受分包的分包人不得再次分包。分包人应就分包项目向招标人负责,分包人就分包项目承担连带责任。

9. 风险划分

招标人应当在招标文件中合理划分双方风险,不得设置将应由招标人承担的风险转嫁给监理投标人的不合理条款。

10. 投标人资格

投标人应当具备招标文件规定的资格条件,具有承担所投标项目的相应能力。

投标人在投标文件中填报的资质、业绩、主要人员资历和目前在岗情况、信用等级等信息,应当与其在交通运输主管部门公路建设市场信用信息管理系统上填报并发布的相关信息一致。

11. 投标踏勘现场和投标预备会

(1)踏勘现场(现场考察)。

在发售招标文件后,招标人应按招标文件的规定,组织投标人对工程现场及周围环境进行实地考察。招标人不组织现场考察的,投标人可自行进入工程现场进行考察。投标人应自行负担现场考察所需费用。

招标人在现场考察中介绍的工程现场和相关的周边环境情况,仅供投标人在编制投标文件时参考,招标人不对投标人据此作出的判断和决策负责。

招标人提供的本合同工程的水文、地质、气象和料场分布、取土场、弃土场位置等参考资料,并不构成合同文件的组成部分,投标人应对自己就上述资料的解释、推论和应用负责,招标人不对投标人据此作出的判断和决策承担任何责任。

投标人未按时参加踏勘现场的,不影响其参加投标。

(2)投标预备会(标前会议)。

招标人应按招标文件规定的时间和地点召开投标预备会。

投标人在现场考察及研究招标文件后提出与投标有关的问题,招标人在标前会议上对这些问题予以解答。招标人应在投标预备会后,以书面形式澄清投标人提出的问题,并送达所有投标人。该澄清内容为招标文件的组成部分。

12.投标文件的组成、编制与装订

1)投标文件的组成

根据招标文件规定的不同形式,投标文件的组成有所不同。

(1)若投标文件采用双信封形式,投标文件应包括下列文件:

第一个信封(商务文件及技术文件):①投标函及投标函附录;②授权委托书或法定代表人身份证明;③联合体协议书;④投标保证金;⑤施工组织设计;⑥项目管理机构;⑦拟分包项目情况表;⑧资格审查资料;⑨投标人须知前附表规定的其他资料。

第二个信封(报价文件):①调价函及调价后的工程量清单(如有);②投标函;③合同用款估算表。

投标人在评标过程中作出的符合规定的澄清确认,构成投标文件的组成部分。

(2)若投标文件采用单信封形式,投标文件的组成如下:

①投标函及投标函附录;②授权委托书或法定代表人身份证明;③联合体协议书;④投标保证金;⑤已标价工程量清单;⑥项目管理机构和施工组织设计;⑦拟分包项目情况表;⑧资格审查资料;⑨调价函及调价后的工程量清单(如有);⑩投标人须知前附表规定的其他资料。

投标人在评标过程中作出的符合规定的书面澄清确认,构成投标文件的组成部分。

应注意的是,如果招标文件投标人须知前附表规定不接受联合体投标的,或投标人没有组成联合体的,投标文件中则不包含上述文件中的联合体协议书。

投标人须知前附表未要求提交投标保证金的,投标文件中则不包含上述文件中的投标保证金。

2)投标文件的编制、装订

(1)投标文件应按招标文件规定的"投标文件格式"进行编写,如有必要,可以增加附页,作为投标文件的组成部分。其中,投标函附录在满足招标文件实质性要求的基础上,可以提出比招标文件要求更有利于招标人的承诺。

(2)投标文件应对招标文件有关工期、投标有效期、质量要求、安全目标、技术标准和要求、招标范围等实质性内容作出响应。

(3)投标文件应用不褪色的材料书写或打印。投标文件格式中明确要求投标人法定代表人或其委托代理人签字之处,必须由相关人员亲笔签名,不得使用印章、签名章或其他电子制版签名代替;明确要求投标人加盖单位章之处,必须加盖单位章。其中,投标函、调价函及对投标文件的澄清和说明应加盖投标人单位章,或由投标人的法定代表人或其委托代理人签字。

以联合体形式参与投标的,投标文件由联合体牵头人的法定代表人或其委托代理人按规定签署并加盖联合体牵头人单位章。

（4）投标文件应尽量避免涂改、行间插字或删除。如果出现上述情况,改动之处应由投标人的法定代表人或其委托代理人签字或盖单位章。

（5）投标文件正本一份,副本份数应符合招标文件规定。

（6）投标文件的正本与副本应分别装订成册(A4纸幅),编制目录并逐页标注连续页码。投标文件不得采用活页夹装订。

13. 投标文件的密封

（1）投标文件采用双信封形式的,则投标文件的密封应满足以下要求：

投标文件第一个信封(商务及技术文件)以及第二个信封(报价文件)应单独密封包装。商务及技术文件的正本与副本应统一密封在一个封套中。报价文件的正本与副本、投标文件电子版文件(如需要)以及填写完毕的工程量固化清单电子文件(如采用工程量固化清单形式)应统一密封在另一个封套中。封套应加贴封条,并在封套的封口处加盖投标人单位章或由投标人的法定代表人或其委托代理人签字。

采用银行保函形式提交投标保证金的,银行保函原件应密封在单独的封套中。

（2）投标文件采用单信封形式的,则投标文件的密封应满足以下要求：

投标文件的正本与副本、投标文件电子版文件(如需要)以及填写完毕的工程量固化清单电子文件(如采用工程量固化清单形式)应统一密封在另一个封套中。封套应加贴封条,并在封套的封口处加盖投标人单位章或由投标人的法定代表人或其委托代理人签字。

采用银行保函形式提交投标保证金的,银行保函原件应密封在单独的封套中。

未按上述规定密封的投标文件,招标人将予以拒收。

14. 投标文件的修改和撤回

在招标文件规定的投标截止时间前,投标人可以修改或者撤回已递交的投标文件,但应当以书面函件形式通知招标人。

投标人对投标文件的修改内容为投标文件的组成部分。修改的投标文件应按招标文件的规定进行编制、密封、标记和递交,并标明"修改"字样。

投标人在投标截止时间前撤回投标文件且招标人已收取投标保证金的,招标人应当自收到投标人书面撤回通知之日起5日内退还其投标保证金。

投标截止后投标人撤销投标文件的,招标人可以不退还投标保证金。

15. 公路工程施工开标

开标的时间和地点：

（1）若采用双信封形式,开标的时间和地点应符合以下规定：

开标应当在招标文件确定的提交投标文件截止时间(开标时间)和招标文件规定的地点对收到的投标文件第一个信封(商务及技术文件)公开开标,并邀请所有投标人的法定代表人或其委托代理人准时参加。

招标人在招标文件规定的时间和地点对投标文件第二个信封(报价文件)公开开标,并邀请所有投标人的法定代表人或其委托代理人准时参加。

投标人少于 3 个的,不得开标,投标文件应当当场退还给投标人;招标人应当重新招标。未参加开标的投标人,视为对开标过程无异议,即默认开标结果。

(2)若采用单信封形式,开标的时间和地点应符合以下规定:

招标人应在招标文件规定的提交投标文件截止时间(开标时间)和招标文件规定的地点公开开标,并邀请所有投标人的法定代表人或其委托代理人准时参加。

未参加开标的投标人,视为对开标过程无异议,即默认开标结果。

16. 工程施工招标的评标

(1)评标委员会。

评标由招标人依法组建的评标委员会负责评标。

评标委员会由招标人或其委托的招标代理机构熟悉相关业务的代表,以及有关技术、经济等方面的专家组成。评标委员会成员人数为 5 人以上单数,其中评标专家不得少于成员总数的三分之二。

国家审批或者核准的高速公路、一级公路、独立桥梁和独立隧道项目,评标委员会专家应当由招标人从国家重点公路工程建设项目评标专家库相关专业中随机抽取;其他公路工程建设项目的评标委员会专家可以从省级公路工程建设项目评标专家库相关专业中随机抽取,也可以从国家重点公路工程建设项目评标专家库相关专业中随机抽取。

对于技术复杂、专业性强或者国家有特殊要求,采取随机抽取方式确定的评标专家难以保证胜任评标工作的特殊招标项目,可以由招标人直接确定。

(2)评标原则。

评标活动应遵循"公平、公正、科学、择优"的原则。评标活动应在严格保密的情况下进行。

(3)工程施工评标方法。

公路工程施工招标,评标采用综合评估法或者经评审的最低投标价法。

综合评估法包括合理低价法、技术评分最低标价法和综合评分法。

公路工程施工招标评标,一般采用合理低价法或者技术评分最低标价法。技术特别复杂的特大桥梁和特长隧道项目主体工程,可以采用综合评分法。工程规模较小、技术含量较低的工程,可以采用经评审的最低投标价法。

采用合理低价法的,评分因素一般只有评标价。

采用技术评分最低标价法的,评分因素包括施工组织设计、主要人员、技术能力、履约信誉等因素。

设计施工总承包招标的评标采用综合评分法的,评分因素包括评标价、项目管理机构、技术能力、设计文件的优化建议、设计施工总承包管理方案、施工组织设计等因素,评标价的评分权重不得低于 50%。

(4)评标工作内容。

①初步评审。

评标委员会依据招标文件规定的初步评审标准(包括形式评审标准、资格评审标准、响应性评审标准)对投标文件进行初步评审。有一项不符合评审标准的,作废标处理。

a. 算术性错误修正。

投标报价有算术错误的,评标委员会按以下原则对投标报价进行修正,修正的价格经投标人书面确认后具有约束力。投标人不接受修正价格的,其投标作废标处理,并没收其投标担保。

a) 投标文件中的大写金额与小写金额不一致的,以大写金额为准;

b) 总价金额与依据单价计算出的结果不一致的,以单价金额为准修正总价,但单价金额小数点有明显错误的除外;

c) 当单价与数量相乘不等于合价时,以单价计算为准,如果单价有明显的小数点位置差错,应以标出的合价为准,同时对单价予以修正;

d) 当各子目的合价累计不等于总价时,应以各子目合价累计数为准,修正总价。

b. 其他错误的修正。

工程量清单中的投标报价有其他错误的,评标委员会按以下原则对投标报价进行修正,修正的价格经投标人书面确认后具有约束力。投标人不接受修正价格的,其投标作废标处理,并没收其投标担保。

a) 在招标人给定的工程量清单中漏报了某个工程子目的单价、合价或总额价,或所报单价、合价或总额价减少了报价范围,则漏报的工程子目单价、合价和总额价或单价、合价和总额价中减少的报价内容视为已含入其他工程子目的单价、合价和总额价之中。

b) 在招标人给定的工程量清单中多报了某个工程子目的单价、合价或总额价,或所报单价、合价或总额价增加了报价范围,则从投标报价中扣除多报的工程子目报价或工程子目报价中增加了报价范围的部分报价。

c) 当单价与数量的乘积与合价(金额)虽然一致,但投标人修改了该子目的工程数量,则其合价按招标人给定的工程数量乘以投标人所报单价予以修正。

② 详细评审。

详细评审包括分值构成、评标基准价计算和评分标准。

(5) 评标。

① 评标委员会应当按照招标文件确定的评标标准和方法进行评标。招标文件没有规定的评标标准和方法不得作为评标的依据。

② 招标人应当根据项目规模、技术复杂程度、投标文件数量和评标方法等因素合理确定评标时间。超过三分之一的评标委员会成员认为评标时间不够的,招标人应当适当延长。

③ 评标委员会发现投标人的投标报价明显低于其他投标人报价或者在设有标底时明显低于标底的,应当要求该投标人对相应投标报价作出书面说明,并提供相关证明材料。

投标人不能证明可以按照其报价以及招标文件规定的质量标准和履行期限完成招标项目的,评标委员会应当认定该投标人以低于成本价竞标,并否决其投标。

④ 评标委员会应当根据有关规定,对在评标过程中发现的投标人与投标人之间、投标人与招标人之间存在的串通投标的情形进行评审和认定。

⑤ 评标委员会对投标文件进行评审后,因有效投标不足3个使得投标明显缺乏竞争的,可以否决全部投标。

17. 施工合同授予

(1) 提交书面评标报告,推荐中标候选人。

评标完成后,评标委员会应当向招标人提交书面评标报告。评标报告中推荐的中标候选人应当不超过 3 个,并标明排序。

(2)中标候选人公示。

招标人应当自收到评标报告之日起 3 日内,按照招标文件规定的公示媒介和期限公示中标候选人,公示期不得少于 3 日。

(3)定标。

按照招标文件的规定,招标人或招标人授权的评标委员会依法确定中标人。

若由招标人直接确定中标人的,招标人应当根据评标委员会提出的书面评标报告和推荐的中标候选人确定中标人。

(4)中标通知。

在投标有效期内,中标人以招标文件规定的形式向中标人发出中标通知书,同时将中标结果通知未中标的投标人。

(5)签订工程施工合同。

招标人和中标人应当自中标通知书发出之日起 30 日内,按照招标文件和中标人的投标文件订立书面施工合同。合同的标的、价格、质量、安全、履行期限、主要人员等主要条款应当与招标文件规定的内容一致。招标人和中标人不得再行订立背离合同实质性内容的其他协议。

(6)履约保证金。

在签订合同前,中标人应当按照招标文件规定的形式、金额和格式向招标人提交履约保证金。履约保证金为签约合同价(中标合同金额)的 10%。

联合体中标的,其履约保证金以联合体各方或联合体中牵头人的名义提交。

中标人不按照招标文件要求提交履约保证金的,视为放弃中标,其投标保证金不予退还;给招标人造成的损失超过投标保证金数额的,中标人还应当对超过部分予以赔偿。

(二)投标报价

1. 投标报价的规定

按《公路工程标准施工招标文件》(2018 年版),投标报价应符合以下规定:

(1)投标报价应包含国家规定的增值税税金,增值税税金按一般计税方法计算。

投标人按照招标人提供的工程量清单填写合同各子目的单价、合价和总额价。评标委员会将按评标办法的规定对投标价进行算术性错误修正及其他错误修正。

(2)投标人应充分了解项目的总体情况以及影响投标报价的其他因素。

(3)投标人应按招标文件规定的报价方式进行报价。投标人在投标截止时间前修改投标函中的投标总报价,应同时修改"已标价工程量清单"中的相应报价。

(4)投标人如果发现工程量清单中的数量与图纸中的数量不一致时,应立即通知招标人核查,除非招标人以书面方式予以更正,否则,应以工程量清单中所列出的数量为准。

(5)投标人应根据《公路水运工程安全生产监督管理办法》,在投标总价中计入安全生产费用。工程量清单第 100 章内列有安全生产费用的支付子目,由投标人按招标文件的规定填写总额价。安全生产费用应为投标价(不含安全生产费及建筑工程一切险及第三方责任险的保险费)的 1.5%。

(6)除招标文件另有规定外,招标人不接受调价函。若招标人接受调价函,则应在招标文件中给出调价函的格式。投标人若有调价函则应遵循以下规定:

①调价函必须采用招标文件规定的格式;调价函应说明调价后的最终报价,并以最终报价为准,而且投标人只有一次调价的机会。

②工程量清单中招标人指定的报价不允许调价。

③调价函必须附有调价后的工程量清单;调价函必须粘贴或机械装订在投标文件正本首页,与投标文件一起密封提交。

若投标人未提交调价后的工程量清单,或调价函未装在投标文件正本首页,则调价函被视为无效,仍以原报价作为最终报价。若投标人提交的调价函多于一个,或对不允许调价的内容进行了调价,或调价函有附加条件的,其投标将被否决。

④若招标人接受调价函,投标人调价后的工程量清单和有效调价函的大写金额应保持一致,如果报价金额出现差异,则以有效调价函的大写金额报价为准。

(7)在合同实施期间,投标人填写的单价、合价和总额价是否由于物价波动进行价格调整应按合同条款的规定处理。如果按照合同条款的规定采用价格调整公式进行价格调整,由招标人根据项目实际情况测算确定价格调整公式中的变值权重范围,并在投标函附录价格指数和权重表中约定范围;投标人在此范围内填写各可调因子的权重,合同实施期间将按此权重进行调价。

(8)招标人设有最高投标限价的,投标人的投标报价不得超过最高投标限价。

2.投标报价的编制

(1)投标报价的组成。

一个项目的投标报价一般由以下三部分组成:

①施工成本。包括直接成本(即工、料、机等直接费)和间接成本(包括企业管理费、现场管理费、临时设施费、施工队伍调遣费等)等各项费用。

②利润和税金。税金是国家统一征收的费用。利润是施工企业完成所承包的工程获得的盈利,是根据项目具体情况和企业的利润目标制定的。

③风险费用。即在各种风险发生后需施工企业承担的风险损失。

(2)工程量清单报价。

工程量清单报价是投标人根据合同条款、图纸、技术规范以及拟定的施工方案,根据企业的条件、经验及通过单价分析,对工程量清单所列的各子目进行报价,以逐项汇总为整个工程的投标报价。投标人应以招标文件提供的工程量清单填写相应的表格,从而完成项目的投标报价。

在进行工程量清单报价时应注意以下问题:

①工程量清单中所列的工程数量是估算的或设计的预计数量,仅作为投标报价的共同基础,不能作为最终结算与支付的依据。结算工程量是承包人实际完成的,并按合同约定的计量方法进行计量的工程量。

②工程量清单中的每一子目需填入单价或价格,且只允许有一个报价。承包人未在已标价工程量清单中填入单价或价格的子目,将被认为其已包含在本合同的其他相关子目的单价和价格中。承包人必须按监理人指令完成工程量清单中未填入单价或价格的子目,发包人将不另行结算与支付。

③除非合同另有约定,工程量清单中所报的单价和总额价均已包括了为实施和完成合同

工程所需的劳务、材料、机械、质检(自检)、安装、缺陷修复、管理、保险、税费、利润等费用,以及合同明示或暗示的所有责任、义务和一般风险。

④符合合同条款约定的全部费用应认为已被计入有标价的工程量清单所列各子目之中,未列子目不予计量的工作,其费用应视为已分摊在合同工程的有关子目的单价或总额价之中。

⑤承包人用于合同工程的各类装备的提供、运输、维护、拆卸、拼装等支付的费用,已包括在工程量清单的单价与总额价之中。

⑥图纸中所列的工程数量及数量汇总表仅是提供资料,不是工程量清单的外延。当图纸与工程量清单所列数量不一致时,以工程量清单所列数量作为投标报价的依据。

⑦工程量清单中标明的暂列金额应由监理人按合同条款约定,根据工程具体情况,报发包人批准后指令全部或部分地使用,或者根本不予动用。

⑧暂估价金额应根据工程量清单中给定暂估价的材料、工程设备和专业工程是否招标,将其中标金额,或监理人确认或估价的金额与工程量清单中所列的暂估价的金额差以及相应的税金等其他费用列入合同价格。

根据工程量清单报价所计算的投标报价为:

投标报价 = (工程量清单第 100 章 ~ 第 700 章清单合计) + 计日工合计 + 暂列金额

八、施工合同履行管理

(一)施工合同履行管理有关各方的主要义务和职责

1. 发包人的主要义务

(1)遵守法律。

发包人在履行合同过程中应遵守法律,并保证承包人免于承担因发包人违反法律而引起的任何责任。

(2)发出开工通知。

发包人应委托监理人按合同条款约定向承包人发出开工通知。

(3)提供施工场地。

发包人应按专用合同条款约定向承包人提供施工场地,以及施工场地内地下管线和地下设施等有关资料,并保证资料的真实、准确、完整。

这里应注意两点:一是施工场地可以一次提供完成,也可以分次提供,以不影响施工单位按进度计划正常施工为原则;二是发包人应保证资料的真实、准确、完整,但不对承包人据此作出的判断、推论及应用负责。

发包人负责办理永久占地的征用及与之有关的拆迁赔偿手续并承担相关费用。承包人在提交施工进度计划的同时,应向监理人提交一份按施工先后次序所需的永久占地计划。监理人应在收到此计划后的 14 天内审核并转报发包人核备。

由于发包人未能按照本项规定办妥永久占地征用手续,影响承包人及时使用永久占地造成的费用增加和(或)工期延误应由发包人承担。

由于承包人未能按照本项规定提交占地计划,影响发包人办理永久占地征用手续造成的费用增加和(或)工期延误由承包人承担。

(4)协助承包人办理证件和批件。

发包人应协助承包人办理法律规定的有关施工证件和批件。

(5)组织设计交底。

发包人应根据合同进度计划,组织设计单位向承包人进行设计交底,以便承包人制定施工方案和编制施工组织设计。

(6)支付合同价款。

发包人应按合同约定向承包人及时支付合同价款。

(7)组织交工验收。

发包人应按合同约定及时组织交工验收。

2.承包人的主要义务

(1)完成各项承包工作。

承包人应按合同约定以及监理人的指示,实施、完成全部工程,并修补工程中的任何缺陷。除专用合同条款另有约定外,承包人应提供为完成合同工作所需的劳务、材料、施工设备、工程设备和其他物品,并按合同约定负责临时设施的设计、建造、运行、维护、管理和拆除。

(2)现场查勘(现场考察)。

①发包人应将其持有的本合同工程的水文、地质、气象和料场分布、取土场、弃土场位置等资料提供给承包人,并对其准确性负责。但这些资料均属于参考资料,并不构成合同文件的组成部分,承包人应对自己就上述资料的解释、推论和应用负责,发包人不对承包人据此做出的判断和决策承担任何责任。

②承包人应对施工场地和周围环境进行查勘,核对发包人提供的有关资料,并进一步收集相关的地质、水文、气象条件、交通条件、风俗习惯以及其他为完成合同工作有关的当地资料,以便编制施工组织设计和专项施工方案。在全部合同施工过程中,应视为承包人已充分估计了应承担的责任和风险,不得再以不了解现场情况为理由而推脱合同责任。

对现场查勘中发现的实际情况与发包人所提供资料有重大差异之处,应及时通知监理人,由其做出相应的指示或说明,以便明确合同责任。

(3)编制施工实施计划。

①施工组织设计。承包人应按合同约定的工作内容和施工进度要求,编制施工组织设计(含施工进度计划和施工方案说明)和施工措施计划,并对所有施工作业和施工方法的完备性、安全性、可靠性负责。

②建立质量、安全管理体系。承包人应在施工场地设置专门的质量、安全检查机构,配备专职质量、安全检查人员,建立完善的质量、安全检查制度。在合同约定的期限内,提交工程质量、安全保证措施文件,包括质量、安全检查机构的组织和岗位责任、质检、安全管理人员的组成、质量、安全检查程序和实施细则等,报送监理人审批。

③环境保护措施计划。承包人在施工过程中,应遵守有关环境保护的法律和法规,履行合同约定的环境保护义务,按合同约定的环保工作内容,编制施工环保措施计划,报送监理人审批。

(4)工程的维护和照管。

①交工验收证书颁发前,承包人应负责照管和维护工程及将用于或安装在本工程中的材料、设备。交工验收证书颁发时尚有部分未交工工程的,承包人还应负责该未交工工程、材料、

设备的照管和维护工作,直至交工后移交给发包人为止。

②在承包人负责照管与维护期间,如果本工程或材料、设备等发生损失或损害,除不可抗力原因之外,承包人均应自费弥补,并达到合同要求。承包人还应对按规定实施作业的过程中,由承包人对工程造成的任何损失或损害负责。

(5) 保证工程施工和人员的安全。

承包人应采取施工安全措施,确保工程及其人员、材料、设备和设施的安全,防止因工程施工造成的人身伤害和财产损失。

(6) 负责施工场地及其周边环境与生态的保护工作。

承包人应负责施工场地及其周边环境与生态的保护工作。

(7) 避免施工对公众与他人的利益造成损害。

承包人在进行合同约定的各项工作时,不得侵害发包人与他人使用公用道路、水源、市政管网等公共设施的权利,避免对邻近的公共设施产生干扰。承包人占用或使用他人的施工场地,影响他人作业或生活的,应承担相应责任。

(8) 为他人提供方便。

承包人应按监理人的指示为他人在施工场地或附近实施与工程有关的其他各项工作提供可能的条件。除合同另有约定外,提供有关条件的内容和可能发生的费用,由监理人商定或确定。

(9) 保证履约保证金有效。

承包人应保证其履约保证金在发包人签发交工验收证书且承包人按照合同约定缴纳质量保证金前一直有效。发包人应在收到承包人缴纳的质量保证金后28天内将履约保证金退还给承包人。

承包人拒绝按照合同约定缴纳质量保证金的,发包人有权从交工付款证书中扣留相应金额作为质量保证金,或者直接将履约保证金金额用于保证承包人在缺陷责任期内履行缺陷修复义务。

(10) 按合同约定进行分包。

①承包人不得将其承包的全部工程转包给第三人,或将其承包的全部工程肢解后以分包的名义转包给第三人。

②承包人不得将工程关键性工作分包给第三人。经发包人同意,承包人可将工程的其他部分或工作分包给第三人。分包包括专业分包和劳务分包。

③专业分包。在工程施工过程中,承包人进行专业分包必须遵守以下规定:

a. 允许专业分包的工程范围仅限于非关键性工程或者适合专业化队伍施工的专项工程。未列入投标文件的专项工程,承包人不得分包。

b. 专业分包人的资格能力(含安全生产能力)应与其分包工程的标准和规模相适应,且应当具备如下条件:

a) 具有经工商登记的法人资格;

b) 具有从事类似工程经验的管理与技术人员;

c) 具有(自有或租赁)分包工程所需的施工设备。

承包人应向监理人提交专业分包人的资格能力证明材料,经监理人审查并报发包人批准后，可以将相应专业工程分包给该专业分包人。

c. 专业分包工程不得再次分包。

d. 承包人和专业分包人应当依法签订专业分包合同，并履行合同约定的义务。

专业分包合同须报监理人审查同意，并报发包人备案。

e. 专业分包人应当设立项目管理机构，对所分包工程的施工活动实施管理。

项目管理机构应当具有与分包工程的规模、技术复杂程度相适应的技术、经济管理人员，其中项目负责人和技术、财务、计量、质量、安全等主要管理人员必须是专业分包人本单位人员。

f. 承包人应当建立健全相关分包管理制度和台账，对专业分包工程的质量、安全、进度和专业分包人的行为等实施全过程管理，对专业分包工程的实施向发包人负责，并承担赔偿责任。专业分包合同不免除承包合同中规定的承包人的责任或者义务。

g. 专业分包人应当依据专业分包合同的约定，组织分包工程的施工，并对分包工程的质量、安全和进度等实施有效控制。专业分包人对其分包的工程向承包人负责，并就所分包的工程向发包人承担连带责任。

h. 承包人对施工现场安全负总责，并对专业分包人的安全生产进行培训和管理。专业分包人应将其专业分包工程的施工组织设计和施工安全方案报承包人备案。专业分包人对分包施工现场安全负责，发现事故隐患，应及时处理。

④劳务分包。在工程施工过程中，承包人进行劳务分包必须遵守以下规定：

a. 劳务分包人应具有施工劳务资质。

b. 劳务分包应当依法签订劳务分包合同。劳务分包合同必须由承包人的法定代表人或其委托代理人与劳务分包人直接签订，不得由他人代签。承包人的项目经理部、项目经理、施工班组等不具备用工主体资格，不能与劳务分包人签订劳务分包合同。

承包人应向发包人和监理人提交劳务分包合同副本并报项目所在地劳动保障部门备案。

c. 承包人雇用的劳务作业应加入承包人的施工班组统一管理。有关施工质量、施工安全、施工进度、环境保护、技术方案、试验检测、材料保管与供应、机械设备等都必须由承包人管理与调配，不得以包代管。

d. 承包人应当对劳务分包人员进行安全培训和管理。

e. 劳务分包人不得将其分包的劳务作业再次分包。

违反上述规定之一者属违规分包。

⑤承包人应与分包人就分包工程向发包人承担连带责任。

⑥发包人对承包人与分包人之间的法律与经济纠纷不承担任何责任和义务。

⑦各项分包工作均应遵守《公路工程施工分包管理办法》的有关规定。

(11) 按合同约定指派项目经理。

①承包人应按合同约定指派项目经理，并在约定的期限内到职。承包人更换项目经理应事先征得发包人同意，并应在更换14天前通知发包人和监理人。承包人项目经理短期离开施工场地，应事先征得监理人同意，并委派代表代行其职责。

②承包人为履行合同发出的一切函件均应盖有承包人授权的施工场地管理机构章，并由承包人项目经理或其授权代表签字。

③承包人项目经理可以授权其下属人员履行其某项职责,但事先应将这些人员的姓名和授权范围通知监理人。

(12)承担不利物质条件风险责任。

不利物质条件,是指承包人在施工场地遇到的自然物质条件、非自然的物质障碍和污染物,包括地下和水文条件,但不包括气候条件。

不利物质条件可分为不可预见的和可预见的两类。

①不可预见的不利物质条件。

承包人遇到不可预见的不利物质条件时,应采取适应不利物质条件的合理措施继续施工,并及时通知监理人。监理人应当及时发出指示,指示构成变更的,按变更条款的约定办理。监理人没有发出指示的,承包人因采取合理措施而增加的费用和(或)工期延误,由发包人承担。

②可预见的不利物质条件。

a. 对于项目专用合同条款中已经明确指出的不利物质条件,则无论承包人是否有其经历和经验均视为承包人在接受合同时已预见其影响,并已在签约合同价中计入因其影响而可能发生的一切费用。

b. 对于项目专用合同条款未明确指出,但是在不利物质条件发生之前,监理人已经指示承包人有可能发生,但承包人未能及时采取有效措施,而导致的损失和后果均由承包人承担。

(13)承担投标文件的完备性的责任。

合同双方一致认为,承包人在递交投标文件前,对本合同工程的投标文件和已标价工程量清单中开列的单价和总额价已查明是正确的和完备的。投标的单价和总额价应已包括了合同中规定的承包人的全部义务(包括提供货物、材料、设备、服务的义务,并包括了暂列金额和暂估价范围内的额外工作的义务)以及为实施和完成本合同工程及其缺陷修复所必需的一切工作和条件。

(14)提供施工设备和临时设施。

①承包人应按合同进度计划的要求,及时配置施工设备和修建临时设施。进入施工场地的承包人设备需经监理人核查后才能投入使用。承包人更换合同约定的承包人设备的,应报监理人批准。

②承包人应自行承担修建临时设施的费用,需要临时占地的,应由承包人向当地政府土地管理部门申请,并办理租用手续;承包人按有关规定直接支付其费用,发包人对此将予以协调。

(15)施工现场内的交通道路和临时工程。

承包人应负责修建、维修、养护和管理施工所需的临时道路和交通设施,包括维修、养护和管理发包人提供的道路和交通设施,并承担相应费用。

(16)测设施工控制网。

承包人依据监理人提供的测量基准点、基准线和水准点及其书面资料,根据国家测绘基准、测绘系统和工程测量技术规范以及合同的工程精度要求,测设施工控制网,并将施工控制网的资料报送监理人审批。

承包人在施工过程中负责管理施工控制网点,对丢失或损坏的施工控制网点应及时修复,并在工程竣工后将施工控制网点移交发包人。

(17)提出开工申请。

承包人的施工前期准备工作满足开工条件后,应向监理人提交工程开工报审表。开工报审表应详细说明按合同进度计划正常施工所需的施工道路、临时设施、材料设备、施工人员等施工组织措施的落实情况以及工程的进度安排。

3. 监理人的职责和权力

(1)监理人受发包人委托,享有合同约定的权力。

监理人在行使下列权力前需要经发包人事先批准:

①同意分包本工程的某些非主体和非关键性工作;

②确定不利物质条件下产生的费用增加额;

③发布开工通知、暂停施工指示或复工通知;

④决定工期延长;

⑤审查批准技术规范或设计的变更;

⑥发出变更指示(其单项工程变更或累计变更涉及的金额超过了项目专用合同条款数据表中规定的金额);

⑦确定变更工作的单价;

⑧决定有关暂列金额的使用;

⑨确定暂估价金额;

⑩确定费用索赔额。

如果发生紧急情况,监理人认为将造成人员伤亡,或危及本工程或邻近的财产时需立即采取行动,监理人有权在未征得发包人的批准的情况下发布处理紧急情况所必需的指令,承包人应予执行,由此造成的费用增加由监理人按第3.5款商定或确定。

(2)监理人发出的任何指示应视为已得到发包人的批准,但监理人无权免除或变更合同约定的发包人和承包人的权利、义务和责任。

(3)合同约定应由承包人承担的义务和责任,不因监理人对承包人提交文件的审查或批准,对工程、材料和设备的检查和检验,以及为实施监理作出的指示等职务行为而减轻或解除。

(4)监理人的主要职责包括:

①审批施工组织设计、总体进度计划、月进度计划等。

②审批各种原材料和混合料。

③审批开工申请,签发工程开工令、停工令及复工令。

④组织检查施工单位质量、安全和环保等管理体系的建立及运行情况;采取巡视、旁站、抽检和验收等方式,检查施工质量、安全和环保等情况。

⑤核查施工单位测量、施工放线成果并进行复测。

⑥组织分项工程(中间)交工质量检验评定,进行分部、单位工程质量评定。

⑦参与或配合工程质量、安全事故的调查和处理。

⑧审核工程分包、工程变更、工程延期和费用索赔等。

⑨核算工程量清单,对已完工程进行计量;审核支付申请、签发支付证书。

⑩审查交工验收申请,参加交、竣工验收。

(二)施工进度管理

1. 合同进度计划的动态管理

进度控制主要是计划控制,包括计划的制订、审批、实施、检查和调整等。进度计划批准后,监理工程师的主要工作是进度计划的执行情况,分析实际进度与计划进度的偏差及其产生的原因,采取有效措施及时纠正偏差,以确保工程在合同规定的期限内完成。

2. 工期延误

施工合同条款将工期延误分为可以延期的延误和不能延期的延误两类。

(1) 可以延长合同工期的工期延误。

①发包人原因的工期延误。

在履行合同过程中,由于发包人的下列原因造成工期延误的,承包人有权要求发包人延长工期和(或)增加费用,并支付合理利润:

a. 增加合同工作内容。

b. 改变合同中任何一项工作的质量要求或其他特性。

c. 发包人迟延提供材料、工程设备或变更交货地点。

d. 因发包人原因导致的暂停施工。

e. 提供图纸延误。

f. 未按合同约定及时支付预付款、进度款。

g. 发包人造成工期延误的其他原因。

②异常恶劣的气候条件造成的工期延误。

通用合同条款规定,出现专用合同条款约定的异常恶劣的气候条件导致工期延误的,承包人有权要求发包人延长工期。所谓异常恶劣的气候条件,是指发生在工程项目所在地30年以上一遇的罕见的气候现象。

监理人处理气候条件对施工进度造成不利影响的事件时,应注意两条基本原则:

a. 正确区分气候条件对施工进度影响的责任。

判明因气候条件对施工进度产生影响的持续期间内,属于异常恶劣气候条件有多少天。如土方填筑路基工程的施工中,因连续降雨导致停工15天,其中6天的降雨强度超过专用合同条款规定的异常恶劣气候条件的标准,则可以延长工期,而其余9天的停工或施工效率较低的损失,就属于承包人应承担的不利气候条件风险。

b. 异常恶劣气候条件的停工是否影响总工期。

异常恶劣其条件导致的停工是进度计划中的关键工作,则承包人有权获得合同工期的延长。如果被迫停工的工作不在关键线路时且总时差多于停工天数,则不必延长合同工期。

(2) 承包人原因的工期延误(不能延长工期的延误)。

由于承包人自身的原因或责任,未能按合同进度计划完成工作时,承包人应采取措施加快施工进度,并承担加快进度所增加的费用。由于承包人原因造成工期延误,而未能按期交工的,承包人应向发包人支付逾期交工违约金。

3. 暂停施工

施工合同条款将引起暂停施工的原因分为承包人的责任和发包人的责任两类。

(1)承包人责任的暂停施工。

因下列情况引起的暂停施工所增加的费用和(或)工期延误由承包人承担：

①承包人违约引起的暂停施工。

②由于承包人原因为工程合理施工和安全保障所必需的暂停施工。

③承包人擅自暂停施工。

④承包人其他原因引起的暂停施工。

⑤现场气候条件导致的必要停工(异常恶劣的气候条件除外)。

⑥项目专用合同条款可能约定的由承包人承担的其他暂停施工。

(2)发包人责任的暂停施工。

由于发包人原因引起的暂停施工造成工期延误的，承包人有权要求发包人延长工期和(或)增加费用，并支付合理利润。

理论上，除了上述承包人原因以外的其他原因就是发包人的原因。

发包人原因引起的暂停施工其原因主要有两个方面：一是发包人未能履行合同义务与责任；二是发包人自身也无法控制但应承担风险的责任。发包人原因引起的暂停施工大体上可以分为以下几类：

①发包人未履行合同规定的义务与责任。

此类原因较为复杂，包括自身未能尽到管理责任，如发包人采购的材料未能按时到货导致工程停工待料等；也可能源于第三方责任原因，如施工中出现设计缺陷导致停工等待变更图纸等。

②不可抗力。

不可抗力的停工损失属于承包人应承担的风险，如施工期间发生地震、泥石流、洪水等自然灾害导致停工。

③协调管理原因。

同时在现场施工的两个承包人发生事故干扰，监理人从整体协调考虑，指示某一承包人暂停施工。

④行政管理部门的指令。

某些特殊情况下可能执行政府行政主管部门的指示，暂停施工一段时间。如奥运会、世博会期间，为了环境保护的需要，某些在建工程按照政府文件要求暂停施工。

由于发包人原因引起的暂停施工造成工期延误的，承包人有权要求发包人延长工期和(或)增加费用，并支付合理利润。

(3)监理人暂停施工指示(暂停施工程序)。

监理人根据施工现场的实际情况，认为必要时可向承包人发出暂停施工的指示，承包人应按监理人指示暂停施工。不论由于何种原因引起的暂停施工，暂停施工期间承包人应负责妥善保护工程并提供安全保障。

不论由于何种原因引起的暂停施工，监理人应与发包人和承包人协商，采取有效措施积极消除暂停施工的影响。

(4)暂停施工后的复工。

暂停施工后，监理人应与发包人和承包人协商，采取有效措施积极消除暂停施工的影响。

当工程具备复工条件时,监理人应立即向承包人发出复工通知。承包人收到复工通知后,应在监理人指定的期限内复工。

承包人无故拖延和拒绝复工的,由此增加的费用和工期延误由承包人承担。

因发包人原因无法按时复工的,承包人有权要求发包人延长工期和(或)增加费用,并支付合理利润。

(5)紧急情况下的暂停施工。

由于发包人的原因发生暂停施工的紧急情况,且监理人未及时下达暂停施工指示时,承包人可先暂停施工,并及时向监理人提出暂停施工的书面请求。监理人应在接到书面请求后的24小时内予以答复,逾期未答复的,视为同意承包人的暂停施工请求。

4. 工期提前

施工合同条款规定,发包人要求承包人提前交工,或承包人提出提前交工的建议能够给发包人带来效益的,应由监理人与承包人共同协商采取加快工程进度的措施和修订合同进度计划。发包人应承担承包人由此增加的费用,并向承包人支付专用合同条款约定的相应奖金。

发包人不得随意要求承包人提前交工,承包人也不得随意提出提前交工的建议。如遇特殊情况,确需将工期提前的,发包人和承包人必须采取有效措施,确保工程质量和施工安全。

实际上,如果发包人根据实际情况向承包人提出提前交工要求,由于涉及合同约定工期的变更,应与承包人通过协商达成提前交工协议作为合同文件的组成部分。协议的内容应包括:承包人修订进度计划及为保证工程质量和安全采取的赶工措施;发包人应提供的条件;所需追加的合同价款;提前交工给发包人带来效益应给承包人的奖励等。

(三) 施工质量管理

1. **工程质量要求与责任**

(1)工程质量验收按合同施工技术规范及《公路工程质量检验评定标准 第一册 土建工程》(JTG F80/1—2017)执行。

(2)因承包人原因造成工程质量达不到合同约定验收标准的,监理人有权要求承包人返工直至符合合同要求为止,由此造成的费用增加和(或)工期延误由承包人承担。

(3)因发包人原因造成工程质量达不到合同约定验收标准的,发包人应承担由于承包人返工造成的费用增加和(或)工期延误,并支付承包人合理利润。

2. **承包人的质量管理和质量检查**

(1)承包人的质量管理。

承包人应在施工场地设置专门的质量检查机构,配备专职质量检查人员,建立完善的质量检查制度。承包人应在签订合同协议书后28天之内,向监理人提交工程质量保证措施文件,包括质量检查机构的组织和岗位责任、质检人员的组成、质量检查程序和实施细则等,报送监理人审批。

(2)承包人的质量检查。

承包人应按合同约定对材料、工程设备以及工程的所有部位及其施工工艺进行全过程的质量检查和检验,并作详细记录,编制工程质量报表,报送监理人审查。

①材料、工程设备和工程的检查检验。

承包人应按合同约定进行材料、工程设备和工程的试验和检验,并为监理人对材料、工程设备和工程的质量检查提供必要的试验资料和原始记录。按合同约定应由监理人与承包人共同进行试验和检验的,由承包人负责提供必要的试验资料和原始记录。

②施工部位及施工工艺的检查检验。

承包人应对工程的所有部位及其施工工艺进行全过程的质量检查和检验,认真执行自检、互检和工序交叉检验制度,尤其做好工程隐蔽前的质量检查。

③隐蔽工程的检查。

经承包人自检确认的工程隐蔽部位具备覆盖条件后,承包人应通知监理人在约定的期限内检查。承包人的通知应附有自检记录和必要的检查资料。经监理人检查确认质量符合隐蔽要求,并在检查记录上签字后,承包人才能进行覆盖。监理人检查确认质量不合格的,承包人应在监理人指示的时间内修整或返工后,由监理人重新检查。

承包人未通知监理人到场检查,私自将工程隐蔽部位覆盖的,监理人有权指示承包人钻孔探测或揭开检查,由此增加的费用和(或)工期延误由承包人承担。

④现场材料试验。

承包人根据合同约定或监理人指示进行的现场材料试验,应由承包人提供试验场所、试验人员、试验设备器材以及其他必要的试验条件。

监理人在必要时可以使用承包人的试验场所、试验设备器材以及其他试验条件,进行以工程质量检查为目的的复核性材料试验,承包人应予以协助。

⑤现场工艺试验。

承包人应按合同约定或监理人指示进行现场工艺试验。对大型的现场工艺试验,监理人认为必要时,应由承包人根据监理人提出的工艺试验要求,编制工艺试验措施计划,报送监理人审批。

3.监理人的质量检查和试验检验

(1)监理人的质量检查。

①监理人有权对工程的所有部位及其施工工艺、材料和工程设备进行检查和检验。承包人应为监理人的检查和检验提供方便,包括监理人到施工场地,或制造、加工地点,或合同约定的其他地方进行察看和查阅施工原始记录。

监理人的检查和检验,不免除承包人按合同约定应负的责任。

②监理人及其委派的检验人员,应能进入工程现场以及材料或工程设备的制造、加工或制配的车间和场所,包括不属于承包人的车间或场所进行检查,承包人应为此提供便利和协助。

③监理人可以将材料或工程设备的检查委托给一家独立的有质量检验认证资格的检验单位。该独立检验单位的检验结果应视为监理人完成的。监理人应将这种委托的通知书不少于7天交给承包人。

(2)与承包人的共同检验和试验。

按合同约定,应由监理人与承包人共同进行材料、设备的试验和工程隐蔽前检验的,在收到承包人共同检验和试验的通知后,监理人既未发出变更检验和试验时间的通知,又未按时派员参加,承包人为了不延误施工可以自行进行试验和检验。试验和检验合格后,应立即将试验和检验结果记录报送监理人,之后可继续施工。此次检验或试验可视为监理人在场情况下进行的,监理人应在试验和检验结果记录上签字确认。

(3)监理人指示的重新检验和试验。

①材料、工程设备和工程的重新检验和试验。

监理人对承包人的试验和检验结果有疑问,或为查清承包人试验和检验成果的可靠性要求承包人重新试验和检验的,可按合同约定由监理人与承包人共同进行。重新试验和检验的结果证明该项材料、工程设备或工程的质量不符合合同要求,由此增加的费用和(或)工期延误由承包人承担;重新试验和检验结果证明符合合同要求,由发包人承担由此增加的费用和(或)工期延误,并支付承包人合理利润。

②隐蔽工程的重新检验。

承包人按合同规定覆盖工程隐蔽部位后,监理人对已覆盖的隐蔽工程部位质量有疑问的,可要求承包人对已覆盖的部位进行钻孔探测或揭开重新检验,承包人应遵照执行,并在检验后重新覆盖恢复原状。经检验证明工程质量符合合同要求,由发包人承担由此增加的费用和(或)工期延误,并支付承包人合理利润;经检验证明工程质量不符合合同要求,由此增加的费用和(或)工期延误由承包人承担。

4.对发包人提供的材料和工程设备管理

承包人应根据合同进度计划的安排,向监理人报送要求发包人交货的日期计划。发包人应按照监理人与合同双方当事人商定的交货日期,向承包人提交材料和工程设备,并在到货7天前通知承包人。承包人会同监理人在约定的时间内,赴交货地点共同进行验收。

发包人提供的材料和工程设备验收后,由承包人负责接收、运输和保管。承包人应承担施工现场内这些材料、设备二次倒运所发生的费用。

发包人要求向承包人提前交货的,承包人不得拒绝,但发包人应承担承包人由此增加的保管费用。

发包人提供的材料和工程设备的规格、数量或质量不符合合同要求,或由于发包人原因发生交货日期延误及交货地点变更等情况时,发包人应承担由此增加的费用和(或)工期延误,并向承包人支付合理利润。

5.对承包人施工设备的控制

承包人使用的施工设备不能满足合同进度计划或质量要求时,监理人有权要求承包人增加或更换施工设备,承包人应及时增加或更换,由此增加的费用和(或)工期延误由承包人承担。

承包人的施工设备和临时设施应专用于合同工程,未经监理人同意,不得将施工设备和临时设施中的任何部分运出施工场地或挪作他用。对目前闲置的施工设备或后期不再使用的施工设备,经监理人根据合同进度计划审核同意后,承包人方可将其撤离施工现场。

(四)工程款支付管理

1.外部原因引起的合同价格调整

(1)物价波动引起的价格调整。

施工工期在12个月以上的工程,应考虑市场价格浮动对合同价格的影响,由发包人和包人分担市场价格变化的风险。

通用合同条款规定采用价格指数调整价格差额时,应使用合同条款中规定的调价公式计算差额并调整合同价格。用公式法调价,仅适用于工程量清单中单价支付部分。

采用造价信息调整价格差额时,人工、机械使用费按照国家或省(自治区、直辖市)建设行政管理部门、行业建设管理部门或其授权的工程造价管理机构发布的人工成本信息、机械台班单价或机械使用费系数进行调整;需要进行价格调整的材料,其单价和采购数应由监理人复核,监理人确认需调整的材料单价及数量,作为调整工程合同价格差额的依据。

(2)法律法规变化引起的价格调整。

在基准日后,因法律、法规变化导致承包人的施工费用发生增减变化时,监理人根据法律法规、国家或省(自治区、直辖市)有关部门的规定,监理人采用商定或确定的方式对合同价款进行调整。

2. 工程计量

(1)单价子目的计量。

①承包人对已完成的工程进行计量,并向监理人提交已完成工程量报表和有关计量资料。监理人应在收到承包人提交的工程量报表后的7天内进行复核,监理人未在约定时间内复核的,承包人提交的工程量报表中的工程量视为承包人实际完成的工程量,据此计算工程价款。

②监理人对承包人提交的工程量报表中的数量有异议的,可要求承包人进行共同复核和抽样复测。承包人应协助监理人进行复核,并按监理人要求提供补充计量资料。承包人未按监理人要求参加复核,监理人单方复核或修正的工程量视为承包人实际完成的工程量。

③监理人认为有必要时,可通知承包人共同进行联合测量、计量,承包人应遵照执行。

④承包人完成工程量清单中每个子目的工程量后,监理人应要求承包人派员共同对每个子目的历次计量报表进行汇总,以核实最终结算工程量。承包人未按监理人要求派员参加的,监理人最终核实的工程量视为承包人完成该子目的准确工程量。

⑤承包人未在已标价工程量清单中填入单价或总额价的工程子目,将被认为其已包含在本合同的其他子目的单价和总额价中,发包人将不另行支付。

(2)总价子目的计量。

①总价子目的计量和支付应以总价为基础,不考虑市场价格浮动的调整。承包人实际完成的工程量,是进行工程目标管理和控制进度支付的依据。

②承包人在合同约定的每个计量周期内,对已完成的工程进行计量,并向监理人提交进度付款申请单、专用条款约定的合同总价支付分解表所表示的阶段性或分项计量的支持性资料,以及所达到工程形象目标或分阶段需完成的工程量和有关计量资料。

③监理人对承包人提交的上述资料进行复核,以确定分阶段实际完成的工程量和工程形象目标。对其有异议的,可要求承包人进行共同复核和抽样复测。

④除按合同条款约定的变更外,总价子目的工程量是承包人用于结算的最终工程量,通常不进行现场计量,只进行图纸计量。

3. 工程进度款的支付

(1)进度付款申请单。

承包人应在每个付款周期末,按监理人批准的格式和专用条款约定的份数,向监理人提交进度付款申请单,并附相应的支持性证明文件。通用合同条款规定进度付款申请单应包括下列内容:①截至本次付款周期末已实施工程的价款。②应增加和扣减的变更金额。③应增加和扣减的索赔金额。④应支付的预付款和扣减的返还预付款。⑤应扣减的质量保证金。⑥根据合同应增加和扣减的其他金额。

(2)进度付款证书。

监理人在收到承包人进度付款申请单以及相应的支持性证明文件后的14天内完成核查,提出发包人到期应支付给承包人的金额以及相应的支持性材料。经发包人审查同意后,由监理人向承包人出具经发包人签认的进度付款证书。

监理人有权扣发承包人未能按照合同要求履行任何工作或义务的相应金额,如扣除质量不合格部分的工程款等。

监理人出具进度付款证书,不应视为监理人已同意、批准或接受了承包人完成的该部分工作。

(3)进度款的支付时间。

发包人应在监理人收到进度付款申请单后的28天内,将进度应付款支付给承包人。发包人不按期支付的,按专用合同条款的约定支付逾期付款违约金。

4.交工结算

(1)交工付款申请单。

①承包人应在交工验收证书签发后42天内向监理人提交交工付款申请单(包括相关证明材料)。交工付款申请单应包括下列内容:交工结算合同总价、发包人已支付承包人的工程价款、应扣留的质量保证金、应支付的交工付款金额。

②监理人对交工付款申请单有异议的,有权要求承包人进行修正和提供补充资料。经监理人和承包人协商后,由承包人向监理人提交修正后的交工付款申请单。

(2)交工付款证书及支付时间。

①监理人在收到承包人提交的交工付款申请单后的14天内完成核查,提出发包人到期应支付给承包人的价款送发包人审核并抄送承包人。

发包人应在收到后14天内审核完毕,由监理人向承包人出具经发包人签认的交工付款证书。

监理人未在约定时间内核查,又未提出具体意见的,视为承包人提交的交工付款申请单已经监理人核查同意;发包人未在约定时间内审核又未提出具体意见的,监理人提出发包人到期应支付给承包人的价款视为已经发包人同意。

②发包人应在监理人出具交工付款证书且承包人提交了合格的增值税专用发票后的14天内,将应支付款支付给承包人。发包人不按期支付的,按合同条款的约定,将逾期付款违约金支付给承包人。

5.最终结清

(1)最终结清申请单。

①承包人应在缺陷责任期终止证书签发后28天内向监理人提交最终结清申请单(包括相关证明材料)。

最终结清申请单中的总金额应认为是代表了根据合同规定应付给承包人的全部款项的最后结算。

②发包人对最终结清申请单内容有异议的,有权要求承包人进行修正和提供补充资料,由承包人向监理人提交修正后的最终结清申请单。

(2)最终结清证书和支付时间。

①监理人收到承包人提交的最终结清申请单后的14天内,提出发包人应支付给承包人的价款送发包人审核并抄送承包人。

发包人应在收到后14天内审核完毕,由监理人向承包人出具经发包人签认的最终结清证书。

监理人未在约定时间内核查,又未提出具体意见的,视为承包人提交的最终结清申请已经监理人核查同意;发包人未在约定时间内审核又未提出具体意见的,监理人提出应支付给承包人的价款视为已经发包人同意。

②发包人应在监理人出具最终结清证书且承包人提交了合格的增值税专用发票后的14天内,将应支付款支付给承包人。发包人不按期支付的,按合同条款的约定,将逾期付款违约金支付给承包人。

(五)施工安全管理

1. 发包人的施工安全责任

(1)发包人应按合同约定履行安全管理职责,授权监理人按合同约定的安全工作内容监督、检查承包人安全工作的实施,组织承包人和有关单位进行安全检查。

(2)发包人应对其现场机构雇佣的全部人员的工伤事故承担责任,但由于承包人原因造成发包人人员工伤的,应由承包人承担责任。

(3)发包人应负责赔偿工程或工程的任何部分对土地的占用所造成的第三者财产损失,以及由于发包人原因在施工场地及其毗邻地带造成的第三者人身伤亡和财产损失。

2. 承包人的施工安全责任

(1)承包人应按合同约定履行安全职责,严格执行国家、地方政府有关施工安全管理方面的法律、法规及规章制度,同时严格执行发包人制订的本项目安全生产管理方面的规章制度、安全检查程序及施工安全管理要求,以及监理人有关安全工作的指示。

(2)承包人应根据本工程的实际安全施工要求,编制施工安全技术措施,并在签订合同协议书后28天内,报监理人和发包人批准。该施工安全技术措施包括(但不限于)施工安全保障体系,安全生产责任制,安全生产管理规章制度,安全防护施工方案,施工现场临时用电方案,施工安全评估,安全预控及保证措施方案,紧急应变措施,安全标识、警示和围护方案等。

对影响安全的重要工序和下列危险性较大的工程应编制专项施工方案,并附安全验算结果,经承包人项目总工签字并报监理人和发包人批准后实施,由专职安全生产管理人员进行现场监督。

工程项目需要编制专项施工方案的工程包括(但不限于)以下内容:

①不良地质条件下有潜在危险性的土方、石方开挖。

②滑坡和高边坡处理。

③桩基础、挡墙基础、深水基础及围堰工程。
④桥梁工程中的梁、拱、柱等构件施工等。
⑤隧道工程中的不良地质隧道、高瓦斯隧道等。
⑥水上工程中的打桩船作业、施工船作业、外海孤岛作业、边通航边施工作业等。
⑦水下工程中的水下焊接、混凝土浇筑、爆破工程等。
⑧爆破工程。
⑨大型临时工程中的大型支架、模板、便桥的架设与拆除；桥梁、码头的加固与拆除。
⑩其他危险性较大的工程。

监理人和发包人在检查中发现有安全问题或有违反安全管理规章制度的情况时，可视为承包人违约，应按违约的有关规定办理。

（3）承包人应加强施工作业安全管理，特别应加强易燃、易爆材料、火工器材、有毒与腐蚀性材料和其他危险品的管理，以及对爆破作业和地下工程施工等危险作业的管理。

（4）承包人应严格按照国家安全标准制定施工安全操作规程，配备必要的安全生产和劳动保护设施，加强对承包人人员的安全教育，并发放安全工作手册和劳动保护用具。

（5）承包人应按监理人的指示制定应对灾害的紧急预案，报送监理人审批。承包人还应按预案做好安全检查，配置必要的救助物资和器材，切实保护好有关人员的人身和财产安全。

（6）除项目专用合同条款另有约定外，安全生产费用应为投标价（不含安全生产费及建筑工程一切险及第三者责任险的保险费）的1.5%（若发包人公布了最高投标限价时，按最高投标价的1.5%计）。

安全生产费用应用于施工安全防护用具及设施的采购和更新、安全施工措施的落实、安全生产条件的改善，不得挪作他用。如承包人在此基础上增加安全生产费用以满足项目施工需要，则承包人应在本项目工程量清单其他相关子目的单价或总额价中予以考虑，发包人不再另行支付。因采取合同未约定的特殊防护措施增加的费用，由监理人按第3.5款商定或确定。

（7）承包人应对其履行合同所雇佣的全部人员，包括分包人人员的工伤事故承担责任，但由于发包人原因造成承包人人员工伤事故的，应由发包人承担责任。

（8）由于承包人原因在施工场地内及其毗邻地带造成的第三者人员伤亡和财产损失，由承包人负责赔偿。

（9）承包人应充分关注和保障所有在现场工作的人员的安全，采取以下有效措施，使现场和本合同工程的实施保持有条不紊，以免使上述人员的安全受到威胁。

①按《公路水运工程安全生产监督管理办法》规定的最低数量和资质条件配备专职安全生产管理人员。

②承包人的垂直运输机械作业人员、施工船舶作业人员、爆破作业人员、安装拆卸工、起重信号工、电工、焊工等国家规定的特种作业人员，必须按照国家规定经过专门的安全作业培训，并取得特种作业操作资格证书后，方可上岗作业。

③所有施工机具设备和高空作业设备均应定期检查，并有安全员的签字记录。

④根据合同各单位工程的施工特点，严格执行《公路水运工程安全生产监督管理办法》《公路工程施工安全技术规程》（JTG F90—2015）的具体规定。

（10）为了保护合同工程免遭损坏，或为了现场附近和过往群众的安全与方便，在确有必要的时候和地方,或当监理人或有关主管部门要求时,承包人应自费提供照明、警卫、护栅、警告标志等安全防护设施。

(11)在通航水域施工时,承包人应与当地主管部门取得联系,设置必要的导航标志,及时发布航行通告,确保施工水域安全。

(12)在整个施工过程中对承包人采取的施工安全措施,发包人和监理人有权监督,并向承包人提出整改要求。如果由于承包人未能对其负责的上述事项采取各种必要的措施而导致或发生与此有关的人身伤亡、罚款、索赔、损失补偿、诉讼费用及其他一切责任应由承包人负责。

3. 安全事故处理程序

(1)通知。

施工过程中发生安全事故时,承包人应立即通知监理人,监理人应立即通知发包人。

(2)及时采取减损措施。

工程事故发生后,发包人和承包人应立即组织人员和设备进行紧急抢救和抢修,减少人员伤亡和财产损失,防止事故扩大,并保护事故现场。需要移动现场物品时,应做出标记和书面记录,妥善保管有关证据。

(3)报告。

工程事故发生后,发包人和承包人应按国家有关规定,及时如实地向有关部门报告事故发生的情况,以及正在采取的紧急措施。

(六)变更管理

监理人应按合同条款规定的变更程序向承包人发出变更指示,承包人应遵照执行。没有监理人的变更指示,承包人不得擅自变更。

1. 变更的范围和内容

(1)取消合同中任何一项工作,但被取消的工作不能转由发包人或其他人实施,由于承包人违约造成的情况除外。

(2)改变合同中任何一项工作的质量或其他特性。

(3)改变合同工程的基线、高程、位置或尺寸。

(4)改变合同中任何一项工作的施工时间或改变已批准的施工工艺或顺序。

(5)为完成工程需要追加的额外工作。

2. 变更估价

(1)变更估价的程序。

①承包人提交变更报价书。

承包人应在收到变更指示或变更意向书后的14天内,向监理人提交变更报价书。变更报价书应详细开列变更工作的价格组成及其依据,并附必要的施工方法说明和有关图纸。

②监理人审查变更报价书。

监理人应对承包人的报价书进行审查,确认其是否符合合同规定,对工期是否会产生影响。变更工作如果影响工期的,要求承包人提出调整工期的具体细节,并提交提前或延长工期的施工进度计划及相应施工措施等详细资料。

③监理人商定或确定变更价格。

监理人收到承包人变更报价书后的 14 天内,根据合同约定的估价原则,商定或确定变更价格。

(2)变更的估价原则。

除项目专用合同条款另有约定外,因变更引起的价格调整按照如下约定处理。

①如果取消某项工作,则该项工作的总额价不予支付。

②已标价工程量清单中有适用于变更工作的子目的,采用该子目的单价。

③已标价工程量清单中无适用于变更工作的子目,但有类似子目的,可在合理范围内参照类似子目的单价,由监理人商定或确定变更工作的单价。

④已标价工程量清单中无适用或类似子目的单价,可在综合考虑承包人在投标时所提供的单价分析表的基础上,按照成本加利润的原则,由监理人商定或确定变更工作的单价。

⑤如果本工程的变更指示是因承包人过错、承包人违反合同或承包人责任造成的,则这种违约引起的任何额外费用应由承包人承担。

3. 不利物质条件的影响

不利物质条件属于发包人应承担的风险,是指承包人在施工场地遇到的不可预见的自然物质条件、非自然的物质障碍和污染物,包括地下和水文条件,但不包括气候条件。

承包人遇到不利物质条件时,应采取适应不利物质条件的合理措施继续施工,并及时通知监理人。监理人应当及时发出指示,指示构成变更的,按合同变更条款办理。监理人没有发出指示的,承包人因采取合理措施而增加的费用和(或)工期延误,由发包人承担。

(七)不可抗力

1. 不可抗力事件

不可抗力是指承包人和发包人在订立合同时不可预见,在工程施工过程中不可避免发生并不能克服的自然灾害和社会性突发事件,如地震、海啸、瘟疫、水灾、骚乱、暴动、战争和专用合同条款约定的其他情形。

2. 不可抗力发生后的管理

(1)通知。

合同一方当事人遇到不可抗力事件,使其履行合同义务受到阻碍时,应立即通知合同另一方当事人和监理人,书面说明不可抗力和受阻碍的详细情况,并提供必要的证明。

如果不可抗力的影响持续时间较长,合同一方当事人应及时向合同另一方当事人和监理人提交中间报告,说明不可抗力和履行合同受阻的情况,并于不可抗力事件结束后 28 天内提交最终报告及有关资料。

(2)采取措施避免和减少损失。

不可抗力发生后,发包人和承包人均应采取措施尽量避免和减少损失的扩大,任何一方没有采取有效措施导致损失扩大的,应对扩大的损失承担责任。

(3)统计损失,收集证明。

不可抗力发生后,发包人和承包人应及时认真统计所造成的损失,收集不可抗力造成损失的证据。

3. 不可抗力造成损失的责任

不可抗力导致的人员伤亡、财产损失、费用增加和(或)工期延误等后果,由合同双方按以下原则承担:

(1)永久工程包括已运至施工场地的材料和工程设备的损害,以及因工程损害造成的第三者人员伤亡和财产损失由发包人承担。

(2)承包人设备的损坏由承包人承担。

(3)发包人和承包人各自承担其人员伤亡和其他财产损失及其相关费用。

(4)承包人的停工损失由承包人承担,但停工期间应监理人要求照管工程和清理、修复工程的金额由发包人承担。

(5)不能按期交工的,应合理延长工期,承包人不需支付逾期交工违约金。发包人要求赶工的,承包人应采取赶工措施,赶工费用由发包人承担。

4. 因不可抗力解除合同

合同一方当事人因不可抗力导致不可能继续履行合同义务时,应当及时通知对方解除合同。合同解除后,承包人应按合同条款的规定撤离施工场地。

合同解除后,已经订货的材料、设备由订货方负责退货或解除订货合同,不能退还的货款和因退货、解除订货合同发生的费用,由发包人承担,因未及时退货造成的损失由责任方承担。合同解除后的付款,参照有关合同条款的约定,由监理人按合同条款商定或确定,但由于解除合同应赔偿的承包人损失不予考虑。

(八)索赔管理

1. 常见的索赔内容

1)承包人向发包人的索赔

(1)不利的自然条件与人为障碍引起的索赔;

(2)工程变更引起的索赔;

(3)工期延期的费用索赔;

(4)加速施工费用的索赔;

(5)发包人不正当地终止工程而引起的索赔;

(6)法律、货币及汇率变化引起的索赔;

(7)拖延支付工程款的索赔;

(8)发包人风险引起的索赔;

(9)不可抗力。

对于由不可抗力引起的赶工费等,承包人可以向发包人提出索赔。

2)发包人向承包人的索赔

由于承包人不履行合同或不完全履行合同规定的义务,或者由于承包人的行为使发包人受到损失时,发包人可向承包人提出索赔。

(1)工期延误索赔。

由于承包人原因或责任工程不能按期交工,使发包人遭受损失,发包人可向承包人提出逾期交工损失费用的索赔。

(2)质量不满足合同规定的索赔。

当承包人的施工质量不符合合同的要求,或使用的材料和设备不符合合同规定,或在缺陷责任期内未完成由于自身原因造成的质量缺陷的修复责任时,发包人有权要求承包人补偿所遭受的经济损失。

(3)承包人不履行保险责任的索赔。

如果承包人未能按照合同条款的规定办理相关保险,并保证保险有效时,发包人可以办理相关保险并保证保险有效。发包人所支付的必要的保险费可向承包人索赔。

(4)发包人合理终止合同,或承包人不正当地放弃工程的索赔。

如果发包人合理地终止合同,或者承包人不合理地放弃工程,则发包人有权从承包人手中收回由新的承包人完成工程所需的工程款与原合同未付部分的差额。

根据合同约定,承包人认为有权得到追加付款和(或)延长工期的,应按以下程序向发包人提出索赔:

(1)承包人递交索赔意向通知书。

承包人应在知道或应当知道索赔事件发生后28天内,向监理人递交索赔意向通知书,并说明发生索赔事件的事由。承包人未在前述28天内发出索赔意向通知书的,丧失要求追加付款和(或)延长工期的权利。

(2)承包人递交正式的索赔通知书。

承包人应在发出索赔意向通知书后28天内,向监理人递交正式的索赔通知书。索赔通知书应详细说明索赔理由以及要求追加的付款金额和(或)延长的工期,并附必要的记录和证明材料。

(3)承包人递交延续的索赔通知。

索赔事件具有连续影响的,承包人应按合理时间间隔继续递交延续的索赔通知,说明连续影响的实际情况和记录,列出累计的追加付款金额和(或)工期延长天数。

(4)承包人递交最终索赔通知书。

在索赔事件影响结束后的28天内,承包人应向监理人递交最终索赔通知书,说明最终要求索赔的追加付款金额和(或)延长的工期,并附必要的记录和证明材料。

2.费用索赔的受理条件

监理人受理承包人提出的费用索赔请求的条件如下:

(1)索赔事件确实存在,且已造成了承包人的经济损失;

(2)有详细、真实的记录和证明材料;

(3)索赔的提出符合合同规定;

(4)索赔要求符合实际,索赔值的计算准确合理。

3.监理人判定承包人费用索赔成立的条件

(1)承包人受到了实际损失或损害;

(2)该损失或损害不是因承包人的过错造成的;

(3)该损失或损害也不是由承包人应承担的风险造成的;

(4)承包人在合同规定的时限内提交了索赔意向通知书和索赔通知书及详细的记录和证明材料。

4. 费用索赔审理的程序

(1)收集资料、调查取证,作好记录;

(2)审查索赔通知书;

(3)查证索赔原因,审核索赔成立条件,确定索赔是否成立;

(4)分清责任,认可合理索赔;

(5)分析与核实索赔额的计算是否正确;

(6)商定或确定合理的索赔额,报发包人批准。

监理人应与发包人和承包人协商,就合理的索赔额达成一致。若不能达成一致,总监理工程师经认真研究后审慎确定索赔额,并报发包人批准。

监理人应在收到上述索赔通知书或有关索赔的进一步证明材料后的 42 天内,将索赔处理结果报发包人批准后答复承包人。如果承包人提出的索赔要求未能遵守合同条款有关申请索赔程序的规定,则承包人只限于索赔由监理人按当时记录予以核实的那部分款额。

(7)书面答复承包人索赔处理结果。

监理人将索赔处理结果报发包人批注后,应在收到上述索赔通知书或有关索赔的进一步证明材料后的 42 天内,将索赔处理结果书面答复承包人。

(8)签发索赔审批表,发包人完成赔付,或解决争议。

承包人接受索赔处理结果的,发包人应在作出索赔处理结果答复后 28 天内完成赔付。承包人不接受索赔处理结果的,按合同条款中有关争议的解决的约定办理。

5. 承包人提出索赔的期限

(1)承包人按合同条款的约定接受了交工付款证书后,应被认为已无权再提出在合同工程交工验收证书颁发前所发生的任何索赔。

(2)承包人按合同条款的约定提交的最终结清申请单中,只限于提出交工验收证书颁发后发生的索赔。提出索赔的期限自接受最终结清证书时终止。

6. 费用索赔的计算方法

1) 实际费用法

实际费用法是施工索赔时最常用的一种方法。该方法是按照各索赔事件所引起损失的费用项目分别分析计算索赔值,然后将各个项目的索赔值汇总,即可得到总索赔费用值。这种方法以承包人为某项索赔工作所支付的实际开支为根据,但仅限于由于索赔事件引起的,超过原计划的费用。在这种计算方法中,需要注意的是不要遗漏费用项目。

2) 总费用法

总费用法即总成本法,就是当发生多次索赔事件以后,重新计算该工程的实际总费用,实际总费用减去投标报价时的估算总费用,即为索赔金额,即:

$$索赔款额 = 实际总费用 - 投标报价估算总费用$$

但这种方法对发包人不利,因为实际发生的总费用中可能有承包人的施工组织不合理因素;承包人在投标报价时为竞争中标而压低报价,中标后通过索赔可以得到补偿。所以这种方法只有在难以采用实际费用法时才使用。

3)修正的总费用法

修正的总费用法是对总费用法的改进,即在总费用计算的基础上,去掉一些不合理的因素,使其更合理。修正的内容如下:

(1)将计算索赔款的时段局限于受到外界影响的时间,而不是整个工期。

(2)只计算受影响时段内的某项工作所受影响的损失,而不是计算该时段内所有施工工作所受到的损失。

(3)与该项工作无关的费用不列入总费用中。

(4)对投标报价费用重新进行核算:按受影响时段内该项工作的实际单价进行核算,乘以实际完成的该项工作的工程量,得出调整后的报价费用。

按修正后的总费用计算索赔金额的公式如下:

索赔金额 = 某项工作调整后的实际总费用 - 该项工作调整后的报价费用

7.索赔的证据

(1)工程进度计划、施工方案、施工组织设计和现场施工情况记录包括施工进度表、施工人员计划表和人工日表报等;

(2)施工日志和记录;

(3)工程所在地的经济法律的基本资料;

(4)来往文件和信函等;

(5)会议纪要和备忘录;

(6)投标报价时的基础资料;

(7)技术规范和工程图纸;

(8)工程报告及工程照片;

(9)工程财务报告;

(10)其他资料。

(九)工程延期管理

1.工程延期的原因

(1)发包人及监理人的原因和责任。例如设计文件和图纸的内容出错或相互矛盾;发包人未能在合同规定的时间内提供图纸和指示;施工现场发现化石、钱币、有价值的物品或文物;发包人责任的暂停施工;发包人未按时提供施工场地;增加合同工作内容;未按合同约定及时支付工程款等。

(2)异常恶劣的气候条件。现行的公路工程专用合同条款约定,异常恶劣的气候条件是指项目所在地30年以上一遇的罕见气候现象(包括温度、降水、降雪、风等)。异常恶劣的气候条件在项目专用合同条款中作具体约定。

(3)不可抗力。

(4)其他承包人不能预见、不能避免并不能克服的事件等。

总而言之,由于承包人以外的原因造成工期延误或拖延,承包人有权提出延长工期的要求。

现行公路工程施工合同条款10.3款规定,在履行合同过程中,由于发包人的下列原因造成工期延误的,承包人有权要求发包人延长工期和(或)增加费用,并支付合理利润。

①因变更导致增加合同工作内容;
②因变更导致改变合同中任何一项工作的质量要求或其他特性;
③发包人迟延提供材料、工程设备或变更交货地点的;
④因发包人原因导致的暂停施工;
⑤发包人(监理人)提供图纸延误;
⑥未按合同约定及时支付预付款、进度款;
⑦发包人造成工期延误的其他原因。

即使由于上述原因造成工期延误,如果受影响的工程并非处在工程施工进度网络计划的关键线路上,则承包人无权要求延长总工期。

施工合同条款10.4款规定,异常恶劣的气候条件导致的工期延误,承包人有权要求发包人延长工期。

2. 承包人申请工程延期的程序

承包人申请工程延期的程序和前面所述的索赔程序相同,可参照之。

3. 延期申请的受理条件

根据合同规定,受理承包人延期申请的条件为:

(1)由于非承包人的原因造成工期延误,工程不能按原定工期完工。
(2)延期事件发生后,承包人在合同规定的期限内向监理人提交了延期意向通知书。
(3)承包人按合同规定向监理人提交了有关延期的记录和证明材料,并根据监理人要求随时提供有关证据材料。
(4)承包人在合同规定的期限内向监理人提交正式的延期通知书及详细记录和证明材料。

4. 延期能够成立并获得批准应具备的条件

(1)延期事件确实发生,且已造成了工期延误。
(2)延期事件发生在工期网络计划图的关键线路上。
(3)工程延期的提出符合合同规定。
(4)延期天数的计算正确,证据资料详细真实。

5. 审理工程延期的程序

(1)收集资料、做好记录。
(2)审查承包人的延期通知书。
(3)延期评估与审查。
(4)监理人按合同条款规定商定或确定,并报发包人批准。
(5)签发延期审批表,书面答复承包人。
(6)发包人完成赔付,或解决争议。

承包人接受延期处理结果的,发包人应在作出延期处理结果答复后 28 天内完成赔付。承包人不接受延期处理结果的,按合同条款解决该争议。

经监理人核实批准的工程延期时间,应纳入合同工期,作为合同工期的一部分。即新的合同工期等于原定的合同工期加上监理人批准的延长工期的时间。

6. 工程延期审批原则

监理机构在审批工程延期时应遵循以下原则:

(1)合同条件原则;

(2)影响工期原则(实际影响原则);

(3)实际情况原则(实事求是原则)。

7. 延期分析与延期天数计算方法

1)延期的分析

(1)原因分析:即分析引起延误的原因。

(2)网络计划分析:分析延误事件是否发生在关键线路上。

(3)发包人责任分析:分析发包人在延误事件发生中责任。

(4)延期结果分析:延期是否成立,延期时间是多少。

2)延期天数的计算方法

(1)网络分析法。就是通过分析延期事件发生前后的网络计划,对比两种情况下工期计算结果以此来确定延长工期的时间。

(2)比例分析法。就是通过对发生延误工作的工程量或费用在合同总工程量或合同总金额中所占比例进行分析计算,以此来计算延长工期的时间。

(3)实测法。就是实测完成按监理人的书面指示而增加额外工作或变更工作所需要的实际工作时间,据此来确定延长工期的时间。

(4)工时分析法。就是某项工作延误后,按实际施工程序统计出该项工作的总时间,然后按延误期间承担该项工作的全部人员投入来计算需要延长的工期。

(十)违约责任

1. 承包人的违约

(1)承包人违约的情况。

在履行合同过程中发生的下列情况属于承包人违约:

①私自将合同的全部或部分权利转让给其他人,或私自将合同的全部或部分义务转移给其他人。

②未经监理人批准,私自将已按合同约定进入施工场地的施工设备、临时设施或材料撤离施工场地。

③使用不合格材料或工程设备,工程质量达不到标准要求,又拒绝清除不合格工程。

④未能按合同进度计划及时完成合同约定的工作,已造成或预期造成工期延误。

⑤缺陷责任期内未对工程接收证书所列的缺陷清单的内容或缺陷责任期内发生的缺陷进行修复,又拒绝按监理人指示再进行修补。

⑥承包人无法继续履行或明确表示不履行或实质上已停止履行合同。
⑦承包人不按合同约定履行义务的其他情况。
(2) 对承包人违约的处理。
承包人发生上述⑥无法继续履行或明确表示不履行或实质上已停止履行合同的违约情况时,发包人可通知承包人立即解除合同。
对于承包人发生除上述违约以外的其他违约情况时,监理人应向承包人发出整改通知,要求其在指定的期限内改正。承包人应承担其违约所引起的费用增加和(或)工期延误。监理人发出整改通知 28 天后,承包人仍不纠正违约行为的,发包人可向承包人发出解除合同通知。
(3) 因承包人违约解除合同。
①发包人进驻施工现场。
合同解除后,发包人可派员进驻施工场地,另行组织人员或委托其他承包人施工。发包人因继续完成该工程的需要,有权扣留使用承包人在现场的材料、设备和临时设施。这种扣留不是没收,只是为了后续工程能够尽快顺利开始。发包人的扣留行为不免除承包人应承担的违约责任,也不影响发包人根据合同约定享有的索赔权利。
②合同解除后的结算。
a. 监理人与当事人双方协商承包人实际完成工作的价值,以及承包人已提供的材料、施工设备、工程设备和临时工程等的价值。达不成一致时,由监理人单独确定。
b. 合同解除后,发包人应暂停对承包人的一切付款,查清各项付款和已扣款金额,包括承包人应支付的违约金。
c. 发包人应按合同的约定向承包人索赔由于解除合同给发包人造成的损失。
d. 合同双方确认上述往来款项后,发包人出具最终结清付款证书,结清全部合同款项。
发包人和承包人未能就解除合同后的结清达成一致,按合同约定解决争议的方法处理。
③承包人已签订其他合同利益的转让。
因承包人违约解除合同的,发包人有权要求承包人将其为实施合同而签订的材料和设备的订货合同或任何服务协议利益转让给发包人,并在解除合同后的 14 天内,依法办理转让手续。

2. 发包人的违约
(1) 发包人违约的情况。
在履行合同过程中发生的下列情形,属于发包人违约:
①发包人未能按合同约定支付预付款或合同价款,或拖延、拒绝批准付款申请和支付凭证,导致付款延误。
②发包人原因造成停工。
③监理人无正当理由没有在约定期限内发出复工指示,导致承包人无法复工。
④发包人无法继续履行或明确表示不履行或实质上已停止履行合同。
⑤发包人不履行合同约定其他义务。
(2) 对发包人违约的处理。
①承包人解除合同。
当发包人发生上述④"无法继续履行或明确表示不履行或实质上已停止履行合同"的违

约情况时,承包人可书面通知发包人解除合同。

当发包人发生除上述违约以外的其他违约情况而导致暂停施工 28 天后,发包人仍不纠正违约行为的,承包人可向发包人发出解除合同通知。但承包人的这一行动不免除发包人承担的违约责任,也不影响承包人根据合同约定享有的索赔权利。

②承包人暂停施工。

除发包人发生不履行合同义务或无力履行合同义务以外的其他违约情况,承包人向发包人发出通知,要求发包人采取有效措施纠正违约行为。发包人收到承包人通知后的 28 天内仍不履行合同义务,承包人有权暂停施工,并通知监理人,发包人应承担由此增加的费用和(或)工期延误,并支付承包人合理利润。

(3)发包人违约解除合同后的付款(结算)。

因发包人违约解除合同的,发包人应在解除合同后 28 天内向承包人支付下列金额,承包人应在此期限内及时向发包人提交要求支付下列金额的有关资料和凭证:

①合同解除日以前所完成工作的价款。

②承包人为该工程施工订购并已付款的材料、工程设备和其他物品的金额。发包人付款后,该材料、工程设备和其他物品归发包人所有。

③承包人为完成工程所发生的,而发包人未支付的金额。

④承包人撤离施工场地以及遣散承包人人员的金额。

⑤由于解除合同应赔偿的承包人损失。

⑥按合同约定在合同解除日前应支付给承包人的其他金额。

发包人应按合同约定支付上述金额并退还质量保证金和履约担保,但有权要求承包人支付应偿还给发包人的各项金额。

(十一) 交工验收管理

1. 合同工程的交工验收

合同工程交工验收可按以下程序和要求进行:

(1)承包人提交交工验收申请报告。

当工程具备以下条件时,承包人可向监理人报送交工验收申请报告:

①除监理人同意列入缺陷责任期内完成的剩余工程和缺陷修补工作外,合同范围内的全部单位工程以及有关工作,包括合同要求的试验、试运行以及检验和验收均已完成,并符合合同要求。

②已按合同约定的内容和份数备齐了符合要求的竣工资料。

③已按监理人的要求编制了在缺陷责任期内完成剩余工程和缺陷修补工作清单以及相应施工计划。

④监理人要求在交工验收前应完成的其他工作。

⑤监理人要求提交的交工验收资料清单。

(2)监理人审查交工验收申请报告。

监理人收到承包人提交的交工验收申请报告后,应审查申请报告的各项内容,并按以下不同情形进行处理。

①监理人审查后认为工程尚不具备交工验收条件时,应在收到交工验收申请报告后的 28 天内通知承包人,指出在颁发交工验收证书前承包人还需进行的工作内容。承包人完成监理人通知的全部工作内容后,应再次提交交工验收申请报告,直至监理人同意为止。

②监理人审查后认为已具备交工验收条件时,应在收到交工验收申请报告后的 28 天内提请发包人进行工程交工验收。

(3)交工验收。

①交工验收合格,即发包人经过验收后同意接收工程的,监理人应在收到交工验收申请报告后的 56 天内,向承包人出具经发包人签认的工程交工验收证书。

经验收合格工程的实际交工日期,以承包人提交交工验收申请报告的日期为准,并在工程交工验收证书中写明。换句话说,经验收合格的工程,承包人提交交工验收申请报告的日期为该工程实际交工日期。

实际交工日用以计算施工期限,与合同工期对照判定承包人是提前交工还是延误交工。

②交工验收基本合格,即发包人经过验收后同意接收工程但提出了需要整修和完善要求的,监理人应指示承包人限期修好,并缓发工程交工验收证书。整修和完善工作完成后,经监理人复查达到要求的,经发包人同意,再向承包人出具工程交工验收证书,交工日期仍为承包人提交交工验收申请报告的日期。

③交工验收不合格,即发包人验收后不同意接收工程的,监理人应按照发包人的验收意见发出指示,要求承包人对不合格工程认真返工重作或进行补救处理,并承担由此产生的费用。承包人在完成不合格工程的返工重作或补救工作后,应重新提交交工验收申请报告。重新验收如果合格,则工程交工验收证书中注明的实际交工日,应为承包人重新提交交工验收报告的日期。

(4)延误进行交工验收。

监理人审查承包人提交的交工验收申请报告后认为已具备交工验收条件时,应在收到交工验收申请报告后的 28 天内提请发包人进行工程交工验收。

发包人在监理人收到承包人提交的交工验收申请报告 56 天后未进行验收,视为验收合格。实际交工日期以承包人提交交工验收申请报告的日期为准,但发包人由于不可抗力不能进行验收的情况除外。

2. 交工清场

(1)承包人的清场义务。

工程交工验收证书颁发后,承包人应按以下要求对施工场地进行清理,直至监理人检验合格为止。交工清场费用由承包人承担。

①施工场地内残留的垃圾已全部清除出场。

②临时工程已拆除,场地已按合同要求进行清理、平整或复原。

③按合同约定应撤离的承包人设备和剩余的材料,包括废弃的施工设备和材料,已按计划撤离施工场地。

④工程建筑物周边及其附近道路、河道的施工堆积物,已按监理人指示全部清理。

⑤监理人指示的其他场地清理工作已全部完成。

(2)承包人未按规定完成的责任。

承包人未按监理人的要求恢复临时占地,或者场地清理未达到合同约定的,发包人有权委托其他人恢复或清理,所发生的金额从拟支付给承包人的款项中扣除。

(十二)缺陷责任期管理

1. 缺陷责任期

缺陷责任期是指履行合同条款约定的缺陷责任的期限,具体期限由专用合同条款约定,包括根据合同条款约定所作的延长。

缺陷责任期自实际交工日期起计算。在全部工程交工验收前,已经发包人提前验收的单位工程,其缺陷责任期的起算日期相应提前。

2. 缺陷责任

缺陷责任是指承包人对在缺陷责任期内工程出现的缺陷(包括新出现的缺陷,或已修复的缺陷部位或部件又遭损坏的)所承担的修复的责任。

(1)承包人应在缺陷责任期内对已交付使用的工程承担缺陷责任。

(2)缺陷责任期内,发包人对已接收使用的工程承担日常维护和照管的责任。发包人在使用过程中,发现已接收的工程存在新的缺陷或已修复的缺陷部位或部件又遭损坏的,承包人应负责修复,直至检验合格为止。

(3)监理人和承包人应共同查清缺陷和(或)损坏的原因。经查明属承包人原因造成的,应由承包人承担修复和查验的费用。经查验属发包人原因造成的,发包人应承担修复和查验的费用,并支付承包人合理利润。

(4)承包人不能在合理时间内修复缺陷的,发包人可自行修复或委托其他人修复,所需费用和利润的承担,按以下规定办理:

①经查明该缺陷属承包人原因造成的,承包人应承担相关费用。

②经查验该缺陷属发包人原因造成的,发包人应承担相关费用。

3. 缺陷责任期的延长

由于承包人原因造成某项缺陷或损坏使某项工程或工程设备不能按原定目标使用而需要再次检查、检验和修复的,发包人有权要求承包人相应延长缺陷责任期,但缺陷责任期最长不超过2年。

4. 监理人颁发缺陷责任终止证书

在合同条款约定的缺陷责任期,包括根据合同条款延长的期限终止后14天内,由监理人向承包人出具经发包人签认的缺陷责任期终止证书,并退还剩余的质量保证金。颁发缺陷责任期终止证书,意味着承包人已按合同约定完成了施工、交工和缺陷修复责任的义务。

九、工程参与各方质量、安全责任和义务

(一)公路工程参建各方的质量责任和义务

1. 建设单位的质量责任和义务

(1)建设单位应当将工程发包给具有相应资质等级的单位。建设单位不得将建设工程肢

解发包。

(2) 建设单位应当依法对工程建设项目的勘察、设计、施工、监理以及与工程建设有关的重要设备、材料等的采购进行招标。

(3) 建设单位必须向有关的勘察、设计、施工、工程监理等单位提供与建设工程有关的原始资料。原始资料必须真实、准确、齐全。

(4) 建设单位不得迫使承包方以低于成本的价格竞标，不得任意压缩合理工期。建设单位不得明示或暗示设计单位或施工单位违反工程建设强制性标准，降低建设工程质量。

(5) 建设单位应当将施工图设计文件报县级以上人民政府建设行政主管部门或者其他有关部门审查。施工图设计文件未经审查批准的，不得使用。

(6) 实行监理的建设工程，建设单位应当委托具有相应资质等级的工程监理单位进行监理，也可以委托具有工程监理相应资质等级并与监理工程的施工承包单位没有隶属关系或者其他利害关系的该工程的设计单位进行监理。

(7) 建设单位在开工前，应当按照国家有关规定办理工程质量监督手续。工程质量监督手续也可以与领取施工许可证或者开工报告合并办理。

(8) 按照合同约定，由建设单位采购建筑材料、建筑构配件和设备的，建设单位应当保证建筑材料、建筑构配件和设备符合设计文件和合同要求。建设单位不得明示或者暗示施工单位使用不合格的建筑材料、建筑构配件和设备。

(9) 涉及建筑主体和承重结构变动的装修工程，建设单位应当在施工前委托原设计单位或者具有相应资质等级的设计单位提出设计方案，没有设计方案的，不得施工。房屋建筑使用者在装修过程，不得擅自变动房屋建筑主体和承重结构。

(10) 建设单位收到建设工程交工报告后，应当组织设计、施工、工程监理等有关单位进行交工验收。

(11) 建设单位应当严格按照国家有关档案管理的规定，及时收集、整理建设项目各环节的文件资料，建立、健全建设项目档案，并在建设工程竣工验收后，及时向建设行政主管部门或者其他有关部门移交建设项目档案。

2. 工程监理单位的质量责任和义务

(1) 工程监理单位应当依法取得相应等级的资质证书，并在其资质等级许可范围内承担工程监理业务。

禁止工程监理单位超越本单位资质等级许可的范围或者以其他工程监理单位的名义承担工程监理业务。禁止工程监理单位允许其他单位或者个人以本单位的名义承担工程监理业务。工程监理单位不得转让工程监理业务。

(2) 工程监理单位与被监理工程的施工承包单位以及建筑材料、建筑构配件和设备供应单位有隶属关系或者其他利害关系的，不得承担该项建设工程的监理业务。

(3) 工程监理单位应当依照法律、法规以及有关技术标准、设计文件和建设工程承包合同，代表建设单位对施工质量实施监理，并对施工质量承担监理责任。

(4) 工程监理单位应当选派具有相应资格的总监理工程师和监理工程师进驻施工现场。未经监理工程师签字，建筑材料、建筑构配件和设备不得在工程上使用或者安装，施工单位不得进行下一道工序的施工。未经总监理工程师签字，建设单位不得拨付工程款，不得进行交工验收。

(5)监理工程师应当按照工程监理规范的要求,采取旁站、巡视和平行检验等形式,对建设工程实施监理。

3.施工单位的质量责任和义务

(1)施工单位应当依法取得相应等级的资质证书,并在其资质等级许可的范围内承揽工程。禁止施工单位超越本单位资质等级许可的业务范围或者以其他施工单位的名义承揽工程。禁止施工单位允许其他单位或者个人以本单位名义承揽工程。施工单位不得转包或者违法分包工程。

(2)施工单位对建设工程的施工质量负责。

施工单位应当建立质量责任制,确定工程项目的项目经理、技术负责人和施工管理负责人。

建设工程实行总承包的,总承包单位应当对全部建设工程质量负责;建设工程勘察、设计、施工、设备采购的一项或者多项实行总承包的,总承包单位应当对其承包的建设工程或者采购的设备的质量负责。

(3)总承包单位依法将建设工程分包给其他单位的,分包单位应当按照分包合同的约定对其分包工程的质量向总承包单位负责,总承包单位与分包单位对分包工程的质量承担连带责任。

(4)施工单位必须按照工程设计图纸和施工技术标准施工,不得擅自修改工程设计,不得偷工减料。施工单位在施工过程中发现设计文件和图纸有差错的,应当及时提出意见和建议。

(5)施工单位必须按照工程设计要求、施工技术标准和合同约定,对建筑材料、建筑构配件、设备和商品混凝土进行检验,检验应当有书面记录和专人签字;未经检验或者检验不合格的,不得使用。

(6)施工单位必须建立健全施工质量的检验制度,严格工序管理,做好隐蔽工程的质量检查和记录。隐蔽工程在隐蔽前,施工单位应当通知建设单位和建设工程质量监督机构。

(7)施工人员对涉及结构安全的试块、试件以及有关材料,应当在建设单位或者工程监理单位监督下现场取样,并送具有相应资质等级的质量检测单位进行检测。

(8)施工单位对施工出现质量问题的建设工程或者交工验收不合格的建设工程,应当负责返修。

(9)施工单位应当建立健全教育培训制度,加强对职工的教育培训;未经教育培训或者考核不合格的人员,不得上岗作业。

(二)公路工程参建各方的安全责任和义务

根据《公路水运工程安全生产监督管理办法》,公路工程参建各方的安全责任和义务如下:

1.建设单位的安全责任和义务

(1)建设单位对公路工程安全生产负管理责任。依法开展项目安全生产条件审核,按规定组织风险评估和安全生产检查。根据项目风险评估等级,在工程沿线受影响区域作出相应风险提示。

(2)建设单位不得对勘察、设计、监理、施工、设备租赁、材料供应、试验检测、安全服务等单位提出不符合安全生产法律、法规和工程建设强制性标准规定的要求。不得违反或者擅自简化基本建设程序。不得随意压缩合同工期。工期确需调整的,应当对影响安全的风险进行论证和评估,经合同双方协商一致,提出相应的施工组织和安全保障措施。

2. 勘察设计单位的安全责任和义务

1) 勘察单位的安全责任和义务

(1)勘察单位应当按照法律、法规、规章、工程建设强制性标准和合同文件进行实地勘察,针对不良地质、特殊性岩土、有毒有害气体等不良情形或者其他可能引发工程生产安全事故的情形加以说明并提出防治建议。

(2)勘察单位提交的勘察文件必须真实、准确,满足公路水运工程安全生产的需要。

(3)勘察单位及勘察人员对勘察结论负责。

2) 设计单位的安全责任和义务

(1)设计单位应当按照法律、法规、规章、工程建设强制性标准和合同文件进行设计,防止因设计不合理导致生产安全事故的发生。

(2)设计单位应当考虑施工安全操作和防护的需要,对涉及施工安全的重点部位和环节在设计文件中加以注明,提出安全防范意见。依据设计风险评估结论,对存在较高安全风险的工程部位还应当增加专项设计,并组织专家进行论证。

(3)采用新结构、新工艺、新材料的工程和特殊结构工程,设计单位应当在设计文件中提出保障施工作业人员安全和预防生产安全事故的措施建议。

(4)设计单位和设计人员应当对其设计负责,并按合同要求做好安全技术交底和现场服务。

3. 工程监理单位的安全责任和义务

(1)监理单位应当按照法律、法规、规章、工程建设强制性标准和合同文件进行监理,对工程安全生产承担监理责任。

(2)监理单位应当审核施工项目安全生产条件,审查施工组织设计中安全措施和专项施工方案。

(3)在实施监理过程中,发现存在安全事故隐患的,应当要求施工单位整改;情节严重的,应当下达工程暂停令,并及时报告建设单位。施工单位拒不整改或者不停止施工的,监理单位应当及时向有关主管部门书面报告,并有权拒绝计量支付审核。

(4)监理单位应当如实记录安全事故隐患和整改验收情况,对有关文字、影像资料应当妥善保存。

4. 工程监理单位的安全责任和义务

(1)施工单位应当按照法律、法规、规章、工程建设强制性标准和合同文件组织施工,保障项目施工安全生产条件,对施工现场的安全生产负主体责任。施工单位主要负责人依法对项目安全生产工作全面负责。

建设工程实行施工总承包的,由总承包单位对施工现场的安全生产负总责。分包单位应当服从总承包单位的安全生产管理,分包单位不服从管理导致生产安全事故的,由分包单位承担主要责任。

（2）施工单位应当书面明确本单位的项目负责人，代表本单位组织实施项目施工生产。项目负责人对项目安全生产工作负有下列职责：

①建立项目安全生产责任制，实施相应的考核与奖惩；

②按规定配足项目专职安全生产管理人员；

③结合项目特点，组织制定项目安全生产规章制度和操作规程；

④组织制定项目安全生产教育和培训计划；

⑤督促项目安全生产费用的规范使用；

⑥依据风险评估结论，完善施工组织设计和专项施工方案；

⑦建立安全预防控制体系和隐患排查治理体系，督促、检查项目安全生产工作，确认重大事故隐患整改情况；

⑧组织制定本合同段施工专项应急预案和现场处置方案，并定期组织演练；

⑨及时、如实报告生产安全事故并组织自救。

（3）施工单位的专职安全生产管理人员履行下列职责：

①组织或者参与拟订本单位安全生产规章制度、操作规程，以及合同段施工专项应急预案和现场处置方案；

②组织或者参与本单位安全生产教育和培训，如实记录安全生产教育和培训情况；

③督促落实本单位施工安全风险管控措施；

④组织或者参与本合同段施工应急救援演练；

⑤检查施工现场安全生产状况，做好检查记录，提出改进安全生产标准化建设的建议；

⑥及时排查、报告安全事故隐患，并督促落实事故隐患治理措施；

⑦制止和纠正违章指挥、违章操作和违反劳动纪律的行为。

（4）施工单位应当推进本企业承接项目的施工场地布置、现场安全防护、施工工艺操作、施工安全管理活动记录等方面的安全生产标准化建设，并加强对安全生产标准化实施情况的自查自纠。

（5）施工单位应当根据施工规模和现场消防重点建立施工现场消防安全责任制度，确定消防安全责任人，制定消防管理制度和操作规程，设置消防通道，配备相应的消防设施、物资和器材。

施工单位对施工现场临时用火、用电的重点部位及爆破作业各环节应当加强消防安全检查。

（6）施工单位应当将专业分包单位、劳务合作单位的作业人员及实习人员纳入本单位统一管理。

新进人员和作业人员进入新的施工现场或者转入新的岗位前，施工单位应当对其进行安全生产培训考核。

施工单位采用新技术、新工艺、新设备、新材料的，应当对作业人员进行相应的安全生产教育培训，生产作业前还应当开展岗位风险提示。

（7）施工单位应当建立健全安全生产技术分级交底制度，明确安全技术分级交底的原则、内容、方法及确认手续。

分项工程实施前,施工单位负责项目管理的技术人员应当按规定对有关安全施工的技术要求向施工作业班组、作业人员详细说明,并由双方签字确认。

(8)施工单位应当按规定开展安全事故隐患排查治理,建立职工参与的工作机制,对隐患排查、登记、治理等全过程闭合管理情况予以记录。事故隐患排查治理情况应当向从业人员通报,重大事故隐患还应当按规定上报和专项治理。

十、施工阶段质量控制

(一)施工准备阶段的质量控制

(1)审批施工组织设计。

总监应对施工单位申报的施工组织设计进行审查,并在规定期限内批复。审查应包括下列基本内容:

①施工组织设计的编审程序。
②质量、安全、环保、进度和费用等目标。
③技术、质量、安全和环保等保证体系。
④安全技术措施、专项施工方案和施工现场临时用电方案。
⑤桥梁和隧道施工安全风险评估的工程项目清单。
⑥施工人员、资金、主要材料和机械设备等资源供应计划。
⑦施工总平面布置、交通导改方案、事故应急救援预案。

(2)审核施工单位提交的单位工程、分部工程、分项工程划分,并报建设单位。

(3)检查施工单位的技术、质量、安全和环保等保证体系建立情况;检查施工单位现场的质量管理机构、管理制度及专职管理人员和特种作业人员的资格等。

(4)核查施工单位工地试验室的人员、仪器设备和试验检测能力是否满足施工合同要求及工程施工管理需要、管理制度是否健全。试验室的检查应包括下列内容:①试验室的资质等级及试验范围;②法定计量部门对试验设备出具的计量检定证明;③试验室管理制度;④试验人员资格证书。

(5)参加设计交底。

(6)参加工程交桩,对施工单位提交的原始基准点的复测结果进行核查和平行复测,对施工单位地面线测定结果进行必要的抽测,对工程量清单复核结果及土石方工程量计算资料进行核查。重点检查:①测量人员的资格证书及测量设备检定证书;②施工平面控制网、高程控制网和临时水准点的测量成果及控制桩的保护措施。

(7)对用于工程的主要材料、混合料等进行检验。

(8)审核确认分包单位的资格。

分包工程开工前,项目监理机构应审核施工单位报送的分包单位资格报审表及有关资料。分包单位资格审核应包括的基本内容:①法人营业执照、企业资质等级证书;②安全生产许可文件;③类似工程业绩;④主要管理人员、技术人员及特种作业人员的资格;⑤主要施工机械设备。

(9)审查开工条件,签发合同段工程开工令,并报建设单位批准。

(二)施工过程的质量控制

(1)审查施工单位提交的分部工程及主要分项工程开工申请,并在规定期限内批复。审查应包括下列基本内容:

①施工方案及主要施工工艺控制要点等是否符合有关技术标准;

②技术、质量管理人员及主要操作人员等的配备是否满足施工合同要求和施工需要。

(2)对施工单位质量保证体系运行情况进行进度检查。

(3)巡视与旁站施工现场,对施工质量进行监督检查

监理工程师应采取以巡视为主的方式进行施工现场监理,按计划定期或不定期巡视施工现场,对施工的主要工程每天不少于1次,并填写巡视记录。

巡视应包括下列主要内容:

①施工现场管理人员特别是质量、安全管理人员是否到位,特种作业人员是否持证上岗;

②使用的原材料或混合料、构配件和主要施工机械设备是否与批准的一致;

③是否按技术标准、工程设计文件、批准的施工组织设计和方案施工;

④质量、安全、环保和施工标准化等措施是否落实,施工自检和工序交接是否符合规定。

监理机构应安排监理人员对监理计划所列旁站项目的施工过程进行旁站,对主要工程的关键项目进行检测见证,并填写旁站记录,签认检测见证结果。

(4)审查施工单位提交的施工测量放线数据和成果。

监理工程师应对从基准点引出的工程控制桩的重点桩位(如道路工程的路线平面控制点和各种结构物定位的轴线控制桩位等,以及各高程控制点)应复测不少于30%。

(5)审查施工单位申报的原材料与混合料试验资料。

监理工程师应对主要原材料独立取样进行平行试验;对主要混合料的配合比和路基填料的击实试验结果进行验证。

(6)按规定对主要原材料、混合料,关键项目和结构主要尺寸等进行抽检,并填写抽检记录。

①对钢筋、水泥、沥青、石灰和碎石等原材料及水泥混凝土、沥青混合料和无机结合料稳定材料等混合料的抽检频率不应低于施工检验频率的10%。

②对分项工程中的关键项目和结构主要尺寸的抽检频率应不低于施工检验频率的20%。

③当监理工程师对工程材料或实体质量有疑问时,应进行抽检。

(7)核查施工单位外购或委托制作的主要工程构配件或设备的合格证明文件和施工单位自检报告,对关键项目进行抽检。

(8)对施工单位报验的隐蔽工程进行检查验收。

(9)检查施工单位对分项工程(或中间)交工验收的检验评定资料,组织施工单位进行质量评定,签发分项工程(中间)交工证书。

(10)对已完分部工程、单位工程和合同段进行质量检验评定。

(11)对施工不符合法律法规、技术标准及施工合同约定的,应要求施工单位改正,并应符合下列规定:

①质量不合格的材料、构配件不得在工程上使用。

②对工程质量缺陷,监理机构应签发监理指令单,要求施工单位整改。

③对质量不合格的工程,监理机构应签发监理指令单,要求施工单位返工处理。

④对可能危及结构安全或存在重大隐患的质量问题,监理机构应签发停工令,并向建设单位报告。

⑤当发生质量事故时,监理机构应依法按有关规定报告和处理。

⑥监理机构应建立质量问题处理台账。

(三)质量缺陷责任期监理

(1)缺陷责任期内,发包人对已接收使用的工程承担日常维护和照管的责任。发包人在使用过程中,发现已接收的工程存在新的缺陷或已修复的缺陷部位或部件又遭损坏的,承包人应负责修复,直至检验合格为止。

(2)在缺陷责任期内,承包人应尽快完成在交工验收证书中写明的未完成工作,并完成对工程缺陷的修复或监理人指令的修补工作。

(3)监理人和承包人应共同查清缺陷和(或)损坏的原因。经查明属承包人原因造成的,应由承包人承担修复和查验的费用;经查验属发包人原因造成的,发包人应承担修复和查验的费用,并支付承包人合理利润。

(4)承包人不能在合理时间内修复缺陷的,发包人可自行修复或委托其他人修复,所需费用和利润的承担,按以下规定办理:

①经查明该缺陷属承包人原因造成的,应由承包人承担相关费用。

②经查验该缺陷属发包人原因造成的,发包人应承担相关费用。

(5)由于承包人原因造成某项缺陷或损坏使某项工程或工程设备不能按原定目标使用而需要再次检查、检验和修复的,发包人有权要求承包人相应延长缺陷责任期,但缺陷责任期最长不超过2年。

(6)缺陷责任期质量监理的主要工作内容包括:

①检查施工单位剩余工程的实施、遗留问题整改情况。

②巡视检查已完工程质量,记录发生的工程缺陷,指示施工单位进行缺陷的修复,对修复的工程缺陷进行检查验收。

③调查工程缺陷产生的原因、确认责任及修复费用。

④审查承包人提交的要求返回剩余的质量保证金的申请,核实承包人是否完成缺陷责任。

⑤审查承包人提交的终止缺陷责任的申请,确认是否符合合同约定的终止条件。

(7)缺陷责任期终止证书。

在合同条款约定的缺陷责任期(包括根据合同条款延长的期限)终止后14天内,由监理工程师向承包人出具经业主签认的缺陷责任期终止证书,并退还剩余的质量保证金。

(四)公路工程施工质量验收和评定

1. 公路工程质量检验评定标准

(1)一般规定。

公路工程质量检验评定应按分项工程、分部工程、单位工程直到合同段逐级进行。

①单位工程:在合同段中,具有独立施工条件和结构功能的工程为单位工程。
②分部工程:在单位工程中,按路段长度、结构部位及施工特点等划分的工程为分部工程。
③分项工程:在分部工程中,根据施工工序、工艺或材料等划分的工程为分项工程。

(2)公路工程质量检验评定应符合下列规定:

①分项工程完工后,应根据质量检验评定标准进行检验,对工程质量进行评定。隐蔽工程在隐蔽前应检查合格。

②分部工程、单位工程完工后,应汇总评定所属分项工程、分部工程质量资料,检查外观质量,对工程质量进行评定。

(3)工程质量检验。

①分项工程应按基本要求、实测项目、外观质量和质量保证资料等检验项目分别检查。

②分项工程质量应在所使用的原材料、半成品、成品及施工控制要点等符合基本要求的规定,无外观质量限制缺陷且质量保证资料真实齐全时,方可进行检验评定。

③基本要求检查应符合以下规定:

a.分项工程应对所列基本要求逐项检查,经检查不符合规定时,不得进行工程质量的检验评定。

b.分项工程所用的各种原材料的品种、规格、质量及混合料配合比和半成品、成品应符合有关技术标准规定并满足设计要求。

④实测项目检验应符合下列规定:

a.对检查项目按规定的检查方法和频率进行随机抽样检验并计算合格率。

b.《公路工程质量检验评定标准 第一册 土建工程》(JTG F80/1—2017)规定的检查方法为标准方法,采用其他高效检测方法应经比对确认。

c.《公路工程质量检验评定标准 第一册 土建工程》(JTG F80/1—2017)中以路段长度规定的检查频率为双车道路段的最低检查频率,对多车道应按车道数与双车道之比相应增加检查数量。

d.应按下式计算检查项目合格率:

$$合格率 = \frac{合格的点(组)数}{该检查项目的全部检查点(组)数} \times 100\% \qquad (1\text{-}1)$$

⑤检查项目合格判定应符合下列规定:

a.关键项目的合格率应不低于95%(机电工程为100%),否则该检查项目为不合格。

b.一般项目的合格率应不低于80%,否则该检查项目为不合格。

c.有规定极值的检查项目,任一单个检测值不应突破规定极值,否则该检查项目为不合格。

d.采用《公路工程质量检验评定标准 第一册 土建工程》(JTG F80/1—2017)附录 B 至附录 S 所列方法进行检验评定的检查项目,不满足要求时,该检查项目为不合格。

⑥外观质量应进行全面检查,并满足规定要求,否则该检验项目为不合格。

⑦工程应有真实、准确、齐全、完整的施工原始记录、试验检测数据、质量检验结果等质量保证资料。质量保证资料应包括下列内容:

a.所用原材料、半成品和成品质量检验结果;

b.材料配合比、拌和加工控制检验和试验数据;

c. 地基处理、隐蔽工程施工原始记录和桥梁、隧道施工监控资料；

　d. 质量控制指标的试验记录和质量检验汇总图表；

　e. 施工过程中遇到的非正常情况记录及其对工程质量影响分析评价资料；

　f. 施工过程中如发生质量事故，经处理补救后达到设计要求的认可证明文件等。

⑧检验项目评为不合格的，应进行整修或返工处理直至合格。

（4）工程质量评定。

①工程质量等级应分为合格与不合格。

②分项工程、分部工程、单位工程质量评定应符合《公路工程质量检验评定标准　第一册　土建工程》（JTG F80/1—2017）中附录 K 规定的资料。

③分项工程质量评定合格应符合下列规定：

　a. 检验记录应完整；

　b. 实测项目应合格；

　c. 外观质量应满足要求。

④分部工程质量评定合格应符合下列规定：

　a. 评定资料应完整；

　b. 所含分项工程实测项目应合格；

　c. 外观质量应满足要求。

⑤单位工程质量评定合格应符合下列规定：

　a. 评定资料应完整；

　b. 所含分部工程应合格；

　c. 外观质量应满足要求。

⑥评定为不合格的分项工程、分部工程，经返工、加固、补强或调测，满足设计要求后，可重新进行检验评定。

⑦所含单位工程合格，该合同段评定为合格；所含合同段合格，该建设项目评定为合格。

2. 施工过程中的质量验收与评定的组织

施工过程中的质量验收与评定（又称为中间交工验收）可分为分项工程、分部工程、单位工程和合同段工程的验收与评定。

（1）分项工程的验收评定。

分项工程完成后，施工单位首先进行质量检验评定，合格后向监理机构提交分项工程交工验收申请。监理机构收到分项工程交工（中间交工）验收申请后，应对施工单位的检验评定资料进行检查，符合合同约定的要求后，组织施工单位在监理抽检、检测见证和隐蔽工程验收基础上进行质量验收评定，对评定合格的签发分项工程（中间）交工证书。

（2）分部工程、单位工程和合同段工程的验收评定。

分部工程、单位工程和合同段工程完成后，监理机构根据施工单位的质量检测资料，监理机构的抽检资料、相关工程的质量检测资料及验收质量，根据《公路工程质量检验评定标准　第一册　土建工程》（JTG F80/1—2017）分别进行分部工程、单位工程和合同段工程的验收评定。

(五)质量缺陷、质量事故处理

1. 工程质量缺陷及处理

工程质量缺陷是指工程不符合国家或行业的有关技术标准、设计文件及合同中对质量的要求。

隐患的处理应根据隐患的性质状态和严重程度,分别采取相应的处理手段和方法。

(1)当因施工而引起的质量缺陷处于萌芽状态时,监理工程师应及时制止,要求承包人立即更换不合格的材料、工程设备,或撤换不称职的施工人员,或要求立即改变不正确的施工方法及操作工艺。

(2)当因施工而引起的质量缺陷已出现时,按下列方式处理:

①发生工程质量缺陷后,项目监理机构应签发监理指令,要求施工单位进行处理。

②施工单位进行质量缺陷调查,分析质量缺陷产生的原因,并提出经设计单位认可的处理方案。

③项目监理机构审查施工单位报送的质量缺陷处理方案,并签署意见。

④施工单位按监理机构审批的处理方案实施处理,项目监理机构对处理过程进行跟踪检查。

⑤质量缺陷处理完毕后,施工单位自检合格后通知监理机构检查验收。监理机构对质量缺陷处理的结果进行检查验收。经监理机构检查确认质量合格后,在检查记录上签字。

(3)当质量缺陷发生在某道工序或分项工程完工以后,而且质量缺陷的存在将对下道工序或分项工程质量产生影响时,监理工程师应在对质量缺陷产生的原因及责任做出判断并确定了补救方案后,再进行质量缺陷的处理或下道工序或分项工程的施工。

(4)在缺陷责任期内出现质量缺陷时,监理工程师应及时指令承包人进行修复。

2. 工程质量事故的处理

(1)工程质量事故等级的划分。

根据直接经济损失或工程结构损毁情况(自然灾害所致除外),公路工程质量事故可分为特别重大质量事故、重大质量事故、较大质量事故和一般质量事故4个等级。直接经济损失在一般质量事故以下的则为质量问题。

①特别重大质量事故。

特别重大质量事故是指造成直接经济损失1亿元以上的事故。

②重大质量事故。

重大质量事故是指造成直接经济损失5000万元以上、1亿元以下,或者特大桥主体结构垮塌、特长隧道结构坍塌的事故。

③较大质量事故。

较大质量事故是指造成直接经济损失1000万元以上、5000万元以下,或者高速公路项目中桥或大桥主体结构垮塌、中隧道或长隧道结构坍塌、路基(行车道宽度)整体滑移的事故。

④一般质量事故。

一般质量事故是指造成直接经济损失100万元以上、1000万元以下,或者除高速公路以外的公路项目中桥或大桥主体结构垮塌、中隧道或长隧道结构坍塌的事故。

上述所称"以上"包括本数,"以下"不包括本数。
(2)工程质量事故处理的依据。
工程质量事故处理的主要依据有以下4个方面:
①相关法律法规、技术标准及规范。
②具有法律效力的有关合同文件。
具有法律效力的有关合同文件包括工程施工承包合同、设计委托合同、材料或设备购销合同、工程监理合同、分包合同等。
③质量事故的实况资料。
质量事故的实况资料包括施工单位在事故发生后提交的质量事故调查报告等。
④有关的工程技术文件、资料、档案等。
有关的工程技术文件、资料、档案等包括:有关设计技术文件,有关施工技术、资料档案等。
(3)工程质量事故处理的程序。
①工程质量事故发生后,总监理工程师应签发工程暂停令,要求暂停事故部位和与其有关联部位的施工,并要求施工单位采取必要的措施,抢救人员和财产,防止事故扩大、保护好事故现场,做好相应记录。同时,要求施工单位迅速按事故类别和等级向相应的主管部门上报。
②项目监理机构要求施工单位进行质量事故调查、分析质量事故产生的原因,并提交质量事故调查报告。
③对于由质量事故调查组处理的,项目监理机构应积极配合事故调查组进行事故调查,客观地提供相应证据。
④根据施工单位的质量事故调查报告或质量事故调查组提出的处理意见,项目监理机构要求相关单位提交质量事故技术处理方案。事故技术处理方案经监理机构审核签认并报建设单位批准。
这里应说明的是,质量事故技术处理方案一般由施工单位提出,经原设计单位同意签认,监理机构审核签认并报建设单位批准。对于涉及结构安全等的重大技术处理方案,一般由原设计单位提出,并报建设单位批准。必要时,应要求建设单位组织专家论证,以确保处理方案可靠、可行、保证结构安全和使用功能。
⑤项目监理机构要求施工单位按照已批准的事故处理方案对质量事故进行处理,并对处理过程进行跟踪检查,在施工单位自检合格后,对质量事故处理结果进行检查验收。
⑥质量事故处理完毕后,经验收合格并具备复工条件时,施工单位提出复工申请,监理机构应审查施工单位报送的工程复工报审表及有关资料,符合要求并报建设单位批准后,总监理工程师签发工程复工令。
⑦项目监理机构应及时向建设单位提交质量事故书面报告,并应将完整的质量事故处理记录整理归档。

十一、工程安全生产管理

(一)施工安全风险评估

1. 施工安全风险评估

所谓安全风险评估是指对工程中存在的各种安全风险及其影响程度进行综合分析,包括风险辨识、风险估测、风险评价和防控措施。

施工安全风险评估分为总体风险评估和专项风险评估。总体风险评估应在施工图设计完成后、项目开工前完成。专项风险评估贯穿施工整个过程,可分为施工前专项风险评估和施工过程专项风险评估。

2.施工安全风险评估报告的主要内容

安全风险评估可分为总体风险评估和专项风险评估。

建设单位按规定开展施工安全总体风险评估,编制总体风险评估报告。对总体风险评估(报告)的要求是评估程序规范、评估深度符合实际,可指导后期施工。

施工单位按规定开展合同段专项风险评估工作,编制专项风险评估报告。对专项风险评估(报告)的要求是评估程序规范、评估深度符合实际,管控措施合理。

安全风险评估报告的主要内容包括:

(1)编制依据。

安全风险评估报告编制依据包括:

①项目风险管理方针及策略。

②相关的国家和行业标准、规范及规定。

③项目设计和施工方面的文件。

④项目各阶段(工程可行性研究、初步设计、详细设计等)审查意见。

⑤设计阶段风险评估成果。

(2)工程概况。

(3)评估过程和评估方法。

(4)评估内容。

风险评估内容包括:

①总体风险评估。

②专项风险评估,其内容包括风险源普查、辨识、分析以及重大风险源的估测。

(5)对策措施及建议。

(6)评估结论。

①重大风险源风险等级汇总。

②Ⅲ级和Ⅳ级风险存在的部位、方式等情况。

③分析评估结果的科学性、可行性、合理性及存在的问题。

3.建设项目施工安全风险总体评估报告的审查

建设项目施工安全风险总体评估报告的审查程序如下:

建设单位编制总体风险评估报告→建设单位内部审查→建设单位组织专家论证审查→修订总体风险评估报告→建设单位主要负责人批准→实施总体风险评估报告。

4.合同段施工安全专项风险评估报告审查

合同段施工安全专项风险评估报告审查程序如下:

施工单位编制专项风险评估报告→施工单位内部审查→施工单位组织专家论证、审查→施工单位修订专项风险评估报告→施工单位主要负责人审批并签字→监理机构审查,总监理工程师批准并签字→报建设单位批准→实施专项风险评估报告。

(二) 施工安全技术交底、安全生产教育培训

1. 施工安全技术交底

相关法律规定,建设工程施工前,施工单位负责项目管理的技术人员应当对有关安全施工的技术要求向施工作业班组、作业人员做出详细说明,并由双方签字确认。

安全技术交底的主要内容:

公路工程施工前应逐级进行安全技术交底,主要包括安全技术要求、风险状况、应急处置措施等内容,具体内容如下:

(1) 告知施工过程中的作业特点和危险点、重大危险源及危害因素。

(2) 针对危险点和重大危险源制订的具体预防措施。

(3) 作业过程中应注意的安全事项。

(4) 特殊工序的操作方法和相应的安全操作规程和标准要求。

(5) 发生安全生产事故后应该采取的自救方法、紧急避险和紧急救援措施等。

2. 安全生产教育培训

(1) 安全生产教育培训的内容。

安全生产教育培训主要涉及四项主要内容:安全意识(思想)、安全知识、安全技能、安全法制教育培训。

(2) 安全生产教育培训的对象。

①企业法定代表人、企业主管安全生产的负责人和企业技术负责人。

②项目负责人(项目经理)、项目总工。

施工单位的主要负责人、项目负责人、项目专职安全生产管理人员统称为安全生产管理的"三类人员"。

③企业(项目)专职安全生产管理人员。

④企业(项目)其他生产管理人员和技术人员。

⑤企业(项目)特种作业人员。

⑥企业(项目)新进场的从业人员。

⑦重新上岗的待岗、转岗、换岗、复工人员。

⑧现场从业人员。

现场从业人员指建设工程施工现场所有从事施工作业的人员。同时,还包括勤杂工及其他工作人员。

(3) 特种作业人员的教育培训要求。

特种作业人员也称为特殊作业人员,是指从事容易发生事故,对操作者本人、他人的安全健康及设备、设施的安全可能造成重大危害的作业的从业人员。

特种(特殊)作业人员包括电工,焊接与热切割作业人员,架子工,起重信号工,起重机械司机,起重机械安装拆卸工,高处作业吊篮安装拆卸工,锅炉司炉,压力容器操作人员,电梯司机,场内专用机动车司机,制冷与空调作业人员,从事爆破工作的爆破员、安全员、保管员,瓦斯监测员,工程船舶船员,潜水员等。

法律规定,国家规定的特种作业人员,必须按照国家有关规定经过专门的安全作业教育培训,并取得特种作业操作资格证书后,方可上岗作业。

(三)危险性较大的分部分项工程划分

危险性较大的分部分项工程可分为 8 类、33 项,需专家论证审查的有 32 项。

危险性较大的分部分项工程的具体划分如下:

(1)基坑开挖、支护、降水工程。

①需编制专项施工方案的包括:

a. 开挖深度不小于 3m 的基坑(槽)开挖、支护、降水工程。

b. 开挖深度小于 3m,但地质条件和周边环境复杂的基坑(槽)开挖、支护、降水工程。

②需专家论证、审查专项施工方案的包括:

a. 开挖深度不小于 5m 的基坑(槽)的土(石)方开挖、支护、降水工程。

b. 开挖深度虽小于 5m,但地质条件、周边环境和地下管线复杂,或影响毗邻建(构)筑物安全,或存在有毒有害气体分布的基坑(槽)的土方开挖、支护、降水工程。

(2)滑坡处理和填、挖方路基工程。

①需编制专项施工方案的包括:

a. 滑坡处理。

b. 边坡高度大于 20m 的路堤或地面斜坡坡率大于 1∶2.5 的路堤,或不良地质地段、特殊岩土地段的路堤。

c. 土质挖方边坡高度大于 20m、岩质挖方边坡高度大于 30m,或不良地质地段、特殊岩土地段的挖方边坡。

②需专家论证、审查专项施工方案的包括:

a. 中型及以上滑坡体处理。

b. 边坡高度大于 20m 的路堤或地面斜坡坡率大于 1∶2.5,且处于不良地质地段、特殊岩土地段的路堤。

c. 土质挖方边坡高度大于 20m、岩质挖方边坡高度大于 30m,且处于不良地质地段、特殊岩土地段的挖方边坡。

(3)基础工程。

①需编制专项施工方案的包括:

a. 桩基础。

b. 挡土墙基础。

c. 沉井等深水基础。

②需专家论证、审查专项施工方案的包括:

a. 深度不小于 15m 的人工挖孔桩或开挖深度不超过 15m,但地质条件复杂或存在有毒有害气体分布的人工挖孔桩工程。

b. 平均高度不小于 6m 且面积不小于 1200m^2 的砌体挡土墙的基础。

c. 水深不小于 20m 的各类深水基础。

(4)大型临时工程。

①需编制专项施工方案的包括：

a. 围堰工程。

b. 各类工具式模板工程。

c. 支架高度不小于5m；跨度不小于10m，施工总荷载不小于10kN/m²；集中线荷载不小于15kN/m。

d. 搭设高度24m及以上的落地式钢管脚手架工程；附着式整体和分片提升脚手架工程；悬挑式脚手架工程；吊篮脚手架工程；自制卸料平台、移动操作平台工程；新型及异形脚手架工程。

e. 挂篮。

f. 便桥、临时码头。

g. 水上作业平台。

②需专家论证、审查专项施工方案的包括：

a. 水深不小于10m的围堰工程。

b. 高度不小于40m墩柱、高度不小于100m索塔的滑模、爬模、翻模工程。

c. 支架高度不小于8m；跨度不小于18m，施工总荷载不小于15kN/m²；集中线荷载不小于20kN/m。

d. 50m及以上落地式钢管脚手架工程。用于钢结构安装等满堂承重支撑体系，承受单点集中荷载7kN以上。

e. 猫道、移动模架。

(5) 桥涵工程。

①需编制专项施工方案的包括：

a. 桥梁工程中的梁、拱、柱等构件施工。

b. 打桩船作业。

c. 施工船作业。

d. 边通航边施工作业。

e. 水下工程中的水下焊接、混凝土浇筑等。

f. 顶进工程。

g. 上跨或下穿既有公路、铁路、管线施工。

②需专家论证、审查专项施工方案的包括：

a. 长度不小于40m的预制梁的运输与安装，钢箱梁吊装。

b. 跨度不小于150m的钢管拱安装施工。

c. 高度不小于40m的墩柱、高度不小于100m的索塔等施工。

d. 离岸无掩护条件下的桩基施工。

e. 开敞式水域大型预制构件的运输与吊装作业。

f. 在三级及以上通航等级的航道上进行的水上水下施工。

g. 转体施工。

(6) 隧道工程。

①需编制专项施工方案的包括：

a. 不良地质隧道。
b. 特殊地质隧道。
c. 浅埋、偏压及邻近建筑物等特殊环境条件隧道。
d. Ⅳ级及以上软弱围岩地段的大跨度隧道。
e. 小净距隧道。
f. 瓦斯隧道。
②需专家论证、审查专项施工方案的包括：
a. 隧道穿越岩溶发育区、高风险断层、砂层、采空区等工程地质或水文地质条件复杂的地质环境；Ⅴ级围岩连续长度占总隧道长度10%以上且连续长度超过100m；Ⅵ级围岩的隧道工程。
b. 软岩地区的高地应力区、膨胀岩、黄土、冻土等地段。
c. 埋深小于1倍跨度的浅埋地段；可能产生坍塌或滑坡的偏压地段；隧道上部存在需要保护的建筑物地段；隧道下穿水库或河沟地段。
d. Ⅳ级及以上软弱围岩地段跨度不小于18m的特大跨度隧道。
e. 连拱隧道；中夹岩柱小于1倍隧道开挖跨度的小净距隧道；长度大于100m的偏压棚洞。
f. 高瓦斯或瓦斯突出隧道。
g. 水下隧道。
（7）起重吊装工程。
①需编制专项施工方案的包括：
a. 采用非常规起重设备、方法，且单件起吊重量在10kN及以上的起重吊装工程。
b. 采用起重机械进行安装的工程。
c. 起重机械设备自身的安装、拆卸。
②需专家论证、审查专项施工方案的包括：
a. 采用非常规起重设备、方法，且单件起吊重量在100kN及以上的起重吊装工程。
b. 起吊重量在300kN及以上的起重设备安装、拆卸工程。
（8）拆除、爆破工程。
①需编制专项施工方案的包括：
a. 桥梁、隧道拆除工程。
b. 爆破工程。
②需专家论证、审查专项施工方案的包括：
a. 大桥及以上桥梁拆除工程。
b. 一级及以上公路隧道拆除工程。
c. C级及以上爆破工程、水下爆破工程。

（四）施工组织设计、专项施工方案、应急预案的审查内容及审批程序

1. 施工组织设计的审查内容及审批程序
（1）审查施工组织设计中的安全技术措施的主要内容。

工程开工前，监理工程师应审查施工单位编制的施工组织设计中的安全技术措施是否符合强制性标准，审查合格后方可同意工程开工。审查的主要内容包括：

①安全管理和安全保证体系的组织机构，包括项目负责人、专职安全管理人员、特种作业人员配备的数量及安全资格培训持证上岗情况。

②施工单位是否在其内部各种管理制度的基础上，有针对性地建立了施工安全生产管理体系和运行机制、制定了安全管理规章制度、安全操作规程。

③施工单位是否结合风险评估结论，制定了有针对性的安全技术保障措施。施工单位的安全防护用具、机械设备、施工机具是否符合国家有关安全规定。

④是否制定了施工现场临时用电方案的安全技术措施和电气防火措施。

⑤施工场地布置是否符合有关安全要求。

⑥生产安全事故应急救援方案的制定情况，针对重点部位和重点环节制定的工程项目危险源监控措施和应急方案。

⑦施工人员安全教育计划、安全交底安排。

⑧安全技术措施费用的使用计划。

(2)施工组织设计的审批程序。

施工组织审批可按以下程序进行：

施工单位编制施工组织设计→施工单位内部审核→施工单位技术负责人审批签字→监理机构审查→总监理工程师审批并签字→报建设单位批准→实施施工组织设计。

2. 专项施工方案的审查内容及审批程序

(1)专项施工方案的编制、审批程序。

施工单位应当在施工组织设计中编制安全技术措施和施工现场临时用电方案，对危险性较大的工程应当编制专项施工方案，并附安全验算结果，经施工单位技术负责人审查签字后，报监理工程师审查同意并签字后实施，由专职安全生产管理人员进行现场监督。

(2)专项施工方案审批程序。

不需专家论证的专项施工方案审核程序：

施工单位编制专项施工方案→施工单位技术部门审核→施工单位技术负责人审批签字→监理工程师审核签字→发包人批准→实施专项施工方案。

需要专家论证的专项施工方案审核程序：

施工单位编制专项施工方案→施工单位技术部门审核→组织专家论证→修改完善专项施工方案→施工单位技术负责人审批签字→监理工程师审核签字→发包人批准→实施专项施工方案。

(3)专家论证的主要内容。

当专项施工方案需要专家论证时，施工单位应当组织不少于5人的专家组，对已编制的专项施工方案进行论证审查。专项施工方案专家论证组必须提出书面论证意见。

专家组论证的主要内容包括以下3个方面：

①专项施工方案内容是否完整。

②专项施工方案计算书和验算依据是否符合有关工程建设标准，采用新技术、新工艺、新材料、新设备的工程专项施工方案的数学模型是否准确。

③专项施工方案是否可行,是否符合施工现场实际情况。

专家组认为专项施工方案需做重大修改的,施工单位应当根据专家组提交的论证报告组织修改,并重新组织专家进行论证。

施工单位应当根据专家组提交的论证报告对专项施工方案进行修改完善,经施工单位技术负责人、监理工程师和建设单位审批、签字后,方可实施。

(4)监理工程师对专项施工方案的审查内容。

监理工程师对专项施工方案的审查主要包括以下3个方面:

①程序性审查——专项施工方案按规定须经专家认证、审查的,是否执行;专项施工方案是否经施工单位技术负责人签认,不符合程序的应退回。

②符合性审查——专项施工方案必须符合强制性标准的规定,并附有安全验算的结果。须经专家论证、审查的项目应附有专家审查的书面报告,专项安全施工方案应有紧急救护措施等应急救援预案。

③针对性审查——专项施工方案应针对本工程特点以及所处环境、管理模式,具有可操作性。

3. 生产安全事故应急救援预案的审查内容和程序

(1)公路工程应急救援预案体系的构成。

应急救援预案体系由国家部门预案、地方预案、项目预案和应急预案操作手册等层级预案构成。

①国家公路工程生产安全事故应急预案(简称国家部门预案)。

国家部门预案是交通运输部应对公路工程Ⅰ级事故和指导地方公路工程生产安全事故应急预案编制的政策性文件,由交通运输部公布实施。

②地方公路工程生产安全事故应急预案(简称地方预案)。

地方预案包括省级预案、市级预案和县级预案。

地方预案是省级、市级、县级交通运输主管部门根据国家相关法规及国家部门预案要求,在本级人民政府的领导和上级交通运输主管部门的指导下,为及时应对本行政区域内发生的公路工程生产安全事故而分别制定的应急预案,由地方交通运输主管部门公布实施。其中,省级预案是省级交通运输主管部门应对公路工程Ⅰ级、Ⅱ级事故处置,以及省级人民政府责成处置的其他事故的政策性文件。县级、市级预案的适用范围由省级交通运输主管部门根据职责分工自行确定。

③公路工程项目生产安全事故应急预案(简称项目预案)。

项目预案包括项目综合应急预案、合同段施工专项应急预案和现场处置方案。

项目预案是公路工程项目建设或施工等参建单位制定的生产安全事故应急预案。本层级预案包括项目综合应急预案、合同段施工专项应急预案和现场处置方案。按照国家部门预案和地方预案的总体要求,建设单位根据建设条件、自然环境、工程特点和风险特征等,制定项目综合应急预案;施工单位根据项目综合应急预案,结合施工工艺、地质、水文和气候等实际情况,对危险性较大的分部分项工程和风险等级较高的作业活动,编制合同段施工专项应急预案或现场处置方案。

④应急预案操作手册。

各级交通运输主管部门、项目建设单位、施工单位等可根据有关应急预案要求,制定与应急预案相配套的工作程序文件。

(2)应急组织体系构成。

公路工程生产安全事故应急组织体系由国家级(交通运输部)、地方级(各级交通运输主管部门)、项目级(各公路工程项目参建单位)三级应急组织机构构成。

(3)项目应急救援预案体系的构成。

项目应急救援预案体系由综合应急预案、专项应急预案和现场处置方案构成。

项目综合应急预案是由建设单位根据建设条件、自然环境、工程特点和风险特征等编制。

建设单位组织编制的项目综合应急预案,应做到各项应急管理要素齐全、应急程序合理、应急资源充足、应急指挥机制完备。

合同段施工专项应急预案或现场处置方案是由施工单位根据项目综合应急预案,结合施工工艺、地质、水文和气候等实际情况,针对危险性较大的分部分项工程和风险等级较高的作业活动编制。

按照有关规定,施工单位应编制合同段施工专项应急预案和现场处置方案,建立应急救援组织,明确现场应急救援人员和技术专家,配备必要的救援器材、设备和物资;应急预案中的各项应急管理要素齐全、程序合理、资源充足、应急救援组织机制完备。

(4)合同段各类应急预案审查程序和内容。

①合同段各类应急预案审查程序。

合同段应急预案包括专项应急预案和现场处置方案。

合同段各类应急预案审查程序如下:

施工单位编制应急预案→施工单位内部审核→施工单位组织专家评审→根据专家组评审意见,修订应急预案→施工单位主要负责人审批并签字→监理机构审查,总监理工程师审批并签字→建设单位批准→实施应急预案。

施工单位针对危险性较大的分部分项工程和风险等级较高的作业活动编制的专项应急预案和现场处置方案,应当组织专家评审,形成书面纪要并附有专家名单。

应急预案经评审后,施工单位主要负责人签署公布。

施工单位制订的合同段施工专项应急预案和现场处置方案应向建设单位备案,并履行相关审批程序。

②应急救援预案审查的内容。

监理工程师对应急救援预案审查时应考虑应急预案的实用性、基本要素的完整性、预防措施的针对性、组织体系的科学性、响应程序的可操作性、应急保障措施的可行性、应急预案间的衔接性等内容。

监理工程师审查应急预案的主要内容包括:

a. 建立应急救援组织,明确现场应急救援人员和技术专家。

b. 配备必要的救援器材、设备和物资。

c. 应急预案中的各项应急管理要素齐全、程序合理、资源充足、应急救援组织机制完备。

(五)安全生产条件核查程序和核查内容

安全生产条件是公路工程项目开工应当具备法律法规和技术标准规定、满足合同约定的基础条件。

安全生产条件包括:建设工程项目开工前安全生产条件;危险性较大的分部分项工程施工前安全生产条件。其中,工程项目开工前安全生产条件由建设单位负责组织核查,并将核查结果上报直接监管的交通运输主管部门。

危险性较大的分部分项工程施工前安全生产条件,由监理单位按施工进度分阶段进行核查,并将核查结果报建设单位确认。

这里主要介绍危险性较大的分部分项工程安全生产条件核查程序和核查内容。

1. 施工安全生产条件核查程序

施工安全生产条件核查应按以下程序进行:

(1)施工单位申报安全生产条件落实情况。

危险性较大的分部分项工程开工前,施工单位应当将合同约定的安全生产条件落实情况向监理单位申报。

(2)监理单位审核施工单位安全生产条件落实情况,并将审核结果报建设单位。

在收到施工单位申报的安全生产条件落实情况资料后,监理单位应按照有关规定及标准及时开展安全生产条件审核工作,并将审核结果报建设单位。

监理单位在审核中发现安全生产条件落实不到位等问题时,应及时督促施工单位整改,并对整改情况进行复核,将复核结果报建设单位。

(3)施工单位提出复核申请。

在施工过程中,当由于气候与环境等发生大幅变化,或发生设计变更等导致安全生产条件发生变化时,施工单位应根据实际情况,及时落实安全生产条件,并及时向监理单位提出复核申请。

(4)监理单位复核施工单位的复核申请。

监理单位根据针对施工单位的复核申请,根据工程实际情况的变化,检查复核施工单位安全生产条件落实到位情况。如发现有关安全生产条件没有落实或落实不到位的,应要求施工单位整改,并对整改情况进行复核,将复核结果报建设单位。

2. 安全生产条件核查的内容

(1)按规定开展专项风险评估工作,编制专项风险评估报告,制定重大风险管控方案。

按规定开展了专项风险评估,编制了评估报告,制定了重大风险管控方案,评估程序规范、评估深度符合实际,管控措施合理。

(2)按规定编制专项施工方案,附具安全验算结果,经施工单位技术负责人、监理工程师签字后实施,经专家论证、审查的专项施工方案应附专家论证、审查意见。

按规定编制了专项施工方案、附具安全验算结果,按程序履行了签字确认手续;超过一定规模的危险性较大工程专项施工方案组织了专家论证、附专家审查意见。

(3)施工单位按规定对从业人员进行安全生产教育、培训和技术交底;特种作业人员按规定取得相应作业资格。

施工单位按规定对从业人员进行了全员安全教育培训且考核合格,培训内容符合岗位从业要求,培训学时符合相关规定;分工种、工序组织了安全技术交底;特种作业人员按规定取得相应作业资格。

(4)施工机械、设施、机具以及安全防护用品、用具和配件等具有生产(制造)许可证、产品合格证或者法定检验检测合格证明。

特种设备使用单位依法取得特种设备使用登记证书,建立特种设备安全技术档案,并将登记标志置于该特种设备的显著位置。

组织有关单位进行验收,或者委托具有相应资质的检验检测机构对翻模、滑(爬)模等自升式架设设施,以及自行设计、组装或者改装的施工挂(吊)篮、移动模架等设施进行验收。

各类施工机械、设施、机具及安全防护用品按规定取得生产(制造)许可证、产品合格证或法定检验检测合格证明,特种设备取得使用登记证书;各类专用设施设备通过了专项验收。

(5)按规定编制合同段施工专项应急预案和现场处置方案,依法建立应急救援组织或者指定工程现场兼职的、具有一定专业能力的应急救援人员,配备必要的应急救援器材、设备和物资。

按规定编制了合同段施工专项应急预案和现场处置方案,建立了应急救援组织,明确了现场应急救援人员和技术专家,配备必要的救援器材、设备和物资;应急预案中的各项应急管理要素齐全、程序合理、资源充足、应急救援组织机制完备。

(6)劳务分包、专业分包等单位有符合法律法规的资质条件。

施工单位与从业人员订立的劳动合同,载明保障从业人员劳动安全、防止职业危害等事项。

劳务、专业分包等单位符合相关法律法规的资质条件,施工单位与从业人员订立的劳动合同符合法律法规要求,载明了保证从业人员劳动安全、防止职业危害等事项。

(7)施工现场的办公、生活区与作业区分开设置。办公、生活区的选址应当符合安全性要求,施工单位根据企业规定组织了验收。

施工现场的办公、生活区与作业区分开设置,选址应符合安全性要求,项目部根据企业规定对办公、生活区组织了验收。

(8)按规定办理跨线施工、交通管制及水上水下作业等相关手续。

(9)从业单位应当依法参加工伤保险,为从业人员交纳保险费。为危险性较大的作业岗位人员购买意外伤害险。

企业相对固定的职工按用人单位参加工伤保险,短期雇用的农民工按项目参加工伤保险。危险性较大的作业岗位有意外伤害险。

3. 建设工程项目开工前安全生产条件核查的内容

按照交通运输部的有关规定,工程项目开工前安全生产条件核查是由建设单位负责进行的,并应将核查结果上报交通运输主管部门。核查的主要内容包括:

(1)项目基本建设程序完备,施工图设计依法审批,施工工期合理。

项目建设程序完备、依法审批、工期符合设计要求。

(2)施工招(投)标文件及施工合同中载明项目安全管理目标、安全生产职责、安全生产条件、安全生产费用、安全生产信用情况及专职安全生产管理人员配备的标准等要求。

施工招(投)标文件及施工合同中的安全管理要素符合法律法规要求,招标文件、投标文件及施工合同所对应的内容相一致。

(3)施工单位安全生产许可证及相应等级资质证书有效。

施工单位具备安全生产许可证及相应等级资质证书且均在有效期内。

（4）建设单位分别与施工、监理单位签订安全生产协议书，明确各方安全生产管理职责。

建设单位按要求与施工、监理分别签订了安全生产协议，合同双方权利义务责任明确，项目安全管理目标明确。

（5）建设单位设立安全管理职能部门；监理单位按要求配备专职安全监理工程师；施工单位设立安全生产管理部门，按要求配备专职安全生产管理人员。

按照有关规定建设、施工单位按要求设置了安全管理部门，施工单位按合同要求配足了专职管理人员，监理单位按规定配备了专职安全监理工程师，机构有成立文件，岗位责任明确，人员有任命文件，符合岗位任职条件。

（6）建设单位按规定开展施工安全总体风险评估，编制总体风险评估报告。

按规定开展了项目总体安全风险评估，编制了评估报告，评估程序规范、评估深度符合实际，可指导后期施工。

（7）施工组织设计文件中应按规定编制安全技术措施和施工现场临时用电方案，并经监理审批。

按规定的程序编制施工组织设计文件和施工现场临时用电方案，并经监理审批通过。

（8）建设单位组织编制项目综合应急预案。

按规定编制了项目综合应急预案，各项应急管理要素齐全、应急程序合理、应急资源充足、应急指挥机制完备。

（9）施工单位临时场站、驻地选址等符合安全性要求，施工单位根据企业规定组织了验收。

施工单位临时场站、驻地选址符合安全性要求，项目部根据企业规定组织了验收。

（六）安全生产事故处理

1. 安全生产事故等级分类

根据安全事故（以下简称事故）造成的人员伤亡或者直接经济损失，事故可分为以下4个等级：

（1）特别重大事故，是指造成30人以上死亡，或者100人以上重伤（包括急性工业中毒，下同），或者1亿元以上直接经济损失的事故。

（2）重大事故，是指造成10人以上30人以下死亡，或者50人以上100人以下重伤，或者5000万元以上1亿元以下直接经济损失的事故。

（3）较大事故，是指造成3人以上10人以下死亡，或者10人以上50人以下重伤，或者1000万元以上5000万元以下直接经济损失的事故。

（4）一般事故，是指造成3人以下死亡，或者10人以下重伤，或者1000万元以下直接经济损失的事故。

以上等级分类中所称的"以上"包括本数，所称的"以下"不包括本数。

2. 工程安全事故处理的依据

工程安全事故处理的依据主要有4个方面：安全事故的实况资料，有关合同文件，有关技术文件与资料,有关工程建设法律法规、标准及规范。

(1)安全事故的实况资料。

即施工单位提交的事故调查报告。其内容应包括：

①安全事故发生的时间、地点。

②安全事故状况的描述。

③安全事故发展变化的情况(其范围是否继续扩大,程度是否已经稳定等)。

④有关安全事故的观测记录、事故现场状态的照片或录像。

(2)有关合同文件。

有关合同文件包括施工合同文件、设计合同文件、材料设备供应合同文件、设备租赁合同文件、分包合同文件以及监理合同文件等。

有关合同在处理安全事故中的作用是:确定在施工过程中有关各方是否按照合同有关条款实施其活动,借以探寻产生事故的可能原因。

(3)有关技术文件与资料。

①有关工程设计文件。

施工图纸和技术说明等设计文件是工程施工的重要依据。在处理安全事故中,其作用一方面是可以对照设计文件,核查施工生产是否完全符合设计的规定和要求;另一方面是可以根据所发生的安全事故情况,核查设计中是否存在问题或缺陷,是否为导致安全事故的一个原因。

②有关施工技术文件与资料。

有关施工技术文件与资料主要包括:

a.施工组织设计(专项施工方案)、施工进度计划、施工安全技术措施。

b.安全技术交底记录、施工记录、施工日志等。

c.有关建筑材料、施工机具及设备等的质量证明资料。

d.有关安全物资,如安全防护用具、材料、设备等的质量证明资料。

e.其他有关资料。

(4)有关工程建设法律法规、标准及规范。

①建设市场管理的法律法规。

②施工现场管理的法律法规。

③建筑业资质、安全生产许可证和从业人员资格管理的法律法规。

④建设工程强制性技术标准和规范。

3. 安全事故的报告程序

(1)事故发生后,事故现场有关人员应当立即向本单位负责人报告;单位负责人接到报告后,应于1小时内向事故发生地县级以上人民政府安全生产监督管理部门和负有安全生产管理职责的有关部门报告。

情况紧急时,事故现场有关人员可以直接向事故发生地县级以上人民政府安全生产监督管理部门和有安全生产管理职责的有关部门报告。

(2)安全生产监督管理部门和有安全生产管理职责的有关部门接到事故报告后,应逐级上报事故情况,每级上报的时间不得超过2小时。

安全生产监督管理部门和有安全生产管理职责的有关部门应当依照下列规定上报事故情况,并通知公安机关、劳动保障行政部门、工会和人民检察院:

①特别重大事故、重大事故逐级上报至国务院安全生产监督管理部门和有安全生产管理职责的有关部门。

②较大事故逐级上报至省、自治区、直辖市人民政府安全生产监督管理部门和有安全生产管理职责的有关部门。

③一般事故上报至设区的市级人民政府安全生产监督管理部门和有安全生产管理职责的有关部门。

安全生产监督管理部门和有安全生产管理职责的有关部门依照上述规定上报事故情况,应当同时报告本级人民政府。国务院安全生产监督管理部门和有安全生产管理职责的有关部门以及省级人民政府接到发生的特别重大事故、重大事故的报告后,应当立即报告国务院。

必要时,安全生产监督管理部门和有安全生产管理职责的有关部门可以越级上报事故情况。

4. 工程安全事故处理的程序

公路工程安全事故发生后,监理机构一般按以下程序进行处理:

(1)安全事故发生后,总监理工程师应签发工程暂停令,指令施工单位立即停止施工,并要求施工单位立即启动应急救援预案,抢救伤员、排除险情,采取必要的措施,防止事故扩大,并做好标识,保护现场。同时,要求施工单位迅速按规定上报事故情况。

(2)监理工程师在事故调查组展开工作后,应积极协助,客观地提供相应证据。

(3)监理工程师接到事故调查组提出的处理意见涉及技术处理时,应组织有关人员分析研究,并核签相关单位提交的技术处理方案。

(4)技术处理方案核签后,监理工程师应要求施工单位制定详细的施工处理方案,并对安全事故处理的全过程进行跟踪检查。

(5)安全事故处理完成后,施工单位应进行自检。自检合格的,监理工程师应组织有关人员进行检查验收,验收合格及防范整改措施符合要求的,应签发复工令,指令施工单位恢复正常施工。

十二、进度计划管理

(一)网络计划中关键线路及关键工作的确定

因为关键线路上的工作就是关键工作。因此,关键工作的确定就是关键线路的确定,确定了关键线路也就确定了关键工作。

(1)双代号网络进度计划中关键线路的确定。

双代号网络进度计划中关键工作的确定主要有以下几种方法:

①线路枚举法(关键线路法)。

就是列举出网络计划图中的所有线路,其中线路长度最大的就是关键线路。关键线路上的工作就是关键工作。

②根据工作的总时差确定(关键工作法)。

总时差最小的工作为关键工作。特别地,当网络计划的计划工期等于计算工期时,总时差为零的工作就是关键工作。只要找到总时差为零的工作,即找到了关键工作,将这些关键工作首尾相连,便构成从起始节点到终点节点的通路,位于该通路上各项工作的持续时间总和最大,这条通路就是关键线路。

因此,只要连接网络图中总时差为零的工作,就可以确定出关键线路。

换言之。网络计划中由关键工作连成的线路一定是关键线路,关键工作没有任何机动时间,即工作的总时差为零;反过来,如果工作的总时差为零,则它必是关键工作。由此,只要连接网络计划图中总时差为零的工作,就可以确定出关键线路。

③根据关键节点确定(关键节点法)。

在双代号网络计划中,最早时间与最迟时间差值最小的节点为关键节点。特别地,当网络计划的计划工期等于计算工期时,最早时间与最迟时间相等的节点为关键节点。关键工作两端的节点必为关键节点,但两端为关键节点的工作不一定是关键工作。关键节点必然处在关键线路上,但由关键节点组成的线路不一定是关键线路。

关键线路上所有节点的两个时间参数均相等,反之不然。

若节点的最早时间等于节点最迟时间,则该节点为关键节点。若某工作箭线的箭头节点与箭尾节点均为关键节点,且满足:箭尾节点时间+本工作持续时间=箭头节点时间,则该工作即为关键工作,沿这样的关键节点连接出的线路就是关键线路。

(2)双代号时标网络计划中关键工作的确定。

在双代号时标网络计划中,工作持续时间是用实箭线表示的,工作的机动时间是用波浪线(或虚线)表示的。由于关键工作没有机动时间,因此在双代号时标网络计划中,没有波浪线的工作即为关键工作。由关键工作联结而成的线路即为关键线路。

换句话说,在时标网络计划中,逆着箭线方向自始至终不出现波形线的线路即为关键线路。因为不出现波形线,则说明在这条线路上相邻两项工作之间的时间间隔全部等于零。

(3)单代号网络计划关键工作的确定。

单代号网络计划中总时差为零的工作即为关键工作。

单代号网络图中确定关键线路的方法与双代号网络计划图基本相同,但由于单代号网络图没有节点时间参数计算,所以不存在用关键节点法来确定关键线路。因此,单代号网络计划图可采用线路长度法和关键工作法确定关键线路。

关键线路有以下两种确定方法:

①关键线路是所有工作持续时间之和为最长的路线;

②关键线路是总时差为零,且相邻两工作之间时间间隔也为零的工作组成的线路。

也就是说,在单代号网络计划中,由关键工作组成的线路不一定是关键线路,只有当该线路上相邻两工作之间的时间间隔均为零时才能成为关键线路。

换句话说,构成关键线路必须同时具备以下两个条件:

a.该线路上的工作均为关键工作;

b.该线路上相邻两工作之间的时间间隔均为零。

(二)网络计划中时差分析和利用

1.总时差和自由时差的分析

(1)根据工作的最早开始时间、最迟开始时间或最早完成时间、最迟完成时间进行判定。

①工作的总时差是指在不影响总工期的前提下,本工作可以利用的机动时间。工作的总时差等于该工作最迟完成时间与最早完成时间之差,或最迟开始时间与最早开始时间之差。

②工作的自由时差是指在不影响其紧后工作最早开始时间的前提下,本工作可以利用的机动时间。工作自由时差的计算应按以下两种情况分别考虑:

a.对于有紧后工作的工作,其自由时差等于本工作紧后工作最早开始时间减本工作最早完成时间所得之差的最小值。

b.对于无紧后工作的工作,也就是以网络计划终点节点为完成节点的工作,其自由时差等于计划工期与本工作最早完成时间之差。

(2)直接利用时标网络计划判定。

首先,凡自始至终不出现波形线的线路即为关键线路。在计划工期等于计算工期的前提下,关键线路上的这些工作的总时差和自由时差全部为零。其他工作的总时差和自由时差按以下方法判定。

①以终点节点为完成节点的工作,其总时差和自由时差均应等于计划工期与本工作最早完成时间之差。

②其他工作的总时差等于其紧后工作的总时差加本工作与该紧后工作之间的时间间隔所得之和的最小值;其他工作的自由时差就是该工作箭线中波形线的水平投影长度。但当工作之后只紧接虚工作时,则该工作箭线上一定不存在波形线,而其紧接的虚箭线中波形线水平投影长度的最短者即为该工作的自由时差。

2.总时差和自由时差的利用

(1)在不影响总工期或紧后工作最早开始时间的前提下,利用工作的总时差或自由时差合理安排施工机械、材料计划。

(2)利用总时差和自由时差判定施工机械在现场的闲置时间。

(三)双代号时标网络计划时间参数的判定

1.关键线路和计算工期的判定

(1)关键线路的判定。

时标网络计划中的关键线路可从网络计划的终点节点开始,逆着箭线方向进行评定。凡自始至终不出现波形线的线路即为关键线路。

(2)计算工期的判定。

网络计划的计算工期应等于终点节点所对应的时标值与起始节点所对应的时标值之差。

2.相邻两项工作之间时间间隔的判定

除以终点节点为完成节点的工作外,工作箭线中波形线的水平投影长度表示工作与其紧后工作之间的时间间隔。

3. 工作六个时间参数的判定

(1) 工作最早开始时间和最早完成时间的判定。

工作箭线左端节点中心所对应的时标值为该工作的最早开始时间。当工作箭线中不存在波形线时，其右端节点中心所对应的时标值为该工作的最早完成时间；当工作箭线中存在波形线时，工作箭线实线部分右端点所对应的时标值为该工作的最早完成时间。

(2) 工作总时差的判定。

工作总时差的判定应从网络计划的终点节点开始，逆着箭线方向依次进行。以终点节点为完成节点的工作，其总时差应等于计划工期与本工作最早完成时间之差；其他工作的总时差等于其紧后工作的总时差加本工作与该紧后工作之间时间间隔所得之和的最小值。

(3) 工作自由时差的判定。

以终点节点为完成节点的工作，其自由时差应等于计划工期与本工作最早完成时间之差；其他工作的自由时差就是该工作箭线中波形线的水平投影长度。但当工作之后只紧接虚工作时，则该工作箭线上一定不存在波形线，而其紧接的虚箭线中的波形线水平投影长度的最短者为该工作的自由时差。

(4) 工作最迟开始时间和最迟完成时间的判定。

工作的最迟开始时间等于本工作的最早开始时间与其总时差之和；工作的最迟完成时间等于本工作的最早完成时间与其总时差之和。

(四) 施工进度计划调整

1. 进度计划调整的方法

当实际进度偏差影响到后续工作和总工期时，就需要对原进度计划进行调整。

根据调整的原因，进度计划的调整可分为以下两种情况：

(1) 工程延期后，应按延期后的新合同工期调整计划，相当于以原来计划为参考，重新编制符合新合同工期的计划。

(2) 延误了工期却无权获得延期，因此需要调整原计划使后续计划的工作内容改变或缩短以符合合同工期。即在原计划的基础上压缩后续计划的工期，使后续工作的计划工期符合合同工期。

压缩工期就是网络计划优化中的工期优化，就是压缩关键线路，所以调整计划就是调整关键线路，压缩关键线路的长度。即调整关键工作之间的组织关系，或压缩关键工作的持续时间。因此，调整进度计划的方法主要有以下两种：

① 改变原计划中关键工作之间的逻辑关系。

工作之间的逻辑关系有工艺关系和组织关系。一般情况下工作之间的工艺关系不能随意调整和改变，而工作之间的组织关系可根据施工组织者的意图和资源情况调整和改变。

当工程实施过程中产生的进度偏差影响到总工期，且有关工作的逻辑关系允许改变时，可以改变关键线路和超过计划工期的非关键线路上的有关工作之间的逻辑关系，以达到缩短工期的目的。工作之间的组织关系调整的方法有多种，例如：

a. 将顺序施工关系改为平行施工关系；

b. 将顺序施工关系改为搭接施工关系；

c. 将顺序施工关系改为分段组织流水作业。
②压缩关键工作的持续时间。
这种方法是不改变各工作之间的逻辑关系,而是通过采取增加资源投入、提高劳动效率等措施来缩短某些工作的持续时间,使工程进度加快,以保证按计划工期完成该工程项目。
压缩关键工作的持续时间能使关键线路缩短,从而使工期缩短。但要注意压缩关键工作持续时间有可能使关键线路发生变化或增加关键线路的条数。
选择压缩的关键工作可以从以下几方面考虑:
a. 选择有利于尽快缩短工期的关键工作;
b. 选择因加快进度使工程费用增加较少的关键工作;
c. 选择技术上容易加快的关键工作;
d. 选择原持续时间相对较长的容易压缩的关键工作;
e. 选择可允许压缩时间较多的关键工作。

2. 调整计划的措施(压缩关键工作持续时间的措施)
(1)组织措施。
①增加工作面,组织更多的施工队伍。
②增加每天的施工时间。
③增加关键工作的资源投入(如增加劳动力、增加施工机械数量)。
(2)技术措施。
①改进施工工艺和技术,缩短工艺技术间歇时间(如使用混凝土早强剂等)。
②采用更先进的施工方法以缩短施工的时间(如将现浇方案改为预制装配等)。
③采用先进的施工机械。
(3)经济措施或行政措施。
①用物质刺激和精神刺激的方法提高效率。
②对所采取的技术措施给予相应经济补偿。
(4)其他配套措施。
①改善外部配套条件。
②改善劳动条件。
③实施强有力的施工调度。

(五)工期调整与优化

1. 网络计划优化的类型
根据网络计划优化条件和目标不同,网络计划优化通常有以下三种类型:
(1)时间优化(工期优化)。
时间优化是以缩短工期为目标,对初始网络计划加以调整,通过压缩关键线路来达到缩短工期的目的。
在网络计划的时间优化中,缩短工期主要是通过调整施工组织、压缩关键工作持续时间、计划外增加资源等措施来实现的。
网络计划时间优化的基本方法是"循环优化法"。

(2)时间-费用优化(工期-成本优化、费用优化)。

时间-费用优化就是寻求网络计划的最小费用的最优工期。

通常采用"循环压缩工作时间法"来进行网络计划的时间-费用的优化(工期与成本的优化)。

(3)资源优化。

资源优化就是根据资源情况对网络计划进行调整,在保证规定工期和资源供应之间寻求相互协调和相互适应的途径,这就是资源优化。

资源优化通常有两种不同情况:

①工期一定,资源均衡。

就是在工期规定的条件下,合理安排项目各项工作进度,实现资源的均衡利用。常采用"削峰填谷法"进行此种资源的优化。

②资源有限,工期最短。

就是在资源供应受限的情况下,安排项目各项工作进度,力求使计划的工期最短。常采用"备用库法"进行此种资源的优化。

2. 工期调整与优化(工期优化)

工期调整与优化实质上就是工期优化或时间优化。所谓工期优化是指网络计划的计算工期不满足要求工期时,通过压缩关键工作的持续时间以满足要求工期目标的过程。

(1)工期优化的途径是压缩关键线路的长度(即压缩计划工期),其常用的方法主要有以下3种:

①平均压缩关键工作持续时间;

②依次压缩关键工作持续时间;

③选择压缩关键工作持续时间。

(2)工期优化的措施。

①将连续施工的工作改为平行作业;

②将顺序施工调整为流水作业;

③缩短关键工作的持续时间;

④从计划外增加资源。

(3)网络计划的工期优化可按下列步骤进行:

①确定初始网络计划的计划(计算)工期和关键线路。

②将计划工期与规定工期比较,计算应缩短的时间 ΔT:

$$\Delta T = T_C - T_r \tag{1-2}$$

式中:T_C——网络计划的计算(计划)工期;

T_r——要求(规定)工期。

③选择应压缩持续时间的关键工作。

选择压缩对象时应考虑下列因素:

a. 缩短持续时间对质量和安全影响不大的关键工作。

b. 缩短有充足备用资源的关键工作。

c. 缩短持续时间所需增加费用最少的关键工作。

④压缩所选定的关键工作的持续时间,并重新确定网络计划的计划工期和关键线路。
⑤当计划工期仍超过规定工期时,重复上述(1)~(4),直至计划工期满足规定工期为止。

十三、工程费用管理

(一)建筑安装工程费用项目组成与计算

1. 建筑安装工程费用项目组成

建筑安装工程费由以下八个部分组成:
(1)直接费:①人工费;②材料费;③施工机械使用费。
(2)设备购置费。
(3)措施费:①冬季施工增加费;②雨季施工增加费;③夜间施工增加费;④特殊地区施工增加费(包括高原地区、风沙地区、沿海地区施工增加费);⑤行车干扰工程施工增加费;⑥施工辅助费;⑦工地转移费。
(4)企业管理费:①基本费用;②主副食运费补贴;③职工探亲路费;④职工取暖补贴;⑤财务费用。
(5)规费:①养老保险费;②失业保险费;③医疗保险费;④工伤保险费;⑤住房公积金。
(6)利润。
(7)税金。
(8)专项费用:①施工场地建设费;②安全生产费。

2. 建筑安装工程费的计算

建筑安装工程费包括直接费、设备购置费、措施费、企业管理费、规费、利润、税金和专项费用。建筑安装工程费除专项费用外,其他均按"价税分离"计价规则计算,即各项费用均以不含增值税可抵扣进项税额的价格(费率)进行计算。

定额建筑安装工程费包括定额直接费、定额设备购置费的40%、措施费、企业管理费、规费、利润、税金和专项费用。

定额直接费包括定额人工费、定额材料费、定额施工机械使用费。

定额人工费、定额材料费、定额施工机械使用费以及定额设备购置费均按《公路工程预算定额》(JTG/T 3832—2018)附录四"定额人工、材料、设备单价表"及《公路工程机械台班费用定额》(JTG/T 3833—2018)中规定的人工、材料、设备、机械的相应基价计算的定额费用计取。

(1)直接费的计算。

直接费是指施工过程中耗费的构成工程实体和有助于工程形成的各项费用,包括人工费、材料费、施工机械使用费。直接费为人工费、材料费、施工机械使用费之和,即:

$$直接费 = 人工费 + 材料费 + 施工机械使用费 \qquad (1-3)$$

①人工费的计算。

人工费指列入概、预算定额的直接从事建筑安装工程施工的生产工人开支的各项费用,其内容包括:

a. 计时工资或计件工资:指按计时工资标准和工作时间或对已做工作按计件单价支付给

个人的劳动报酬。

b. 津贴、补贴：指为了补偿职工特殊或额外的劳动消耗和因其他特殊原因支付给个人的津贴，以及为了保证职工工资水平不受物价影响支付给个人的物价补贴。如流动施工津贴、特殊地区施工津贴、高温作业临时津贴、高空津贴等。

c. 特殊情况下支付的工资：指根据国家法律、法规和政策规定，因病、工伤、产假、计划生育假、婚丧假、事假、探亲假、定期休假、停工学习、执行国家或社会义务等原因按计时工资标准或计件工资标准的一定比例支付的工资。

人工费以概算、预算定额人工工日数乘以综合工日单价计算，即：

$$人工费 = \sum(人工消耗量 \times 人工工日单价)$$
$$= \sum(分项工程数量 \times 相应项目定额单位工日数 \times 人工工日单价) \quad (1-4)$$

式(1-4)中各项内容的规定和计算如下：

工程数量：指由设计图纸按工程量计算规则计算所得的定额单位工程数量，即由图纸计算所得工程数量与定额单位的比值。

定额单位工日数：指定额规定完成一定数量单位的分项工程量所需人工工日，从定额中可直接查得。

人工工日单价：是指生产工人每工日的人工费，由省级交通运输主管部门制定发布，并适时进行动态调整。

这里需要注意两点：一是人工工日单价仅作为编制概预算的依据，不作为施工企业实发工资的依据；二是在公路工程造价计算中，人工工日单价的计算不管什么工程类别、性质，也不论什么工种，在同一项目的概预算文件中，一律取一个相同而且唯一的单价。

②材料费的计算。

材料费是指施工过程中耗用的构成工程实体的原材料、辅助材料、构配件、零件、半成品、成品等，按工程所在地的材料价格计算的费用。

材料费可按式(1-5)计算：

$$材料费 = \sum 材料消耗量 \times 材料预算单价$$
$$= \sum(分项工程数量 \times 相应项目定额单位材料消耗量 \times 材料预算单价) \quad (1-5)$$

式(1-5)中，工程数量含义同人工费，定额单位材料消耗量可由定额直接查得。

材料预算价格是指材料由其来源地(或交货地)到达工地仓库或施工地点堆放材料的地方后综合平均价格。

材料预算价格由材料原价、运杂费、场外运输损耗费、采购及仓库保管费组成，按式(1-6)计算：

$$材料预算价格 = (材料原价 + 运杂费) \times (1 + 场外运输损耗率) \times$$
$$(1 + 采购及保管费率) - 包装品回收价值 \quad (1-6)$$

a. 材料原价。

各种材料原价按以下规定计算：

a)外购材料：外购材料价格参照本行政区域内交通运输主管部门发布的价格和按调查的市场价格进行综合取定。

b)自采材料：自采的砂、石、黏土等材料，按定额中开采单价加辅助生产间接费和矿产资源税(如有)计算。

辅助生产间接费是指由施工单位自行开采加工的砂、石等自采材料及施工单位自办的人工、机械装卸和运输的间接费。

辅助生产间接费按定额人工费的3%计。该项费用并入材料预算单价内构成材料费,不直接出现在概、预算中。

自采材料原价计算时应注意定额中人工工日消耗按人工工日单价计算人工费,材料消耗按材料预算价格计算材料费,机械台班消耗按机械台班单价计算机械使用费。

b.运杂费。

运杂费是指材料自供应地点至工地仓库(施工地点存放材料的地方)的费用,包括装卸费、运费,如果发生,还应计囤存费及其他杂费(如过磅、标签、支撑加固、路桥通行等费用)。

a)通过铁路、水路和公路运输的材料,按调查的市场运价计算运费。

b)当一种材料有两个以上的供应点时,应根据不同的运距、运量、运价采用加权平均的方法计算运费。

由于概、预算定额中已考虑了工地运输便道的特点,以及定额中已计入了"工地小搬运"的费用,因此汽车运输平均运距中不得乘调整系数,也不得在工地仓库或堆料场之外再加场内运距或二次倒运的运距。

c)有容器或包装的材料及长大轻浮材料,应按规定的毛重计算。桶装沥青、汽油、柴油按每吨摊销一个旧汽油桶计算包装费(不计回收)。

c.场外运输损耗。

场外运输损耗是指有些材料在正常的运输过程中发生的损耗,这部分损耗应摊入材料单价内。材料场外运输损耗率按规定计取。材料场外运输损耗费可式(1-7)计算:

$$场外运输损耗费 = (材料原价 + 运杂费) \times 材料场外运输损耗率 \quad (1-7)$$

d.采购及保管费。

材料采购及保管费是指在组织采购、保管材料过程中,所需的各项费用及工地仓库的材料储存损耗。

a)材料采购及保管费,以材料的原价加运杂费及场外运输损耗的合计数为基数,乘以采购及保管费费率计算,即:

$$材料采购及保管费 = (材料原价 + 运杂费 + 场外运输损耗费) \times 采购及保管费费率$$
$$(1-8)$$

b)钢材的采购及保管费费率为0.75%,燃料、爆破材料为3.26%,其余材料为2.06%。

c)商品水泥混凝土、沥青混合料和各类稳定土混合料、外购的构件、成品及半成品的预算价格计算方法与材料相同。商品水泥混凝土、沥青混合料和各类稳定土混合料不计采购及保管费。外购的构件、成品及半成品的采购及保管费费率为0.42%。

③施工机械使用费的计算。

施工机械使用费是指列入概、预算定额的施工机械和工程仪器仪表台班数量,按相应的施工机械台班费用定额计算的费用。

施工机械使用费可按式(1-9)计算:

施工机械使用费 = ∑(机械台班消耗量×机械台班单价) + 工程仪器仪表使用费
= ∑(分项工程数量×相应项目定额单位机械台班消耗量×
机械台班单价) + 工程仪器仪表使用费   (1-9)

式中,分项工程数量含义同前。

定额单位机械台班消耗量:由定额直接查得的完成一定数量单位的分项工程定额所规定消耗的机械种类的台班数量。

机械台班单价(机械台班预算价格):机械台班单价应按《公路工程机械台班费用定额》(JTG/T 3833—2018)计算。

机械台班单价由不变费用和可变费用组成。不变费用包括折旧费、检修费、维护费、安拆辅助费等;可变费用包括机上人员人工费、动力燃料费、车船税。

可变费用中的机上人员人工工日数及动力燃料消耗量,应以机械台班费用定额中的数值为准。台班人工费工日单价与生产工人人工费单价相同。动力燃料费用则按材料费的计算规定计算。

工程仪器仪表使用费是指机电工程施工作业所发生的仪器仪表使用费,以施工仪器仪表台班耗用量乘以施工仪器仪表台班单价计算,即:

工程仪器仪表使用费 = ∑施工仪器仪表台班耗用量×仪器仪表台班单价   (1-10)

工程仪器仪表台班单价(台班预算价格)应按《公路工程机械台班费用定额》(JTG/T 3833—2018)计算。台班人工费工日单价与生产工人人工费单价相同。动力燃料费用则按材料费的计算规定计算。

当工程用电为自行发电时,电动机械每 kW·h(度)电的单价可由式(1-11)计算:

$$A = 0.15 \times K/N \quad (1\text{-}11)$$

式中:A——每 kW·h(度)电单价(元);
K——发电机组的台班单价(元);
N——发电机组的总功率(kW)。

(2)设备购置费的计算。

设备购置费系指为满足公路初期营运、管理需要购置的构成固定资产标准的设备和虽低于固定资产标准但属于设计明确列入设备清单的设备的费用,包括渡口设备,隧道照明、消防、通风的动力设备,公路收费、监控、通信、路网运行监测、供配电及照明设备等。

①设备购置费应由设计单位列出计划购置的清单(包括设备的规格、型号、数量),以设备预算价计入。

②设备购置费包括设备原价、运杂费、运输保险费、采购及保管费,各种税费按编制期有关部门规定计算。

设备购置费可按式(1-12)计算:

设备购置费 = 设备原价 + 运杂费 + 运输保险费 + 采购及保管费 + 税费   (1-12)

③需要安装的设备,按建筑安装工程费的有关规定计算设备的安装工程费。

(3)措施费的计算。

措施费包括冬季施工增加费、雨季施工增加费、夜间施工增加费、特殊地区施工增加费、行车干扰工程施工增加费、施工辅助费、工地转移费。

措施费可按式(1-13)计算。

措施费 = $\sum$ 各类工程的定额直接费 × 施工辅助费费率 + $\sum$ (各类工程的定额人工费 + 各类工程的定额施工机械使用费) × 其余措施费综合费率　　　　(1-13)

① 冬季施工增加费。

冬季施工增加费是指按照施工及验收规范所规定的冬季施工要求,为保证工程质量和安全生产所采取的防寒保温设施、工效降低和机械作业率降低以及技术操作过程的改变等所增加的有关费用。

a. 冬季施工增加费的内容包括:

a) 因冬季施工所需增加的一切人工、机械与材料的支出。

b) 施工机械所需修建的暖棚(包括拆、移),增加其他保温设备购置费用。

c) 因施工组织设计确定,需增加的一切保温、加温等有关支出。

d) 清除工作地点的冰雪等与冬季施工有关的其他各项费用。

b. 冬季施工增加费的计算方法,是根据各类工程的特点,规定各气温区的取费标准。为了简化计算手续,采用全年平均摊销的方法,即不论是否在冬季施工,均按规定的取费标准计取冬季施工增加费。

一条路线穿过两个以上的气温区时,可分段计算或按各区的工程量比例求得全线的平均增加率,计算冬季施工增加费。

c. 冬季施工增加费以各类工程的定额人工费和定额施工机械使用费之和为基数,按规定的工程所在地的气温区的费率计算,即:

冬季施工增加费 = $\sum$ (各类工程的定额人工费 + 各类工程的定额施工机械使用费) × 相应费率　　　　(1-14)

工程类别划分为(共 10 类):土方、石方、运输、路面、隧道、构造物Ⅰ、构造物Ⅱ、构造物Ⅲ、技术复杂大桥、钢材及钢结构。

② 雨季施工增加费。

雨季施工增加费是指雨季施工时,为保证工程质量和安全生产所采取的防雨、排水、防潮和防护措施费用,以及由于工效降低和机械作业率降低以及技术操作过程的改变等所需增加的有关费用。

a. 雨季施工增加费的内容包括:

a) 因雨季施工所需增加的工、料、机费用的支出,包括工作效率的降低及易被雨水冲毁的工程所增加的清理坍塌基坑和堵塞排水沟、填补路基边坡冲沟等工作内容的支出。

b) 路基土方工程的开挖和运输过程中,因雨季施工(非土壤中水影响)而引起的黏附工具、降低工效所增加的费用。

c) 因防止雨水囤积必须采取的挖临时排水沟,防止基坑坍塌所需的支撑、挡板等防护措施费用。

d) 材料因受潮、受湿的耗损费用。

e) 增加防雨、防潮设备的费用。

f) 因河水高涨致使工作困难等其他有关雨季施工所需增加的费用。

b. 雨季施工增加费的计算方法,是将全国划分为若干雨量区和雨季期,并根据各类工程的特点规定各雨量区和雨季期的取费标准。采用全年平均摊销的方法,即不论是否在雨季施工,均按规定的取费标准计取雨季施工增加费。

一条路线通过不同的雨量区和雨季期时,应分别计算雨季施工增加费或按工程量比例求得平均的增加率,计算全线雨季施工增加费。

c. 雨季施工增加费以各类工程的定额人工费和定额施工机械使用费之和为基数,按规定的工程所在地的雨量区、雨季期的费率计算,即:

$$\text{雨季施工增加费} = \sum(\text{各类工程的定额人工费} + \text{各类工程的定额施工机械使用费}) \times \text{相应费率} \quad (1\text{-}15)$$

③夜间施工增加费。

夜间施工增加费是指根据设计、施工技术规范和合理的施工组织要求,必须在夜间施工或必须昼夜连续施工而发生的夜班补助费、夜间施工降效、施工照明设备摊销及照明用电等费用。

夜间施工增加费以夜间施工工程项目的定额人工费与定额施工机械使用费之和为基数,按规定的费率计算,即:

$$\text{夜间施工增加费} = \sum(\text{夜间施工各类工程的定额人工费} + \text{夜间施工各类工程的定额施工机械使用费}) \times \text{相应费率} \quad (1\text{-}16)$$

④特殊地区施工增加费。

特殊地区施工增加费包括高原地区施工增加费、风沙地区施工增加费、沿海地区施工增加费三项。

a. 高原地区施工增加费。

高原地区施工增加费是指在海拔高度2000m以上地区施工,由于气候、气压的影响,致使人工、机械效率降低而增加的费用。

一条路线通过两个以上(含两个)不同的海拔分区时,应分别计算高原地区施工增加费或按工程量比例求得平均的增加率,计算全线高原地区施工增加费。

高原地区施工增加费以各类工程人工费和机械使用费之和为基数,按相应费率计算,即:

$$\text{高原地区施工增加费} = \sum(\text{各类工程的定额人工费} + \text{各类工程的定额机械使用费}) \times \text{相应费率} \quad (1\text{-}17)$$

b. 风沙地区施工增加费。

风沙地区施工增加费是指在沙漠地区施工时,由于受风沙影响,按照施工及验收规范的要求,为保证工程质量和安全生产而增加的有关费用。

一条路线穿越两个以上不同风沙区时,按路线长度经过不同的风沙区加权计算项目全线风沙地区施工增加费。

风沙地区施工增加费以各类工程的定额人工费和定额机械使用费之和为基数,按规定的工程所在地的风沙区及类别的费率计算,即:

$$\text{风沙地区施工增加费} = \sum(\text{各类工程的定额人工费} + \text{各类工程的定额机械使用费}) \times \text{相应费率} \quad (1\text{-}18)$$

c. 沿海地区施工增加费。

沿海地区施工增加费是指工程项目在沿海地区施工受海风、海浪和潮汐的影响,致使人工、机械效率降低等所需增加的费用。

沿海地区施工增加费以各类工程的定额人工费和定额施工机械使用费之和为基数,按相应费率计算,即:

$$沿海地区施工增加费 = \sum(各类工程的定额人工费 + 各类工程的定额机械使用费) \times 相应费率 \tag{1-19}$$

⑤行车干扰施工增加费。

行车干扰施工增加费是指由于边施工边维持通车,受行车干扰的影响,致使人工、机械效率降低等所需增加的费用。

该费用以受行车影响部分的各类工程的定额人工费和定额机械使用费之和为基数,按相应费率计算,即:

$$行车干扰施工增加费 = \sum(各类工程定额人工费 + 各类工程的定额机械使用费) \times 相应费率 \tag{1-20}$$

⑥施工辅助费。

施工辅助费包括生产工具用具使用费、检验试验费和工程定位复测、工程点交、场地清理等费用。

施工辅助费以各类工程的定额直接费为基数,按相应费率计算,即:

$$施工辅助费 = \sum 各类工程的定额直接费 \times 相应费率 \tag{1-21}$$

a. 生产工具用具使用费是指施工所需不属于固定资产的生产工具、检验、试验用具及仪器、仪表等的购置、摊销和维修费,以及支付给生产工人自备工具的补贴费。

b. 检验试验费是指施工企业对建筑材料、构件和建筑安装工程进行一般鉴定、检查所发生的费用,包括自设试验室进行试验所耗用的材料和化学药品的费用,以及技术革新和研究试验费,但不包括新结构、新材料的试验费和建设单位要求对具有出厂合格证明的材料进行检验、对构件破坏性试验及其他特殊要求检验的费用。

c. 高填方和软基沉降监测、高边坡稳定监测、桥梁施工监测、隧道施工监控量测、超前地质预报等施工监控费含在施工辅助费中,不得另行计算。

⑦工地转移费。

工地转移费是指施工企业迁至新工地的搬迁费用。

a. 工地转移费内容包括:

a) 施工单位职工及随职工迁移的家属向新工地转移的车费、家具行李运费、途中住宿费、行程补助费、杂费等。

b) 公物、工具、施工设备器材、施工机械的运杂费,以及外租机械的往返费及施工机械、设备、公物、工具的转移费等。

c) 非固定工人进退场的费用。

b. 工地转移费是以各类工程的定额人工费和定额施工机械使用费之和为基数,按相应的费率计算,即:

$$工地转移费 = \sum(各类工程的定额人工费 + 各类工程的定额施工机械使用费) \times 相应费率 \tag{1-22}$$

c. 高速公路、一级公路及独立大桥、独立隧道项目转移距离按省会城市至工地的里程计算;二级及二级以下公路项目转移距离按地级城市所在地至工地的里程计算。

d. 工地转移里程数在规定里程之间时,费率可内插计算。工地转移距离在50km以内的工程按50km计算。

(4)企业管理费。

企业管理费由基本费用、主副食运费补贴、职工探亲路费、职工取暖补贴和财务费用五项组成。

①基本费用。

基本费用是指施工企业组织施工生产和经营管理所需的费用。

a. 基本费用内容包括(共13项):

a)管理人员工资:管理人员的基本工资、绩效工资、津贴补贴及特殊情况下支付的工资以及缴纳的养老、失业、医疗、工伤保险费和住房公积金等。

b)办公费:企业管理办公用的文具、纸张、账表、印刷、通信、网络、书报、办公软件、会议、水电、烧水和集体取暖降温(包括现场临时宿舍取暖降温)用煤(电、气)等费用。

c)差旅交通费:职工因公出差、调动工作的差旅费、住勤补助费、市内交通费和误餐补助费,劳动力招募费,职工退休、退职一次性路费,工伤人员就医路费以及管理部门使用的交通工具的油料、燃料等费用。

d)固定资产使用费:管理部门及附属生产单位使用的属于固定资产的房屋、设备等的折旧、大修、维修或租赁费。

e)工具用具使用费:企业管理使用的不属于固定资产的工具、器具、家具、交通工具、检验用具、试验用具、测绘用具、消防用具等的购置、维修和摊销费。

f)劳动保险费:企业支付离退休职工的异地安家补助费、职工退职金、6个月以上的病假人员工资、职工死亡丧葬补助费、抚恤费、按规定支付离休干部的各项经费。

g)职工福利费:按国家规定标准计提的职工福利费。

h)劳动保护费:企业按国家有关部门规定标准发放的劳动保护用品的购置费及修理费、防暑降温费、在有碍身体健康环境中施工的保健费用等。

i)工会经费:企业根据《中华人民共和国工会法》的规定,按全部职工工资总额比例计提的工会经费。

j)职工教育经费:按职工工资总额的规定比例计提,企业为职工进行专业技术和职工技能培训,专业技术人员继续教育、职工职业技能鉴定、职业资格认定以及根据需要对职工进行各类文化教育所发生的费用,不含职工安全教育、培训费用。

k)保险费:企业财产保险、管理用及生产用车辆等保险费及人身意外伤害险的费用。

l)工程排污费:施工现场按规定缴纳的排污费用。

m)税金:企业按规定缴纳的城市维护建设税、教育费附加、地方教育附加、房产税、车船使用税、土地使用税、印花税等。

n)其他费用:上述项目以外的其他必要的费用开支,包括技术转让费、技术开发费、竣(交)工文件编制费、招投标费、业务招待费、绿化费、广告费、公证费、定额测定费、法律顾问费、审计费、咨询费以及施工标准化、规范化、精细化管理等费用。

b. 基本费用以各类工程的定额直接费为基数,按相应的费率计算,即:

$$\text{基本费用} = \Sigma \text{各类工程的定额直接费} \times \text{相应费率} \tag{1-23}$$

②主副食运费补贴。

主副食运费补贴是指施工企业在远离城镇及乡村的野外施工,购买生活必需品所需增加的费用。

主副食运费补贴是以各类工程的定额直接费为基数,按相应费率计算,即:

$$\text{主副食运费补贴} = \Sigma \text{各类工程的定额直接费} \times \text{相应费率} \tag{1-24}$$

③职工探亲路费。

职工探亲路费是指按照有关规定发放给施工企业职工在探亲期间发生的往返交通费和途中住宿费等费用。

职工探亲路费是以各类工程的定额直接费为基数,按相应费率计算,即:

$$\text{职工探亲路费} = \Sigma \text{各类工程的定额直接费} \times \text{相应费率} \tag{1-25}$$

④职工取暖补贴。

职工取暖补贴是指按规定发放给施工企业职工的冬季取暖费和为职工在施工现场设置的临时取暖设施的费用。

职工取暖补贴用是以各类工程的定额直接费为基数,按相应费率计算。

$$\text{职工取暖补贴} = \Sigma \text{各类工程的定额直接费} \times \text{相应费率} \tag{1-26}$$

⑤财务费用。

财务费用是指施工企业为筹集资金提供投标担保、预付款担保、履约担保、职工工资支付担保等所发生的各项费用,包括企业经营期间发生的短期贷款利息净支出、汇兑净损失、调剂外汇手续费、金融机构手续费,以及企业筹集资金发生的其他财务费用。

财务费用是以各类工程的定额直接费为基数,按相应费率计算,即:

$$\text{财务费用} = \Sigma \text{各类工程的定额直接费} \times \text{相应费率} \tag{1-27}$$

计算完以上5项费用后,即可计算出企业管理费:

$$\begin{aligned}\text{企业管理费} &= \text{基本费用} + \text{主副食运费补贴} + \text{职工探亲路费} + \text{职工取暖补贴} + \text{财务费用} \\ &= \Sigma \text{各类工程的定额直接费} \times \text{企业管理费综合费率}\end{aligned} \tag{1-28}$$

(5)规费的计算。

规费系指按法律、法规、规章、规程规定施工企业必须缴纳的费用,简称规费。

规费包括:

①养老保险费:施工企业按规定标准为职工缴纳的基本养老保险费。

②失业保险费:施工企业按规定标准为职工缴纳的失业保险费。

③医疗保险费:施工企业按规定标准为职工缴纳的医疗保险费(含生育保险费)。

④工伤保险费:施工企业按规定标准为职工缴纳的工伤保险费。

⑤住房公积金:施工企业按规定标准为职工缴纳的住房公积金。

各项规费是以各类工程的人工费之和为基数,按国家或工程所在地法律、法规、规章、规程规定的标准计算,即:

$$\begin{aligned}\text{规费} &= \text{养老保险费} + \text{失业保险费} + \text{医疗保险费} + \text{工伤保险费} + \text{住房公积金} \\ &= \Sigma \text{各类工程的人工费} \times \text{规费综合费率}\end{aligned} \tag{1-29}$$

(6) 利润的计算。

利润是指施工企业完成所承包的工程应取得的盈利。

利润是按定额直接费及措施费、企业管理费之和的 7.42% 计算,即:

$$利润 = (定额直接费 + 措施费 + 企业管理费) \times 7.42\% \quad (1-30)$$

(7) 税金的计算。

税金是指国家税法规定应计入建筑安装工程造价的增值税销项税额。

$$税金 = (直接费 + 设备购置费 + 措施费 + 企业管理费 + 规费 + 利润) \times 增值税税率 \quad (1-31)$$

(8) 专项费用的计算。

专项费用包括施工场地建设费和安全生产费。

①施工场地建设费。

施工场地建设费包括:

a. 按照工地建设标准化要求进行承包人驻地、工地试验室建设、钢筋集中加工、混合料集中拌制、构件集中预制等所需的办公、生活居住房屋(包括职工家属房屋及探亲房屋),公用房屋(如广播室、文体活动室、医疗室等)和生产用房屋(如仓库、加工厂、加工棚、发电站、变电站、空压机站、停机棚、值班室等)等费用。

b. 包括场区平整(山岭重丘区的土石方工程除外)、场地硬化、排水、绿化、标志、污水处理设施、围墙隔离设施等的费用,不包括钢筋加工的机械设备、混合料拌和设备及安拆、预制构件台座、预应力张拉设备、起重及养护设备,以及概算、预算定额中临时工程的费用。

c. 包括以上范围内的各种临时工作便道(包括汽车、人力车道)、人行便道,工地临时用水、用电的水管支线和电线支线,临时构筑物(如水井、水塔等),其他小型临时设施等的搭设或租赁、维修、拆除、清理的费用;但不包括红线范围内贯通便道、进出场的临时道路、保通便道。

d. 工地试验室所发生的属于固定资产的试验设备和仪器等折旧、维修或租赁费用。

e. 施工扬尘污染防治措施费:裸露的施工场地覆盖防尘网、施工便道和施工场地洒水或喷洒抑尘剂,运输车辆的苫盖和冲洗、环境敏感区设置围挡,防尘标识设置,环境监控与检测等所需要的费用。

f. 文明施工、职工健康生活的费用。

施工场地建设费以施工场地计费基数,按规定的费率,以累进方法计算。施工场地计费基数为定额建筑安装工程费减去专项费用。

$$施工场地建设费 = (定额建筑安装工程费 - 专项费用) \times 累进费率 \quad (1-32)$$

②安全生产费。

安全生产费包括完善、改造和维护安全设施设备费用,配备、维护、保养应急救援器材、设备费用,开展重大危险源和事故隐患评估和整改费用,安全生产检查、评价、咨询费用,配备和更新现场作业人员安全防护用品支出,安全生产宣传、教育、培训费用,安全设施及特种设备检测检验费用,施工安全风险评估、应急演练等有关工作及其他与安全生产直接相关的费用。

安全生产费按建筑安装工程费乘以安全生产费费率,费率按不少于1.5%计取,即:

$$安全生产费 = 建筑安装工程费 \times 安全生产费费率 \quad (1-33)$$

按照有关规定,安全生产费费率不得小于1.5,即≥1.5。

计算出上述各项费用后,就可以计算建筑安装工程费和定额建筑安装工程费。

建筑安装工程费 = 直接费 + 设备购置费 + 措施费 + 企业管理费 + 规费 +
利润 + 税金 + 专项费用 (1-34)

定额建筑安装工程费 = 定额直接费 + 定额设备购置费 × 40% + 措施费 +
企业管理费 + 规费 + 利润 + 税金 + 专项费用 (1-35)

(二)工程量清单

工程量清单由工程量清单说明、投标报价说明、计日工说明、其他说明及工程量清单各项表格(工程量清单表5.1～表5.5)构成(即4个说明,5类表格)。

(1)工程量清单说明。

①本工程量清单中所列工程数量是估算的或设计的预计数量,仅作为投标报价的共同基础,不能作为最终结算与支付的依据。实际支付应按实际完成的工程量,由承包人按工程量清单计量规则规定的计量方法,以监理人认可的尺寸、断面计量,按本工程量清单的单价和总额价计算支付金额。

②工程量清单中所列工程量的变动,丝毫不会降低或影响合同条款的效力,也不免除承包人按规定的标准进行施工和修复缺陷的责任。

③图纸中所列的工程数量表及数量汇总表仅是提供资料,不是工程量清单的外延。当图纸与工程量清单所列数量不一致时,以工程量清单所列数量作为报价的依据。

(2)投标报价说明。

①工程量清单中的每一子目须填入单价或价格,且只允许有一个报价。

②工程量清单中有标价的单价和总额价均已包括了为实施和完成合同工程所需的劳务、材料、机械、质检(自检)、安装、缺陷修复、管理、保险、税费、利润等费用,以及合同明示或暗示的所有责任、义务和一般风险。

③工程量清单中投标人没有填入单价或价格的子目,其费用视为已分摊在工程量清单中其他相关子目的单价或价格之中。承包人必须按监理人指令完成工程量清单中未填入单价或价格的子目,但不能得到结算与支付。

④符合合同条款约定的全部费用应认为已被计入有标价的工程量清单所列各子目之中,未列子目不予进行计量的工作,其费用应视为已分摊在本合同工程的有关子目的单价或总额价之中。

⑤承包人用于本合同工程的各类装备的提供、运输、维护、拆卸、拼装等支付的费用,已包括在工程量清单的单价与总额价之中。

(3)计日工说明。

①未经监理人书面指令,任何工程不得按计日工施工;接到监理人按计日工施工的书面指令,承包人也不得拒绝。

②投标人应在计日工单价表中填列计日工子目的基本单价或租价,该基本单价或租价适用于监理人指令的任何数量的计日工的结算与支付。

③计日工不调价。

(4)工程量清单各项表格。

主要包括 5 类表：

①工程量清单表。

工程量清单表分为 7 章，即 100 章总则；200 章路基；300 章路面；400 章桥梁、涵洞；500 章隧道；600 章安全设施及预埋管线；700 章绿化及环境保护设施。

②计日工表。

计日工表包括劳务表、材料表、施工机械表及计日工汇总表。

③暂估价表。

暂估价表包括材料暂估价表、工程设备暂估价表和专业工程暂估价表。

④投标报价汇总表。

投标报价汇总表是将各章的工程子目表及计日工表进行汇总，加上暂列金额而得出该项目的投标总价。

投标报价汇总表格式如表 1-1 所示。

投标报价汇总表格式　　　　　　　　　　　　　　　　　表 1-1

序号	章次	科目名称	金额(元)
1	100	总则	
2	200	路基	
3	300	路面	
4	400	桥梁、涵洞	
5	500	隧道	
6	600	安全设施及预埋管线	
7	700	绿化及环境保护设施	
8		第 100 章~700 章清单合计	
9		已包含在清单合计中的材料、工程设备、专业工程暂估价合计	
10		清单合计减去材料、工程设备、专业工程暂估价合计(即 8－9＝10)	
11		计日工合计	
12		暂列金额(不含计日工总额)	
13		投标报价(8＋11＋12)＝13	

注：材料、工程设备、专业工程暂估价已包含在清单合计中，不应重复计入投标报价。

⑤工程量清单单价分析表。

工程量清单要求投标人应对清单各章每一子目填报的单价进行分析，其中包括所报每一子目单价的费用组成(人工费、材料费、机械使用费、其他费用、管理费、税费、利润等)及其金额，人工消耗量及单价、材料消耗量及单价及施工机械使用费等，以及最终清单的综合单价，并将其分析的结果填入规定的表格中，就形成了工程量清单单价分析表。

(5)工程量清单的编制。

①工程量清单是由招标人(建设单位)提供，由招标人(建设单位)或其委托的具有相应资质的工程咨询单位、监理单位等编制。

②工程量清单是根据招标文件中包括的有合同约束力的图纸以及有关施工技术规范、工

程量清单、国家标准、行业标准、合同中的工程量清单计量规则等编制。

③工程量清单编制包括清单说明、清单子目划分、工程数量整理等方面的工作。

(三)计量、支付与竣工决算

1. 工程计量

1)施工合同条款关于工程计量的约定

施工合同条款关于工程计量的规定在前面施工合同履行管理中已有叙述,请参照。

(1)总价子目的计量和支付应以总价为基础,不因物价波动的因素而进行调整。承包人实际完成的工程量,是进行工程目标管理和控制进度支付的依据。

(2)承包人在合同约定的每个计量周期内,对已完成的工程进行计量,并向监理人提交进度付款申请单、专用合同条款约定的合同总价支付分解表所表示的阶段性或分项计量的支持性资料,以及所达到工程形象目标或分阶段需完成的工程量和有关计量资料。

(3)监理人对承包人提交的上述资料进行复核,以确定分阶段实际完成的工程量和工程形象目标。对其有异议的,可要求承包人按合同条款的约定进行共同复核和抽样复测。

(4)总价子目的工程量是承包人用于结算的最终工程量。

2)《公路工程工程量清单计量规则》关于工程计量的一般要求

(1)任何工程项目的计量,均应按《公路工程工程量清单计量规则》规定或监理人书面指示进行。

(2)按合同提供的材料数量和完成的工程数量所采用的测量与计算方法,应符合《公路工程工程量清单计量规则》规定。所有这些方法,应经监理人批准或指示。

(3)一切计量工作都应在监理人在场的情况下,由承包人测量、记录。有承包人签名的计量记录原本,应提交给监理人审查和保存。

(4)工程量应由承包人计算,由监理人审核。工程量计算的副本应提交给监理人并由监理人保存。

(5)全部必需的模板、脚手架、装备、机具、螺栓、垫圈和钢制件等其他材料,应包括在工程量清单中所列的有关支付项目中,均不单独计量。

(6)凡超过图纸所示的面积或体积,都不予计量与支付。

(7)质量计量的要求。

①凡以质量计量或以质量作为配合比设计的材料,都应在精确与批准的磅秤上,由称职合格人员在监理人指定或批准的地点进行称重。称重计量时,应满足以下条件:监理人在场;称重记录;载明包装材料、支撑装置、垫块、捆束物等质量的说明书在称重前提交给监理人作为依据。

②钢筋、钢板或型钢计量时,应按图纸或其他资料标示的尺寸和净长计算,应以千克计量,四舍五入,不计小数。由于理论单位质量与实际单位质量的差异而引起材料质量与数量不相匹配的情况,计量时不予考虑。搭接、接头套筒、焊接材料、下脚料和固定、定位架立钢筋等,则不予另行计量。

③对有规定标准的项目,例如钢筋、金属线、钢板、型钢、管材等,均有规定的规格、质量、截

面尺寸等指标,这类指标应视为通常的质量或尺寸;除非引用规范中的允许偏差值加以控制,否则可用制造商的允许偏差。

(8)计算面积时,其长、宽应按图纸所示尺寸线或按监理人指示计量。对于面积在 $1m^2$ 以下的固定物(如检查井等)不予扣除。

(9)结构物应按图纸所示净尺寸线,或监理人指示修改的尺寸线计量。

水泥混凝土的计量应按监理人认可的并已完工工程的净尺寸计算,钢筋的体积不扣除,倒角不超过 $0.15m \times 0.15m$ 时不扣除,体积不超过 $0.03m^3$ 的开孔及开口不扣除,面积不超过 $0.15m \times 0.15m$ 的填角部分也不增加。

所有以米计量的结构物(如管涵等),除非图纸另有规定,应按平行于该结构物位置的基面或基础的中心方向计量。

(10)土方体积可采用平均断面积法计算,但与似棱体公式计算结果比较,如果误差超过 $\pm 5\%$ 时,监理人可指示采用似棱体公式。

各种不同类别的挖方与填方计量应以图纸所示界线为限,而且应在批准的横断面图上标明。

用于填方的土方量,应按压实后的纵断面高程和路床面为准来计量。

在现场钉桩后 56 天内,承包人应将设计和进场复测的土方横断面图连同土方的面积与体积计算表一并提交监理人批准。

3)工程计量方法

有关计量子目的计量方法在《公路工程工程量清单计量规则》中明确给予规定,在进行计量时必须遵守其要求。

一般情况下,工程计量的方法主要有以下几种:

(1)断面法:主要用于计算取土坑和路堤土方的计量。

(2)图纸法:混凝土体积、钢筋长度、钻孔灌注桩的桩长等。

(3)钻孔取样法:主要用于道路面层结构计量。

(4)分项计量法(分解计量法):就是根据工序或部位将一个项目分成若干子项,对完成的各子项计量支付。

(5)均摊法:就是对清单中合同价按合同工期每月平均计量。它适用于临时道路、桥梁的修建和养护,办公室的维修。

(6)凭证法:根据合同中要求承包商提供的票据进行计量支付,例如工程一切险和第三者责任险的保险费,以承包商实际交付费用的凭证或单据进行计量支付。

(7)估价法:按合同约定,根据监理工程师估算的已完成的工程价值支付,例如为监理提供的办公设施。

4)工程计量的程序

工程计量的一般可按以下程序进行:

(1)承包人提交计量申请。

施工过程中,承包人已完工程如具备计量条件且工程需要计量时,承包人向监理机构提交工程计量申请。

(2)监理人审查计量申请。

监理机构应对承包人提交的工程计量申请及其他计量资料进行审查,确认其是否符合计量条件。如计量申请所涉及的工程不符合合同约定(如质量不合格)则应拒绝承包人的计量申请。

(3)发出计量通知,进行工程计量。

经审查确认承包人的计量申请符合计量条件,则监理工程师应向承包人发出计量通知,指示承包人按合同约定的计量方法进行工程计量。监理人认为有必要时,可通知承包人共同进行联合测量、计量。

(4)承包人提交工程量报表。

承包人按监理人要求对已完工程进行计量,或双方共同进行联合计量后,承包人应向监理人提交工程量报表。

(5)监理人复核工程量报表。

监理机构应对承包人提交的工程量报表进行复核,以确定承包人实际完成的工程量。对数量有异议的,可要求承包人进行共同复核和抽样复测。承包人未按监理人要求参加复核,监理人复核或修正的工程量视为承包人实际完成的工程量。

监理人应在收到承包人提交的工程量报表后的 7 天内进行复核,监理人未在合同约定的时间内复核的,承包人提交的工程量报表中的工程量视为承包人实际完成的工程量,据此计算工程价款。

(6)监理人确认结算工程量。

承包人提交的工程量报表经监理人复核,或修正且双方确认后,监理人签认承包人实际完成的结算工程量,并报发包人审批。

2. 工程费用支付

1)费用支付的程序

工程费用支付通常按下列程序进行:

(1)承包人提交付款申请。

按照合同条款的约定,承包人想要得到应付款项,它必须在合同约定的期限内,按监理人批准的格式和合同条款约定的份数,向监理人提交付款申请单,并附相应的支持性证明文件或材料。

应注意,不同支付项目承包人提交付款申请单的时间是不同的。例如:

①进度付款:承包人应在每个付款周期末,向监理人提交进度付款申请单及相关证明材料。

②交工付款:承包人应在交工验收证书签发后 42 天内,向监理人提交交工付款申请单及相关证明材料。

③最终结清付款:承包人应在缺陷责任期终止证书签发后 28 天内,向监理人提交最终结清申请单及相关证明材料。

(2)监理人核查付款申请单。

监理人在收到承包人付款申请单以及相应的支持性证明文件后的 14 天内完成核查,提出发包人到期应支付给承包人的价款以及相应的支持性材料。

(3)发包人审查经监理人核查的付款申请单。

发包人应审查监理人提交的发包人到期应支付给承包人的价款以及相应的支持性材料。

合同约定,发包人应在收到后 14 天之内审核完毕。经发包人审查确认应付款项符合合同约定,则对此予以批准。

(4)监理人向承包人出具(签发)付款证书。

监理人提交的对承包人付款申请的核查资料,经发包人审查同意后,由监理人向承包人出具经发包人签认的付款证书。监理人有权扣发承包人未能按照合同要求履行任何工作或义务的相应金额。

需要注意的是,对于进度付款而言,合同条款中有最低付款金额的约定,也就是说如果该付款周期应结算的价款经扣留和扣回后的款额少于项目专用合同条款数据表中列明的进度付款证书的最低金额,则该付款周期监理人可不核证支付,上述款额将按付款周期结转,直至累计应支付的款额达到项目专用合同条款数据表中列明的进度付款证书的最低金额为止。

监理人出具进度付款证书,不应视为监理人已同意、批准或接受了承包人完成的该部分工作。

(5)发包人向承包人支付应付款项。

发包人应在合同约定的期限内将应付款项支付给承包人。

发包人不按期支付的,按项目专用合同条款数据表中约定的利率向承包人支付逾期付款违约金。违约金计算基数为发包人的全部未付款额,时间从应付而未付该款额之日算起。

需要注意的是,不同款项发包人支付的时间是不同的。例如:

①进度付款:发包人应在监理人收到进度付款申请单且承包人提交了合格的增值税专用发票后的 28 天内,将进度应付款支付给承包人。

②交工付款:发包人应在监理人出具交工付款证书且承包人提交了合格的增值税专用发票后的 14 天内,将应支付款支付给承包人。

③最终结清付款:发包人应在监理人出具最终结清证书且承包人提交了合格的增值税专用发票后的 14 天内,将应支付款支付给承包人。

2)工程费用支付项目

工程费用支付项目按支付内容分为工程量清单以内的支付项目和工程量清单以外的支付项目,即清单支付项目和合同支付项目两大类,具体内容如图 1-6 所示。

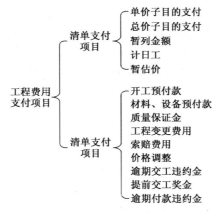

图 1-6 工程费用支付项目

(1)清单支付项目。

清单支付是按合同条款的约定,通过监理人的质量检查验收、计量复核,确认已完成的工程量,然后按确认的工程数量与已标价工程量清单中的单价,结算和支付工程量清单中各项工程费用。清单支付项目在工程费用支付中所占比重很大,包括单价子目支付、总价子目支付、暂列金额、计日工和暂估价五类。

①单价子目支付。

工程量清单中的绝大部分工程内容是以单价子目计量支付的,其费用约占工程总费用的85%左右,其支付条件和费用计算方法应满足下列要求:

a. 支付条件是完成了技术规范和设计图纸所规定的工作内容,且质量合格,计量结果准确无误,已提交了付款申请单和支持性证明文件。

b. 单价子目支付一般按期(月)支付。每期(月)付款是根据承包人每期(月)实际完成的符合质量要求并经监理人计量确认的工程数量乘以相应的单价确定,即:

$$单价子目每月应支付金额 = \sum_{1}^{n} 本月实际完成的合格工程数量 \times 相应单价 \quad (1-36)$$

如果某一项目是一次完成的,则十分简单;如果是分多次完成的,则应在计量单上列出设计数量、上期累计完成数量和本期完成数量,并附上计算公式和简图。

②总价支付项目。

工程量清单中多数开办项目,如承包人的驻地建设、临时工程等,都属于总价支付项目。这些项目的特点是总额包干,因此,在合同有关文件中被称为总额支付子目。合同条款约定:

a. 总价子目的计量和支付应以总价为基础,不因物价波动的因素而进行调整。承包人实际完成的工程量,是进行工程目标管理和控制进度支付的依据。

b. 承包人在合同约定的每个计量周期内,对已完成的工程进行计量,并向监理人提交进度付款申请单、专用合同条款约定的合同总价支付分解表所表示的阶段性或分项计量的支持性资料,以及所达到工程形象目标或分阶段需完成的工程量和有关计量资料。

c. 监理人对承包人提交的上述资料进行复核,以确定分阶段实际完成的工程量和工程形象目标。对其有异议的,可要求承包人按合同条款的约定进行共同复核和抽样复测。

d. 总价子目的工程量是承包人用于结算的最终工程量。

③暂列金额。

暂定金额是工程量清单中比较特殊的一类项目。暂定金额顾名思义,是合同工程量清单中因所发生的项目及所需要的金额不明确而暂时确定的一笔金额。

合同条款对暂列金额的定义是,所谓暂列金额是指已标价工程量清单中所列的,用于在签订协议书时尚未确定或不可预见变更的施工及其所需材料、工程设备、服务等的金额,包括以计日工方式支付的金额。

a. 暂列金额的特点。

a) 发生项目的不确定性。

暂列金额所对应的支付项目并不确定。它们可能是某些新增的附属工程、零星工程等变更工程,也可能是提供货物、材料、设备或劳务等工作,还有可能是因不可见因素引起的一些意外事件的费用(如索赔、价格调整等发生的费用)。

b) 发生金额的不确定性。

暂列金额中的项目到底需要多少金额事先并不确定。因此,工程量清单中的相应金额是"暂列"的,有时与实际情况有较大差距。如计日工清单中的数量完全是假定的,实践中具体会发生多少事先根本不知道。因此,可能与实际情况有较大差距。

b. 暂列金额的使用。

公路工程专用合同条款约定:暂列金额应由监理人报发包人批准后指令全部或部分地使用,或者根本不予动用。

对于经发包人批准的每一笔暂列金额,监理人有权向承包人发出实施工程或提供材料、工程设备或服务的指令。这些指令应由承包人完成,监理人应根据合同条款约定的变更估价原则和计日工的规定,对合同价进行相应调整。

当监理人提出要求时,承包人应提供有关暂列金额支出的所有报价单、发票、凭证和账目或收据,除非该工作是根据已标价工程量清单列明的单价或总额价进行的估价。

④计日工。

所谓计日工,是指对零星工作采取的一种计价方式,按合同中的计日工子目及其单价计价付款。

合同工程量清单中列有计日工明细表,表中列有劳务、材料、施工机械的估计数量,计日工各子目单价由承包人报价,然后汇总的计日工合计在投标总价中。

公路工程通用合同条款约定:

a. 发包人认为有必要时,由监理人通知承包人以计日工方式实施变更的零星工作。其价款按列入已标价工程量清单中的计日工计价子目及其单价进行计算。

b. 采用计日工计价的任何一项变更工作,应从暂列金额中支付,承包人应在该项变更的实施过程中,每天将以下报表和有关凭证报送监理人审批:

a) 工作名称、内容和数量;

b) 投入该工作所有人员的姓名、工种、级别和耗用工时;

c) 投入该工作的材料类别和数量;

d) 投入该工作的施工设备型号、台数和耗用台时;

e) 监理人要求提交的其他资料和凭证。

计日工由承包人汇总后,按合同条款的约定列入进度付款申请单,由监理人复核并报发包人同意后列入进度付款。

工程量清单计日工说明规定:未经监理人书面指令,任何工程不得按计日工施工;接到监理人按计日工施工的书面指令,承包人也不得拒绝。计日工不调价。

⑤暂估价。

所谓暂估价,是指发包人在工程量清单中给定的用于支付必然发生但暂时不能确定价格的材料、设备以及专业工程的金额。

在工程招标阶段已经确定的材料、工程设备或专业工程,但由于各种原因无法在当时确定准确的价格,这必然会影响投标人的投标报价和招标效果。为此,发包人在工程量清单中给定一个暂估价。

暂估价在工程施工过程中,根据其材料、工程设备及专业工程的数量或规模,采用不同的计价方法。

　　a. 发包人在工程量清单中给定暂估价的材料、工程设备和专业工程属于依法必须招标的范围并达到规定的规模标准的,由发包人和承包人以招标的方式选择供应商或分包人。中标金额与工程量清单中所列的暂估价的金额差以及相应的税金等其他费用列入合同价格。

　　b. 发包人在工程量清单中给定暂估价的材料和工程设备不属于依法必须招标的范围或未达到规定的规模标准的,应由承包人按合同条款的约定提供。经监理人确认的材料、工程设备的价格与工程量清单中所列的暂估价的金额差以及相应的税金等其他费用列入合同价格。

　　c. 发包人在工程量清单中给定暂估价的专业工程不属于依法必须招标的范围或未达到规定的规模标准的,由监理人按合同条款的约定进行估价,但项目专用合同条款另有约定的除外。经估价的专业工程与工程量清单中所列的暂估价的金额差以及相应的税金等其他费用列入合同价格。

　　(2)合同支付项目。

　　合同支付项目是指那些没有包括在合同工程量清单之中,但根据合同条款的约定应该支付的费用项目。虽然合同支付项目在工程费用支付中所占比重不大,但其灵活性比清单支付项目大得多,比较难以把握和控制,是监理人实施支付监理工作的重点和难点。

　　合同支付项目包括开工预付款、材料设备预付款、质量保证金、工程变更费用、索赔费用、价格调整费用、逾期交工违约金(违约罚金)、提前交工奖金和逾期付款违约金(迟付款利息)等费用项目。

　　①开工预付款。

　　所谓开工预付款,是一项由发包人提供给承包人用作开办费用的无息贷款(提前付款,或前期付款)。

　　为确保工程能按计划正常开工和施工,承包人有权得到发包人提供的一笔相当于合同价值一定比例的无息开工预付款,用于支付开工初期各项准备工作的款项。开工预付款的金额在项目专用合同条款数据表中约定。

　　开工预付款主要用于承包人为合同工程施工修建临时设施、组织施工队伍进场等。

　　按合同约定支付给承包人的开工预付款是属于发包人的资金。因此,在施工期间,开工预付款应按合同约定分批扣回。提供这项资金的目的在于减轻承包人资金周转的压力。

　　a. 开工预付款的支付条件。

　　按合同条款约定,开工预付款的支付条件包括:

　　a)承包人已和发包人签订施工合同;

　　b)承包人承诺的主要设备已进场。

　　这里需注意,在签订施工合同之前承包人已按规定提交履约担保,而且履约担保对预付款的正常使用承担保证责任。合同条款约定,承包人无须向发包人提交预付款保函。

　　因此,履约担保(履约保证金)和开工预付款担保不是开工预付款支付的条件。

　　b. 开工预付款的金额。

　　开工预付款的金额在项目专用合同条款数据表中约定。开工预付款金额一般应为10%签约合同价。

　　c. 开工预付款的支付。

107

在承包人签订了合同协议书且承包人承诺的主要设备进场后,监理人应在当期进度付款证书中向承包人支付开工预付款。

承包人不得将该预付款用于与本工程无关的支出,监理人有权监督承包人对该项费用的使用。如经查实承包人滥用开工预付款,发包人有权立即向银行索赔履约保证金,并解除合同。

d. 开工预付款的扣回与还清。

开工预付款属于发包人的预付,在施工期间发包人是要扣回的。按照合同约定,开工预付款应通过进度付款证书,按合同约定的方法予以扣回。在公路工程专用合同条款中专门约定了开工预付款的扣回方法。

合同条款约定的开工预付款扣回方法如下:

开工预付款在进度付款证书的累计金额未达到签约合同价的30%之前不予扣回,在达到签约合同价30%之后,开始按工程进度以固定比例(即每完成签约合同价的1%,扣回开工预付款的2%)分期从各月的进度付款证书中扣回,全部金额在进度付款证书的累计金额达到签约合同价的80%时扣完。

合同条款约定开工预付款扣回方法的特点是按完成的工程量的一定百分率扣款。扣回时间开始于进度付款证书的累计金额达到签约合同价30%的当月,但止于进度付款证书的累计金额达到签约合同价的80%的当月。在此期间,按进度付款证书当期完成的工程款占签约合同价50%的比例予以扣回。每期扣回的开工预付款可按式(1-37)计算:

$$G = M \times \frac{B}{签约合同价 \times 50\%} \tag{1-37}$$

式中:G——当期从进度付款证书中应扣回开工预付款数额(元);

M——当期完成的累计金额与前一次扣回开工预付款时累计金额的差值(元);

B——已支付的开工预付款金额(元)。

注意,M 的取值:

a. 第一次扣回开工预付款时,M 为到该期进度付款证书累计金额与开始扣回开工预付款金额(起扣点金额)的差值(元);

b. 以后各次扣回开工预付款时,M 为到该期进度付款证书累计金额与前一次扣回开工预付款时进度付款证书累计金额的差值(元)。

② 材料、设备预付款。

材料、设备预付款是发包人支付给承包人用于为合同工程施工购置材料、工程设备等的一笔无息款项。

a. 材料、设备预付款的支付条件。

公路工程专用合同条款约定的材料、设备预付款的支付条件如下:

a) 材料、设备符合规范要求并经监理人认可;

b) 承包人已出具材料、设备费用凭证或支付单据;

c) 材料、设备已在现场交货,且存储良好,监理人认为材料、设备的存储方法符合要求。

在具备上述条件后,监理人应将材料、设备预付款金额计入下一次的进度付款证书中向承包人支付。

b. 材料、设备预付款的支付。

材料、设备预付款按项目专用合同条款数据表中所列主要材料、设备单据费用的百分比支付。其中,进口的材料、设备为到岸价,国内采购的为出厂价或销售价,地方材料为堆场价。

在预计交工前 3 个月,将不再支付材料、设备预付款。

支付材料、设备预付款不应被视为是对这些材料或设备的批准。

c. 材料、设备预付款的扣回与还清。

当材料、设备已用于或安装在永久工程之中时,材料、设备预付款应从进度付款证书中扣回,扣回期不超过 3 个月。

已经支付材料、设备预付款的材料、设备的所有权应属于发包人。工程交工时所有剩余的材料、设备的所有权应属于承包人。

工程实践中,材料设备预付款的扣回主要有以下两种方法:

a) 定期扣回法。

该方法是对本月已到现场的材料设备支付预付款的同时,扣回上月已支付的预付款。例如,当合同文件约定材料设备按所购材料设备支付单据所列费用的 70% 支付时,本月实际预付金额为:

本月应预付金额 = 本月末现场材料设备价值的 70% − 上月末已支付的预付款 　　(1-38)

b) 最后扣回法。

从未施工工程尚需的主要材料设备的价值相当于工程材料设备预付款数额时起扣,从每次结算工程价款中,按材料设备比重扣抵工程价款,交工前全部扣清。

d. 材料、设备预付款支付的注意事项。

为了搞好材料、设备预付款的支付,监理工程师在签收材料、设备预付款支付证明时,必须注意如下几点:

a) 单项材料预付款价格不应该超过清单报价。这可确保材料预付款的支付能紧密结合工程量清单来进行,例如,钢筋、混凝土、桥梁支座以及护栏等在清单中都有明确的报价,支付时不得突破此报价。

b) 累计支付材料、设备预付款的材料、设备数量,不应超过工程所需的实际总量,否则,属于不合理支付。

c) 材料、设备预付款所涉及的材料、设备品种应与工程计划进度相匹配,例如当混凝土等构造物工程基本完工时,不应有大量的混凝土材料在施工现场,也不应对混凝土材料再支付预付款。

③ 质量保证金。

所谓质量保证金,是指按合同条款约定用于保证承包人在缺陷责任期内履行缺陷修复义务的金额。

a. 质量保证金的缴纳。

交工验收证书签发后 14 天内,承包人应按项目专用合同条款数据表中约定的金额,向发包人缴纳质量保证金。质量保证金可采用银行保函或现金、支票形式。

质量保证金采用银行保函时,出具保函的银行须具有相应担保能力,且按照发包人批准的格式出具,所需费用由承包人承担。

质量保证金采用现金、支票形式提交的,发包人应在项目专用合同条款数据表中明确是否计付利息以及利息的计算方式。

b. 质量保证金的返还。

在合同条款约定的缺陷责任期满,且质量监督机构已按规定对工程质量检测鉴定合格,承包人向发包人申请到期应返还承包人剩余的质量保证金金额,发包人应在 14 天内会同承包人按照合同约定的内容核实承包人是否完成缺陷责任。如无异议,发包人应当在缺陷责任期期满后 14 天内,将剩余保证金返还承包人。

c. 扣留质量保证金余额。

在合同条款约定的缺陷责任期满时,承包人没有完成缺陷责任的,发包人有权扣留与未履行责任剩余工作所需金额相应的质量保证金余额,并有权要求延长缺陷责任期,直至完成剩余工作为止。

④工程变更费用。

工程变更费用的支付依据是工程变更令和工程变更清单,支付方式采用列入期中支付证书(进度付款证书)的形式进行,支付货币与其他支付项目相同,即按承包人投标时所提出的货币种类和比例进行付款。

鉴于变更项目的复杂性和特殊性,监理人应对变更项目的审批制定严格的管理程序。应特别注意的是,根据《公路工程施工监理规范》(JTG G10—2016)的规定,审核工程变更、发出变更指示的权力属于总监理工程师,一般不得进行委托。公路工程专用合同条款还对监理人行使发出变更指示的权力作了某种限制,要求变更规模超过一定限度后,必须事先取得发包人的批准。

⑤索赔费用。

索赔是双向的,合同双方都可以向对方提出索赔要求。索赔可分为工期索赔和费用索赔,下面讨论的主要是费用索赔,而且是承包人向发包人提出的索赔。

索赔费用是指监理人根据合同条款约定的索赔处理程序所确定的赔偿费用。就监理人处理的所有支付项目而言,索赔费用是最复杂的支付项目之一。在进行索赔费用支付时,监理人必须谨慎处理,否则,会因为对索赔费用的支付管理不善而导致对整个工程费用的失控。

因为导致索赔的原因多种多样,所以其费用的计算和确定原则就各不相同。因此,为了客观、公正地处理好索赔费用支付,监理人不仅要对"合同条款"和"技术规范"十分熟悉,而且还要有深刻的理解,并能结合实际情况正确运用。

在处理索赔费用时,监理人应对承包人提供的索赔证据和细节账目等有关资料进行审查核实,在与发包人和承包人协商后,确定承包人有权得到的全部或部分的索赔款额,将其列入核签的期中支付证书(进度付款证书)或最终结清证书内予以支付。支付货币与其他支付项目相同。

⑥价格调整费用。

由于一般的施工合同施工工期都比较长,在施工期间出现的许多风险常常会导致工程费用发生明显变化,而造成当事人的经济损失。这些风险往往是合同双方在投标时无法合理预见到的。为了避免双方的风险损失,降低投标报价及合理确定工程造价,合同条款对合同价格调整做出了专门的约定。对于工程规模不大、工期较短的工程(例如工期不超过 12 个月),可以不进行调价。

价格调整是指根据合同条款所确定的合同价格调价费用。

价格调整主要涉及两个方面:

a. 物价波动引起的价格调整。

物价波动引起的价格调整,其调整价格差额的方法有两种:

a)采用价格指数调整价格差额。

这种调整价格差额的方法就是利用合同条款给出的公式来计算差额,以此调整合同价格。

b)采用造价信息调整价格差额。

采用造价信息调整价格差额就是采用国家或省级交通运输主管部门或其授权的工程造价管理机构发布的有关人工、材料、机械等的成本信息、单价或费率计算价格差额。

b.法律变化引起的价格调整。

合同条款约定,在基准日后,因法律变化导致承包人在合同履行中所需要的工程费用发生非物价波动以外的增减时,监理人应根据法律、国家或省级有关部门的规定,按合同条款商定或确定需调整的合同价款。

法规变化导致工程费用增加,所增加的这一部分费用一般应通过向发包人提出费用索赔的方式进行调价。

将上述两方面费用计算出来后,在进度付款证书中支付即可。

⑦逾期交工违约金。

由于承包人原因造成工期延误,承包人应支付逾期交工违约金。

如果在合同工程完工之前,已对合同工程内按时完工的单位工程签发了交工验收证书,则合同工程的逾期交工违约金,应按已签发交工验收证书的单位工程的价值占合同工程价值的比例予以减少,但本规定不应影响逾期交工违约金的规定限额。

a.逾期交工违约金的限额。

逾期交工违约金的计算方法在项目专用合同条款数据表中约定,时间自预定的交工日期起到交工验收证书中写明的实际交工日期止(扣除已批准的延长工期),按天计算。逾期交工违约金累计金额最高不超过项目专用合同条款数据表中写明的限额(逾期交工违约金限额一般应为10%签约合同价)。

b.逾期交工违约金的扣除。

合同条款约定,发包人可以从应付或到期应付给承包人的任何款额中或采用其他方法扣除逾期交工违约金。

工程实践中,逾期交工违约金一般从承包人的履约保证金或进度付款证书中扣除。公路工程项目多采用从进度付款证书中扣除的方式。

承包人向发包人支付逾期交工违约金,不免除承包人完成工程及修补缺陷的义务。

⑧逾期付款违约金。

发包人不按期支付的,按项目专用合同条款数据表中约定的利率向承包人支付逾期付款违约金。违约金计算基数为发包人的全部未付款额,时间从应付而未付该款额之日算起。

⑨提前交工奖金。

关于提前交工及提前交工奖金,合同条款有专门的约定:发包人要求承包人提前交工,或承包人提出提前交工的建议能够给发包人带来效益的,应由监理人与承包人共同协商采取加快工程进度的措施和修订合同进度计划。发包人应承担承包人由此增加的费用,并向承包人支付专用合同条款约定的相应奖金。

发包人不得随意要求承包人提前交工,承包人也不得随意提出提前交工的建议。如遇特殊情况,确需将工期提前的,发包人和承包人必须采取有效措施,确保工程质量和施工安全。

如果承包人提前完成了合同工程或某区段或某单项工程,则发包人则应按项目专用合同条款中写明的金额,发给承包人一笔提前交工奖金。时间自合同工程或某区段或某单项工程的交接证书中写明的交工日期算起,到交工验收证书中写明的实际交工日期止(即:合同工期 – 实际工期 + 批准的延长工期),按天计算。但提前交工奖金应不超过项目专用合同条款数据表中写明的限额。监理工程师应在承包人提交的交工付款申请单核证,并支付给承包人。

十四、施工风险管理

(一)风险管理

1. 风险管理的工作流程

风险管理的工作流程如下:
(1)风险的预测和识别。
(2)风险的分析和评价。
(3)风险控制对策的规划和决策。
(4)风险控制对策的实施。
(5)检查与监控。

2. 风险控制对策

风险控制对策有以下三种基本形式:
(1)风险控制处理。

风险控制处理,是指为了防止风险事件的发生或使一旦发生的风险事件所造成的损失降低到最低程度所采取的各种技术手段。风险控制处理对策有风险回避、损失控制、风险分散等形式。

①风险回避:是指通过放弃和变更某种活动来回避与该活动相关的风险,从而避免可能出现的风险损失。

②损失控制:是指通过减少损失发生的机会或通过降低损失的严重性来处理项目风险。损失控制方案内容包括:制定安全计划,评估及监控有关系统及安全装置,重复检查工程建设计划,制定灾难计划,制定应急计划等。损失控制可分为以下两种:

a.预防损失:通过采用工程技术手段或预防措施,降低或减少损失发生的机会来处理风险;

b.减少损失:通过采用各种工程技术手段或措施,降低损失的严重性来处理风险。

在采用损失控制这一风险对策时,所制定的损失控制措施应当形成一个周密的、完整的损失控制计划系统。就工程项目施工阶段而言,该计划系统一般应由预防计划(安全计划)、灾难计划和应急计划三部分组成。

③风险分散:是指把可能遭受同样损失的风险单位分开设置或是通过扩大规模来分散风险,把固定的风险分散在更多的单位上,从而降低风险发生的可能性或风险的损失。例如将不同易燃易爆物品分开放置于不同的仓库。

(2) 风险自留。

就是将风险留给自己承担,即由企业自己承担风险所造成的损失。这是从企业内部财务的角度应对风险。

风险自留可分为两种基本形式:

① 计划性风险自留:指风险管理人员事先估计出有某种风险存在,从而采取了各种措施,有意识地不断降低风险的潜在损失,而主动承担风险损失。

② 非计划性风险自留:指风险管理人员事先未估计出某种风险可能发生或预测出现失误,因而没有处理风险的准备,等到风险发生时,被动地承担风险损失。

(3) 风险转移。

风险转移有两种基本形式:

① 保险转移(工程投保):保险转移是工程项目风险管理计划的最重要的风险转移技术。

保险转移是指企业支付一定的保险费把本应由自己承担的风险转移给保险公司,当企业发生保险合同约定的风险损失时由保险公司给予赔偿,从而弥补企业损失的一种财务安排。

② 非保险转移:企业不以保险的方式而以其他方式将风险损失的财务负担转移给其他单位或个人,即为非保险转移,常见的非保险转移有以下几种形式:

a. 合同转移:是指通过制定有关合同条款,用合同约定双方风险责任,从而将风险转移给对方以减少自身的损失。

b. 第三方担保:由第三方作为一方当事人的关系人,对其某种民事活动进行担保,从而承担连带责任。

c. 合同转让或工程分包:通过合同转让或订立分包合同而将风险转移给他方。

3. 工程项目管理与风险管理的关系

风险管理是项目管理理论体系的一部分。项目管理的目标即目标控制的目标,与风险管理的目标是一致的。从某种意义上讲,可以认为风险管理是为目标控制服务的。

工程项目目标规划和计划都是着眼于未来,而未来充满着不确定因素,即充满着风险因素和风险事件。通过风险管理的一系列过程,可以定性和定量地分析和评价各种风险因素和风险事件对工程项目预期目标和计划的影响,从而使目标规划更合理,使计划更可行。可以毫不夸张地说,对于大型、复杂的工程项目,如果不从早期开始就进行风险管理的话,则很难保证其目标规划的合理性和计划的可行性。

风险对策都是为风险管理目标服务的,也就是为目标控制服务的。从这个角度看,风险对策是目标控制措施的重要内容。因此,如果不从风险管理的角度选择适当的风险对策,目标控制的效果就将大大降低。

(二) 风险责任的分担

1. 风险责任分担的原则

最合理和最节约工程成本的合同,应该是根据工程具体情况,将每一风险都分摊给最有条件管理和最能设法将风险损失减少到最低程度的一方。即:凡是承包人能事先预见到,或能控制的风险由承包人承担;反之,由发包人承担。

2. 发包人应承担的风险

发包人承担的风险通常是指承包人不能合理预见或防范的风险,或由发包人本身的原因或责任引发的风险。这些风险一旦发生所造成永久工程、材料、工程设备的损失和损害及自身的损失应由发包人承担。发包人所承担的风险有很多,例如以下一些风险:

(1) 不可抗力。
(2) 异常恶劣的气候条件。
(3) 不可预见的不利物质条件。
(4) 发包人未履行合同义务与责任,如未及时支付进度款、未按时提供图纸、未按计划移交施工现场等。
(5) 合同文件(图纸、技术规范等)的缺陷。
(6) 政策及法律变动。
(7) 工程变更与变动。
(8) 经济风险。
(9) 发包人擅自提前使用造成工程的损害或损坏。
(10) 发包人及监理人管理失误。
(11) 缺陷责任期内对工程的照管和维护的风险。

3. 承包人应承担的主要风险

承包人承担的风险是指承包人可以合理预见或防范的风险,或由承包人本身的原因或责任引发的风险。这些风险一旦发生所造成工程、材料、工程设备的损失或损害及自身的损失应由承包人承担。承包人所承担的风险也有很多,例如下列风险即为承包人所承担的风险:

(1) 承担现场查勘(现场考察)的风险。

发包人提供的本合同工程的水文、地质、气象和料场分布、取土场、弃土场位置等资料均属于参考资料,并不构成合同文件的组成部分,承包人应对自己就上述资料的解释、推论和应用负责,发包人不对承包人据此做出的判断和决策承担任何责任。

承包人在送交投标文件之前,应对施工场地和周围环境进行查勘(现场考察),对施工场地和周围环境以及可得到的有关资料进行了察看和核查,已经查明并收集有关地质、水文、气象条件、交通条件、料场分布、取土场位置、弃土场位置、进场道路、水电供应条件、风俗习惯以及其他为完成合同工作有关的当地资料。通过现场查勘,承包人已取得可能对投标有影响或起作用的风险、意外等的必要资料。因此认为,在全部合同工作中,应视为承包人已充分估计了应承担的责任和风险。

(2) 承担投标报价完备性的风险责任。

合同条款约定,承包人在递交投标文件前,对本合同工程的投标文件和已标价工程量清单中开列的单价和总额价已查明是正确的和完备的。投标的单价和总额价应已包括了合同中约定的承包人的全部义务(包括提供货物、材料、设备、服务的义务,并包括了暂列金额和暂估价范围内的额外工作的义务)以及为实施和完成本合同工程及其缺陷修复所必需的一切工作和条件。

(3)承担可预见的不利物质条件的风险责任。

不利物质条件,是指承包人在施工场地遇到的不可预见的自然物质条件、非自然的物质障碍和污染物,包括地下和水文条件,但不包括气候条件。

合同条款约定:对于项目专用合同条款中已经明确指出的不利物质条件,则无论承包人是否有其经历和经验,均视为承包人在接受合同时已预见其影响,并已在签约合同价中计入因其影响而可能发生的一切费用。

对于项目专用合同条款中未明确指出,但是在不利物质条件发生之前,监理人已经指示承包人有可能发生,但承包人未能及时采取有效措施,而导致的损失和后果均由承包人承担。

(4)承担工程的维护和照管风险责任。

交工验收证书颁发前,承包人应负责照管和维护工程及将用于或安装在本工程中的材料、设备。交工验收证书颁发时尚有部分未交工工程的,承包人还应负责该未交工工程、材料、设备的照管和维护工作,直至交工后移交给发包人为止。

在承包人负责照管与维护期间,如果本工程或材料、设备等发生损失或损害,除不可抗力原因之外,承包人均应自费弥补,并达到合同要求。承包人还应对实施作业的过程中由承包人造成的对工程的任何损失或损害负责。

(5)材料、设备采购、运输及使用的风险。

若合同约定工程施工过程中所需材料、工程设备由承包人提供,则承包人应对这些材料、工程设备在采购、运输、保管及使用过程中所发生的风险承担责任。例如承包人采购了不合格的材料,水泥材料在运输过程中被雨水淋湿,某些材料在保管时受潮变质不能使用,施工时操作人员违反规定而引起的材料燃烧、爆炸等,这些风险均由承包人承担。

(6)临时工程与设施设计、施工安全性的风险。

按合同条款约定,临时工程与设施均由承包人自行设计、选址施工建造并维护管理。因此,承包人应对临时工程与设施设计、施工安全性承担责任。例如便桥垮塌导致施工车辆倾翻而造成施工人员伤害,临时宿舍突然倒塌造成施工人员伤亡等,这些风险由承包人承担。

(7)施工工艺、施工方案与施工方法正确性与安全性的风险。

工程施工过程中所采用的施工工艺、施工方案与施工方法等都是承包人自己制定的,虽然事先已经监理机构审批,但这并不能免除承包人应承担的义务与责任。例如由于施工工艺的缺陷而导致的工程质量问题,这些风险当然应由承包人承担。

(8)施工质量与进度的风险。

工程施工质量与进度目标能否实现,这存在不确定性。如果由于承包人自身的原因和责任而导致工程质量或进度不符合合同要求,承包人就需承担责任。

(9)施工组织管理不善的风险。

工程施工过程中,承包人应加强施工组织管理,从而确保工程施工顺利实施。但由于承包人的原因或责任而导致施工组织管理出现问题,例如施工人员不遵守劳动纪律,或不遵守操作规程而造成工程质量不符合合同要求,承包人就需承担责任。

(10)所承担的设计缺陷的风险。

如果合同条款约定,承包人应承担某些工程或工程部位的施工图绘制,则承包人应对这些施工图纸的正确性与安全性承担责任。尽管这些施工图纸事先已经监理机构审批,但并不能免除承包人的责任。

(11)因违约导致变更的风险。

如果由于承包人的违约、过错或疏忽等而造成变更,虽然该变更已得到监理人和发包人的批准,但并不能免除承包人的责任。

(三)不可抗力风险

1. 不可抗力的确认

不可抗力是指承包人和发包人在订立合同时不可预见,在工程施工过程中不可避免发生并不能克服的自然灾害和社会性突发事件。包括但不限于:

(1)地震、海啸、火山爆发、泥石流、暴雨(雪)、台风、龙卷风、水灾等自然灾害。

(2)战争、骚乱、暴动,但纯属承包人或其分包人派遣与雇用的人员由于本合同工程施工原因引起者除外。

(3)核反应、辐射或放射性污染。

(4)空中飞行物体坠落或非发包人或承包人责任造成的爆炸、火灾。

(5)瘟疫。

(6)项目专用合同条款约定的其他情形。

2. 不可抗力风险责任的划分

(1)造成永久工程、已运至施工场地的材料和工程设备的损害,以及因工程损害造成的第三者人员伤亡和财产损失由发包人承担。

(2)造成承包人设备的损坏和停工损失由承包人承担。

(3)造成人员伤亡和财产损失由各自单位承担。

(4)不可抗力发生后工程场地清理、修复损坏的工程所需费用由发包人承担。停工期间应监理人要求照管工程金额由发包人承担。

(5)不能按期交工的,应合理延长工期,承包人不需支付逾期交工违约金。发包人要求赶工的,承包人应采取赶工措施,赶工费用由发包人承担。

第二章 典型例题解析

【例题1】

某公路工程施工过程中发生了如下事件：

事件1：监理合同签订后，监理单位按照下列步骤组建项目建立机构：①确定项目建立机构目标；②确定建立工作内容；③制定监理工作流程和信息流程；④进行项目建立机构组织设计，根据项目特点决定采用矩阵制组织形式组建项目监理机构。

事件2：建设单位提出如下要求：①总监理工程师代表负责增加和调配监理人员；②施工单位将本月工程款支付申请直接报送建设单位，建设单位审核后拨付工程款；③项目监理机构增加平行检验项目。

事件3：为有效控制建设工程质量、进度、投资目标。项目监理机构拟采取下列措施开展工作：①明确施工单位及材料设备供应单位的权利和义务；②拟定合理的承发包模式和合同计价方式；③建立健全实施动态控制的监理工作制度；④审查施工组织设计；⑤对工程变更进行技术经济分析；⑥编制资金使用计划；⑦采用工程网络计划技术实施动态控制；⑧明确各级监理人员职责分工；⑨优化建设工程目标控制工作流程；⑩加强各单位(部门)之间的沟通协作。

事件4：在基础工程施工中，项目监理机构发现有部分构件出现较大裂缝。为此，总监理工程师签发工程暂停令，经检测及设计验算，需进行加固补强，施工单位向项目监理机构报送了质量事故调查报告和加固补强方案。项目监理机构按工作程序进行检测后，签发工程复工令。

事件5：采用新技术的某专业分包工程开始施工后，专业监理工程师编制了相应的监理实施细则，总监理工程师审查了其中的监理工作方法和措施等主要内容。

问题：

1. 指出事件1中项目监理机构组建步骤的不妥之处和采用矩阵组织形式的特点。
2. 指出事件2中建设单位所提出要求的不妥之处，并写出正确的做法。
3. 逐项指出事件3中各项措施分别属于组织措施、技术措施、经济措施和管理措施中的哪一项。
4. 针对事件4，写出项目监理机构在签发工程复工令之前需要进行的工作程序。
5. 指出事件5中专业监理工程师做法的不妥之处。此外，总监理工程师还应审查监理实施细则中的哪些内容？

参考答案：

1.（1）组建项目监理机构的步骤不妥，正确的步骤是①②④③，先④进行项目监理机构组织结构设计，然后再③制定工作流程和信息流程。

（2）矩阵制组织形式的特点：①优点：加强各职能部门的横向联系，具有较大的机动性和适应性，将上下左右集权与分权实行最优结合，有利于解决复杂问题，有利于监理人员业务能力的培养;②缺点:纵横向协调工作量大,处理不当会产生扯皮现象,产生矛盾。

2.(1)不妥之处:总监理工程师代表负责增加和调配监理人员。

正确做法:总监理工程师负责增加和调配监理人员。

(2)不妥之处:施工单位将本月工程款支付申请直接报送建设单位。

正确做法:施工单位将本月工程款支付申请提交监理人审查,监理人在14天内完成审核,提出发包人到期应支付给承包人的金额以及相应的支持性材料,经发包人审批同意后,自监理人向承包人出具经发包人签认的进度付款证书。发包人最迟应在监理人收到进度付款申请单后的28天内,将进度应付款支付给承包人。

3.组织措施:①、③、⑧、⑨、⑩;技术措施:④、⑦;经济措施:⑤、⑥;合同措施:②。

4.在加固补强完毕后,具备工程复工条件时,施工单位提出复工申请,项目监理机构应审查施工单位报送的工程复工报审表及有关资料,符合要求后,总监理工程师签署审核意见,报建设单位批准后,签发工程复工令。

5.(1)在采用新技术的某专业分包工程开始施工后,专业监理工程师才编制监理实施细则不妥。根据《建设工程监理规范》(GB/T 50319—2013)规定,监理实施细则可随工程进展编制,但必须在相应工程施工前完成,并经总监理工程师审批后实施。

(2)总监理工程师还应审查监理实施细则的如下几个方面:①编制依据、内容的审核;②项目监理人员的审核;③监理工作流程、监理工作要点的审核;④监理工作制度的审核。

【例题2】

某公路工程施工过程中发生如下事件:

事件1:为使工程提前完工投入使用,建设单位要求施工单位提前3个月竣工。于是,施工单位在主体结构施工中未执行原施工方案,提前拆除混凝土结构模板。专业监理工程师为此发出监理通知单,要求施工单位整改。施工单位以工期紧、气温高和混凝土能达到拆模强度为由进行回复,专业监理工程师没有坚持要求其整改。因气温骤降,导致施工单位在拆除第五层结构模板时,由于混凝土强度不足,发生了结构坍塌安全事故,造成2人死亡、9人重伤和1100万元的直接经济损失。

事件2:管道工程隐蔽后,项目监理机构对施工质量提出质疑,要求进行剥离复验。施工单位以该隐蔽工程已通过项目监理机构检验为由拒绝复验。项目监理机构坚持要求施工单位进行剥离复验,经复验该隐蔽工程质量合格。

问题:

1.针对事件1,分别从死亡人数、重伤人数和直接经济损失三方面分析事故等级,并综合判断该事故的最终等级。

2.针对事件1的安全事故,分别指出监理单位、施工单位是否有责任,并说明理由。

3.针对事件2,施工单位、项目监理机构的做法是否妥当?说明理由。该隐蔽工程剥离所发生的费用由谁承担?

参考答案:

1.2人死亡属于一般事故,9人重伤属于一般事故,1100万元的直接经济损失属于较大事故。该事故的最终登记为较大事故。

2.(1)监理单位有责任,专业监理工程师不再坚持整改要求不正确,施工单位拒不整改或不停工整改的,监理单位应当及时向工程所在地建设主管部门或工程项目的行业主管部门报告。

(2)施工单位有责任,承包人应修订进度计划及为保证工程质量和安全采取的赶工措施,而不是违反施工技术规范标准组织施工。

3.施工单位拒绝复验不妥当,监理机构做法妥当。

监理人对已覆盖的隐蔽工程部位质量有疑问时,可要求承包人对已覆盖部位进行钻孔探测或揭开重新检验,承包人应遵照执行,并在检验后重新覆盖恢复原状。经检验证明工程质量符合合同要求的,由发包人承担由此增加的费用和(或)工期延误,并支付承包人合理利润。

【例题3】

某公路在施工过程中,发生如下事件:

事件1:施工过程中,建设单位采购的一批材料运抵现场,施工单位组织清点和检验并向项目监理机构报送材料合格证后即开始用于工程。项目监理机构随即发出监理通知单,要求施工单位停止该批材料的试用,并补报质量证明文件。

事件2:施工单位按照合同约定将钢结构屋架吊装工程分包给具有相应资质和业绩的专业施工单位。分包单位将由其项目经理签字认可的专项施工方案直接报送项目监理机构,专业监理工程师审核后批准了该专项施工方案。

事件3:工程施工至第8个月,发生不可抗力事件,确认的损失有:①在建永久工程损失20万元;②进场待安装的设备损失3.2万元;③施工机具闲置损失8万元;④工程清理花费5万元。

事件4:基础工程施工中,由于相邻外单位工程施工的影响,造成基坑局部坍塌,已完成的工程损失40万元,工棚等临时设施损失3.5万元,工程停工5天。施工单位按程序提出索赔申请,要求补偿费用43.5万元、工程延期5天。建设单位同意补偿工程实体损失40万元,工期不予顺延。

问题:

1.针对事件1,施工单位还应补报哪些质量证书文件?

2.分别指出事件2中分包单位和专业监理工程师做法的不妥之处,并写出正确做法。

3.针对事件3,逐条指出各项损失的承担方(不考虑工程保险),建设单位应承担的损失是多少万元(计算结果保留2位小数)。

4.针对事件4,指出建设单位做法的不妥之处,并写出正确做法。

参考答案:

1.施工单位还应补报的质量证明文件包括:①质量检验报告;②性能检测报告;③施工单位的质量抽检报告等。

2.(1)分包单位的不妥之处:分包单位将由其项目经理签字认可的专项施工方案直接报送项目监理机构。

正确做法:分包单位的专项施工方案应由分包单位技术负责人签字后,交给总包单位,经总包单位技术负责人审查、签字后,提交项目监理机构审核。

(2)专业监理工程师的不妥之处:专业监理工程师审核后批准了分包单位经项目经理签字的专项施工方案。

正确做法:在总监理工程师的组织下,专业监理工程师应审查总包单位报送的专项施工方案,并将审查意见提交总监理工程师。

3.①在建永久工程损失 20 万元,应由建设单位承担;②进场待安装的设备损失 3.2 万元应由建设单位承担;③施工机具闲置损失 8 万元应由施工单位承担;④工程清理花费 5 万元,应由建设单位承担。

建设单位应承担的损失为 20 + 3.2 + 5 = 28.20(万元)。

4.不妥之处:建设单位同意补偿工程实体损失 40 万元,工期不予顺延。正确做法:建设单位应补偿工程实体损失和临时设施损失共计 43.5 万元,工期顺延 5 天。

【例题 4】

建设单位与施工单位按照有关规定签订了施工合同,经项目监理机构批准的施工总进度计划如图 2-1 所示(时间单位:月),各项工作均按最早开始时间安排且匀速施工。

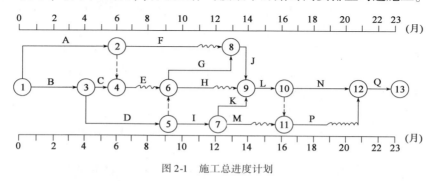

图 2-1 施工总进度计划

施工过程中发生如下事件:

事件 1:工作 A 为基础工程,施工中发现未探明的地下障碍物,处理障碍物导致工作 A 暂停施工 0.5 个月,施工单位机械闲置损失 12 万元,施工单位向项目监理机构提出工程延期和费用补偿申请。

事件 2:由于建设单位订购的工程设备未能按照合同约定时间进场,使工作 J 推迟 2 个月开始,造成施工人员窝工损失 6 万元,施工单位向项目监理机构提出索赔,要求工期延期 2 个月,补偿费用 6 万元。

事件 3:事件 2 发生后,建设单位要求工程仍按原计划工期完工。为此,施工单位决定采取赶工措施,经确认,相关工作赶工费率及可缩短时间见表 2-1。

相关工作赶工费率及可缩短时间 表 2-1

工作名称	L	N	P	Q
赶工费率(万元/月)	20	10	8	22
可缩短时间(月)	1	1.5	1	0.5

问题:

1.指出图 2-1 所示施工总进度计划的关键线路及工作 E、M 的总时差和自由时差。

2.针对事件 1,项目监理机构应批准工程延期和费用补偿各为多少?说明理由。

3.针对事件 2,项目监理机构应批准工程延期和费用补偿各为多少?说明理由。

4.针对事件 3,为使赶工费用最少,应选哪几项工作进行压缩?说明理由。需要增加赶工费多少万元?

参考答案:

1.(1)关键线路有两条,分别为 B→D→I→K→L→N→Q 和 B→D→G→J→L→N→Q。

(2)E 的总时差为 1 个月,自由时差为 1 个月。

M 的总时差为 4 个月,自由时差为 2 个月。

2.施工中发现文物和地下障碍物时,建设单位应承担自此发生的费用,顺延延误的工期。但是自于 A 工作有 1 个月的总时差,所以 A 停工 0.5 个月不影响总工期,所以工程延期为 0 个月,可以索赔施工单位机械闲置损失 12 万元。

3.由于工程设备是由建设单位采购,建设单位应承担由此发生的费用损失,顺延延误的工期。J 工作是关键工作,所以应批准工程延期 2 个月,费用补偿 6 万元。

4.(1)L、N、Q 为关键工作,由于 N 工作的赶工费率最低,故第 1 次调整应缩短关键工作 N 的持续时间 1.5 个月,增加赶工费 1.5×10=15 万元,压缩总工期 1.5 个月。

(2)调整后 L、N、Q 仍然为关键工作,在可压缩的关键工作中,由于 L 工作的赶工费率最低,故第 2 次调整应缩短关键工作 L 的持续时间 0.5 个月,增加赶工费 0.5×20=10 万元,压缩总工期 0.5 个月。

(3)经过以上两次调整,已达到缩短总工期 2 个月的目的,增加赶工费为:15+10=25 万元。

【例题 5】

某公路工程实施过程中发生了如下事件:

事件 1:监理合同签订后,监理单位技术负责人组织编制了监理规划并报法定代表人审批,在第一次工地会议后,项目监理机构将监理规划报送建设单位。

事件 2:总监理工程师委托驻地监理工程师完成下列工作:①组织召开监理例会;②组织审查施工组织设计;③组织审核分包单位资格;④组织审查工程变更;⑤签发工程款支付证书;⑥调解建设单位与施工单位的合同争议。

事件 3:总监理工程师在巡视中发现,施工现场有一台起重机械安装后未经验收即投入使用,且存在严重安全事故隐患,总监理工程师随即向施工单位签发监理通知单要求整改,并及时报告建设单位。

问题:

1.指出事件 1 中的不妥之处,并写出正确做法。

2.逐条指出事件 2 中,总监理工程师可委托和不可委托总监理工程师代表完成的工作。

3.指出事件 3 中总监理工程师的做法不妥之处,说明理由。写出要求施工单位整改的内容。

参考答案:

1.(1)监理合同签订后,监理单位技术负责人组织编制了监理规划不妥。

正确做法:监理合同签订及收到图之后,总监理工程师组织编写监理规划。

(2)监理规划报法定代表人审批不妥。

正确做法:监理规划经总监理工程师签字后由工程监理单位技术负责人审批。

(3)第一次工地会议后,项目监理机构将监理规划报送建设单位不妥。

正确做法:项目监理机构应在召开第一次工地会议前7天报送建设单位。

2.(1)组织召开监理例会,可委托;
(2)组织审查施工组织设计,不可委托;
(3)组织审核分包单位资格,可委托;
(4)组织审查工程变更,可委托;
(5)签发工程款支付证书,不可委托;
(6)调解建设单位与施工单位的合同争议,不可委托。

3.(1)总监理工程师随即向施工单位签发监理通知单要求整改,不妥。

理由:因为存在严重安全事故隐患,总监理工程师应向施工单位签发暂停令,并及时通知建设单位。

(2)监理机构要求施工单位停止使用该起重机械。监理机构要求施工单位在使用施工起重机械前,组织有关单位进行验收;施工单位验收合格后,要求施工单位整理相关验收资料报送给监理机构。监理机构验收合格后,施工单位提出复工申请表,总监理工程师审查,经建设单位同意,签发复工申请后,施工单位可以启用该施工机械。

【例题6】
某公路工程实施过程中发生如下事件:
事件1:对于深基坑工程,施工单位项目经理将组织编写的专项施工方案直接报送项目监理机构审核的同时,即开始组织基坑开挖。

事件2:施工中发现地质情况与地质勘察报告不符,施工单位提出工程变更申请。项目监理机构审查后,认为该工程变更涉及设计文件修改,在提出审查意见后将工程变更申请报送建设单位。建设单位委托原设计单位修改了设计文件。项目监理机构收到修改的设计文件后,立即要求施工单位据此安排施工,并在施工前组织了设计交底。

事件3:建设单位收到某材料供应商的举报,称施工单位已用于工程的某批装饰材料为不合格产品。据此,建设单位立即指令施工单位暂停施工,指令项目监理机构见证施工单位对该批材料的取样检测。经检测,该批材料为合格产品。为此,施工单位向项目监理机构提交了暂停施工后的人员窝工和机械闲置的费用索赔申请。

问题:
1.指出事件1中的不妥之处,并写出正确做法。
2.指出事件2中项目监理机构做法的不妥之处,并写出正确的处理程序。
3.事件3中,建设单位的做法是否妥当?项目监理机构是否应批准施工单位提出的索赔申请?分别说明理由。

参考答案:
1.(1)施工项目经理将组织编写的专项施工方案直接报送项目监理机构,不妥。

正确做法:项目经理应将深基坑专项施工方案报送给施工单位技术、安全管理部门,施工单位应当组织专家进行论证、审查,经过专家审查的专项施工方案需经施工单位技术负责人签字,并附安全验算结果和专家审查意见,报送监理机构审查。

(2)专项施工方案报送项目监理机构审核的同时,即开始组织基坑开挖,不妥。

正确做法:专项施工方案经总监理工程师签字后方可实施。建设工程施工前,施工单位负责项目管理的技术人员应当对有关安全施工的技术要求向施工作业班组、作业人员作出详细说明,并由双方签字确认。施工时由专职安全生产管理人员进行现场监督。

2.(1)项目监理机构收到修改的设计文件后,立即要求施工单位据此安排施工,不妥。

正确处理程序:

①总监理工程师组织专业监理工程师审查施工单位提出的工程变更申请,提出审查意见。对涉及工程设计文件修改的工程变更,应由建设单位转交原设计单位修改工程设计文件。必要时,项目监理机构应建议建设单位组织设计、施工等单位召开论证工程设计文件修改方案的专题会议。

②总监理工程师组织专业监理工程师对工程变更费用及工期影响作出评估。

③总监理工程师组织建设单位、施工单位等共同协商确定工程变更费用及工期变化,会签工程变更单。

④项目监理机构根据批准的工程变更文件监督施工单位实施工程变更。

(2)项目监理机构在施工前组织了设计交底,不妥。

正确处理程序:应报请建设单位组织设计交底。

3.(1)建设单位立即指令施工单位暂停施工的做法不妥。

理由:按照合同约定,在建设工程监理工作范围内,建设单位与施工单位之间涉及施工合同的联系活动,应通过工程监理单位进行,即建设单位不能直接向施工单位下达停工指令。况且对进场材料质量有怀疑,没有达到需要暂停施工的条件。

(2)监理机构应批准施工单位提出的索赔申请。

理由:按照合同约定,对发包人要求检测承包人已具有合格证明的材料、工程设备,但经检测证明该项材料、工程设备符合合同约定的质量标准,发包人应承担由此增加的费用和(或)工期延误,并向承包人支付合理利润。

【例题7】

某公路工程施工过程中发生如下事件:

事件1:项目监理机构收到施工单位报送的施工控制测量成果报验表后,安排监理员检查、复核报验表所附的测量人员资格证书、施工平面控制网和临时水准点的测量成果,并签署意见。

事件2:施工单位在编制搭设高度为28m的脚手架工程专项施工方案的同时,项目经理即安排施工人员开始搭设脚手架,并兼任施工现场安全生产管理人员,总监理工程师发现后立即向施工单位签发了监理通知单要求整改。

事件3:在脚手架拆除过程中,发生坍塌事故,造成施工人员3人死亡、5人重伤、7人轻伤。事故发生后,总监理工程师立即签发工程暂停令,并在2小时后向监理单位负责人报告了事故情况。

事件4:由建设单位负责采购的一批钢筋进场后,施工单位发现其规格型号与合同约定不符,项目监理机构按程序对这批钢筋进行了处置。

问题:

1.写出事件1中的不妥之处,说明理由。项目监理机构对施工控制测量成果的检查、复核还应包括哪些内容?

2.指出事件2中施工单位做法的不妥之处,并写出正确做法。

3. 指出事件 2 中总监理工程师做法的不妥之处,并写出正确做法。

4. 按照《生产安全事故报告和调查处理条例》,确定事件 3 中的事故等级。指出总监理工程师做法的不妥之处,并写出正确做法。

5. 事件 4 中,项目监理机构应如何处置该批钢筋?

参考答案:

1. 事件 1 中,项目监理机构的不妥之处有:安排监理员检查、复核与签署监理意见。正确做法:安排专业监理工程师检查、复核与签署监理意见。

项目监理机构对施工控制测量成果的检查、复核内容还应包括:测量设备的检定证书,高程控制网和控制桩的保护措施。

2. 事件 2 中,施工单位的不妥之处有:

(1)专项施工方案编制的同时就开始搭建脚手架,不妥。

正确做法:编制专项施工方案后,附具安全验算结果,经施工单位技术负责人、总监理工程师签字后才可安排搭建脚手架。

(2)项目经理兼任施工现场安全生产管理人员,不妥。

正确做法:应安排专职安全生产管理人员。

3. 事件 2 中,总监理工程师的不妥之处有:向施工单位签发监理通知单,不妥。

正确做法:报建设单位同意后,签发工程暂停令。

4. 事件 3 中,事故等级属于较大事故。总监理工程师的不妥之处是:在事故发生 2 小时后向监理单位负责人报告,正确做法:应在事故发生后立即向监理单位负责人报告。

5. 事件 4 中,项目监理机构应采用以下方式处置该批钢筋:报告建设单位,经建设单位同意后与施工单位协商,能够用于本工程的,按程序办理相关手续;不能用于本工程的,要求限期清出现场。

【例题 8】

某公路工程实施过程中发生如下事件:

事件 1:进行挖孔桩检测时,项目监理机构发现部分桩的实际承载力达不到设计要求。经查,确认是因地质勘察资料有误所致,施工单位按程序对这些桩进行了相应技术处理,并提出工期和费用索赔申请。

事件 2:施工过程中,施工单位按合同约定使用其拥有专利的新材料前,项目监理机构要求对新材料的验收标准组织专家论证。结算工程款时,施工单位要求建设单位支付新材料专利使用费。

事件 3:项目监理机构进行桩基混凝土试块抗压强度数据统计分析,出现了如图 2-2 所示的四种非正常分布的直方图。

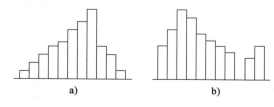

图 2-2

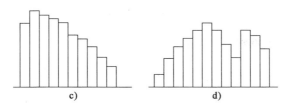

图 2-2 桩基混凝土试块抗压强度直方图

问题：
1. 针对事件1，写出项目监理机构对部分桩的实际承载力达不到设计要求时的处理程序。
2. 事件1中，施工单位提出的工期和费用索赔是否成立？说明理由。
3. 事件2中，新材料验收标准应由哪家单位组织专家论证？指出施工单位要求支付新材料专利使用费是否成立并说明理由。
4. 分别指出事件3中四种直方图的类型，并说明其形成的主要原因。

参考答案：
1. 事件1中，项目监理机构对部分桩的实际承载力达不到设计要求时的处理程序如下：
(1) 报建设单位同意后，及时下达工程暂停令。
(2) 要求施工单位报送事故调查报告。
(3) 审查施工单位报送的经设计单位等相关单位认可的处理方案。
(4) 对事故的处理过程和处理结果进行跟踪检查和验收。
(5) 签发工程复工令。
(6) 将完整的质量事故处理记录整理归档。
2. 事件1中，施工单位提出的工期和费用索赔成立。理由：地质勘察资料有误不属于施工单位责任。
3. 事件2中，新材料验收标准应由施工单位组织专家论证。施工单位要求支付新材料专利使用费不成立。因为根据合同约定，专利使用费包含在材料费中。
4. 事件3中，四种直方图的类型及其形成原因如下：
(1) a) 属于缓坡形。形成原因：操作中对上限控制太严。
(2) b) 属于孤岛形。形成原因：原材料发生变化，或临时由他人顶班作业。
(3) c) 属于绝壁形。形成原因：数据收集不正常。
(4) d) 属于双峰形。形成原因：用两种不同方法或两台设备或两组工人进行生产的数据混在一起。

【例题9】
某公路工程实施过程中发生了如下事件：
事件1：专业监理工程师编写的深基坑工程监理细则主要内容包括：专业工程特点、监理工作方法及措施。其中，在监理工作方法及措施中提出：①要加强对深基坑工程施工巡视检查；②发现施工单位未按深基坑工程专项施工方案施工的，应立即签发工程暂停令。
事件2：总监理工程师根据监理实施细则对巡视工作进行交底，其中对施工质量巡视提出的要求包括：①检查施工单位是否按批准的施工组织设计、专项施工方案进行施工；②检查施工现场管理人员,特别是施工质量管理人员是否到位。

事件3:主体结构工程施工过程中,项目监理机构对两种不同强度等级的预拌混凝土坍落度数分别进行统计得到如图2-3所示的控制图。

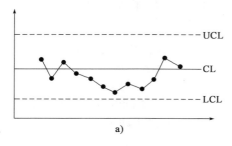
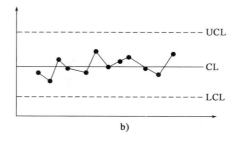

图2-3 预拌混凝土坍落度控制图

事件4:施工单位编制了高大模板工程专项施工方案,并组织专家论证、审核后报送项目监理机构审批。总监理工程师审核签字后即交由施工单位实施。施工过程中,专业监理工程师巡视发现,施工单位未按专项施工方案组织施工,且存在安全事故隐患,便立刻报告了总监理工程师。总监理工程师随即与施工单位进行沟通,施工单位解释:为保证施工工期,调整了原专项施工方案中确定的施工顺序,保证不存在安全问题。总监理工程师现场察看后认可施工单位的解释,故未要求施工单位采取整改措施。结果,由上述隐患导致发生了安全事故。

问题:

1. 写出事件1中监理细则还应包括的内容。指出监理工作方法及措施中提到的具体要求是否妥当并说明理由。

2. 事件2中,总监理工程师对现场施工质量巡视要求还应包括哪些内容?

3. 事件3中,根据预拌混凝土坍落度控制图(图2-3),分别判断a)、b)所示生产过程中是否正常,并说明理由。

4. 指出事件4中的不妥之处,并写出正确做法。

参考答案:

1. 事件1中,监理实施细则还应包括的内容有:监理工作流程,监理工作要点(或重点)。对于监理工作方法及措施中提出的具体要求,第①项妥当,理由:深基坑工程属危险性较大的分部分项工程;第②项不妥,理由:应签发监理通知单而不是签发工程暂停令。

2. 事件2中,总监理工程师对现场施工质量巡视要求的内容还应包括:
（1）是否按工程设计文件(或施工图)、工程建设标准进行施工。
（2）使用的工程材料、构配件和设备是否合格。
（3）特种作业人员是否持证上岗。

3. a)生产过程异常;理由:在中心线（CL）一侧出现7点链;
b)生产过程正常;理由:点子随机排列。

4.（1）不妥之处:专项施工方案经总监理工程师审核签字后交由施工单位实施。
正确做法:总监理工程师审核签字后交建设单位审批,同意后方可实施。
（2）不妥之处:施工单位调整施工顺序时未重新报审调整后的专项施工方案。

正确做法:应由施工单位按程序重新报审调整后的专项施工方案。

(3)不妥之处:项目监理机构发现施工单位未按专项施工方案施工后未要求施工单位采取整改措施。

正确做法:应签发监理指令单,要求施工单位整改并按专项施工方案实施。

【例题 10】

某工程,建设单位与施工单位按照有关规定签订了施工合同,经总监理工程师批准的施工总进度计划如图 2-4 所示(时间单位:月),各项工作均按最早开始时间安排且匀速施工。施工过程中发生如下事件:

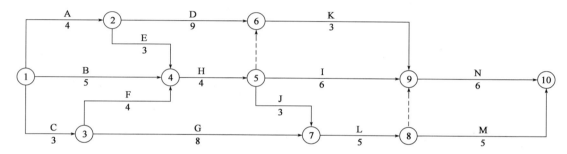

图 2-4 施工总进度计划

事件 1:工作 C 开始后,施工单位向项目监理机构提交了工程变更申请,由于该项工程变更不涉及修改设计图纸,施工单位要求总监理工程师尽快签发工程变更单。

事件 2:施工中遭遇不可抗力,导致工作 G 停工 2 个月、工作 H 停工 1 个月,并造成施工单位 20 万元的窝工损失,为确保工程按原计划时间完成,产生赶工费 15 万元。施工单位向项目监理机构提出申请,要求费用补偿 35 万元,工程延期 3 个月。

问题:

1. 确定图 2-4 施工总进度计划的总工期及关键工作,计算工作 G 的总时差。
2. 针对事件 1,写出项目监理机构处理工程变更的程序。
3. 事件 2 中,项目监理机构应批准的费用补偿和工程延期分别为多少?说明理由。

参考答案:

1.(1)总工期为 25 个月。

(2)关键工作有:A、C、E、F、H、J、L、N。

工作 G 总时差为 3 个月。

2. 监理机构处理工程变更的程序如下:

(1)审查工程变更申请。

(2)与建设单位共同研究,对变更费用及工期影响作出评估。

(3)向施工单位发出变更指示。

(4)审查施工单位提交的变更报价单。

(5)商定或确定变更工作的单价。

(6)监督施工单位实施工程变更。

3.(1)应批准的费用补偿为 15 万元。

理由:不可抗力造成窝工费用由施工单位承担,不予补偿。建设单位要求赶工而发生的赶工费用由建设单位承担,应予补偿。

(2)不应批准工程延期。

理由:工作 G 停工 2 个月不影响工期;工作 H 经赶工已按原计划完成,也不影响工期。

【例题 11】

某公路工程的施工单位在经监理人审核并报经发包人批准,将某机电设备安装工作分包给一专业施工单位。该工程项目在施工过程中发生了如下事件:

事件 1:总监理工程师委托驻地监理工程师组织编制监理计划,要求项目监理机构中专业监理工程师和监理员全员参与编制,并要求由驻地监理工程师审核批准后尽快报建设单位。

事件 2:在深基坑开挖工程准备会议上,建设单位要求项目监理机构尽早提交深基坑工程监理细则,并要求施工单位根据该监理细则尽快编制深基坑专项施工方案。

事件 3:工程某部位大体积混凝土工程施工前,驻地监理工程师组织编制了大体积混凝土工程监理细则,经总监理工程师审批后实施。施工中由于外部环境条件发生明显变化,驻地监理工程师组织有关专业监理工程师对监理细则进行了补充,考虑到总监理工程师工作繁忙,驻地监理工程师对补充后的监理细则进行了审批并指示相关监理人员继续实施。

事件 4:专业监理工程师巡视检查主体结构施工时,发现施工单位在未向项目监理机构报审危险性较大的预制构件吊装起重专项施工方案的情况下已自行施工,且现场没有管理人员。于是,总监理工程师下达了监理通知单。

事件 5:监理人员在现场巡视时,发现设备安装分包单位违章作业,有可能导致发生重大质量事故,总监理工程师口头要求总承包单位暂停分包单位施工,但总承包单位未予执行。总监理工程师随即向总承包单位下达了工程暂停令,总承包单位在向设备分包单位转发工程暂停令前,发生了设备安装质量事故。

问题:

1. 事件 1 中,总监理工程师的做法有何不妥?说明理由。

2. 事件 2 中,建设单位的做法是否妥当?说明理由。

3. 指出事件 3 中项目监理机构做法的不妥之处?说明理由。

4. 根据有关规定,事件 4 中起重吊装专项施工方案需经哪些人签字后方可实施?

5. 指出事件 4 中总监理工程师的做法是否妥当?说明理由。

6. 事件 5 中总监理工程师是否可以口头要求暂停施工?为什么?

7. 就事件 5 中所发生的质量事故,指出建设单位、监理单位、总承包单位和设备安装分包单位各自应承担的责任,说明理由。

参考答案:

1.(1)总监理工程师委托驻地监理工程师组织编制监理计划不妥。

理由:按照施工监理规范的规定,监理计划应由总监理工程师组织编制,此职权不能委托。

(2)由驻地监理工程师审核批准监理计划不妥。

理由:监理计划应在总监理工程师审核签字后由监理单位技术负责人审核批准,方可报送建设单位。

2. 建设单位要求项目监理机构先于施工单位专项施工方案编制监理细则的做法不妥。因为专项施工方案是监理细则的编制依据之一。

3. 监理机构对监理细则进行了补充后,由驻地监理工程师审批后继续实施的做法不妥。

理由:监理细则的审批权属于总监理工程师,且不能委托。因此,监理细则在修改、补充后,仍应由总监理工程师审批后方可实施。

4. 根据《建设工程安全生产管理条例》规定,事件4中起重吊装专项施工方案需经施工单位技术负责人、总监理工程师签字后方可实施。

5. 事件4中总监理工程师的做法不妥。

理由:危险性较大的预制构件吊装起重专项施工方案没有报审、签认,现场没有专职安全生产管理人员监督,总监理工程师应下达工程暂停令。

6. 事件5中总监理工程师不可以口头要求暂停施工。

理由:根据合同条款约定,在合同履行过程中,所有指示、通知等都必须是书面的。在紧急情况下,监理人可发出临时书面指示,但应在规定时间内予以正式确认。

7.(1)建设单位没有责任。理由:该质量事故是由于分包单位违章作业造成的,与建设单位没有关系。

(2)监理单位没有责任。理由:该质量事故是由于分包单位违章作业造成的,且监理单位已履行了职责。

(3)总承包单位承担连带责任。理由:工程分包不能解除总承包单位的任何责任和义务。

(4)分包单位应承担主要责任。理由:因该质量事故是由于其违反规定、违章作业而直接造成的。

【例题12】

某公路工程在施工过程中发生了如下事件:

事件1:监理人员在熟悉图纸时发现,某桥梁基础工程部分设计内容不符合国家有关工程质量标准和规范要求。总监理工程师随即致函设计单位要求改正并提出更改建议方案。设计单位研究后,口头同意了总监理工程师的更改方案,总监理工程师随即将更改的内容写入监理通知单,并通知施工单位执行。

事件2:项目监理机构在审查施工组织设计时,认为脚手架工程危险性较大,要求施工单位编制脚手架工程专项施工方案。施工单位编制了专项施工方案,凭以往经验进行了安全估算,认为方案可行,并安排测量员兼任施工现场安全员,然后将方案报送总监理工程师审核签字。

事件3:在某大型构件吊装时,施工单位为了赶工期,采用了未经监理机构审批的塔吊安装方案。总监理工程师发现后及时向施工单位下达了工程暂停令。施工单位拒绝执行总监理工程师的指令继续施工作业,在塔吊安装过程中由于违章作业造成塔吊倒塌,导致现场施工人员1死2伤的安全事故。

问题:

1. 请指出事件1中总监理工程师行为的不妥之处,说明理由。总监理工程师应如何正确处理?

2. 指出事件2中脚手架工程专项施工方案编制和报审过程中的不妥之处,并写出正确做法。

3. 分析事件3中监理单位、施工单位的责任。

参考答案：

1. 事件1中总监理工程师行为有下列不妥之处：

(1)总监理工程师直接致函设计单位不妥。

理由：监理机构发现设计问题应向建设单位报告，由建设单位向设计单位提出更改要求。

(2)总监理工程师在取得设计变更前签发变更指令不妥。

理由：违反了变更处理程序的要求。监理机构应在取得设计变更文件后，结合工程实际情况对变更费用和工期进行评估，商定或确定变更工作单价后，再向施工单位签发变更指令。

2. 事件2中脚手架工程专项施工方案编制和报审过程中的不妥之处如下：

(1)施工单位凭以往经验进行安全估算不妥。正确做法：应进行安全验算。

(2)安排测量员兼任施工现场安全不妥。正确做法：应设有专职安全生产管理人员进行施工现场安全监督工作。

(3)施工单位直接将专项施工方案报送总监理工程师签认不妥。正确做法：专项施工方案应先经施工单位技术负责人审核签字后报总监理工程师审核签认。

3. (1)监理单位的责任是当施工单位拒绝执行工程暂停令时，没有及时向有关主管部门报告。

(2)施工单位的责任是未报审安装方案，未按监理指令停止施工作业，且违规违章作业造成安全事故。

【例题13】

某公路桥梁工程施工过程中发生了如下事件：

事件1：根据相关法律规定，监理机构应履行安全生产管理的监理职责，审查施工单位报送的安全生产相关资料。

事件2：监理工程师在巡视现场时发现，施工单位使用的起重机械没有现场安装后的验收合格证，随即向施工单位发出监理通知单。

事件3：该项目工程设计中采用了一种隔震抗震新技术。为此，监理机构组织了设计技术交底会。针对该项新技术，施工单位拟在施工中采用相应的新工艺。

事件4：为确保基坑开挖工程的施工安全，施工单位的项目总工程师兼任施工现场的安全生产管理员。为赶工期，施工单位在报审深基坑开挖工程专项施工方案的同时即开始该基坑的开挖作业。

事件5：施工单位凭以往施工经验，未经安全验算就编制了高大模板工程专项施工方案，经施工单位项目经理签字后报总监理工程师审批后，开始搭设高大模板。

问题：

1. 事件1中，根据相关法律规定，项目监理机构应审查施工单位报送资料中的内容有哪些？

2. 事件2中监理通知单应对施工单位提出哪些要求？

3. 事件3中，项目监理机构组织设计技术交底会是否妥当？针对施工单位拟采用的新工艺，写出监理机构处理的程序。

4. 指出事件4中施工单位做法的不妥之处，并写出正确的做法。

5.指出事件5中施工单位做法中的不妥之处,并写出正确的做法。

参考答案:

1.事件1中,监理机构应审查施工单位报送的施工组织设计中的安全技术措施、专项施工方案是否符合工程建设强制性标准。

2.事件2中监理通知单中应对施工单位提出下列要求:
(1)立即停止使用起重机械。
(2)由施工单位组织相关单位共同验收。

3.(1)项目监理机构组织设计技术交底会不妥,应由建设单位组织召开设计技术交底会,设计单位、施工单位、监理单位参加。
(2)针对施工单位拟采用的新工艺,项目监理机构的处理程序如下:
①报送相应的施工工艺措施和证明文件;②组织专题论证;③经审定后予以签认。

4.事件4中施工单位做法的不妥之处如下:
(1)施工项目总工程师兼任施工现场安全生产管理员不妥。正确做法:施工单位应安排专职安全生产管理人员。
(2)施工单位在报审深基坑开挖工程专项施工方案的同时即开始该基坑的开挖不妥。正确做法:应待专项施工方案报审批准后才能开始基坑开挖作业。

5.事件5中施工单位做法中的不妥之处如下:
(1)凭施工经验编制专项施工方案不妥。正确做法:施工单位编制的专项施工方案应附具安全验算结果。
(2)专项施工方案经项目经理签字不妥。正确做法:专项施工方案应经施工单位技术负责人签认。
(3)高大模板工程专项施工方案未经专家论证审查不妥。正确做法:专项施工方案编制完成后,施工单位应组织5人以上的专家组进行论证和评审。

【例题14】

某公路工程施工过程中发生如下事件:

事件1:根据4、5、6三个月混凝土试块抗压强度统计数据资料,分布绘制出3个直方图,经判断其形态分别是孤岛形、双峰形、绝壁形。

事件2:专业监理工程师在检查混凝土试块强度报告时,发现下部结构有一批混凝土试块强度不合格,经法定检测单位对相应部位实体进行测定,强度未达到设计要求。经设计单位验算,实体强度不能满足结构安全的要求。

事件3:专业监理工程师对使用商品混凝土的现浇结构验收时,发现现场混凝土试块的强度不合格,拒绝签字。施工单位认为,建设单位提供的商品混凝土质量存在问题;建设单位认为,商品混凝土质量证明资料表明混凝土质量没有问题。经法定检测机构对现浇结构的实体进行检测,结果为商品混凝土质量不合格。

问题:

1.针对事件1指出4、5、6三个月的直方图,分别说明其形成原因。
2.直方图有什么特点?直方图有何用途?常用的统计分析工具和方法中,除直方图外还有哪些?

3. 写出项目监理机构对事件2的处理程序。
4. 针对事件3中现浇结构的质量问题,建设单位、监理单位和施工单位是否应承担责任?说明理由。

参考答案:

1. 事件1中4、5、6三个月的直方图其形成原因如下:
(1)孤岛形:因原材料发生变化或者他人临时顶班作业而形成。
(2)双峰形:因两组数据相混而形成。
(3)绝壁形:因数据收集不正常而形成。

2. (1)直方图属于静态的,不能反映质量特性动态的变化。
(2)直方图的用途如下:
①观察分析和掌握质量分布规律;②判断生产过程是否正常;③制定质量标准,确定公差范围;④估计工序不合格品率的高低;⑤评价施工管理水平。
(3)除直方图外还有:
①分层法;②调查表法;③因果分析图法;④排列图法;⑤相关图法;⑥控制图法。

3. 经检测、验算实体强度不能满足结构安全的要求,属于重大质量隐患。
对于该质量隐患监理机构的处理程序如下:
(1)总监理工程师应签发工程暂停令,并报告建设单位。
(2)监理机构应要求施工单位对该质量隐患产生的原因调查分析,报送质量事故调查报告。
(3)审核施工单位提交的经各方签认的处理方案,并报建设单位批准。
(4)指令施工单位按审批的处理方案对质量事故进行处理。
(5)对处理过程和结果进行跟踪检查和验收,验收合格后由总监理工程师签发工程复工令。
(6)监理机构向建设单位及本监理单位提交质量事故的书面报告。

4. 事件3中,建设单位应承担责任,因为建设单位未提供合格的商品混凝土;监理单位不承担责任,因为监理工程师已拒绝签认不合格的商品混凝土,履行了监理职责;施工单位不承担责任,因为建设单位提供的商品混凝土的质量与证明材料不符。

[例题15]

建设单位与施工单位于2020年3月8日签订了某公路工程施工合同。合同条款约定:由于建设单位责任造成施工窝工的,窝工费用按原人工费、机械台班费60%计算;6级以上大风、大雨、大雪、地震等自然灾害按不可抗力因素处理。双方同时约定:人工费定额为30元/工日,机械台班费为1000元/台班。施工单位编制的施工进度计划已被监理工程师批准。

施工过程中发生了如下事件:

事件1:基坑开挖后发现地下情况和发包人提供的地质资料不符,有古河道,须将古河道中的淤泥清除并对地基进行二次处理。为此,发包人以书面形式通知施工单位停工10天,窝工费用合计为3000元。

事件2:5月18日由于下大雨,一直到5月21日才开始施工,造成20名工人窝工。

事件3:5月21日用30个工日修复因大雨冲坏的永久道路,5月22日恢复正常挖掘工作。

事件4:5月27日因租赁的挖掘机大修,挖掘工作停工2天,造成人员窝工10个工日。

事件5:在施工过程中,发现因发包人提供的施工图纸存在问题,故停工3天进行设计变更,造成5天窝工60个工日,机械窝工9个台班。

问题:

1. 请分别说明事件1至事件6工程延期和费用增加应由谁承担?说明理由。如果是建设单位的责任应向施工单位补偿工期和费用分别是多少?

2. 建设单位应给予施工单位补偿工期多少天?补偿费用多少元?

参考答案:

1. 工期延误和费用增加的责任划分:

事件1:应由建设单位承担延误的工期和增加的费用。

理由:因建设单位原因造成的施工中断,从而导致施工单位的工期延误和费用增加。建设单位应补偿施工单位工期10天,费用3000元。

事件2:工期延误3天应由建设单位承担,造成20人窝工的费用应由施工单位承担。

理由:因大雨属于不可抗力,工期应顺延,但施工单位自身的停工损失由施工单位自己承担。

事件3:应由建设单位承担修复冲坏的永久道路所延误的工期和增加的费用。

理由:因不可抗力造成永久工程的损坏应由建设单位承担责任。因此,建设单位应补偿工期1天,补偿费用为:30工日×30元/工日=900(元)。

事件4:应由施工单位承担工期延误和费用增加。

理由:该事件的发生原因属于施工单位自身的责任。

事件5:应由建设单位承担工期的延误和增加的费用。

理由:施工图纸是建设单位提供的,停工属于建设单位应承担的责任。建设单位应补偿施工单位工期3天。

应补偿费用为60工日×30元/工日×60% + 9台班×1000元/台班×60% = 6480(元)。

2. 建设单位应给予施工单位工期补偿为:10 + 3 + 1 + 3 = 17(天);

建设单位应给予施工单位费用补偿为:3000 + 900 + 6480 = 10380(元)。

【例题16】

某公路工程建设项目已具备施工招标条件,建设单位决定进行公开招标。经过资格预审,A、B、C、D、E、F 6家施工单位通过了审查,并在规定时间内领取了招标文件。6家投标人也均已按要求完成了投标文件的编制。

投标人A和投标人F按规定时间提交了投标文件。

投标人B已提前5天提交了投标文件,但在递交投标文件截止时间前5分钟又提交了一份投标价降低5%的书面材料。

投标人C在赶往指定地点提交投标文件的时候,由于交通堵塞,投标人C察觉可能在投标截止时间前不能赶到,因此给招标人打电话,说明理由和自己的报价,要求参加竞标,投标文件将随后补上。招标人同意了该要求。

在招标人主持开标会议之时,投标人D意识到自己的报价存在重大问题,于是立刻撤回了自己的投标文件。

评标过程中,招标人采用综合评标法,最终选定投标人 C 为中标人。对此结果,其他投标人均表示异议。

问题:

1. 投标人 B 的做法属于什么投标报价技巧、手段?
2. 招标人选定投标人 C 中标正确吗? 为什么?
3. 投标人 D 撤回投标文件的行为是否正确? 为什么? 招标人应如何应对?

参考答案:

1. 投标人 B 的做法属于突然降价法。
2. 招标人选定投标人 C 中标的做法不正确。

因为投标人 C 没有在提交投标文件截止时间前提交投标文件,应当视为放弃投标,招标人应当按照废标处理。因此,招标人不能将失去投标资格的投标人 C 确定为中标人。

3. 投标人 D 撤回投标文件的行为不正确。因为投标截止日期后不允许撤标。对此,招标人可以没收投标人 D 的投标保证金。

[例题 17]

某公路工程采用公开招标方式,有 A、B、C、D、E、F 6 家施工单位通过了资格审查,并领取了招标文件。该工程招标文件规定:2020 年 4 月 20 日下午 17:30 为投标文件接收终止时间。在提交投标文件的同时,投标单位需提供投标保证金 15 万元。

在 2020 年 4 月 20 日,A、B、C、D、F 5 家投标单位均提前 5 天将投标文件送达。

E 投标单位在 2020 年 4 月 21 日上午 8:00 将投标文件送达。

在 2020 年 4 月 20 日上午 10:30 时,B 投标单位向招标人递交了一份将投标价降低 5% 的书面材料。

开标时,由招标人检查投标文件的密封情况,确认无误后,由其工作人员当众拆封,并宣读了 A、B、C、D、F 5 家投标人的名称、投标报价、工期和其他内容。

开标过程中,招标人发现 C 投标单位的标袋密封处仅有投标单位公章,没有法定代表人印章或签字。

评标委员会由招标人直接确定,共由 4 人组成,其中招标人代表 2 人,经济专家 1 人,技术专家 1 人。

招标人委托评标委员会确定中标人。经过综合评定,评标委员会确定 A 投标单位为中标单位。

问题:

1. 在招标过程中有何不妥之处? 说明理由。
2. B 投标单位向招标人递交的书面材料是否有效? 为什么?
3. 开标后,招标人应对 C 投标单位的投标文件做何处理,为什么?
4. 投标文件在什么情况下可作为废标处理?
5. 招标人对 E 投标单位的投标文件作废标处理是否正确? 说明理由。

参考答案:

1. 招标过程中的不妥之处及理由如下:

(1) 开标时,由招标人检查投标文件的密封不符合要求。

理由:相关法律规定,开标时,由投标人或者其推选的代表检查投标文件的密封情况,也可以由招标人委托的公证机构检查并公证。

(2)评标委员会成员由招标人直接确定不妥。

理由:按照有关规定,一般招标项目的评标委员会采取随机抽取的方式。该招标项目属于一般招标项目。

(3)评标委员会成员的组成不妥。

理由:根据有关法律规定,评标委员会由招标人的代表和有关技术、经济等方面的专家组成,成员人数为5人以上单数,其中技术、经济方面的专家不得少于成员总数的2/3。

2. B投标单位向招标人递交的书面材料有效。

因为根据有关法律规定,投标人在招标文件要求提交投标文件的截止日期前,可以补充、修改或撤回已提交的投标文件,补充、修改的内容作为投标文件的组成部分。

3. 在开标后,招标人应对C投标人的投标文件作废标处理。

因为C投标单位投标文件只有单位公章而没有法定代表人印章或者签字,不符合招标投标法的要求。

4. 投标文件在下列情况下。可作废标处理:

(1)逾期送达的或者未送达指定地点的。

(2)未按招标文件要求密封的。

(3)无单位盖章并无法定代表人签字或盖章的。

(4)未按规定格式填写,内容不全或关键字迹模糊、无法辨认的。

(5)投标人递交两份或多份内容不同的投标文件,或在一份投标文件中对同一招标项目报有两个或多个报价,且未声明哪一个有效(按招标文件规定提交备选投标方案的除外)。

(6)投标人名称或组织机构与资格预审时不一致的。

(7)未按招标文件要求提交投标保证金的。

(8)联合体投标未附联合体各方共同投标协议的。

5. 招标人对E投标单位的投标文件作废标处理是正确的。因为E投标单位未能在投标截止时间前送达投标文件。

【例题18】

某公路项目的建设单位通过公开招标方式选择了一家具有相应资质的工程监理单位承担公路项目施工招标代理和施工阶段监理工作,并在监理中标通知书发出后第45天,与该监理单位签订了工程施工监理合同。之后双方又另行订立了一份监理服务费用比监理中标价降低12%的协议。

在该公路施工项目公开招标中,有A、B、C、D、E、F、G、H等施工单位报名投标,经资格预审均符合要求,但建设单位以A施工单位是外地企业为由不同意其参加投标,而监理单位坚持认为A施工单位有投标资格。

评标委员会由5人组成,其中当地交通运输行政管理部门的招标投标办公室主任1人、建设单位代表1人、从政府提供的评标专家库中抽取的技术经济专家3人。

评标时发现,B投标人投标报价明显低于其他投标单位报价且未能合理说明理由;D投标人报价大写金额小于小写金额;F投标人投标文件中提供的工程质量检验标准和方法不符合招标文件的要求;H 投标人的投标文件中某分项工程的报价有个别漏项;其他投标人的投标文件均符合招标文件规定。

通过评标,建设单位最终确定 C 投标人中标,并与之签订了施工合同。

施工过程中,由于雷电引发了一场火灾。火灾结束后 C 施工单位向项目监理机构通报了火灾损失情况:工程本身损失 150 万元;价值 100 万元的待安装的机电设备彻底报废;C 施工单位人员烧伤所需医疗费用及补偿费预计 15 万元;租赁的施工设备损坏赔偿 10 万元;其他单位临时停放在现场的一辆价值 25 万元的汽车被烧毁。另外,大火扑灭后 C 施工单位因其他原因停工 5 天,造成其他施工机械闲置损失 2 万元以及必要的管理保卫人员费用支出 1 万元,并预计工程所需清理、修复费用 200 万元。损失情况经项目监理机构审核属实。

问题:

1. 指出建设单位在监理招标和施工监理合同签订过程中的不妥之处,并说明理由。

2. 在施工招标资格预审中,监理单位认为 A 投标人有资格参加投标是否正确?说明理由。

3. 指出施工招标评标委员会组成的不妥之处,说明理由,并写出正确做法。

4. 判别 B、D、F、H 4 家投标人的投标文件是否有效?说明理由。

5. 施工过程中发生的这场大火是否属于不可抗力?指出建设单位和 C 施工单位应各自承担哪些损失或费用(不考虑保险因素)?

参考答案:

1. 在监理招标和施工监理合同签订过程中的不妥之处及理由如下:

(1) 在监理中标通知书发出后第 45 天签订施工监理合同不妥。

理由:按照法律规定,在发出中标通知书后的 30 天之内,双方应签订合同。

(2) 在签订监理合同后,双方又另行订立了一份监理服务费用比监理中标价降低 12% 的协议不妥。

理由:按照法律规定,在签订合同后不得再另行订立背离合同实质性内容的其他协议。

2. 监理单位认为 A 投标人有资格参加投标是正确的。

理由:以所处地区作为确定投标资格的依据是一种歧视性的依据,这是法律明确禁止的。

3. 评标委员会人员组成及比例不妥。

理由:评标委员会应由招标人代表及有关技术经济方面的专家组成,而且技术经济方面的专家不得少于成员总数的 2/3。

正确做法:评标委员会由招标人或其委托的招标代理机构熟悉相关业务的代表以及有关技术、经济等方面的专家组成,成员人数为 5 人以上的单数,其中技术、经济等方面的专家不得少于成员总数的三分之二。

4. (1) B、F 两家投标人的投标不是有效标。

理由:B 投标人的情况可以认定为低于成本;F 投标人的情况可以认定为是明显不符合规定和技术要求,对招标文件的要求没有做出实质性响应,属于重大偏差。

(2) D、H 两家投标人的投标是有效标,它们的情况不属于重大偏差。

5. 施工过程中发生的这场火灾属于不可抗力。

建设单位应承担的费用包括:工程本身损失 150 万元,其他单位临时停放在现场的汽车损失25万元,待安装的机电设备损失100万元,工程所需清理、修复费用200万元。

C施工单位应承担的费用包括:C施工单位人员烧伤所需医疗费及补偿费预计15万元,租赁的施工设备损坏赔偿10万元,大火扑灭后C施工单位停工5天,造成其他施工机械闲置损失2万元以及必要的管理保卫人员费用支出1万元。

【例题19】
某公路工程在实施过程中发生下列事件:

事件1:总监理工程师因工作繁忙,委托驻地监理工程师负责如下工作:①主持编制项目监理计划;②审批项目监理细则;③调换不称职监理人员。

事件2:监理机构编制的项目监理内容包括:①工程项目概况;②监理工作范围;③监理单位的经营目标;④监理工作依据;⑤监理机构人员岗位职责;⑥监理单位的权利和义务;⑦监理工作方法和措施;⑧工程项目实施的组织;⑨施工单位需配合监理工作的事宜。

事件3:在第一次工地会议上,项目监理机构将监理计划报送给建设单位。会后,结合工程开工条件和建设单位的准备情况,又将监理计划修改后直接报送建设单位。

事件4:驻地监理工程师主持编制的深基坑工程监理细则主要内容包括:专业工程特点、监理工作方法及措施。其中,在监理工作方法及措施中提出:①要加强对深基坑工程施工巡视检查;②发现施工单位未按深基坑工程专项施工方案施工的,应立即签发工程暂停令。

问题:

1. 指出事件1中的不妥之处,说明理由。
2. 指出事件2中项目监理计划内容中的不妥之处。写出项目监理计划的内容包括哪些。
3. 指出事件3中的不妥之处,说明理由。
4. 写出事件4中监理细则还应包括的内容。指出监理工作方法及措施中提出的具体要求是否妥当并说明理由。

参考答案:

1. 事件1中,总监理工程师不能将此三项职权委托给驻地监理工程师。

2. 事件2中,项目监理计划内容中的不妥之处如下:
(1)监理单位的经营目标;(2)监理单位的权利和义务;(3)工程项目实施的组织;(4)施工单位需配合监理工作的事宜。

项目监理计划的内容应包括:
(1)工程概况;(2)监理工作的依据、范围、内容和目标;(3)监理机构的组织形式,监理人员岗位职责,监理人员和设备配备及进退场计划;(4)监理工作制度、监理程序及工作用表;(5)工程质量、安全、环保、费用和进度等监理工作方案,应明确巡视、旁站、抽检和验收等具体计划要求;(6)合同事项管理和信息管理工作方案;(7)监理设施等。

3. 事件3中的不妥之处如下:
(1)在第一次工地会议上将监理计划提交给建设单位不妥。
理由:监理计划应在第一次会议召开之前由总监理工程师审核经监理单位技术负责人签字批准后,提交给建设单位。
(2)项目监理计划修改后直接报送建设单位不妥。
理由:监理计划编制完成后必须经总监理工程师审核并经监理单位技术负责人批准方可

报送建设单位。

4.（1）监理细则还应包括的内容有：①监理工作流程；②监理工作要点（或重点）；③巡视、旁站和抽检等计划。

（2）监理工作方法及措施中提出的具体要求，第①项妥当，理由：深基坑属于危险性较大的分部分项工程；第②项不妥当，理由：应签发监理通知单而不是工程暂停令。

【例题20】

某公路工程施工项目，建设单位采用公开招标方式选择施工监理单位，在招标过程中发生如下事件：

事件1：编制监理招标文件时，建设单位提出投标人除应具备规定的工程监理资质条件外，还必须满足下列条件：

（1）具有工程招标代理资质。

（2）不得组成联合体投标。

（3）已在工程所在地进行了工商注册登记。

（4）属于混合股份制企业。

事件2：建设单位提议：评标委员会由5人组成，包括建设单位代表1人，招标监管机构工作人员1人，评标专家库随机抽取的技术、经济专家3人。

事件3：评标时，评标委员会评审发现，A投标人为联合体投标，没有提交联合体共同投标协议；B投标人将费用监理工作转让给具有工程造价咨询资质的专业单位；C投标人在报价时有漏项；D投标人的投标报价高于招标文件设定的最高投标限价。评标委员会决定否决上述各投标人的投标。

事件4：经评标，评标委员会推荐了3名中标候选人，并进行了排序。建设单位在收到评标报告5日后公示了中标候选人。同时，与中标候选人协商，要求重新报价。中标候选人拒绝了建设单位的要求。

事件5：在监理合同订立过程中，建设单位提出应由监理单位负责下列八项工作：①主持设计交底会议；②签发工程开工令；③签发工程款支付证书；④组织工程交工验收；⑤负责工程施工过程中外部关系协调；⑥施工起重机械安全性检测；⑦施工合同争议处理；⑧工程交工结算审查。

问题：

1．逐条指出事件1中建设单位针对投标人提出的条件是否妥当，说明理由。

2．针对事件2，建设单位的提议有什么不妥？说明理由。

3．针对事件3，分别指出评标委员会否决A、B、C、D投标人的投标是否正确，并说明理由。

4．指出事件4中建设单位做法的不妥之处，说明理由。

5．事件5中，建设单位提出的八项工作分别由谁负责？

参考答案：

1．（1）不妥。理由：设定的资格条件与履行监理合同无关。

（2）妥当。理由：招标人可以设定不接受联合体投标。

（3）不妥。理由：招标人不得以地区限制排斥潜在投标人。

（4）不妥。理由：招标人不得以股份制形式排斥潜在投标人。

2. 建设单位提议的不妥之处及理由如下：
(1)招标监管机构人员作为评标委员会成员不妥。
理由：根据有关法律规定，招标监管机构人员不能作为评标委员会成员。
(2)评标委员会成员中只有3名技术、经济专家不妥。
理由：根据有关法律规定，评标委员会成员组成中，技术、经济专家不得少于成员总数的2/3。

3.(1)否决A投标人正确；理由：联合体投标必须提交联合体共同投标协议。
(2)否决B正确；理由：监理业务不允许转让。
(3)否决C不正确；理由：报价有漏项属于细微偏差。
(4)否决D正确；理由：投标报价高于招标文件设定的最高投标限价。

4. 事件4中建设单位做法的不妥之处及理由如下：
(1)收到评标报告5日后公示中标候选人不妥；理由：根据有关法律规定，建设单位应在收到评标报告3日内公示中标候选人。
(2)要求中标候选人重新报价不妥；理由：招标人不得再就投标文件实质性内容进行协商。

5.①应由建设单位负责；②应由监理单位负责；③应由监理单位负责；④应由建设单位负责；⑤应由建设单位负责；⑥应由专业机构负责；⑦应由监理单位负责；⑧应由监理单位负责。

【例题21】
某公路工程施工项目在施工监理招标过程中发生如下事件：
事件1：在招标时，建设单位提出：
(1)投标人必须具有工程所在地域类似工程监理业绩；
(2)应组织外地投标人考察施工现场；
(3)投标有效期自投标人送达投标文件之日起算；
(4)委托监理单位有偿负责外部协调工作。
(5)联合体中标的，可由联合体代表与建设单位签订合同。
事件2：招标代理机构提出：评标委员会由7人组成，包括建设单位纪委书记、工会主席，当地招标投标管理办公室主任，以及从评标专家库中随机抽取的4位技术、经济专家。
事件3：建设单位要求招标代理机构在招标文件中明确：投标人应在购买招标文件时提交投标保证金；中标人的投标保证金不予退还；中标人还需提交履约保函，保证金额为合同价的20%。

问题：
1. 逐条指出事件1中建设单位的要求是否妥当，并对不妥之处说明理由。
2. 指出事件2中评标委员会组成的不正确之处，并说明理由。
3. 指出事件3中建设单位要求的不妥之处，并说明理由。

参考答案：
1. 事件1中建设单位要求是否妥当及理由如下：
(1)不妥；理由：不得以特定区域的监理业绩限制潜在投标人。
(2)不妥；理由：应组织所有潜在投标人考察施工场地。

(3)不妥;理由:投标有效期应自投标截止日期起算。
(4)妥当。
(5)不妥;理由:应由联合体各方共同与建设单位签订合同。

2.事件2中评标委员会组成的不正确之处及理由如下:
(1)评标委员会中技术、经济专家4人不正确。

理由:评标委员会应由5人以上单数组成,其中技术、经济等方面的专家不少于2/3。因此,由7人组成的评标委员会从评标专家库中抽取的技术、经济专家应不少于5人。

(2)当地招标投标管理办公室主任作为评标委员会成员不正确。

理由:这违反了行政监督部门的人员不得担任评标委员会成员的规定。

3.(1)要求投标人在购买招标文件时提交投标保证金不妥。

理由:投标保证金的作用是约束投标人在投标截止日期后不能违反招标文件的规定。投标人购买招标文件后退出投标竞争不构成违约。因此,要求投标人在购买招标文件时提交投标保证金不妥,应在递交投标文件时提交。

(2)中标人的投标保证金不予退还不妥。

理由:中标人与招标人签订合同后即表明中标人在招标投标阶段没有违约行为,投标保证金应予退还。因此在招标文件中规定不退还中标人投标保证金不妥。

(3)履约保证金额为合同价的20%不妥。

理由:国内招标订立的合同履约保证金的额度通常为中标价的5%,国际招标的履约保证金为中标合同价的10%,因此要求中标人提交履约保证金为合同价的20%过高。

【例题22】

某市政府投资的公路工程项目,项目法人委托某招标代理机构采用公开招标方式代理项目施工招标,并委托具有相应资质的工程造价咨询企业编制了招标控制价。该项目的招标文件使用《公路工程标准施工招标文件》(2018年版)编制。招标过程中发生了以下事件:

事件1:招标信息在招标信息网上发布后,招标人考虑到该项目建设工期紧,为缩短招标时间,而改用邀请招标方式,并要求在当地承包人中选择中标人。

事件2:招标代理机构要求投标人提交的投标保证金为120万元。

事件3:开标后,招标代理机构组建评标委员会,由技术专家2人、经济专家3人、招标代表1人、该项目主管部门主要负责人1人组成。

事件4:开标时招标人发现,并经监标人确认A投标人的投标报价超出招标人公布的投标控制价上限。

事件5:招标人向中标人发出中标通知书后,向其提出降价要求,双方经过多次谈判,签订了书面合同,合同价比中标价降低2%;招标人在与中标人签订合同3周后,退还了未中标的其他投标人的投标保证金。

问题:

1.指出事件1中招标人行为的不妥之处,并说明理由。
2.指出事件2、事件3中招标代理机构行为的不妥之处,并说明理由。
3.指出事件4中招标人是否可以宣布A投标人的投标文件为废标?说明理由。
4.指出事件5中招标人行为的不妥之处,并说明理由。

参考答案：

1. 事件 1 中招标人行为的不妥之处及理由如下：

（1）"改用邀请招标方式进行招标"不妥。

理由：该工程项目为政府投资，应该进行公开招标。

（2）"要求在当地承包人中选择中标人"不妥。

理由：招标人不得对潜在投标人实施歧视待遇。

2. 事件 2、事件 3 中招标代理机构行为的不妥之处及理由如下：

（1）"要求投标人提交的投标保证金为 120 万元"不妥。

理由：投标保证金额一般为合同总额的 5%～10%。

（2）"招标代理机构组建评标委员会"不妥。

理由：评标委员会由招标人负责组建。

（3）"评标委员会中包括该项目主管部门主要负责人"不妥。

理由：项目主管部门或者行政监督部门的人员不得担任评标委员会成员。

3. 事件 4 中招标人是可以宣布 A 投标人的投标文件为废标。

理由：《公路工程标准施工招标文件》（2018 年版）中规定，开标过程中若招标人发现投标文件出现以下任一情况，经监标人确认后当场宣布为废标：

（1）未在投标函上填写投标总价。

（2）投标报价或调价函中的投标报价超出招标人公布的投标控制价上限。

4. 事件 5 中招标人行为的不妥之处及理由如下：

（1）"招标人向中标人提出降价要求"不妥。

理由：确定中标人后，招标人不得就报价、工期等实质性内容进行谈判。

（2）"签订的书面合同的合同价比中标价降低 2%"不妥。

理由：招标人向中标人发出中标通知书后，招标人与中标人依据招标文件和中标人的投标文件签订合同，不得再另行订立背离合同实质性内容的其他协议。

（3）"招标人在与中标人签订合同 3 周后，退还了未中标的其他投标人的投标保证金"不妥。

理由：中标人确定后，招标人应向中标人发出中标通知书，同时将中标结果通知所有未中标的投标人，并在订立书面合同之日起 5 个工作日内，向中标人和未中标的投标人退还投标保证金。

【例题 23】

某监理单位承担了某公路工程施工招标代理和施工监理任务，该工程采用无标底公开招标方式选定施工单位。该工程在实施过程中发生下列事件。

事件 1：工程招标时，共有 A、B、C、D、E、F、G 7 家投标单位通过资格预审，并在投标截止时间前提交了投标文件。评标时，发现 A 投标单位的投标文件虽加盖了公章，但没有投标单位法定代表人签字，只有法定代表人授权书中被授权人的签字（招标文件中对是否可由被授权人签字没有具体规定）；B 投标单位的投标报价明显高于其他投标单位的投标报价，分析其原因是施工工艺落后造成的；C 投标单位将招标文件中规定的工期 380 天作为投标工期，但在投标文件中明确表示如果中标，合同工期按定额工期 400 天签订；D 投标单位投标文件中的总价金额汇总有误。

事件2:经评标委员会评审,推荐G、E、F 3家投标单位为前三名中标候选人。在中标通知书发出前,建设单位要求监理单位分别找G、E、F 3家投标单位重新报价,以价格低者为中标单位。按原投标价签订施工合同后,建设单位以重新报价与中标单位签订协议书,作为实际履行合同的依据。监理单位认为建设单位的要求不妥,并提出了不同意见,建设单位最终接受了监理单位的意见,确定G投标单位为中标单位。

问题:
1. 分别指出事件1中,A、B、C、D 4家投标单位的投标文件是否有效?说明理由。
2. 事件2中建设单位的要求违反了招标投标有关法规的哪些具体规定?

参考答案:
1. 事件1中,A、B、C、D 4家投标单位的投标文件是否有效的判断及理由如下:
(1) A单位的投标文件有效。
理由:招标文件对是否可由被授权人签字没有具体规定,签字人有法定代表人的授权书。
(2) B单位的投标文件有效。
理由:招标文件中对高报价没有限制。
(3) C单位的投标文件无效。
理由:没有响应招标文件的实质性要求(或附有招标人无法接受的条件)。
(4) D单位的投标文件有效。
理由:总价金额汇总有误属于细微偏差(或明显的计算错误允许补正)。
2. 事件2中,建设单位的要求违反了招标投标有关法规的以下具体规定:
(1) 确定中标人前,招标人不得与投标人就投标价格、投标方案等实质内容进行谈判。
(2) 招标人与中标人必须按照招标文件和中标人的投标文件订立合同,双方私下不得再行订立背离合同实质内容的其他协议。

【例题24】
某高速公路工程施工项目,建设单位委托某监理单位对该项目实施监理。设计单位根据建设单位提供的地质勘察报告完成了施工图设计。施工单位通过投标获得施工任务后将路基主体工程、路基边沟工程分别分包给了不同的单位,其中路基边沟工程合同规定工期30天。
施工过程中发生以下事件。
事件1:桥梁基础开挖过程中,由于实际地质情况与地质勘察报告相比出现重大差别,需要修改基础设计,为此现场停工20天,修改基础设计增加费用2万元。基础工程经过60天的施工完工后,施工单位向建设单位提出工程延期20天的索赔申请,建设单位以该延期是由于勘察单位提供的地质勘察报告有误而予以拒绝。
事件2:路基边沟工程分包单位接到通知后及时进场与路基分包单位交叉施工作业,实际施工时间45天。为此路基边沟分包单位以交叉作业影响边沟施工进度为由,向建设单位提出了增加现场管理费3万元的补偿要求。

问题:
1. 施工单位对工程进行分包应满足哪些条件?本案例中,施工单位分包的做法有何不妥?说明理由。

2. 事件1中,施工单位提出索赔的程序是否正确?说明理由。建设单位拒绝索赔申请的理由是否成立?说明理由。修改基础设计增加的费用应由谁承担?说明理由。

3. 事件2中,路基边沟分包单位提出索赔的程序是否正确?说明理由。其索赔的理由是否成立?说明理由。

参考答案:
1. (1)施工单位对工程进行分包应满足的条件如下:

①分包必须经监理人审批,并报建设单位同意;②分包人应具备符合所分包工程要求的资格条件;③分包人不得将工程再次分包;④承包人应当和分包人签订分包合同;⑤分包工程所占整个工程的比例不应过大,且分包工程应是总工程的次要部位或是附属部分;⑥分包人应和总承包人同时对建设单位负责。

(2)施工单位将路基主体工程进行分包不妥。

理由:工程主体结构、关键性工作必须由承包单位自行完成,不得分包。

2. (1)施工单位提出索赔的程序不正确。

理由:承包人向建设单位提出索赔的程序如下:

①承包人应在知道或应当知道索赔事件发生后28天内,向监理机构递交索赔意向通知书,并说明发生索赔事件的事由。

②承包人应在发出索赔意向通知书后28天内,向监理机构正式递交索赔通知书。索赔通知书应详细说明索赔理由以及要求追加的付款金额和(或)延长的工期,并附必要的记录和证明材料。

③索赔事件具有连续影响的,承包人应按合理时间间隔继续递交延续索赔通知,并说明连续影响的实际情况和记录,列出累计的追加付款金额和(或)工期延长天数。

④在索赔事件影响结束后的28天内,承包人应向监理机构递交最终索赔通知书,说明最终要求索赔的追加付款金额和(或)延长的工期,并附必要的记录和证明材料。

(2)建设单位拒绝索赔申请的理由不成立。

理由:地质勘察报告由勘察单位提供,勘察单位应对其提供报告的真实性、准确性负责,建设单位对勘察报告的审核不当,其也有连带责任,就施工合同而言,其责任在于建设单位。

(3)修改基础设计增加的费用应由建设单位承担。

理由:施工图设计是由建设单位提供给施工单位的。因此,应由建设单位承担。

3. (1)事件2中,路基边沟分包单位向建设单位提出索赔的程序不正确。

理由:分包单位的索赔申请应该向总承包单位提出。

(2)路基边沟分包单位提出索赔的理由不成立。

理由:交叉作业属于工程施工内容的变化,影响了工作进度,路基边沟分包单位可以其为由向施工单位提出索赔。

【例题25】
某公路工程采用二级监理机构模式,监理合同签订后,监理单位负责人对该项目监理工作提出以下5点要求:

(1)监理合同签订后的30天内应将项目监理机构的组织形式、人员构成及总监理工程师的任命书面通知建设单位。

(2)监理计划的编制要依据建设工程的相关法律法规,项目审批文件、有关建设工程项目的标准、设计文件及技术资料,监理大纲、监理合同以及施工组织设计。

(3)监理计划中不需要编制有关安全生产监理的内容,但需针对危险性较大的分部分项工程编制监理实施细则。

(4)驻地监理工程师应主持召开第一次工地会议,并介绍监理计划的主要内容,如建设单位未提出意见,该监理计划经总监理工程师批准后可直接报送建设单位。

(5)如建设单位提供的设计图纸有重大修改,施工组织设计等发生变化,驻地监理工程师应及时主持修订监理计划的内容,并组织修订相应的监理细则。

总监理工程师提出了建立项目监理机构的步骤:
(1)设计项目监理机构的组织结构。
(2)制定监理工作流程和信息流程。
(3)确定项目监理机构目标。
(4)确定监理工作内容。

总监理工程师委托驻地监理工程师负责以下工作:
(1)审批施工单位的施工机械设备与施工方案,主持编制监理计划;
(2)负责对已完工程进行计量,签发工程款支付证书。

问题:
1. 指出监理单位负责人所提要求中的不妥之处,并写出正确做法。
2. 指出总监理工程师提出的建立项目监理机构的步骤是否正确?若不正确,写出正确步骤。
3. 指出总监理工程师委托驻地监理工程师工作的不妥之处,并写出正确做法。

参考答案:
1.监理单位负责人所提要求中的不妥之处及正确做法如下:

(1)"监理合同签订后的30天内应将项目监理机构的组织形式、人员构成及总监理工程师的任命书面通知建设单位"不妥。

正确做法:应在监理合同约定的时间内将项目监理机构的组织形式、人员构成及总监理工程师的任命书面通知建设单位。

(2)"监理计划的编制要依据施工组织设计等"不妥。

正确做法:施工组织设计是编制监理细则的依据之一。监理计划的编制依据除包括背景资料中的内容外,还包括施工合同文件。

(3)"监理计划中不需要编制有关安全生产监理的内容"不妥。

正确做法:监理计划中应该包含安全监理的内容。

(4)"驻地监理工程师应主持召开第一次工地会议,并介绍监理计划的主要内容"不妥。

正确做法:总监理工程师应主持召开第一次工地会议,并介绍监理计划的主要内容。

(5)"监理计划经总监理工程师批准后可直接报送建设单位"不妥。

正确做法:监理计划编制完成后必须经监理单位技术负责人审核批准,并应在第一次工地会议召开前报送建设单位。

(6)"驻地监理工程师应及时主持修订监理计划的内容"不妥。

正确做法:修订监理计划应由总监理工程师主持。

2. 总监理工程师提出的建立项目监理机构的步骤不正确。

正确步骤为:(1)确定项目监理机构目标;(2)确定监理工作内容;(3)设计项目监理机构的组织结构;(4)制定监理工作流程和信息流程。

3. 总监理工程师委托驻地监理工程师工作的不妥之处及正确做法如下:

(1)"主持编制监理计划"不妥。

正确做法:监理计划应由总监理工程师主持编制。

(2)"签发工程款支付证书"不妥。

正确做法:工程款支付证书应由总监理工程师签发。

【例题26】

采用公开招标的某高速公路工程项目,在施工招标投标过程中发现一些投标人以及投标文件中分别存在如下问题:

1. 有的投标人没有收到投标邀请书,但却提交了投标文件。

2. 有的投标人投标文件中缺少施工组织设计。

3. 有的投标人投标文件中载明的招标项目完成期限超过招标文件规定的时限。

4. 有的投标人投标文件在公开开标结束前1小时送达。

5. 有的投标人在工程量清单中没有填报清淤泥这一子目单价,只填报了合价;而有的投标人只填报该子目单价,却没有填报合价。

6. 有的投标人投标函中报价大写(文字表示)的金额比小写(数字表示)的金额要小;而有的大写金额比小写金额大。

7. 有的投标人没有派代表参加由招标人组织的现场考察也没有派代理人出席公开开标活动。

8. 有的投标人在投标截止时间之前书面通知撤回投标文件。也有的投标人在开标之后随即要求撤回投标文件。

9. 有的投标人在投标文件中对其投标报价进行了修改,而且在修改处加盖了投标人单位章。

10. 有的投标人所提交的投标文件中有涂改、行间插字及删除,但改动之处没有加盖投标单位章或投标人的法定代表人或其授权的代理人签字确认。

问题:

请分别指出招标人或评标委员会对以上问题应如何处理。

参考答案:

1. 招标人只对通过资格预审的潜在投标人发出投标邀请书,未收到投标邀请书的潜在投标人无资格参加投标。因此,其投标文件为无效的投标文件。

2. 没有施工组织设计,不能满足招标文件的"初步评审标准",不能通过形式评审与响应性评审,视为对招标文件未作出实质性响应,应认为其存在重大偏差,对该投标文件作废标处理。

3. 投标工期超过招标文件规定的时限,不能满足招标文件的"初步评审标准",不能通过形式评审与响应性评审,视为没有对招标文件作出实质性响应,应认为其存在重大偏差,对该投标文件作废标处理。

4. 投标人应在招标文件规定的投标截止时间前递交投标文件,逾期送达的或者未送达指定地点的投标文件,招标人不予受理。题中该投标文件在开标后提交,虽开标未结束,但已超过投标书递交截止期,该投标文件将不予开标,应原封退回投标人。

5. 在按照招标文件的规定对投标价进行算术性错误修正及其他错误修正后,最终投标报价未超过投标控制价上限(如有)的,或出现投标报价的算术性错误和其他错误,属于细微偏差。没有填报报单价,或只填报单价而没有合价的,均属细微偏差,投标文件有效。对于细微偏差,评标委员会可予以修正。例如,没有填报单价的可视为已含入其他工程子目的单价中;只报了单价没有报合价,可以按投标人已报单价乘以该项目工程数量所得合价予以修正。

6. 投标文件中的大写金额与小写金额不一致的,属于细微偏差,投标文件有效。对于细微偏差,评标委员会可予以修正,即以大写金额为准。

7. 投标人没有派代表参加现场考察和出席开标活动,表明投标人已充分了解和掌握可能对投标有影响或起作用的风险、意外等的必要资料,已没有必要参加现场考察;投标人没有派代理人出席开标活动,应认为该投标人默认开标结果。以上两种情况并不影响投标人投标文件的有效性。

8. 投标截止时间之前,投标人书面通知可以撤回投标文件;但开标之后即投标截止日期以后,不得撤回。因开标后即已进入投标有效期,在投标有效期内,投标人不得要求撤销或修改其投标文件。若撤回投标文件的,按规定没收投标担保金。

9. 投标报价按招标文件的规定进行修改,投标文件仍有效。

10. 投标文件改动之处没有加盖投标单位章或投标人的法定代表人或其授权的代理人签字确认,这不符合招标文件的规定,该投标文件应认为存在重大偏差,对该投标文件作废标处理。

【例题 27】

某公路工程施工项目的建设单位通过公开招标选定施工单位,双方按《公路工程标准施工合同文本》(2018 年版)签订了施工合同。在施工过程中发生如下事件:

事件 1:施工中承包人按照发包人提供的取土场开始清表取土填筑路基,当取土场取深 3m 后发现下面是岩石和不能用作填土的不良土,承包人只能另选取土场,运距增加 2km,加修便道 2km,这样造成该施工单位运输负担沉重,进度受到影响,成本费用大量增加。承包人就此提出增加费用的索赔要求。

事件 2:承包人在进行通道涵施工时,发现合同文件中技术规范与图纸对涵台背回填的规定不一致。技术规范中规定涵台背回填宽度为 100cm,回填料为塑性指数不大于 12 的黏性土。而图纸中规定涵台背回填宽度为 200cm,回填料为天然砂砾。承包人认为投标报价是按技术规范进行的,根据技术规范施工符合合同要求;而建设单位认为按图纸施工有利于保证工程质量,且技术规范和图纸是由建设单位提供的,在出现不一致的情况下应由建设单位解释。

问题:

1. 事件 1 中承包人的索赔是否成立?说明理由。
2. 针对事件 1,承包人应吸取什么经验教训?
3. 指出事件 2 中承包人和建设单位的争议,哪一方的观点符合合同规定?为什么?

4. 针对事件2,如果该项目施工合同中未规定解释合同文件的优先顺序,则根据《中华人民共和国民法典》合同编,应按哪一方的观点执行？为什么？

5. 对于事件2,如果建设单位坚持要求按图纸施工,而监理工程师也觉得按图纸施工更有利于提高工程质量,则监理工程师应按合同什么规定处理？

参考答案：

1. 根据本案例所述的情况,承包人可能会依据合同条款有关"不利物质条件"的约定向业主提出费用补偿的要求。作为监理工程师,不能同意承包人的要求。因为根据合同条款的约定,应认为承包人通过业主所提供的资料及现场考察,已取得可能对投标有影响或起作用的风险、意外等的必要资料,并且在报价中考虑这些因素的影响。同时,案例中所述的情况是一个有经验的承包人能合理预计到的。

2. 承包人在投标过程中要对业主提供的资料进行研究,认真做好现场考察和调查等环节的工作,充分了解施工中可能出现和存在的风险,并在报价中体现出来,在管理中采取相应措施,从而避免和减少损失。

3. 承包人的观点符合合同规定。

因为按合同约定的解释合同文件优先顺序,技术规范优先于图纸。因此,在二者发生矛盾时,应以技术规范为准。业主的解释和要求不符合约定优先的原则。

4. 如果合同中未规定解释合同文件的优先顺序,则根据《中华人民共和国民法典》合同编的规定,应按承包人的解释即技术规范的规定来执行。因为该合同为格式合同,《中华人民共和国民法典》合同编规定,对格式条款有两种以上解释的,应当作出不利于提供格式条款一方的解释。技术规范和图纸是由业主方提供的,因此在出现矛盾时,应按承包人的理解来执行。

5. 如果业主坚持按图纸施工,而监理工程师也觉得按图纸施工更有利于保证工程质量,则监理工程师应下达工程变更令,指示承包人按图纸施工。然后,按合同条款中约定的变更估价原则与方法确定承包人执行此项指示后的费用。

【例题28】

某路桥工程公司通过投标竞争承包了对某高速公路一座桥梁的施工。该桥梁的基础为明挖浅基础。施工合同采用《公路工程标准施工招标文件》(2018年版)的合同条款。

施工过程中发生如下事件：

事件1：承包人于2018年4月1日进驻工地,准备按合同开工期2018年5月1日开工,因征地拆迁工作困难,建设单位无法按原计划提供施工场地,致使该工程延误到2018年5月24日才开始施工。

事件2：在2018年8月3日桥梁基坑开挖后,发现基底承载力不能满足设计要求。于是,建设单位通过监理人向承包人发出变更指示,将明挖基础改为钻孔桩基础。因此,使该桥施工期延误7天。

事件3：2019年9月20日,业主提出桥梁外部重新装修的要求,因此使工程不能在合同规定的2019年10月1日前交工,需延迟到2019年10月25日。

事件4：承包人2019年10月2日就上述事件1、事件2、事件3三项事件提出费用索赔和延长工期56天的工期索赔要求,并向监理工程师提交了索赔意向通知书和索赔通知书及相关记录和证明材料。

问题：

1. 承包人提出索赔的主要依据是什么？
2. 如果不考虑索赔程序，请分析承包人是否有理由就上述三项事件提出索赔要求。说明理由。
3. 试分析在承包人所提出的上述三项事件索赔要求中监理工程师应受理哪几项，为什么？
4. 该工程工期能否延至 2019 年 10 月 25 日？监理工程师如何处理上述索赔事件？

参考答案：

1. 承包人提出索赔的主要依据是施工合同。
2. 如果不考虑索赔程序，承包人有理由就上述三项事件提出索赔要求。

理由如下：开工延误和重新装修引起的工期延误是因业主的原因或业主的要求造成的，而并非承包人的原因或责任。因地基承载力不足而改为钻孔灌注桩延误是因业主要求的工程变更引起的，业主对此应承担责任。

3. 合同条款约定，承包人应在知道或应当知道索赔事件发生后 28 天内，向监理人递交索赔意向通知书，并说明发生索赔事件的事由。承包人未在前述 28 天内发出索赔意向通知书的，丧失要求追加付款和（或）延长工期的权利。

比照合同条款的约定，在上述三项索赔要求中，监理工程师应受理业主提出桥梁外部重新装修造成工期延误这一项索赔要求。因为承包人在合同约定的时间内提交了索赔意向通知书和索赔通知书及相关记录和证明材料，符合合同条款约定的索赔提出的程序。

监理工程师不受理开工延误和基础变更这两项索赔要求。因为这两项索赔的索赔意向通知书的提交均已超过合同条款规定的时限，承包人丧失了索赔的权利。

4. 工期可延至 10 月 25 日。

监理工程师只受理桥梁外部重新装修的索赔要求，对于开工延误和基础变更这两项索赔要求应予以拒绝。同时对明挖基础改为钻孔桩基础和重新装修桥梁外部，按工程变更处理。

【例题 29】

某高速公路 A 合同段，在施工过程中未经监理工程师事先同意，施工单位就订购了一批预应力钢绞线。钢绞线运抵施工现场后，经监理人员检查发现，钢绞线质量存在下列问题：

（1）施工单位未能提交产品合格证书、材料合格证明和检测报告。
（2）钢绞线外观不良，无标识。

问题：

监理工程师应如何处理上述问题？

参考答案：

监理工程师应按以下步骤处理：

（1）监理工程师应书面通知施工单位暂时不得将该批钢绞线用于本工程项目。
（2）监理工程师应与承包人共同对该批钢绞线进行检验和交货验收，并要求施工单位提交该批钢绞线的合格证明和产品合格证书、质量保证书、材质化验单、技术指标报告和生产厂家生产许可证等资料，以供监理工程师进行审查。
（3）如果施工单位提交了上述资料，经监理工程师审查符合要求，则施工单位应按合同约定和监理人指示，对该批产品进行抽样检验，检验结果应提交监理工程师。如果经检验后证明该批钢绞线质量符合技术规范、设计文件的要求,则监理工程师对该批钢绞线进行签认,同意使用,并书面通知施工单位。

(4)如果施工单位不能提供该批钢绞线的合格证明和产品合格证、质量保证书、材质化验单、技术指标报告和生产厂家生产许可证等资料,或虽提供了上述资料,但经抽样检验后质量不符合技术规范或设计文件的要求,则监理工程师应书面通知施工单位不得将该批钢绞线用于本工程项目,并要求施工单位将该批钢绞线运出施工现场,并更换合格的钢绞线。

(5)监理工程师应将处理结果书面通知业主。工程材料的检验费用由施工单位承担。

【例题 30】

某大桥工程建设项目经公开招标,建设单位分别选定某路桥公司承担施工任务,某监理公司承担施工监理工作,并分别与施工单位和监理单位签订了施工合同和监理合同。

施工过程中发生如下事件:

地质资料显示,项目所在地为石灰岩分布区,地下水丰富。该桥梁基础为钻孔灌注桩,按照该工程施工合同条款的约定,所有桩基都要进行无破损法(超声波)检测,以确保桩基础的工程质量。在桩基施工完成后按规定进行检测时,发现有一根断桩,断桩位置处在地下水位以下,且地质资料显示该处有溶洞。监理工程师书面指示施工单位立即采取措施进行处理。于是,施工单位向项目监理机构报送了处理方案,其要点如下:

(1)补桩。

(2)调整承台的结构钢筋,外形尺寸做部分改动。

总监理工程师根据自己多年的桥梁设计工作经验,经审核认为施工单位提交的处理方案可行,因此予以批准。施工单位认为此桩断桩原因是地质不良,有溶洞所致,并非自身的责任,于是随即向监理机构提交了索赔意向通知书,并在补桩施工完成后第 5 天向项目监理机构提交了索赔通知书。施工单位的索赔要求如下:

(1)索赔断桩处理期间机械、人员的窝工损失。

(2)增加的补桩应予计量、支付。

问题:

1. 总监理工程师批准施工单位提交的断桩处理方案,在工作程序方面是否存在不妥之处?请说明理由。

2. 简述监理工程师处理施工过程中工程质量问题的程序要点。

3. 对于施工单位就上述事件提出的索赔要求,总监理工程师应如何处理?并说明理由。

参考答案:

1. 总监理工程师批准施工单位提交的断桩处理方案,在工作程序方面存在不妥之处。其理由是:总监理工程师在批准处理方案时,没有取得建设单位的同意。

2. 监理工程师处理质量问题的程序要点是:

(1)应立即向施工单位发出暂停施工的指令。

(2)要求施工单位立即书面报告质量问题的发生时间、部位、原因及已采取的措施和进一步处理方案。

(3)对施工单位报送的质量问题处理方案进行审核后报建设单位批准。

(4)指示施工单位按照对已批准的处理方案对质量问题进行处理,并对处理方案的实施进行监理。

(5)对质量问题的处理结果进行检查验收,处理合格、隐患消除的可发出复工指令。

(6)向业主提交有关质量问题的处理报告。

(7)将完整的质量问题处理记录整理归档。

3. 总监理工程师对施工单位提出的索赔要求应不予受理。

其理由是:断桩是由于施工单位在施工过程中没有根据实际情况采取有效措施,本身施工不当造成的。至于地质不良和溶洞的原因,地质资料已充分显示,施工单位应充分估计到施工过程中可能发生的意外和风险,在施工中应采取有效措施,保证灌注桩的施工质量。

【例题31】

某省102号大桥由中标的长龙路桥公司大桥项目经理部施工,彩虹监理公司进行施工监理,全桥380根钻孔灌注桩。

在进行第五根灌注桩施工时,发生下列事件:第五根桩从9月14日7:00开始灌注混凝土,15:16因电焊机使用不当导致发电机组故障,使搅拌机及灌注设备被迫停工,路桥公司大桥项目经理部立即组织人员抢修,发电机组于17:08修复,17:13恢复施工,恢复施工后提升导管提不动,经反复转动,上下冲振,至17:32才将导管拔出,就位到预定高度,开始灌注新混凝土,17:42监理工程师到现场视察,19:34灌注完全部混凝土。

当导管全部提出孔外清点时,导管总长只有48m。因此,监理工程师同意桩基按48.4m计量,承包人要求按设计桩长55.6m计量。其证据是建设单位提供的设计图纸(除此外,监理工程师和承包人不能再提供其他证据证明施工的实际桩长)。

问题:

1. 该事件所反映施工及监理中存在的主要问题及其原因有哪些?该根桩质量是否合格?如何判断?

2. 一般情况下桩基础在浇筑完混凝土后能否进行计量?本题中提到的该根桩应按多长给予计量?

参考答案:

1. 该项事件反映,承包人和监理都存在严重问题。承包人专业技术水平差,监理人员基本知识、工程经验、工作经验都很缺乏,没有认真阅读合同文件和技术规范,违反监理程序、技术规范进行施工和施工监理。监理没有认真履行职责,工作态度差,不严格监理,导致该桩成为一根不合格桩。

(1)从以下几项中任一项即可判定为不合格桩:

①如果钻孔或孔深只有48.4m(即导管总长48m+导管距孔底0.4m)深,但图纸设计桩长为55.6m,不符设计要求,该桩即为不合格桩。

②如果钻孔深度为55.6m,导管长只有48m,则导管底距孔底达7.6m以上,超过规范规定的0.25~0.4m,使首盘灌注的混凝土与孔中泥浆混合,混凝土质量不合要求,违反技术规范规定,为不合格桩。

③如果钻孔深度达到图纸的规定深度,导管也下到规范规定深度,而取出导管只有48m,则可能是在灌注中断2小时后,复工时提起导管断了一截在孔中,使水进入导管中,以后灌注的混凝土不能和以前的衔接而产生断桩,且以后的混凝土与泥浆混合也不合格。

④技术规范规定"首批混凝土拌和物下落后,应连续灌注,不得中断",而该项工程第五根桩灌注8个多小时后,中断2小时,此时首批混凝土已初凝,因此造成"卡管",以至断桩。

(2)灌注中断2小时的直接原因是"发电机组故障"。显然,该工程施工只有一台发电机组,且与其他作业共用(电焊等),无论从该项工程桩基施工要求还是该项工程规模,仅一台发电机组显然是不符施工要求的。

①如果承包人的施工组织设计中就只准备一台发电机组,而且监理工程师也批准了该施工组织设计,说明监理人员不是缺乏工程经验就是不认真负责。

②如果施工组织设计有多台备用发电设备,这说明监理工程师在批准灌注水下混凝土这一分部工程开工时,没有按监理程序检查设备到位情况以及设备的试车后的完好情况。

(3)承包人和监理工程师严重违反技术规范和监理程序。

①承包人提供不出任何证据证明桩长,说明承包人在施工过程中未做任何记录。

按技术规范的规定,每根桩从钻孔起到灌注混凝土应该做相应的施工记录,施工记录都能说明桩长,如:钻孔记录、清孔记录、灌注前沉淀厚度检查记录,灌注记录,导管下沉深度记录,混凝土灌注时应经常测量混凝土面层高程等记录。

②监理工程师要对每一道工序进行验收,合格后才能准予进入下一道工序,以上事件反映均未经验收。

2.按合同技术规范规定,承包人完成技术规范所规定的工作内容,经监理工程师检验合格后才准予计量。

①桩基础在完成混凝土灌注后还不能进行计量,因为还有后续工程或工作未完成,如养护、截桩头、无破损检测。因此还不到计量的时候。

②该根桩综上所述即已构成不合格桩。因此,对不合格桩不能计量。

【例题32】

某高速公路建设项目,建设单位通过公开招标委托信达监理咨询公司负责该项目的施工监理工作。该公司的副总经理担任该项目的总监理工程师。为了确保监理工作能按时展开,总监理工程师安排该监理咨询公司的技术负责人主持并组织有关人员编写该项目的监理计划。编写人员根据本监理公司已有的监理计划范本,将投标时编写的监理方案进行修改后编制成该项目的监理计划。该监理计划经总经理审核签字后报送业主批准。

该项目监理计划内容包括:①工程项目概况;②监理工作依据;③监理工作内容;④监理机构的组织形式;⑤监理机构人员配备计划;⑥监理工作方法及措施;⑦监理机构的人员岗位职责;⑧监理设施。

在施工前召开的监理交底会上,总监理工程师向承包人介绍监理计划时,重点介绍了监理工作内容、监理机构的人员岗位职责和监理设施等内容。其中,监理工作内容如下:

(1)编制项目施工进度计划,报业主批准后下发施工单位执行。

(2)检查现场施工质量情况,对所发现的质量问题立即指示承包人处理。

(3)协助承包人编制施工组织设计。

(4)审查承包人投标报价的组成,对工程项目造价目标进行风险分析。

(5)编制工程量计量规则,并据此进行工程计量。

(6)组织工程交工验收。

问题：

1. 指出该监理机构在编写"监理计划"过程中的不妥之处，并说明理由。

2. 该项目"监理计划"的内容是否完整？若不完整，请说明还缺少哪些内容，并将其中的缺项名称写出来。

3. 请说明在总监理工程师介绍的监理工作6项内容中，哪些内容是不正确的，并改正。

参考答案：

1. 该监理机构在编写"监理计划"过程中的不妥之处如下：

（1）监理计划由监理公司技术负责人主持编写不妥。

理由：项目监理计划应由总监理工程师主持编写，专业监理工程师参加编写。

（2）监理公司总经理审核监理计划不妥。

理由：项目监理计划应由监理公司技术负责人审核批准。

（3）根据已有的监理计划范本，修改监理方案编制项目监理计划不妥。

理由：项目监理计划应具有针对性（或应根据该工程特点、规模、合同等编制）。

2. 该项目"监理计划"的内容不完整。还缺少：监理工作范围、监理工作目标、监理工作程序、监理工作制度、监理人员和设备配备及进退场计划、监理工作用表、合同管理、信息管理工作方案等内容。

3. 监理工作6项内容中，不正确的有（1）（3）（4）（5）（6）。不正确的内容改正如下：

（1）应改为：审批承包人报送的施工进度计划。

（3）应改为：审批承包人报送的施工组织设计。

（4）应改为：依据施工合同条款、施工图等，对工程造价目标进行风险分析。

（5）应改为：按合同工程计量规定进行工程计量。

（6）应改为：参加工程交工验收。

【例题33】

诚信监理公司通过投标承担了某高速公路项目A-1监理合同段施工监理工作，并与业主签订了监理合同。该监理公司任命了总监理工程师，并按以下程序开展了监理工作：

1. 建立项目监理机构。

（1）确定项目质量控制目标，并作为项目监理工作的目标。

（2）确定项目监理工作范围和内容，包括设计阶段和施工阶段。

（3）进行项目监理机构的组织结构设计。

（4）由驻地监理工程师主持并组织专业监理工程师编制项目监理计划。

2. 制定监理细则。

（1）各专业监理工程师仅以监理计划为依据编制监理细则。

（2）驻地监理工程师批准监理细则。

（3）监理细则仅包括监理工作的流程、监理工作的方法及措施。

3. 规范化地开展监理工作。

4. 参与交、竣工验收，签署监理意见。

5. 向建设单位提交工程竣工档案资料。

6. 进行监理工作总结，编写监理工作报告。

问题：

1. 请指出在建立项目监理机构过程中确定监理工作目标、监理工作内容和编制监理计划三项工作的不妥之处，并写出正确的做法。
2. 请指出在制定监理细则的三项工作中的不妥之处，并写出正确的做法。
3. 写出监理工作报告的主要内容。

参考答案：

1.（1）仅确定质量控制目标不妥。应同时制定质量、进度、费用三大控制目标，并以此作为监理工作的目标之一。

（2）监理工作范围和内容不妥。施工监理不应涉及设计阶段，只包括施工准备、施工及交工与缺陷责任期3个阶段的监理工作。

（3）驻地监理工程师主持编制监理计划不妥。监理计划应由总监理工程师主持编制。

2.（1）仅以监理规划为依据编制监理细则不妥。监理细则编制依据应包括已批准的监理计划，与工程相关的标准、技术规范、设计文件和技术资料及施工组织设计等。

（2）驻地监理工程师批准监理细则不妥。监理细则应由总监理工程师批准。

（3）监理细则仅包括监理工作流程、监理工作的方法及措施不妥。

监理细则应包括：①工程内容及特点；②监理工作的重点与难点；③监理工作的流程；④监理工作的方法及措施；⑤巡视、旁站和抽检计划等内容。

3. 监理工作报告的主要内容：(1)工程基本情况；(2)监理工作概况，包括监理机构组织形式、管理结构，监理工作起止时间及投入监理人员、监理设备和设施的情况；(3)工程质量管理，包括质量管理措施，施工过程中质量检查情况汇总，质量问题和事故处理总结，工程质量评定情况；(4)计量支付、工程进度和合同管理情况；(5)安全与环保监理情况；(6)设计变更情况；(7)交工验收中存在问题及处理情况；(8)监理工作体会；(9)工程建设中存在问题的处理意见和建议。

【例题34】

某高速公路施工项目开工里程120km，跨越两省，共划分为6个施工合同段，某监理单位通过投标竞争承担了该项目施工监理工作。

问题：

1. 请为该项目选择适宜的监理机构形式。
2. 请拟定该项目监理机构组织结构模式的方案，并分析优、缺点。
3. 请画出组织结构图。

参考答案：

1. 宜选择二级监理机构形式。分别是总监办、驻地办。按《公路工程施工监理规范》（JTG G10—2016）规定，当高速公路开工里程在100km以上时，应当采用二级监理机构。即整个项目设置总监办，在总监办下按合同段再设置驻地办。

2. 监理机构组织结构模式，可以选择直线-职能式。它既考虑按命令统一原则设置的组织指挥系统，又考虑按专业化分工原则设计组织职能系统。它具有集中领导，统一指挥，便于人、财、物的调配；分工合理，任务明确，办事效率高，组织秩序井然，稳定性高，能较好地发挥组织的整体效率等优点。但也有信息系统差，各部门之间、职能人员与指挥人员之间目标不一致，易产生矛盾等缺点。它结合了直线式、职能式的优点,对公路工程建设项目来讲,一般较合理,对本例亦适宜。

3.该项目监理机构组织结构如图2-5所示。

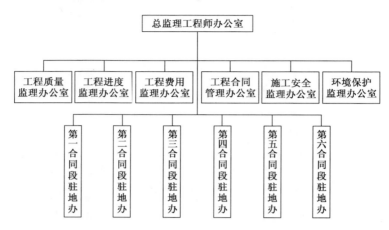

图2-5 监理机构组织结构图

【例题35】

某公路桥梁工程施工项目,建设单位通过公开招标分别与某路桥公司和某监理单位签订了施工合同和监理合同。

施工过程中发生如下事件:

事件1:施工单位进场后进行了施工准备工作,并在开工前向监理单位提交了该工程的施工组织设计和桩基础施工方案。监理工程师审核后,分析了该桥桩基础施工方案可能出现的问题及其后果,并提出了修改意见和建议,以书面形式回复施工单位并上报建设单位。施工单位认为监理方所提出的意见和建议合理,同意修改原施工方案,并提交了新的施工方案。同时,施工单位申请开工。

事件2:由于施工单位的原因或责任,致使工期延误,监理工程师签发指令要求施工单位采取组织措施和技术措施加快施工进度。

问题:

1.对于事件1,监理机构应如何处理?

2.开工后,监理工程师发现施工并未按新的施工方案组织施工,且现场组织不力。为此,监理工程师应如何处理?

3.施工单位仍坚持按原施工方案进行施工,且施工质量明显不符合技术规范要求,现场出现安全事故隐患。此时,监理工程师应如何行使权力和处理此问题?

4.事件2中所指的组织措施和技术措施通常应包括哪些内容?

5.在事件2中,施工单位采取有关措施所发生的费用如何处理?说明理由。

参考答案:

1.(1)监理工程师应在合同规定的时间内批复修改后的施工方案,并要求承包人按合同进度计划,向监理方提交工程开工报审表。监理方应检查施工单位的各项施工准备情况,据此判断是否已具备开工条件。

(2)若已具备开工条件,在报建设单位批准后,总监理工程师发布开工通知书。

2.(1)监理工程师应发出书面指示,要求施工单位按修改后的施工方案组织施工,避免出现质量和安全问题。

(2)必要时可向建设单位报告,或召开专题工地会议,要求施工单位整改。

3.(1)总监理工程师发出暂停施工的指示,要求施工单位停工整改,并报告建设单位。

(2)监督检查施工单位的整改情况。

(3)整改完成后,由施工单位提交复工申请,经监理工程师现场核查确认后,由总监理工程师签发复工通知。

(4)对拒不整改者,监理工程师可向建设单位和有关主管部门报告。

4.(1)组织措施通常包括:①组织增加机械设备和劳力;②调换素质较高的人员进场,加强施工现场管理;③增加每天施工时间,但需上报监理工程师批准。

(2)技术措施通常包括:①改进施工技术、缩短工艺时间;②采用性能先进的施工机械;③将顺序作业法改为流水作业法或平行作业法。

5. 采取上述措施所发生的费用全部由承包人承担。

因为是承包人的原因导致工期延误,监理工程师的指令,是为了促使承包人能更有效地履行合同义务。

【例题 36】

某公路工程施工项目采用《公路工程标准施工招标文件》(2018年版)合同条款。招标文件和投标参考资料均显示该公路工程有一座长隧道正好在一煤矿附近,有一段隧道洞身须穿越煤层。

在隧道施工中出现了瓦斯,承包人指出,因业主提供的参考资料有误,瓦斯提前出现,并据此擅自停工,要求业主赔偿因停工造成的损失。

问题:

分析承包人提出的索赔是否成立?为什么?

参考答案:

承包人提出的索赔不成立。

因为:(1)合同条款明确约定,业主提供的水文、地质、气象等参考资料并不构成合同文件的一部分,承包人应对他自己就上述资料的解释、推论和应用负责,业主不对承包人据此做出的判断和决策承担任何责任。

(2)根据合同条款的规定,承包人应对施工场地和周围环境进行查勘,并收集有关地质、水文、气象条件、交通条件、风俗习惯以及其他为完成合同工作有关的当地资料。在全部合同工作中,应视为承包人已充分估计了应承担的责任和风险。

(3)招标文件中已载明并经过现场考察证实,该隧道施工确实处于一煤矿附近,因而瓦斯的出现不是一个有经验的承包人所无法预见到的,无论承包人是否有其经历和经验均视为承包人在接受合同时已预见其影响,并已在签约合同价中计入因其影响而可能发生的一切费用。

(4)根据合同条款的约定,没有监理工程师的指示,承包人擅自停工造成的损失与损害应由承包人自负。

【例题 37】

某公路工程施工项目采用《公路工程标准施工招标文件》(2018 年版)合同条款。施工合同签约后,承包人无法在工程现场附近找到满足技术规范要求的施工料源和水源,施工中所需砂石料和水源严重缺乏。因此,承包人只得到极远的地方去运这些大宗材料,而且运距越来越长,加之路况极差,造成运输负担沉重,工期严重滞后,成本费用直线上升。针对施工中出现的这些问题以及造成的损害,承包人提出施工招标时,业主没有在招标文件中将这种情况预先告知承包人,组织现场考察时业主也没有向承包人说明这些情况,据此承包人通过监理工程师向业主提出了索赔要求。而业主则认为根据合同条款的约定,承包人已经认真进行了现场考察,对于施工所用的大宗材料的料源和水源应有充分考虑,因而拒绝承包人提出的任何索赔要求。

问题:
1. 作为监理工程师的你,是否同意承包人的索赔要求?为什么?
2. 在该案例中,承包人应吸取什么经验教训?

参考答案:
1. 监理工程师不能同意承包人的要求。

因为依据合同条款的约定,应认为承包人通过业主所提供资料及现场考察,已取得可能对投标有影响或起作用的风险、意外等的必要资料,并且在报价中考虑这些因素的影响。同时,本案例中所述情况是一个有经验的承包人能合理预计到的。

合同条款还约定,承包人在递交投标文件前,对本合同工程的投标文件和已标价工程量清单中开列的单价和总额价已查明是正确的和完备的。投标的单价和总额价应已包括了合同中约定的承包人的全部义务以及为实施和完成本合同工程及其缺陷修复所必需的一切工作和条件。

2. 承包人在投标过程中要对业主提供的资料进行研究,认真作好现场考察环节的工作,充分了解施工中可能存在的风险,并在报价中体现出来,在管理中采取相应措施,从而避免或减少损失发生。

【例题 38】

某公路机电设备安装工程下部为钢筋混凝土基础,上部为设备安装。建设单位分别与土建、设备安装单位签订了基础、设备安装工程施工合同。两个承包人都编制了相互协调的施工进度计划,且进度计划已得到监理工程师的批准。

基础施工完毕,设备安装单位按计划将材料及设备运进现场准备施工。经检测发现有近 1/6 的设备预埋螺栓位置偏差过大,无法安装设备,须返工处理。设备安装工作因基础返工而受到影响,设备安装单位提出索赔要求。

问题:
1. 设备安装单位的损失应由谁负责?为什么?
2. 由于设备预埋螺栓位置偏差过大无法正常施工而造成的损失,设备安装单位能否直接向土建施工单位提出索赔要求?为什么?
3. 设备安装单位提出索赔要求,监理工程师应如何处理?
4. 对于预埋螺栓位置偏差过大的质量问题,监理工程师应如何处理?
5. 对于预埋螺栓位置偏差过大的质量问题,监理机构是否应承担责任?为什么?

参考答案：

1. 安装单位的损失应由建设单位负责。

因安装单位和建设单位之间有合同关系，建设单位没能按合同约定向安装单位提供施工所需的工作条件，使安装工作不能按计划进行，建设单位应承担由此引起的损失。

2. 设备安装单位不能直接向土建施工单位提出索赔要求。

虽然设备安装单位所遭受的损害是由于土建施工单位施工质量问题引起的，但由于设备安装单位与土建施工单位之间没有合同关系，因此不能直接向土建施工单位索赔。

3.（1）监理工程师收到安装单位索赔通知书后，应及时审查索赔通知书的内容、查验安装单位的施工记录和证明材料，必要时监理工程师可要求安装单位提交全部原始记录副本，进一步核实由此引起的损失金额和延误的工期。

（2）监理工程师应与建设单位和安装单位进行协商，以便确定所需追加的付款和（或）延长的工期。若协商不能达成一致，则由总监理工程师在查清有关情况和事实后确定追加的付款和（或）延长的工期。

（3）监理工程师在收到上述索赔通知书或有关索赔的进一步证明材料后的 42 天内，将索赔处理结果报业主批准后答复安装单位。

4. 对于地脚螺栓偏移的质量问题，监理工程师应按下列步骤处理：

（1）要求施工单位提交质量问题报告和质量问题处理方案。

（2）审核质量问题处理方案，并报建设单位批准。

（3）指示土建施工单位严格按照批准的处理方案对该质量问题进行处理，并对处理过程进行跟踪检查。

（4）质量问题处理完成后，应进行检查验收，验收合格后，组织办理移交签证，交由安装单位进行安装作业。

5. 对于预埋螺栓位置偏差过大的质量问题，监理机构应承担监理失职的责任。

因为按照质量监理程序，施工过程中的每一道工序都须经监理工程师检查验收，经验收合格后才可进行下道工序施工，分项分部工程施工结束后，还应进行中间交工验收。

对于近 1/6 的设备预埋螺栓位置偏差过大的质量问题，监理工程师要么在预埋设备螺栓这道工序施工结束后没有进行检测验收，要么在钢筋混凝土基础施工结束后没有进行中间交工验收。这说明在施工过程中，监理工程师没有尽到履行质量监理的职责。

【例题 39】

某公路工程施工项目的签约合同价为 8000 万元人民币，合同工期 18 个月。

施工过程中发生了如下事件：

事件 1：由于建设单位提出对原设计文件进行修改变更，使施工单位停工待工 1.5 个月（全场性停工）。对此，施工单位提出索赔要求，其中索赔计算如下：

由于建设单位修改变更设计文件造成工期延误，损失 1.5 个月的管理费和利润：

现场管理费 = 签约合同价 ÷ 工期 × 现场管理费费率 × 延误时间 = 8000 万元 ÷ 18 月 × 12% × 1.5 月 = 80 万元

公司管理费 = 签约合同价 ÷ 工期 × 公司管理费费率 × 延误时间 = 8000 万元 ÷ 18 月 × 7% × 1.5 月 = 46.67 万元

利润 = 签约合同价 ÷ 工期 × 利润率 × 延误时间 = 8000 万元 ÷ 18 月 × 5% × 1.5 月 = 33.33 万元

合计：160 万元

事件 2：在基础施工过程中，为了确保施工质量，施工单位除了按设计文件要求对基底进行了妥善处理外，还将基础混凝土的强度由 C15 提高到 C20。施工单位提出由于基础混凝土强度的提高，造成费用增加，要求追加付款 15 万元。

问题：

1. 针对事件 1，指出监理工程师是否同意承包人的索赔要求，说明原因。
2. 指出事件 1 中所列的管理费和利润的计算方法是否正确，说明原因。
3. 针对事件 2，指出监理工程师是否同意承包人的索赔要求，说明原因。

参考答案：

1. 对于事件 1 中的索赔要求，监理工程师应同意给予施工单位相应的费用补偿。

因为修改变更设计造成了施工单位的全场性停工，可能造成人员及施工机械设备的闲置，或可能造成人工调动、生产率下降等，这些都将造成施工单位的损失，而这些损失是由于业主的原因导致的。

合同条款约定，在履行合同过程中，由于业主原因导致的暂停施工造成工期延误的，承包人有权要求业主延长工期和（或）增加费用，并支付合理利润。

2. 事件 2 中施工单位所列的计算方法不正确。

因为管理费的计算不能以签约合同价为基数乘以相应费率。合理的计算方法是应以直接费为基数乘以相应的费率来计算，即：

现场管理费 = 直接费 ÷ 工期 × 现场管理费费率 × 延误时间 = 直接费 ÷ 18 × 12% × 1.5。

公司管理费 = （直接费 + 现场管理费）÷ 工期 × 公司管理费费率 × 延误时间 = （直接费 + 现场管理费）÷ 18 × 7% × 1.5。

利润的计算也不能以签约合同价为基数乘以相应费率。正确的计算方法是应以直接费和公司管理费之和为基数乘以相应的费率来计算，即：

利润 = （直接费 + 公司管理费）÷ 工期 × 利润率 × 延误时间 = （直接费 + 公司管理费）÷ 18 × 5% × 1.5。

3. 对于事件 2 中的索赔要求，监理工程师不应同意其索赔要求。

因为提高基础混凝土强度，是施工单位为了保证工程质量而采取的技术措施，而不是合同技术规范或设计文件的要求，监理工程师也没有下达变更指令。所以这一措施造成的成本增加应由施工单位自己承担。

【例题 40】

某高速公路项目施工合同采用《公路工程标准施工招标文件》(2018 年版)合同条款。建设单位通过公开招标委托正大监理公司承担施工阶段监理。

该工程在施工过程中，陆续发生如下索赔事件，针对各事件，施工单位均按合同约定提出索赔要求，经监理工程师审查确认索赔所提出的延期时间与补偿金额均符合实际。

事件 1：施工期间，施工单位发现施工图纸有误，经监理工程师确认后，建设单位要求设计单位进行修改。由于图纸修改造成停工 20 天。施工单位提出工程延期 20 天与费用补偿 2

万元的索赔要求。

事件2：施工期间因下雨，为保证路基填筑质量，总监理工程师下达了暂停施工指令，共停工10天，其中连续4天出现低于工程所在地雨季平均降雨量的雨天气候，连续6天出现50年一遇特大暴雨。施工单位提出工程延期10天与费用补偿2万元的索赔要求。

事件3：施工过程中，现场周围居民称施工单位施工噪声对他们的生活造成干扰，于是阻止施工单位的混凝土浇筑工作而造成停工5天。施工单位提出工程延期5天与费用补偿1万元的要求。

事件4：由于建设单位要求，使原设计中的一座互通式立交桥长度增加了5m，监理工程师向施工单位下达了变更指令。施工单位收到变更指令后及时向该桥的分包单位发出了变更通知，分包单位及时向总承包人提出了费用索赔要求。其中包括：

(1)由于增加立交桥长度，需增加费用20万元和分包合同工程延期30天的索赔。

(2)此设计变更前因总承包人未按分包合同约定向分包单位提供施工场地，导致工程材料到场二次倒运增加的费用1万元和分包合同工程延期10天的索赔。

总承包人以已向分包单位支付索赔21万元的凭证为索赔证据，向监理工程师提出要求补偿该笔费用21万元和延长工期40天的要求。

事件5：由于某路段路基基底是淤泥，根据设计文件要求，需进行换填。在招标文件中提供了相关的地质技术资料。承包方原计划使用隧道出渣作为填料换填，但施工中发现隧道出渣级配不符合设计要求，需要进一步破碎以达到级配要求，承包方认为施工费用高出合同单价，如仍按原价支付不合理，需另外给予延期20天与费用补偿20万元的要求。

问题：
请逐项分析监理工程师是否同意施工单位提出的索赔要求，并说明原因。

参考答案：
事件1：这是建设单位原因造成的，故监理工程师应同意施工单位所提出的索赔要求。

事件2：由于异常恶劣气候(特大暴雨)造成的6天停工是施工单位不可预见的，应同意延长工期6天的索赔要求，而不同意任何费用索赔的要求。

事件3：这是施工单位自身原因造成的，故不应同意施工单位的索赔要求。

事件4：监理工程师应批准由于设计变更导致的20万元的费用索赔和延长工期30天的工期索赔要求，因其属于建设单位责任(或不属于承包方责任)。但不应同意材料倒运增加的费用补偿1万元和工期补偿10天的索赔要求，因其属于施工单位责任。

事件5：这是施工单位应合理预见的，故监理工程师不应同意其索赔要求。

【例题41】

某桥梁工程项目的监理机构在某次质量检查中，对施工单位生产的某批构件进行全面检测，经检测，得出表2-2所示的统计数据。

质量缺陷统计数据表   表2-2

检测项目序号	1	2	3	4	5	6	7
检测项目的名称	钢筋强度	预埋件	表面平整	表面缺陷	侧向弯曲	混凝土强度	截面尺寸
质量缺陷出现次数	10	4	8	3	20	105	50

问题:

1. 监理工程师宜选择哪种方法来分析存在的质量问题?

2. 根据检测结果,监理人员应如何分析在影响质量的这些因素中哪些是主要因素、次要因素和一般因素。

参考答案:

1. 针对本题特点,在几种质量控制的统计分析方法中,监理工程师宜选择排列图法进行质量问题的分析。

2. (1)根据表2-2计算并统计出各项质量缺陷的频率和累计频率,统计结果见表2-3。

各项质量缺陷的频率和累计频率表　　　　　　表2-3

序号	检测项目的名称	不合格次数	频率(%)	累计频率(%)
1	混凝土强度	105	52.5	52.5
2	截面尺寸	50	25.0	77.5
3	侧向弯曲	20	10.0	87.5
4	钢筋强度	10	5.0	92.5
5	表面平整	8	4.0	96.5
6	预埋件	4	2.0	98.5
7	表面缺陷	3	1.5	100
合计		200	100	

根据表2-3所列各项质量缺陷的频率分析可知,影响质量的主要因素是混凝土的强度和截面尺寸;次要因素是侧向弯曲;一般因素是钢筋强度、表面平整、预埋件和表面缺陷。

【例题42】

某高速公路工程施工项目,建设单位通过公开招标选定畅通路桥公司承担该项目施工任务,双方按照《公路工程标准施工招标文件》(2018年版)签订了施工合同。

施工过程中发生如下事件:

事件1:在路基工程施工过程中,由于以下原因使正常施工受到影响,导致工程延误总共180天。受影响的路基工程正好处在工程施工进度网络计划的关键线路上。于是承包人提出要求将路基的完工时间延长180天的索赔要求。

(1)特大暴雨;(2)现场劳动力不足;(3)建设单位提出工程变更而导致追加了一项额外工作;(4)出现无法预见的恶劣土质条件,使路基施工难度加大;(5)建设单位迟延提供施工场地使用权;(6)建设单位未按合同规定及时支付进度款。

事件2:当路基施工完成后,测量时发现比设计高程高了10cm。经分析原因是某监理员给指定的临时水准点高了10cm。但是,当时承包人并没有将其测设的施工控制网资料报送监理工程师审批。经复核得知监理工程师向承包人提供的测量基准点、基准线和水准点及其书面资料都是正确的。承包人对此事项提出变更要求。

问题:

1. 请逐条分析事件1中所引起的延误哪些是非承包人承担风险的延误,可批准延长工期。

2. 在事件1中,由于现场劳动力不足而造成的工期延误,监理工程师认为这属于承包人的责任,不同意就此延长工期,这样处理合理吗？为什么？

3. 针对事件1造成工期延误的原因中,哪些是建设单位的责任？监理工程师该如何处理？

4. 针对事件2中承包人的要求,监理工程师应如何答复？

5. 事件2中出现的质量问题所造成的损失,是否应由承包人承担？为什么？

参考答案：

1. 上述(1)(3)(4)(5)(6)原因所引起的延误是非承包人承担风险的延误,可批准延长工期。

2. 事件1中,现场劳动力不足而造成的工期延误,监理工程师不同意就此延长工期,这样处理是合理的。因为,现场劳动力不足是由于承包人施工组织管理不当所致,承包人对此应承担责任。因此,不能给予工期延长。

3. 事件1中,建设单位的责任是(3)(5)(6)。监理工程师对这些问题的处理方法为：

对(3)可要求建设单位延长工期和(或)增加费用,并支付合理利润。

对(5)可要求建设单位延长工期和(或)增加费用,并支付合理利润。

对(6)可要求建设单位延长工期和(或)增加费用,并支付合理利润,同时要求建设单位按合同规定准时支付工程款。

4. 针对事件2承包人的要求,监理工程师批复如下：

(1)《公路工程标准施工招标文件》(2018年版)合同条款约定,承包人应根据国家测绘基准、测绘系统和工程测量技术规范,按监理工程师提供的基准点(线)以及合同工程精度要求,测设施工控制网,并在合同条款约定的期限内,将施工控制网资料报送监理人审批。承包人应负责施工过程中的全部施工测量放线工作,并配置合格的人员、仪器、设备和其他物品。

(2)承包人应对监理人提供的基准点(线)、水准点进行复核,发现监理人提供的上述基准资料存在明显错误的,应及时通知监理人。

(3)在施工现场测设施工控制网是承包人的责任,承包人应根据施工控制网对工程施工进行测量控制,承包人不应依赖监理员提供的临时水准点进行施工控制。否则,由此造成的问题应由承包人承担。

(4)该项目施工中没有发生可导致变更的情形,监理工程师也没有发出变更指示。没有监理工程师的变更指示,承包人不得擅自变更。因此,监理工程师不应同意承包人的变更要求,而且承包人必须自费改正测量方面的差错,路面工程应按设计施工,以符合合同要求。

5. 事件2中出现的质量问题所造成的损失,应由承包人承担。

因为该问题是由于承包人过错造成的,这种过错引起的任何额外费用应由承包人承担。

【例题43】

某桥梁工程项目由于桥位地质条件复杂,东、西两侧桥台基础采用了不同类型,其中东侧桥台基础采用扩大基础,西侧桥台基础采用挖孔桩基础。发包人和承包人签订施工合同后,承包人在合同约定的时间内向监理工程师提交了该桥梁工程施工进度网络计划,如图2-6所示。

监理工程师在审核中发现该施工进度计划的安排不能满足施工总进度计划对该桥施工工期的要求(施工总进度计划要求工期为60天)。监理工程师向承包人提出质疑时,承包人解释说,由于该计划中的每项工作作业时间均不能够压缩,且工地施工桥台的钢模板只有一套,两个桥台只能顺序施工,若一定要压缩工作时间,可将西侧桥台基础的挖孔桩改为预制桩,但要修改设计,且需增加 12 万元的费用。

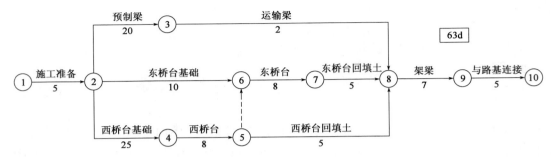

图 2-6 施工进度网络计划图

按照合同约定,经监理工程师审查并报发包人批准,该桥的基础工程分包给了某专业基础工程公司。在东侧桥台的扩大基础施工时,基础工程公司发现地下有污水管道,但设计文件和勘测资料中均未有说明。由于处理地下污水管道,使东侧桥台的扩大基础施工时间由原计划的 10 天延长到 13 天。基础工程公司根据监理工程师签认的处理地下污水管道增加的工程量,向监理工程师提出因增加工程量而导致的增加费用 4 万元和延长工期 3 天的索赔要求。

问题：

1. 监理工程师应对该桥的施工网络进度计划提出什么建议?
2. 监理工程师应如何处理上述的索赔要求?

参考答案：

1. 监理工程师应建议:在桥台的施工模板仅有一套的条件下,应采取相应的组织措施,合理安排各工作施工的先后顺序。因为西侧桥台基础为桩基,施工时间长(25 天),而东侧桥台为扩大基础,施工时间短(10 天)。故应将原施工网络计划中西侧桥台和东侧桥台基础施工完毕后再施工东侧桥台的施工组织方案,改为在东侧桥台和西侧桥台基础施工完毕后,再组织施工西侧桥台,这样改变一下施工组织方式,可以将该施工网络计划的计划工期缩短到 55 天,小于要求工期的 60 天,也不需要增加费用。调整后施工进度计划网络图如图 2-7 所示。

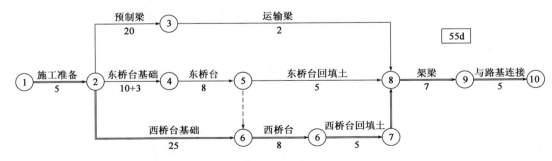

图 2-7 调整后的施工进度计划网络图

2. 索赔处理：

(1) 基础工程公司作为分包单位不能直接向监理工程师提出索赔要求,而应向总包单位提出,由总包单位向监理工程师提出索赔要求。

(2)由于地下污水管道的出现是承包人无法事先预见到的,而且设计文件也未有说明。若总包单位向监理工程师提出上述索赔要求,监理工程师应同意费用索赔,但不应同意工期索赔。虽然东侧桥台基础施工增加 3 天,但此工作在施工网络计划中不是关键工作,增加 3 天后也未能成为关键工作,故不影响工程在计划工期内完成。

(3)由于勘测设计未探明地下障碍物致使费用增加,若该费用的增加是由于勘测设计单位没有履行义务所致,则业主可向勘测设计单位提出索赔要求,就索赔的金额由业主和勘测设计单位协商解决。若协商达不成一致,可按勘测设计合同的约定处理。

【例题 44】

某高速公路合同段,签约合同价为 6000 万元,工期为 9 个月。招标文件按《公路工程标准施工招标文件》(2018 年版)编制。合同约定按实际完成工程量以合同清单单价进行结算。合同项目专用条款约定开工预付款为签约合同价的 10%,累计完成金额达到签约合同价的 30% 时开始扣回,至累计完成金额达到签约合同价的 80% 时扣完。合同约定月支付的最低限额为 300 万元。合同约定质量保证金为月支付额的 5%,与进度款支付同步扣留。计量支付按月进行。

开工后各月实际完成并经监理工程师确认合格的工程量(假定各月计量与实际完成工程量一致)见表 2-4。

监理工程师确认合格的工程量　　　　　表 2-4

月份(月)	1	2	3	4	5	6	7	8	9
完成额(万元)	200	650	850	850	850	320	850	850	850

问题:

1. 工程价款结算的方式有哪些?
2. 计算本工程的开工预付款起扣月份和数额,完成扣回的月份。
3. 计算按月支付的工程进度款。
4. 计算本工程的交工结算工程款。

参考答案:

1. 工程价款的结算方式主要有:按月结算、竣工后一次结算、分段结算、目标结算和双方议定的其他方式。

2. 开工预付款的起扣时间和数额、扣完时间。

起扣点:$6000 \times 30\% = 1800$(万元)

前 3 个月累计完成 $200 + 650 + 850 = 1700$(万元),显然从第 4 个月开始扣回开工预付款。

第 4 个月扣回开工预付款为:

超过起扣点后每次扣回的比例为:$(6000 \times 10\%)/(6000 \times 50\%) = 20\%$。

第 4 个月应扣回开工预付款为:$(200 + 650 + 850 + 850 - 1800) \times 20\% = 150$(万元)。

扣回完成点:$6000 \times 80\% = 4800$(万元),第 7 个月累计完成 4570 万元小于 4800 万元。

第 8 个月累计完成 5420 万元超过 4800 万元,应在第 8 个月完成预付款的扣回。

3. 按月支付的工程款计算如下:

第 1 个月:完成金额 200 万元,未达到合同约定的付款最低限额,不能签发支付证书。

第2个月:$(200+650)\times(1-5\%)=807.5$(万元)。

第3个月:$850\times(1-5\%)=807.5$(万元)。

第4个月:$850\times(1-5\%)-150=657.5$(万元)。

第5个月:$850\times(1-20\%-5\%)=637.5$(万元)。

第6个月:$320\times(1-20\%-5\%)=240$(万元),小于合同约定的付款最低限额,不能签发支付证书。

第7个月:$(320+850)\times(1-20\%-5\%)=877.5$(万元)。

第8个月:本月应扣质量保证金为:$850\times5\%=42.5$(万元)。

　　　　本月应扣回开工预付款为:$(4800-4570)\times20\%=46$(万元)。

　　　　本月支付:$850-42.5-46=761.5$(万元)。

第9个月:$850\times(1-5\%)=807.5$(万元)。

4. 交工结算。

累计完成额:$200+650+850+850+850+320+850+850+850=6270$(万元)。

累计支付:$600+(807.5+807.5+657.5+637.5+877.5+761.5+807.5)=5956.5$(万元)。

质量保证金:$6270\times5\%=313.5$(万元)。

累计完成额-质量保证金:$6270-313.5=5956.5$(万元)(与累计支付相吻合)。

上式中,600万元为开工预付款,质量保证金313.5万元在缺陷责任期终止后14天内支付。因此,本项目的竣工结算工程款为6270万元。

【例题45】

实施监理的某公路工程在施工过程中发生如下事件:

事件1:路基土方工程完成后,经过监理人检查验收确认质量合格。承包人向监理人申请工程计量与支付。

事件2:在处理填方路基地基的施工过程中,当进行到施工图所规定的处理范围边缘时,为了使压实质量得到保证,在监理人认可后,承包人将压实范围适当扩大。施工完成后,承包人将扩大范围的施工工程量向监理人提出计量支付的要求,但遭到监理人的拒绝。

事件3:在该工程施工过程中,承包人根据监理人的变更指示对部分工程进行了变更施工。承包人已按变更指示实施了该变更工程。

事件4:在土方开挖过程中,有两项重大原因使工期发生较大的拖延:一是土方开挖时遇到了一些地质勘探没有探明的孤石,排除孤石拖延了一定的时间;二是施工过程中遇到数天季节性小雨,由于雨后土中含水量过大不能立即进行压实施工,从而耽误了工期。随后,承包人按照正常索赔程序向监理工程师提出延长工期并补偿停工期间窝工损失的要求。

问题:

1. 就事件1,写出工程计量与支付的程序。
2. 对于事件2,指出监理人的做法是否合理?说明理由。
3. 针对事件3,写出变更工程的估价原则与方法。
4. 针对事件4,指出监理人是否应受理承包人的索赔要求?说明理由。

参考答案:

1. 工程计量与支付程序如下:

(1)承包人取得中间交工验收证书。
(2)承包人向监理工程师申请计量。
(3)监理人对承包人的计量申请进行审查。
(4)监理人通知承包人按合同约定进行工程计量。
(5)承包人向监理人提交工程量报表。
(6)监理人复核工程量报表。
(7)承包人向监理人提交费用付款(支付)申请。
(8)监理人审核付款申请,提出发包人应支付的费用。
(9)发包人审核同意付款,并签认付款证书。
(10)监理人向承包人出具付款证书。

2. 监理人的行为合理。

理由如下:

(1)该部分的工程量超出了施工图规定的范围,一般来讲也就超出了合同约定的工程范围,也就不属于合同工程计量的范围。监理工程师无权处理合同以外的工程内容。

(2)该部分的施工是承包人为了保证施工质量而采取的技术措施,监理工程师认可的是承包人的保证施工质量的技术措施,一般在发包人没有批准追加相应费用的情况下,技术措施费用应由承包人自己承担。

3. 变更工程的估价原则与方法为:

(1)合同中已有适用于变更工程的价格,按照合同中已有的价格确定变更工程价款。

(2)合同中没有适用于变更工程的价格,但有类似于变更工程的价格,可以参照类似价格确定变更工程价款。

(3)合同中没有适用于或类似于变更工程的价格,可在综合分析承包人投标时提交的投标报价单价分析表的基础上,由监理工程师与发包人、承包人协商确定变更工程价款,若协商无法达成一致,则由总监理工程师确定变更工程价款。

4. (1)对处理孤石引起的索赔,这是承包人无法事先预见到的情况,应予受理。

(2)由于阴雨天气属于正常季节性的,这是承包人可以合理估计到的因素,在施工期间承包人应充分估计这一因素。因而索赔理由不成立,承包人的索赔要求监理工程师应予驳回。

【例题 46】

某高速公路大型互通式立交桥工程,经公开招标确定承包人并按招标文件签订了施工合同。该互通式立体交叉工程红线周边居民较密集。工程开工前承包人上报了施工组织计划并获得批准。

施工过程中发生如下事件:

事件 1:原计划 4 月 30 日全部完成的征地拆迁工作至 5 月 15 日才完成,导致部分桩基无法按计划施工,其中某部分处于进度网络图关键线路的桩基计划开工时间为 5 月 6 日,因此推迟至 16 日开工,造成窝工 600 工日(每工日工资 40 元),设备 A 闲置 60 台班(计日工单价为 1500 元/台班,投标文件中该设备固定费用 1000 元/台班),设备 B 闲置 75 台班(计日工单价为 1200 元/台班,投标文件中该设备固定费用 800 元/台班)。

事件 1 发生后,承包人向监理工程师提交了索赔报告,要求延长工期 15 天,并补偿费用

204000元(计算式为:600×40+60×1500+75×1200)、利润20400元。

事件2:施工至6月10日,因部分桩基与红线外居民房屋较近,冲击锥成孔产生的振动对民房影响较大,被居民阻拦施工,被迫停工10天,该工序处于批准的施工进度计划关键线路上。经业主、监理工程师、承包人三方协商决定改用回旋钻成孔。调运更换机械及窝工损失20万元,因更改施工工艺导致后续施工费用增加30万元。

事件2发生后,承包人向监理工程师提交了索赔报告,要求延长工期10天,并补偿费用50万元。

事件3:该工程进入上部结构施工后,突然接到业主通知因市政规划原因该工程需要暂停施工,等待重新设计。接到通知时,除主线外,匝道桥已搭设支架800t,经测算搭拆工费为400元/t,已制作模板4000m²,每平方综合费用为80元,完成钢筋制作400t,钢筋清单综合单价为6000元/t,当时的废钢材回收价格为1000元/t,地面硬化及其他费用20万元。90天后业主下发了新施工图并要求按新设计进行施工。新设计导致原设计匝道部分全部不能利用,报废工程500万元(实体已计量支付)。

事件3发生后,承包人向监理工程师提交了索赔报告,要求延长工期90天,并补偿费用824万元(计算式为:800×400+4000×80+400×6000+200000+5000000)。

问题:

1.(1)承包人针对事件1提出的索赔要求能否成立? 为什么?

(2)承包人针对事件1提出延长工期15天的要求是否合理? 为什么? 计算事件1应批准延长工期的天数。

(3)承包人针对事件1提出的索赔204000、利润20400元的要求是否合理? 为什么? 计算事件1索赔的费用。

2.(1)承包人针对事件2提出的索赔要求能否成立? 为什么?

(2)承包人针对事件2提出延长工期10天的要求是否合理? 为什么? 计算事件2应批准延长工期的天数。

(3)承包人针对事件2提出的索赔50万元的要求是否合理? 为什么? 计算事件2索赔的费用。

3.(1)承包人针对事件3提出的索赔要求能否成立? 为什么?

(2)承包人针对事件3提出延长工期90天的要求是否合理? 为什么?

(3)承包人针对事件3提出的索赔824万元的要求是否合理? 为什么? 计算事件3索赔的费用。

参考答案:

1.(1)承包人针对事件1提出的索赔要求成立。因为造成工期延误的原因在于业主征地拆迁工作未能按计划完成,因此索赔成立。

(2)承包人针对事件1提出延长工期15天的要求不合理。因为由于业主原因,造成关键工作延误10天。因此,事件1应批准延长的工期为10天。

(3)承包人针对事件1提出的索赔204000、利润20400元的要求不合理。

因为事件1设备闲置所产生的费用为固定费用,未发生燃料、动力费等运行费用,按计日工单价计算不妥,按合同约定该事件索赔只计费用不计利润,因此对于承包人的利润要求不予支持。

设备闲置费用:$60 \times 1000 + 75 \times 800 = 120000$(元)

人员窝工工资:$600 \times 40 = 24000$(元)

合计:$120000 + 24000 = 144000$(元)

2.(1)承包人针对事件2提出的索赔要求不成立。因为选择适当的施工方法及工艺,并确保沿线居民的生产生活不受影响,这是承包人应承担的合同义务与责任,由此导致的一切纠纷及损失由承包人承担。

(2)承包人针对事件2提出延长工期10天的要求不合理。因为导致工程停工是由于承包人使用了不合理的施工工艺对周边居民正常生活产生影响所致,承包人应承担停工所造成的工期损失。

(3)承包人针对事件2提出的索赔50万元的要求不合理。因为导致工程停工是由于承包人使用了不合理的施工工艺对周边居民正常生活产生影响所致,承包人应承担停工所造成的经济损失。

3.(1)承包人针对事件3提出的索赔要求成立。因为停工是由于市政规划原因导致设计变更所致,而非承包人的原因或责任。

(2)承包人针对事件3提出延长工期90天的要求合理。因为由于市政规划原因导致设计变更使合同工程停工90天。

(3)承包人针对事件3提出的索赔824万元的要求不合理。

因为计算费用索赔时钢筋应计算回收价值,报废工程已按工程实体进行了计量支付,索赔时不再予以计算,结算时按实际完成数量和清单综合单价进行结算,并在结算书中填写"报废工程一览表"。

承包人应获得的补偿费用为:

$$800 \times 400 + 4000 \times 80 + 400 \times (6000 - 1000) + 200000 = 2840000(元)$$

【例题47】

某高速公路的建设单位通过公开招标方式与某施工单位签订了施工合同。工程开工前施工单位提交了总体施工组织设计并获得监理机构的批准。

施工过程中发生以下事件:

事件1:由于某段填方路基红线外有数户民房距红线较近,3月5日施工单位在用振动压路机进行路堤碾压时,由于振动导致一户民房开裂,因此导致10万元损失赔偿。此后村民不再允许振动压路机压实路基,在报经监理工程师批准后,施工单位改用静力压路机压实路基,使得每一压实层厚度减小。由于工效降低,因此增加工程费用15万元,工期延误50天。

施工单位于3月7日向监理机构提交索赔报告,要求建设单位补偿由于施工振动产生的民房损坏赔偿费用10万元。理由是由于建设单位征地拆迁范围过小,民房离红线距离太近,不能避免施工影响,同时上报了更改施工工艺的建议。经监理机构批准施工工艺变更后,3月20日施工单位再次提交报告要求建设单位补偿因施工工艺改变而增加的15万元,并延长工期50天。

事件2:路基填筑到96天后,未施工任何坡面防护工程。进入雨季,降雨频繁,路基边坡冲刷严重。6月20日A施工地点因泥沙冲积淹没了附近水田、鱼塘;B施工地点一段路基被水浸泡,导致边坡滑塌,同时淹没一片花圃。为此,施工单位在A地点赔偿损失11万元,清理泥沙发生费用 5 万元。在 B 地点处理边坡滑塌发生费用 1 万元,赔偿花圃损失 3 万元。随后监理工程师下达指令,要求施工单位修整边坡,修建临时防护及排水设施。为此施工单位修整边坡发生费用 3 万元,修建临时排水设施发生费用 4 万元。B 地积水原因在于设计疏忽,一处堰塘泄洪水沟被路基截断,未做任何设计处理,建设单位决定在此处增设一道圆管涵并委托设计单位进行了补充设计。设计单位提供的补充图纸按原地面设计,工程量为:基坑开挖土方 250 m^3、回填土 150 m^3、圆管涵 50m。雨季结束后施工单位按设计单位提供的补充施工图进行了施工。实际发生工程量为:开挖土方 1000 m^3、回填土方 900 m^3、圆管涵 50m。

施工单位于 6 月 23 日向监理机构提交了报告,要求建设单位补偿费用 27 万元,理由是:

(1)由于降雨影响,而非施工单位原因造成;

(2)监理工程师指令增加临时工程。

问题:

1. 针对事件 1,指出施工单位的索赔要求是否成立?说明原因。

2. 针对事件 2,指出施工单位提出的索赔要求是否成立?施工单位的索赔要求如果成立,可得到哪些费用补偿?说明理由。

3. 事件 3 发生后,建设单位决定在该路段增加一道圆管涵,施工单位提交了变更报价单,报价单中列出的支付细目为:开挖土方 1000 m^3、结构物回填土方 900 m^3、圆管涵 50m。但是监理机构认为圆管涵以延米计量,开挖回填等均作为附属工作不另行计量,只给予计量圆管涵 50m,你认为妥当吗?如不妥请按合理的方式给予计量。

参考答案:

1. 事件 1 中,施工单位的索赔不成立。

原因:公路沿线情况在施工图中已有反映,按照招标程序,施工单位已对工程现场进行了考察,应认为施工单位在投标时已充分考虑了可能影响工程施工组织及造价的全部因素。合同约定施工单位应采取可靠措施确保沿线居民的生产生活不受影响,确保邻近的构筑物不受损坏,由此造成的一切损失由施工单位承担。合同价格不因选择施工方法的不同而改变。因此 3 月 5 日及 3 月 20 日上报的索赔不成立。

2. 施工单位索赔的理由部分成立,可以批准的索赔金额为 4 万元。

理由如下:

(1)降雨是季节性的自然现象,作为施工单位应在雨季到来之前妥善安排好雨季施工措施,结合永久性工程做好必要的临时性防护及排水设施,切实保证工程安全。由于施工单位未能切实做好相关措施导致的一切损失由施工单位承担。监理工程师指令增加临时防护与排水设施是为了更好地保护已完工程,避免更大损失,不能作为索赔依据。

(2)B 地由于设计不完善造成积水,引起工程损失和周边财产损失,不是施工单位的责任。因此应由建设单位承担相关责任,费用损失合计为 4 万元。

3. 不妥。

虽然合同约定圆管涵按延米计量,其他工作作为附属工作不予计量。这是在正常施工条件下的计量规则。此处路基已填高,后增设圆管涵,必然导致已填筑路基的开挖和重新填筑。原地面以下的开挖和回填应认为包含在合同约定的综合单价内以延米计量,因此除圆管涵

50m 正常计量外,尚应增加以下两项计量细目：

开挖土方：1000 − 250 = 750m³。

结构物回填土方：900 − 150 = 750m³。

【例题 48】

某高速公路大桥,合同约定按实际完成工程量以合同清单单价进行结算。合同约定每拖延工期一天,交纳违约金 1 万元,反之奖励 1 万元。在该桥 3 号墩桩基钻孔(关键工作面)过程中多次遇到设计中未标示的溶洞和裂隙,导致多次塌孔、漏浆,成孔较计划推迟 30 天完成,并因处理塌孔、漏浆增加费用 5 万元。完成桩基施工后,经检测发现其中一根桩存在严重缺陷,经设计单位验算,需补桩一根,同时加大承台。业主根据设计单位提供的变更施工图通过监理工程师向承包人提出变更要求。此项变更增加一根钻孔灌注桩,按合同单价计算金额为 18 万元,钢筋混凝土承台体积增加,按合同单价计算金额为 3 万元,并因此在关键的工作面上再延误 20 天,现浇箱梁推迟开工 50 天。此时监理工程师下达指令,要求承包人调整计划,确保按合同工期交工。因工期紧迫,不得不安排冬季施工(原计划冬季不进行施工),增加冬季施工措施费 60 万元。同时为了方便支架搭设,承包人将桥下一灌溉渠拆除,箱梁施工完成后又进行了恢复。因冬季施工工效较低,养护时间延长,经过努力最终工程完成时间仍超出合同约定时间 10 天。

问题：

1.(1)塌孔漏浆发生后,承包人按合同约定程序提交了索赔意向通知书,该桩完成钻孔后承包人向监理工程师提交了一份索赔申请报告,要求业主补偿费用 5 万元、增加管理费 3000 元/天(经监理工程师核准)、利润 1 万元/天,合计增加 44 万元,延长工期 30 天。

(2)业主下发变更设计图后,承包人向监理工程师提交了变更报告,变更增加工程价款 21 万元,同时提交一份索赔报告要求延长工期 20 天。

指出上述两项索赔及变更是否成立？为什么？

2.(1)3 号桩基及承台施工完成并经检验合格后,对钻孔灌注桩及承台钢筋混凝土承包人均按合同清单单价以实际完成数量进行了计量申请。

(2)桥下灌溉渠恢复后,承包人按合同清单中的拆除圬工、改渠浆砌片石细目以实际工程量进行了计量申请。

指出监理工程师应如何办理上述两处计量？

3.(1)监理工程师下达要求调整施工计划的指令后,承包人立即上报了调整后的施工计划,获得监理工程师批准后,承包人随即上报了索赔报告,要求增加冬季施工措施费 60 万元,理由是因为无法预知的地质情况影响工期。

(2)完工后承包人又以工期提前 20 天为由要求给予奖励 20 万元。

指出上述两项要求应当如何处理？

参考答案：

1.(1)因在设计图纸中未标明有地下溶洞,这是承包人无法预知的情况,因此发生塌孔漏浆,产生额外费用,并延误了工期。承包人提出的索赔理由应予以支持。应批准的索赔费用为：处理塌孔漏浆费用 5 万元、管理费 9 万元,延长工期 30 天。索赔费用为承包人所发生的必要人工、机械、材料、管理成本,不包含利润,所以不能获得利润的索赔。

(2)由于承包人施工造成工程质量缺陷,由此产生的返工、修复费用及损失由承包人承担。因此增加桩基及加大承台的工程量不能给予计量支付。工期延长的索赔也不予支持。

2.(1)桩基变更由于承包人施工质量原因造成,增加的工程量不能得到计量与支付,应按原设计数量予以修正。

(2)施工支架作为临时工程,应满足工程需要和规范规定,确保工程质量和安全,如何设计和选择适当的形式由承包人决定,其费用已综合在相关工程细目单价之中,不另行支付。桥下灌溉渠本不需要拆除,为搭设支架方便,承包人将其拆除,然后进行恢复,所产生的费用应由承包人承担。因此不能进行计量支付。

3.(1)监理工程师下达要求调整施工计划的指令是由于出现承包人无法预见的地质情况造成的,但承包人已获得工期索赔和损失补偿(问题1答案所述),因此为挽回工期损失而增加的措施费用不能获得支持。

(2)实际工期较合同工期仅延长了10天,扣除批准的工期索赔30天后实际上提前了20天完成。因此应予奖励20万元。

【例题49】

某公路工程施工单位于2018年3月10日与建设单位按《公路工程标准施工招标文件》(2018年版)签订了某公路工程施工项目的施工合同。

合同中有关工程价款及其支付的条款如下:

(1)合同总价为6000万元。

(2)开工预付款为合同总价的25%,于3月20日前支付给承包人。

(3)工程进度款由承包人逐月(每月月末)申报,经监理机构审核后于下月5日前支付。

(4)开工预付款在进度款累计金额达到合同总价的30%之后,在进度付款证书中按每完成合同总价1%,扣回开工预付款2%的比例扣回开工预付款,全部开工预付款金额在进度款累计金额达到合同总价的80%时扣完。

(5)工程交工并交付竣工结算报告后30天内,支付工程总价款的95%,留5%为工程质量保证金,保修期(1年)满后,全部结清。

合同中有关工程工期的规定为:2018年4月1日开工,2018年9月20日交工;工程款逾期支付按每日0.8‰的利率计息;逾期交工,按每天10000元罚款。根据监理机构批准的施工进度计划,各月计划完成产值(合同价)如表2-5所示。

各月计划完成产值　　　　　表2-5

月份(月)	4	5	6	7	8	9
计划完成(万元)	800	1000	1200	1200	1000	800

在工程施工至2018年8月16日时,因施工设备出现故障,停工2天,造成窝工50个工日(每工日单价19.50元),8月实际产值比原计划少30万元。工程施工至2018年9月6日,因业主提供的某种材料质量不合格,监理人指令已完成的某分项工程拆除重建,造成拆除用工60工日(每工日单价19.50元),机械闲置3个台班(每台班单价4000元),材料费损失5万元,其他损失1万元,重新修建费10万元,因拆除、重建使工期延长5天,最终工程于2018年9月29日交工。

问题：

1. 按原施工进度计划，为业主编制一份完整的逐月拨款计划。
2. 承包人分别于 2018 年 8 月 20 日提出延长工期 3 天，费用索赔 975 元，于 9 月 28 日提出延长工期 6 天，费用索赔 173170 元。请问该两项索赔能否成立？应批准延长工期几天？索赔费用多少元？
3. 2018 年 8 月和 9 月，承包人应申报的工程结算款分别为多少？

参考答案：

1. 按原施工进度计划的逐月拨款计划：

(1) 开工预付款为：$6000 \times 25\% = 1500$（万元）。

(2) 开工预付款的起扣点：$6000 \times 30\% = 1800$（万元）。

(3) 逐月拨款计划：

4 月：

本月完成产值 800 万元，累计完成 800 万元，占合同总价的 13.33%。

未达到起扣点，本月不扣回开工预付款。

本月扣留的质量保证金：$800 \times 5\% = 40$（万元），累计扣留 40 万元。

本月拨付工程款：$800 - 40 = 760$（万元），累计拨付 760 万元。

5 月：

本月完成产值 1000 万元，累计完成 1800 万元，占合同总价的 30%，刚达到起扣点，本月不扣回开工预付款。

本月扣留的质量保证金：$1000 \times 5\% = 50$（万元），累计扣留 $40 + 50 = 90$ 万元。

本月拨付工程款：$1000 - 50 = 950$（万元），累计拨付 $760 + 950 = 1710$ 万元。

6 月：

本月完成产值 1200 万元，累计完成 3000 万元，占合同总价的 50%。

已达到起扣点，从本月开始扣回开工预付款。

本月扣回的预付款金额：

$(3000 - 1800) \times 6000 \times 25\% / (6000 \times 50\%) = 600$（万元），累计扣回 600 万元。

本月扣留的质量保证金：$(1200 - 600) \times 5\% = 30$（万元），累计扣留 $90 + 30 = 120$（万元）。

本月拨付工程款：$1200 - 600 - 30 = 570$（万元），累计拨付 $1710 + 570 = 2280$（万元）。

7 月：

本月完成产值 1200 万元，累计完成 4200 万元，占合同总价的 70%。

本月扣回开工预付款：$(4200 - 3000) \times 6000 \times 25\% / (6000 \times 50\%) = 600$（万元），累计扣回 $600 + 600 = 1200$（万元）。

本月扣留的质量保证金：$(1200 - 600) \times 5\% = 30$（万元），累计扣留 $120 + 30 = 150$（万元）。

本月拨付工程款：$1200 - 600 - 30 = 570$（万元），累计拨付 $2280 + 570 = 2850$（万元）。

8 月：

本月完成产值 1000 万元，累计完成 5200 万元，占合同总价的 86.67%。

本月扣回开工预付款：根据合同条款约定，全部金额在累计金额达到合同总价的 80% 时扣完开工预付款，因此本月扣回的预付款：$1500 - 1200 = 300$（万元），累计扣回 $1200 + 300 =$

1500(万元)。

本月扣留质量保证金:$(1000-300)\times5\%=35$(万元),累计扣留 $150+35=185$(万元)。

本月拨付工程款:$1000-300-35=665$(万元),累计拨付 $2850+665=3515$(万元)。

9月:

本月完成产值800万元,累计完成6000万元,占合同总金额100%。

本月扣留质量保证金:$800\times5\%=40$(万元),累计扣留 $185+40=225$(万元)。

本月拨付工程款:$800-40=760$(万元),累计拨付 $3515+760=4275$(万元)。

累计拨付工程款+开工预付款+质量保证金 $=4275+1500+225=6000$(万元)。

2. 第一项不予批准。

第二项应予批准,应批准延长工期5天,费用索赔额:$60\times19.50+3\times4000+50000+10000+100000=173170$(元)。

3. 8月承包人应申报的工程结算款为:$(1000-30-300)\times(1-5\%)=636.5$(万元)。

9月承包人应申报的工程结算款为:$(800+30)\times(1-5\%)+17.3170=805.817$(万元)。

【例题50】

实施监理的某公路工程在施工过程中发生如下事件:

事件1:某跨线桥工程基坑开挖后发现有城市供水管道横跨基坑,须将供水管道改线并对地基进行处理,为此发包人以书面形式通知承包人停工10天,并同意合同工期顺延10天,为确保继续施工,要求工人、施工机械等不要撤离施工现场,但在通知中未涉及由此造成承包人停工损失如何处理。承包人认为对其造成的损失过大,意欲索赔。

事件2:工程招标文件参考资料中提供的用砂地点距工地4km,但开工后,发现该砂不符合质量要求,承包人只得从另一距工地20km的供砂点采购。由于供砂距离的增大,必然引起费用的增加,承包人经过仔细计算后,在合同约定的时间内,向监理工程师提交了将原用砂单价每吨提高5元的索赔要求。

事件3:路基土石方工程施工过程中,承包人在合同中标有软石的地方未遇到软石。因此,该施工段的工期提前1个月。但另一施工段在合同中没有标明有岩石的地方遇到了较多的次坚石,使开挖工作变得更困难,工期因此拖延了5个月。由于工期拖延,使得施工不得不在雨季进行。按一般公认标准计算,影响工期2个月,由于实际遇到的地质条件比原合理预计的复杂,造成了实际生产率比原计划低得多,折算影响工期3个月。为此,承包人准备提出索赔要求。

问题:

1. 针对事件1,指出承包人的索赔能否成立?由此引起的损失费用项目有哪些?

2. 事件1中,若承包人对因业主原因造成的窝工损失,要求设备窝工按台班计算,人工的窝工按日计价是否合理?如不合理应怎样计算?

3. 针对事件2,承包人的索赔要求能获得批准吗?说明原因。

4. 针对事件3,指出承包人索赔要求中有关索赔的内容、理由、证据、通知、文件等的要点。

参考答案:

1. 事件1中,承包人的索赔要求成立。

费用损失主要包括：10天的工人窝工、施工机械停置及管理费用。

2. 不合理。

因窝工而闲置的设备按折旧费或停置台班费或租赁费计价，不包括运转费部分。

人工费损失应考虑这部分工作的工人调做其他工作时工效降低的损失费用，一般用工日单价乘以一个测算的降效系数计算这一部分损失，而且只按成本费用计算，不包括利润。

3. 事件2中，承包人的索赔要求不能获得批准。

原因：

(1) 承包人应对自己就参考资料的解释负责并考虑相关的风险。

(2) 承包人应对自己投标报价的正确性和完备性负责。

(3) 对当地砂、石料的供应情况变化是承包人通过现场考察能够合理预见到的。

4. (1) 索赔的内容：本事件使承包人由于意外地质条件造成施工困难，导致工期延长，相应产生额外的工程费用。因此，应包括工期索赔和费用索赔。

(2) 索赔的理由：施工中遇到在合同中未标明的较多次坚石，施工现场的施工条件与合同标明的有很大差异，超出合同提供的条件，属于业主的责任范围。

(3) 索赔的证据：

① 工程照片，各项由监理工程师签认的文件，施工记录，与本事件相关的合同文件(如标书、图纸、设计交底记录、变更指令等)。这些证明材料用以说明施工条件变化的程度及是否真实等情况。

② 施工进度计划，施工备忘录，工地会议记录或纪要等。这些证明材料用以分析计算延误的工期并证实其可信性。

③ 与本事件相关的人工报表、材料报表、机械设备报表等。这些材料用以分析计算多用了人工或延长工作时间，增加了设备数量、种类或工作时间，以及多用材料数量等，据此计算增加的费用。

(4) 索赔的文件：索赔的文件主要包括索赔意向通知书、索赔通知书、记录及证明材料、详细计算书。

(5) 索赔的通知：应在索赔事件发生后合同约定的时间内向监理人提出索赔意向通知书及索赔通知书，并提交有关索赔证明材料及记录。

【例题51】

某公路工程施工过程中发生如下事件：

事件1：工程合同条款约定，合同清单项目增加的工程量超过清单数量25%以上时，该项目单价应调整。该工程合同清单中钢筋混凝土项目，合同清单工程量为8300m³，合同清单单价150元/m³。施工过程中，由于工程变更使钢筋混凝土项目工程量增加到12500m³。经监理工程师与业主、承包人三方协商达成一致意见，钢筋混凝土项目工程量增加超过清单数量25%的部分单价为135元/m³。

事件2：路基土石方运输工程施工时有10台10t自卸车运土，这10台自卸车买价均为18万元/台，已经使用了3年。按每台使用6年计，采用直线折旧法折旧。大修按折旧费的10%计算，经常修理费按1万元/年。全年计240个台班，机上人工费为100元/台班，柴油市场价为 7.5 元/kg,车船使用税为 4 元/台班。10t 自卸车台班定额如表 2-6 所示。

10t 自卸车台班定额　　　　　　　　　　　表 2-6

不变费用(元)					可变费用(元)		
折旧费	大修理费	经常修理费	安装及辅助设施费	小计	人工(工日)	柴油(kg)	车船使用税
140.52	22.51	75.18		238.21	1	55.32	

问题:
1. 计算事件 1 中钢筋混凝土项目发包人应支付给承包人的工程价款。
2. 计算事件 2 中施工所使用的 10t 自卸车的台班单价。

参考答案:
1. 由于变更,增加的工程量:$12500 - 8300 = 4200 (m^3)$。
$4200 \div 8300 = 50.6\% > 25\%$。

按合同条款约定 25% 以内的钢筋混凝土按原合同单价计算,25% 以外的钢筋混凝土按新单价计算。

应支付给承包人工程价款为:
$8300 \times (1 + 0.25) \times 150 + [12500 - 8300 \times (1 + 0.25)] \times 135 = 1843125 (元)$。

2. 折旧费用:$18 \div 6 = 3 (万元/年)$。

大修理费用:大修按折旧费的 10% 计算,大修理费用为 $3 \times 10\% = 0.3 (万元/年)$。

每年不变费用:$3 + 0.3 + 1 = 4.3 (万元/年)$。

摊到每个台班的费用:$43000 \div 240 = 179.17 (元/台班)$。

台班单价为:

台班单价 = 不变费用 + 可变费用。

不变费用 = 折旧费 + 大修理费 + 经常修理费 + 安装及辅助设施费
$= 3 + 0.3 + 1 + 0 = 4.3 (万元/年)$。

摊到每个台班的费用 $= 43000 \div 240 = 179.17 (元/台班)$。

可变费用 = 人工费 + 柴油费 + 车船使用税
$= 1 \times 100 + 55.32 \times 7.5 + 4 = 518.90 (元/台班)$。

台班单价 $= 179.17 + 518.90 = 698.07 (元/台班)$。

【例题 52】

某公路工程项目的建设单位通过招标选择具有相应资质的某监理单位承担施工招标代理和施工监理工作,并在监理中标通知书发出后第 45 天,与该监理单位签订了委托监理合同。之后双方又另行签订了一份监理费用比监理中标价降低 10% 的协议。

在施工招标中,有 A、B、C、D、E、F、G、H 等施工单位报名投标,经监理单位资格预审均符合要求,但建设单位以 A 施工单位是外地企业为由不同意其参加投标,而监理单位坚持认为 A 施工单位有资格参加投标。

评标委员会由 5 人组成,其中当地交通运输主管部门的招标投标管理办公室主任 1 人,建设单位代表 1 人,从交通运输主管部门设立的评标专家库中随机抽取的技术、经济专家 3 人。

评标时发现,B 施工单位投标报价明显低于其他投标单位报价且未能合理说明理由;D 施工单位投标报价大写金额小于小写金额;F 施工单位投标文件提供的质量检验标准和方法不符合招标文件的要求;H 施工单位投标文件中某分项工程的报价有个别漏项;其他施工单位的投标文件均符合招标文件要求。

建设单位最终确定 G 施工单位中标,并按有关规定与该施工单位签订了施工合同。

工程施工期间由于雷电引发了一场火灾。火灾结束后 48 小时内,G 施工单位向项目监理机构书面报告了火灾损失情况:工程本身损失 150 万元;总价值 100 万元的待安装设备彻底报废;G 施工单位人员烧伤所需医疗费及补偿费预计 15 万元;租赁的施工设备损坏赔偿 10 万元;其他单位临时停放在现场的一辆价值 25 万元的汽车被烧毁。另外,大火扑灭后,G 施工单位停工 5 天,造成其他施工机械闲置损失 2 万元以及必要的管理保卫人员费用支出 1 万元,并预计工程所需清理、修复费用 200 万元。上述损失情况经项目监理机构审核属实。

问题:

1. 指出建设单位在监理招标和委托监理合同签订过程中的不妥之处,并说明理由。
2. 在施工招标资格预审中,监理单位认为 A 施工单位有资格参加投标是否正确?说明理由。
3. 指出施工招标评标委员会组成的不妥之处,说明理由。
4. 判断 B、D、F、H 4 家施工单位的投标是否为有效标,说明理由。
5. 工程施工期间发生的这场火灾是否属于不可抗力?指出建设单位和 G 施工单位各自应承担哪些损失或费用(不考虑保险)。

参考答案:

1. 建设单位在监理招标和委托监理合同过程中的不妥之处及理由如下:

(1)在监理中标通知书发出后第 45 天签订委托监理合同不妥。

理由:依照《中华人民共和国招标投标法》的规定,建设单位和监理单位应在监理中标通知书发出后 30 天内签订委托监理合同。

(2)在签订委托监理合同后双方又另行签订了一份监理费用比监理中标价降低 10% 的协议不妥。

理由:依照《中华人民共和国招标投标法》的规定,招标人和中标人不得再另行订立背离合同实质性内容的其他协议。案例中降低中标价的 10% 属背离合同实质性的内容。

2. 在施工招标资格预审中,监理单位认为 A 施工单位有资格参加投标是正确的。

理由:以所在地区作为确定投标资格的依据是一种带有歧视性的依据,这是《中华人民共和国招标投标法》明确禁止的行为。

3. 施工招标评标委员会组成的不妥之处及理由如下:

(1)评标委员会的组成中,有交通运输主管部门的招标投标管理办公室主任参加不妥。

理由:评标委员会由招标人的代表和有关技术、经济方面的专家组成。招标投标管理办公室主任不能成为评标委员会成员。

(2)评标委员会中有从交通运输主管部门设立的评标专家库中随机抽取的技术、经济方面的专家 3 人不妥。

理由:评标委员会中的技术、经济方面的专家不得少于成员总数的 2/3。本题至少应有 4 人是技术经济专家。

4. B、D、F、H 4 家施工单位的投标是否为有效标的判断及理由如下:

(1)B 施工单位的投标为无效标。

理由:评标委员会发现投标人的报价明显低于其他投标人报价时,应当要求该投标人作出书面说明并提供相关证明材料,投标人不能合理说明的应作废标处理。

(2)D 施工单位的投标是有效标。

理由:D 施工单位的投标报价大写金额小于小写金额属于细微偏差,细微偏差修正后仍属于有效标书。

(3)F 施工单位的投标为无效标。

理由:质量检验标准与方法不符合招标文件的要求,应视为投标文件对招标文件实质性要求和条件未作响应,属于重大偏差。

(4)H 施工单位的投标是有效标。

理由:H 施工单位投标文件中某分项工程的报价有个别漏项,属于细微偏差。

5.(1)本案例所述的施工期间发生的火灾属于不可抗力。

(2)建设单位应承担的费用包括:工程本身损失 150 万元;其他单位临时停放在现场的汽车损失 25 万元;待安装设备的损失 100 万元;必要的管理保卫人员费用支出 1 万元;工程所需清理、修复费用 200 万元。

(3)G 施工单位应承担的费用包括:G 施工单位人员烧伤所需医疗费及补偿费预计 15 万元;租赁的施工设备损坏赔偿 10 万元;大火扑灭后 G 施工单位停工 5 天;造成其他施工机械闲置损失 2 万元。

【例题 53】

某公路工程采用招标代理方式进行施工招标。在招标与施工阶段发生了如下事件:

事件 1:招标代理机构提出,评标委员会由 7 人组成,包括建设单位纪委书记、工会主席,当地招标投标管理办公室主任,以及从交通运输主管部门建立的评标专家库中随机抽取的 4 位技术、经济专家。

事件 2:建设单位要求招标代理机构在招标文件中明确:投标人应在购买招标文件时提交投标保证金;中标人的投标保证金不予退还;中标人还需提交履约保函,其保证金额为合同总额的 20%。

事件 3:施工中因地震导致施工停工 1 个月;已建工程部分损坏;现场堆放的价值 50 万元的工程材料(施工单位负责采购)损毁;部分施工机械损坏,修复费用 20 万元;现场 8 人受伤,施工单位承担了全部医疗费 24 万元(其中建设单位受伤人员医疗费用 3 万元,施工单位受伤人员医疗费用 21 万元);施工单位修复损坏工程支出 10 万元。施工单位按合同约定向项目监理机构提交了费用补偿和工程延期申请。

事件 4:建设单位采购的大型工程设备运抵施工现场后,进行了清点移交。施工单位在安装过程中该设备一个部件损坏,经鉴定,部件损坏是由于本身存在质量缺陷。

问题:

1.指出事件 1 中评标委员会人员组成的不正确之处,并说明理由。

2.指出事件 2 中建设单位要求的不妥之处,并说明理由。

3.根据现行公路工程专用合同条款的约定,分析事件 3 中建设单位和施工单位各自承担哪些经济损失。项目监理机构应批准的费用补偿和工程延期各为多少?(不考虑保险

4. 就施工合同主体关系而言,事件4中设备部件损坏的责任应由谁承担,并说明理由。

参考答案:

1. 事件1中评标委员会人员组成的不正确之处及理由如下:

(1)招标代理机构提出评标委员会的组成不妥。

理由:应由招标人依法组建评标委员会。

(2)评标委员会人员组成中包括当地招标投标管理办公室主任不妥。

理由:评标委员会由招标人代表和有关技术、经济方面的专家组成。

(3)从评标专家库中随机抽取4位技术、经济专家不妥。

理由:技术、经济方面专家没有达到评标委员会成员总数的2/3,至少为5位技术、经济专家。

2. 事件2中建设单位要求的不妥之处及理由如下:

(1)投标人应在购买招标文件时提交投标保证金不妥。

理由:投标保证金应当在投标时提交。

(2)中标人的投标保证金不予退还不妥。

理由:中标人和未中标人的投标保证金都应退还。

(3)履约保函的保证金额为合同总额的20%不妥。

理由:履约保函一般为合同金额的5%~10%。

3. (1)事件3中建设单位应承担的经济损失:

已建工程的损坏;现场堆放的价值50万元工程材料的损毁;建设单位受伤人员医疗费用3万元;修复损坏工程支出10万元。

(2)事件3中施工单位应承担的经济损失:

部分施工机械设备损坏的修复费用20万元;施工单位受伤人员医疗费用21万元。

(3)项目监理机构应批准的费用补偿为50+3+10=63(万元)。

(4)项目监理机构应批准的工程延期为1个月。

4. 就施工合同主体关系而言,事件4中设备部件损坏的责任应由建设单位承担。

理由:施工合同主体是建设单位和施工单位,建设单位采购的材料设备经检查试验通过后,仍不能解除建设单位供应材料设备存在质量缺陷的责任。

【例题54】

某公路工程施工里程为120km,建设单位通过公开招标选定某监理单位承担该项目的施工监理工作。监理单位根据该项目的特点,决定采用二级监理机构模式。

监理合同签订后,发生了如下事件:

事件1:监理单位负责人对该项目监理工作提出以下5点要求:

(1)监理合同签订后的30天内应将项目监理机构的组织形式、人员构成及总监理工程师的任命书面通知建设单位。

(2)监理计划的编制要依据建设工程的相关法律法规、项目审批文件、有关建设工程项目的标准、设计文件及技术资料,监理合同以及施工组织设计。

(3)监理计划中不需要编制有关安全生产监理的内容,但需针对危险性较大的分部分项工程编制监理细则。

(4)驻地监理工程师应主持召开第一次工地会议,并介绍监理计划的主要内容,如建设单位未提出意见,该监理计划经总监理工程师批准后可直接报送建设单位。

(5)如建设单位提供的设计图纸有重大修改,施工组织设计等发生变化,驻地监理工程师应及时主持修订监理计划的内容,并组织修订相应的监理细则。

事件2:总监理工程师提出了建立项目监理机构的步骤:(1)设计项目监理机构的组织结构;(2)制定监理工作流程和信息流程;(3)确定项目监理机构目标;(4)确定监理工作内容。

事件3:总监理工程师委托驻地监理工程师负责以下工作:(1)审批施工单位的施工机械设备与施工方案,主持编制监理计划;(2)负责对已完工程进行计量,签发工程款支付证书。

问题:

1.指出事件1中监理单位负责人所提要求中的不妥之处,并写出正确做法。

2.指出事件2中总监理工程师提出的建立项目监理机构的步骤是否正确?若不正确,写出正确步骤。

3.指出事件3中总监理工程师委托驻地监理工程师工作的不妥之处,写出正确做法。

参考答案:

1.事件1中监理单位负责人所提要求中的不妥之处及正确做法如下:

(1)"监理合同签订后的30天内应将项目监理机构的组织形式、人员构成及总监理工程师的任命书面通知建设单位"不妥。

正确做法:应在监理合同约定的时间内将项目监理机构的组织形式、人员构成及总监理工程师的任命书面通知建设单位。

(2)"监理计划的编制要依据施工组织设计等"不妥。

正确做法:施工组织设计是编制监理细则的依据之一。监理计划的编制依据除包括背景资料中的内容外,还包括施工合同文件。

(3)"监理计划中不需要编制有关安全生产监理的内容"不妥。

正确做法:监理计划中应该包含安全监理的内容。

(4)"驻地监理工程师应主持召开第一次工地会议,并介绍监理计划的主要内容"不妥。

正确做法:总监理工程师应主持召开第一次工地会议,并介绍监理计划的主要内容。

(5)"监理计划经总监理工程师批准后可直接报送建设单位"不妥。

正确做法:监理计划编制完成后必须经监理单位技术负责人审核批准,并应在第一次工地会议召开前报送建设单位。

(6)"驻地监理工程师应及时主持修订监理计划的内容"不妥。

正确做法:修订监理计划应由总监理工程师主持。

2.总监理工程师提出的建立项目监理机构的步骤不正确。

正确步骤为:(1)确定项目监理机构目标;(2)确定监理工作内容;(3)设计项目监理机构的组织结构;(4)制定监理工作流程和信息流程。

3.总监理工程师委托驻地监理工程师工作的不妥之处及正确做法如下:

(1)"主持编制监理计划"不妥。

正确做法:监理计划应由总监理工程师主持编制。

(2)"签发工程款支付证书"不妥。

正确做法:工程款支付证书应由总监理工程师签发。

【例题 55】

某施工单位承担了某公路工程的施工任务,并与建设单位签订了该项目工程施工合同,签约合同价为 3200 万元人民币,合同工期 28 个月。工程未投保任何保险。某监理单位受建设单位委托承担了该项目的施工阶段监理任务,并签订了监理合同。

在工程施工过程中,遭受暴风雨不可抗力的袭击,造成了相应的损失。施工单位及时向监理工程师提出索赔通知,并附索赔有关的材料和证据。索赔通知中的基本要求如下:

(1)遭受暴风雨袭击系非施工单位原因造成的损失,故应由建设单位承担赔偿责任。

(2)给已建部分工程造成破坏,损失 26 万元,应由建设单位承担修复的经济责任。

(3)该暴风雨灾害使施工单位人员 8 人受伤。处理伤病医疗费用和补偿金总计 2.8 万元,建设单位应给予补偿。

(4)施工单位进场的已投入使用的施工机械设备受到损坏,造成损失 6 万元;由于现场停工造成机械台班费损失 2 万元,工人窝工费 4.8 万元,建设单位应承担施工机械设备修复和停工的经济责任。

(5)该暴风雨灾害造成现场停工 5 天,要求合同工期顺延 5 天。

(6)由于工程被破坏,清理现场所需费用 2.5 万元,应由建设单位支付。

问题:

1. 监理工程师接到施工单位提交的索赔通知后,应进行哪些工作?

2. 不可抗力发生风险承担的原则是什么?如何处理施工单位提出的要求?

参考答案:

1. 监理工程师接到索赔通知后应进行以下主要工作:

(1)收集相关资料,进行调查取证;

(2)审查索赔通知书的内容、查验承包人的记录和证明材料;

(3)审查索赔成立条件,确定索赔是否成立;

(4)分清责任,认可合理索赔;

(5)与建设单位和施工单位协商追加的付款和延长的工期若不能达成一致,则由总监理工程师确定追加的付款和延长的工期;

(6)在合同约定的期限内,将索赔处理结果报发包人批准后答复承包人。

(7)签发索赔报告,并报建设单位核备。

2.(1)不可抗力风险承担责任的原则:

①工程本身的损害由业主承担;

②人员伤亡由其所在单位负责,并承担相应费用;

③施工单位的机械设备损坏及停工损失,由施工单位承担;

④工程所需清理、修复费用,由建设单位承担;

⑤关键工作延误的工期可相应顺延。

(2)按施工单位所提要求逐条处理如下:

①经济损失按上述原则由双方分别承担,关键工作延误的工期应予顺延;

②工程修复、重建的 26 万元工程款由建设单位支付;

③2.8万元的医疗费用和补偿金不予认可,由施工单位承担;
④6万元的施工机械设备损坏费用、2万元的停工机械台班损失费用、4.8万元的人工窝工损失费用不予认可,由施工单位承担;
⑤现场停工5天索赔应予以认可,可顺延合同工期5天;
⑥清理现场2.5万元索赔应认可,由建设单位承担。

【例题 56】

某公路工程项目在施工过程中,发生如下事件:

事件1:在基础开挖过程中,个别部位实际土质与业主在招标时提供的参考资料中给定的地质资料不符,造成施工费用增加2.5万元,相应工序的持续时间增加了4天。

事件2:施工单位为了保证质量,扩大了基坑底面尺寸,造成开挖量增加导致费用增加3.0万元,相应工序的持续时间增加了3天;

事件3:在基础砌筑过程中,因业主提供的施工图纸有误,实际工程量增加3.8万元,相应工序的持续时间增加了2天;

事件4:当年进入雨季施工,恰逢30年一遇的大暴雨,造成停工损失2.5万元,工期增加了4天。

在以上事件中,除事件4外,其余事件均未发生在关键线路上,并对总工期无影响。针对上述事件,施工单位按照合同约定提出如下索赔要求:

(1)增加合同工期13天;

(2)增加费用11.8万元。

问题:

1. 施工单位针对施工过程中所发生的上述事件提出的费用索赔和工期索赔是否成立,为什么?

2. 如果在工程缺陷责任期间发生了由施工单位原因引起的质量缺陷,在监理工程师多次书面指令施工单位修复而施工单位一再拖延的情况下,业主另请其他施工单位修复,则所发生的修复费用该如何处理?

参考答案:

1. 事件1:施工单位针对事件1所提出的费用索赔和工期索赔均不成立。因为业主提供的参考资料不构成合同文件,对于业主提供的参考资料,施工单位应对自己就该资料的解释、推论和使用负责,这是承包人应承担的风险。

事件2:施工单位针对事件2所提出的费用索赔和工期索赔均不成立。因为扩大基坑底面尺寸并非监理工程师下达变更指令所致,该工作属于承包人采取的质量保证措施。

事件3:施工单位针对事件3所提出的费用索赔成立,因为这是由于业主提供的施工图纸有误。工期索赔不成立,因该延误未发生在关键线路上,对总工期并无影响。

事件4:施工单位针对事件4所提出的费用索赔不成立,工期索赔成立。因为该事件是由于异常恶劣的气候条件造成的,承包人不应得到费用补偿。

2. 所发生的维修费用应由施工单位承担,业主可从质量保证金中扣除。

【例题 57】

某监理公司承担某公路桥梁项目的施工监理任务,监理机构按一级监理机构设置。该工程由甲施工单位总承包。甲施工单位选择了经建设单位同意并经监理工程师进行资格审查合格的乙施工单位作为分包单位。施工过程中发生了以下事件：

事件1：专业监理工程师在熟悉图纸时发现，基础工程部分设计内容不符合国家有关工程质量标准和规范。总监理工程师随即致函设计单位要求改正并提出变更建议方案。设计单位研究后，口头同意了总监理工程师的变更方案，总监理工程师随即将变更的内容写成监理指令通知甲施工单位执行。

事件2：施工过程中，专业监理工程师发现乙施工单位施工的分包工程部分存在质量隐患。为此，总监理工程师同时向甲、乙两施工单位发出了整改通知。甲施工单位回函称：乙施工单位施工的工程是经建设单位同意进行分包的，所以本单位不承担该部分工程的质量责任。

事件3：专业监理工程师在巡视时发现，甲施工单位在施工中使用未经检验的建筑材料，若继续施工，该部位将被隐蔽。因此，立即向甲施工单位下达了暂停施工的指令（因甲施工单位的工作对乙施工单位的工作有影响，乙施工单位也被迫停工）。同时，指示甲施工单位对该材料进行检验，并报告了总监理工程师。总监理工程师对该工序停工予以确认，并在合同约定的时间内报告了建设单位。检验报告出来后，证实该材料合格，可以使用，总监理工程师随即指令施工单位恢复了正常施工。

事件4：乙施工单位就上述停工致使自身遭受的损失向甲施工单位提出补偿要求，而甲施工单位称，此次停工是执行监理工程师的指令，乙施工单位应向建设单位提出索赔。

事件5：对上述施工单位的索赔，建设单位称，本次停工是监理工程师失职造成，且事先未征得建设单位同意。因此，建设单位不承担任何责任，该停工造成施工单位的损失应由监理单位承担。

问题：

1. 指出事件1中总监理工程师行为的不妥之处并说明理由。总监理工程师应如何正确处理？

2. 在事件2中，甲施工单位的答复是否妥当？为什么？总监理工程师发出的整改通知是否妥当？为什么？

3. 在事件3中，专业监理工程师是否有权下达暂停施工的指令？为什么？本次工程暂停的程序有无不妥之处？请说明理由。

4. 在事件4中，甲施工单位的说法是否正确？为什么？乙施工单位的损失应由谁承担？

5. 在事件5中，建设单位的说法是否正确？为什么？

参考答案：

1. 总监理工程师不应直接致函设计单位。因为监理单位与设计单位无委托关系，而且监理工程师无权进行设计变更。

正确处理：发现问题应向建设单位报告或提出设计变更的建议，由建设单位向设计单位提出变更要求。

2. 甲施工单位的回函答复不妥。因为甲施工单位经批准进行的分包并不解除他应承担的合同责任和业务，因分包单位的任何违约行为导致工程损害或给建设单位造成的损失，总承包单位承担连带责任。

总监理工程师签发的整改通知,不妥。因为整改通知应签发给甲施工单位,因乙施工单位与建设单位没有合同关系。

3. 专业监理工程师无权下达工程停工令。因为签发下达工程停工令是总监理工程师的权力。

该停工令下达的程序有不妥之处。理由是,专业监理工程师应报告总监理工程师,由总监理工程师签发工程停工令。

4. 甲施工单位的说法不正确。因为乙施工单位与建设单位没有合同关系,乙施工单位的损失应由甲施工单位承担。

5. 建设单位的说法不正确。因为监理工程师是在合同授权内履行职责,监理工程师的行为并无不当之处。因此,施工单位所受的损失不应由监理单位承担。

【例题58】

某公路工程项目施工通过招投标,业主与承包人签订了施工合同。工程招标文件所附参考资料中提供的工程用砂地点距工地 3km。但是开工后,经检查该砂质量不符合要求,承包人只得从另一距工地 20km 的供砂地点采购。

施工过程中,在一个关键工作面上因以下事件造成临时停工:

事件 1:5 月 20 日至 5 月 26 日承包人的施工机械设备出现了从未出现过的故障。

事件 2:应于 5 月 24 日交给承包人的后续图纸直到 6 月 10 日才交给承包人。

事件 3:6 月 7 日至 6 月 12 日施工现场下了该季节罕见的特大暴雨,造成 6 月 11 日至 6 月 14 日该地区的供电全面中断。

问题:

1. 由于供砂距离的增大,必然引起费用的增加,承包人经过仔细计算后,在合同约定的时间内,向监理工程师提交了将原用砂单价每吨提高 5 元的索赔要求。监理工程师是否应该批准该索赔要求?为什么?

2. 由于几种情况的暂时停工,承包人在合同约定的时间内向监理工程师提交了延长工期 26 天的延期要求,作为一名监理工程师应该批准延期多少天?

3. 由于几种情况影响的暂时停工,承包人在合同约定的时间内向监理工程师提交了索赔要求,其中成本损失费 2 万元/天(此费率已经监理工程师核准)、利润损失费人民币 2000 元/天的索赔要求,共计索赔款 57.2 万元。作为一名监理工程师应该批准索赔款多少万元?

4. 索赔成立的条件是什么?

5. 若承包人对因业主原因造成窝工损失进行索赔时,要求施工机械设备损失按台班计算,人工的窝工损失按工日计价是否合理?如不合理应怎样计算?

参考答案:

1. 因砂场地点的变化提出的索赔要求不能被批准。

原因:

(1)招标文件所附参考资料不构成合同文件,承包人应对自己就参考资料的解释、推论和应用负责,并考虑相关风险。

(2)承包人应对自己报价的正确性与完备性负责。

(3)材料供应的情况变化是一个有经验的承包人能够合理预见到的。

2. 可以批准延期 19 天。

原因:在 5 月 20 日至 6 月 14 日的停工期间,除了 5 月 20 日至 5 月 26 日因承包人施工机械故障造成停工不能延期外,5 月 27 日至 6 月 14 日的停工都不是由承包人的原因引起,而且该停工都发生在关键工作上,应同意延期 19 天。

3. 可以批准的费用索赔额为 24.2 万元。

原因:

(1)5 月 20 日至 5 月 26 日(共 7 天)机械设备出现的故障,属于承包人的责任,不考虑承包人的费用索赔要求。

(2)5 月 27 日至 6 月 6 日(共 11 天)是由于监理工程师迟交图纸引起的,为业主应承担的责任,可以索赔增加的费用,同时还应支付给承包人合理的利润。因此,索赔额为 $11 \times 2 + 11 \times 0.2 = 24.2$(万元)。

(3)6 月 7 日至 6 月 12 日(共 6 天)的特大暴雨为异常恶劣的气候条件,不应考虑承包人的费用索赔要求。

(4)6 月 13 日至 6 月 14 日(共 2 天)由于特大暴雨而导致的停电属于合同双方都无法预见和控制的情况造成的,不应考虑承包人索赔要求。

4. 承包人的索赔要求成立必须同时满足以下条件:

(1)与合同相比较,索赔事件已造成承包人实际发生了经济损失。

(2)造成费用的增加不是由于承包人的过错引起的。

(3)造成费用增加也不是应由承包人承担的风险引起的。

(4)承包人在事件发生后已按合同约定提交了有关索赔意向、索赔报告及证据资料。

5. 不合理。因窝工闲置的设备按折旧费或停滞台班费或租赁费计价,不包括运转费部分;人工费损失应考虑这部分工作的工人调做其他工作时工效降低的损失费用,一般用工日单价乘以一个测算的降效系数计算这一部分损失。

【例题 59】

某公路工程施工项目,建设单位通过施工招标选定承包人。建设单位与承包人根据有关规定签订了施工合同。

施工过程中发生如下事件:

事件 1:在招标文件中,按时间定额计算,工期为 505 天。但在施工合同中,开工日期为 2018 年 11 月 18 日,交工日期为 2020 年 4 月 23 日,日历天数为 515 天。

事件 2:在某桥台基坑土方开挖完成后,承包人未按要求对基坑四周进行围栏防护,发包人代表进入施工现场和监理工程师协商该桥台施工问题时不慎掉入基坑中致使其摔伤。

事件 3:在桥梁上部结构施工中,由于当地供电局临时检修线路,造成施工现场连续停电 3 天,使处于施工进度网络计划图中关键线路上的某分项工程停工。承包人为了减少损失,经过调配,工人尽量安排其他生产工作。但仍造成现场一台塔吊、两台混凝土搅拌机停止工作,承包人按合同约定就停工和经济损失提出延期和索赔的要求。

事件 4:在结构施工中,承包人需要在夜间浇筑混凝土,经监理工程师同意并办理了有关手续。按当地政府有关规定,在晚上 11:30 以后一般不得施工,若有特殊情况需要施工的,应向附近居民补偿。此项补偿费应由谁承担?

问题：

1. 事件1中，合理的工期应为多少天？说明理由。
2. 事件2中，发包人代表发生的医疗费用应由谁来承担？说明理由。
3. 事件3中，监理工程师应如何批复承包人的索赔要求？说明原因。
4. 事件4中，发生的补偿费应由谁承担？说明原因。

参考答案：

1. 事件1中，合理的工期应为515天。

理由：合同协议与招标文件出现矛盾时，应该以合同协议为准。

2. 事件2中，发包人代表发生的医疗费用应由承包人负责。

理由：在基坑开挖后，承包人应在基坑四周设置围栏。未设置围栏而发生人员伤害，应由承包人承担相应责任。

3. 事件3中，(1)应批准工程延期。

理由：当地供电局临时检修线路导致停电，是承包人无法控制的情况所致，属于可原谅延误，监理工程师应批准延期。

(2)不应批准费用索赔。

理由：供电局检修线路造成的停工，并非业主的责任和过错导致的，属于不可补偿延误，监理工程师不能同意承包人的费用索赔要求。

4. 事件4中，承包人夜间施工的有关补偿费用应由承包人承担。

原因：在结构施工中，需要在夜间浇筑混凝土这是承包人可以合理预见到的，所产生的风险责任应由承包人承担。

【例题60】

对某项工程的施工，业主通过公开招标方式选定了承包人。签订合同时，业主为了约束承包人保证工程质量，要求承包人支付了20万元定金。业主与承包人双方在施工合同中对工程预付款、工程质量、工程价款、工期和违约责任等都作了具体约定。

在施工过程中发生了以下事件：

事件1：在基础工程施工中碰到地下有大量文物，使整个工程停工10天；

事件2：主体工程施工中由于施工机械出现故障，使进度计划中关键线路上的部分工作停工15天。

以上两项事件承包人都及时向监理工程师提出了工期索赔申请，并提供了施工记录。

问题：

1. 定金与预付款有什么区别？
2. 监理工程师判定承包人索赔成立的条件是什么？
3. 监理工程师对事件1和事件2中工期索赔申请应如何处理？说明原因。

参考答案：

1. 定金与预付款的区别：

(1)目的不同。定金的目的是证明合同的成立和确保合同的履行；而预付款是为了解决承包人在工程准备和材料准备中的资金问题。

(2)性质不同。定金是担保形式，是法律行为；而预付款是一种惯例，是约定俗成的习惯，不是法律行为。

(3) 处理不同。定金视合同履行情况有不同的法律后果：①合同正常履行，定金返还；②合同不履行，双方都无过错，定金返还；③支付定金的一方不履行合同，无权获得返还定金。④收受定金的一方不履行合同，双倍返还定金。预付款在工程进度款中按比例以扣还的方式全部归还。

2. 监理工程师判定承包人索赔成立的条件：

(1) 与合同相对照，事件已造成了承包人施工成本的额外支出，或总工期延误。

(2) 造成费用增加或工期延误的原因，按合同约定不属于承包人承担的责任，包括行为责任或风险责任。

(3) 承包人按合同约定的程序提交了索赔意向通知书的索赔报告。

3. 事件 1 中：应判定索赔成立。

因为：①遇到文物时的停工应视为业主应承担的风险，不属于承包人的责任，工期索赔理由成立；②承包人及时提供了证据资料；③承包人及时提出了索赔申请。监理工程师根据监理记录核实延误的天数。监理工程师签发工期变更指令。

事件 2：应判定索赔不成立。

因为施工机械故障造成工期延误是承包人自己的责任，属于不可原谅延误，监理工程师应拒绝承包人的工期索赔要求。

[例题 61]

某公路工程建设项目是当地政府投资建设的重点项目。建设单位通过招标就该公路工程施工项目与承包商签订了工程施工承包合同。合同中估算工程量为 7900 m^3，全费用综合单价为 280 元/m^3。合同工期为 6 个月。合同中有关付款条款如下：

(1) 开工前业主应向承包人支付估算合同总价 20% 的工程预付款。

(2) 合同约定预留质量保证金为结算价的 3%，在交工结算中扣留，缺陷责任期终止证书签发后最终结清，缺陷责任期 1 年。

(3) 当实际完成工程量增加幅度超过估算工程量的 15% 时，超过 15% 的部分进行调价，单价调整为综合单价的 90%。

(4) 每月支付工程款最低金额为 50 万元。

(5) 工程预付款从累计已完工程款超过估算合同价的 30% 以后的下一个月起，至第 5 个月止每月平均扣除。

承包人每月实际完成并经签证确认的工程量见表 2-7。

每月实际完成并经签证确认的工程量（单位：m^3）　　表 2-7

月份（月）	1	2	3	4	5	6
完成工程量	1200	1500	1800	1800	1800	1500
累计完成工程量	1200	2700	4500	6300	8100	9600

问题：

1. 该工程项目估算合同总价为多少？
2. 工程预付款为多少？工程预付款从哪个月起扣留？每月应扣工程预付款为多少？

3. 每月工程量价款为多少？业主应支付给承包人的工程款为多少？
参考答案：
1. 该项目估算合同总价：$7900 \times 280 = 2212000$（元）。
2. (1) 工程预付款：$2212000 \times 20\% = 442400$（元）。
 (2) 估算合同总价的30%：$2212000 \times 30\% = 663600$（元）。
第1个月累计已完工程款：$1200 \times 280 = 336000$（元）
第2个月累计已完工程款：$2700 \times 280 = 756000$（元）> 663600（元），即工程预付款从第3个月起扣留。
(3) 从第3个月开扣，截至第5个月扣完，共扣3个月。
每月应扣工程预付款：$442400 \div 3 = 147467$（元）。
3. (1) 第1个月工程量价款：$1200 \times 280 = 336000$（元）。
本月应支付工程款：336000元 $<$ 500000元，因此，第1个月不予支付工程款。
(2) 第2个月工程量价款：$1500 \times 280 = 420000$（元）。
本月应支付工程款420000元。
$336000 + 420000 = 756000$（元）> 500000（元），第2个月业主应支付给承包人的工程款为756000元。
(3) 第3个月工程量价款：$1800 \times 280 = 504000$（元）。
应扣工程预付款：147467元。
本月应支付工程款：$504000 - 147467 = 356533$（元）< 500000（元），故第3个月不予支付工程量价款。
(4) 第4个月工程量价款：$1800 \times 280 = 504000$（元）。
应扣工程预付款147567元。
本月应支付工程款：$504000 - 147467 = 356533$（元）。
$356533 + 356533 = 713066$（元）> 500000（元），第4个月业主应支付给承包人的工程款为713066元。
(5) 第5个月累计完成工程量为$8100 m^3$，比原估算工程量超出$200 m^3$，但未超出估算工程量的15%，所以仍按原单价结算。
本月工程量价款：$1800 \times 280 = 504000$（元）。
应扣工程预付款：147467元。
本月应支付工程款：$504000 - 147467 = 356533$（元）< 500000（元），第5个月不予支付工程款。
(6) 第6个月累计完成工程量为$9600 m^3$，比原估算工程量超出$1700 m^3$，已超出估算工程量的15%，对超出的部分应调整单价。
应按调整后单价结算的工程量：$9600 - 7900 \times (1 + 15\%) = 515$（$m^3$）。本月工程量价款：$515 \times 280 \times 0.9 + (1500 - 515) \times 280 = 405580$（元）。应扣留质量保证金：$[(9600 - 515) \times 280 + 515 \times 280 \times 0.9] \times 3\% = 80207$（元）。本月应支付工程款：$405580 - 80207 = 325373$（元），则第6个月业主应支付给承包人的工程款：$356533 + 325373 = 681906$（元）。
(7) 缺陷责任期终止证书签发后支付质量保证金为80207元。

【例题 62】

某公路建设项目的建设单位采用公开招标方式分别选定了施工单位和监理单位,并与施工单位和监理单位分别签订了施工合同与监理合同。在施工过程中,发生了如下事件:

事件 1:在某段土方开挖工作完成后不久,边坡出现了局部塌方,令地基土受到扰动,承载能力降低。

事件 2:在基础工程施工结束后,因施工单位质量检查人员外出未归,未进行自检,为了能够提前进行基础的填埋工作,施工单位报请监理工程师对其进行检查验收,被监理工程师拒绝。

事件 3:在某段危险性较大的高边坡处理工程,施工单位没有按规定编制专项施工方案。该高边坡处理工程施工时没有安全生产管理人员进行现场监督,施工时发生了安全事故。

事件 4:某段石方爆破作业比较危险,施工单位为了保证本单位从事爆破作业人员的生命安全,决定从劳务市场雇用 3 名无爆破作业上岗证人员去实施爆破作业,监理工程师发现后立即予以制止。

事件 5:某段土方路基完工后,施工单位申请中间交工验收,监理工程师检查发现施工单位的施工自检资料不完整,最终拒绝对该土方路基进行中间交工验收。

事件 6:该公路项目施工结束后,施工单位提交了交工验收申请,监理工程师经审查后认为竣工资料不完善,不具备交工验收条件。因而拒绝了施工单位的交工验收申请。

问题:

1. 事件 1 中所述边坡出现了局部塌方的问题可能是由于什么原因引起的(至少说出 3 个原因)?

2. 事件 2 中监理工程师拒绝施工单位要求其对基础工程检查验收的请求是否合理?为什么?

3. 事件 3 中所述的安全事故监理单位是否应承担责任?为什么?什么样的公路工程施工单位应编制专项施工方案,请列出不少于 6 个?

4. 事件 4 中监理工程师的行为是否正确?为什么?

5. 事件 5 中监理工程师的行为是否正确?为什么?

6. 土方路基质量检验评定时质量检验内容包括哪 4 个部分?土方路基质量检验实测项目有哪些?其中关键项目有哪些?

7. 事件 6 中监理工程师的行为是否合理?为什么?公路工程进行交工验收应具备的条件有哪些?

参考答案:

1. 边坡出现局部塌方的原因可能是:

(1)开挖坡度过陡,或通过不同土层时没有根据土的特性分别放成不同坡度,致使边坡失稳而塌方。

(2)未采取有效的降水排水措施,土层湿化,内聚力降低,引起塌方。

(3)边坡顶部堆载过大,或受到外力振动影响,使边坡内剪应力增大,土体失稳而塌方。

(4)土质松软,开挖次序、方法不妥当而造成塌方。

2. 监理工程师的行为是合理的。

因为监理工程师的质量检查与验收,是对施工单位作业活动质量的复核与确认;监理工程师的检查决不能代替施工单位的自检,而且监理工程师的检查必须是在施工单位自检合格的基础上进行的。施工单位的质量检查人员没有自检或自检不合格不能报请监理工程师检查、验收,不符合上述规定的,监理工程师一律拒绝进行检查。

3. 事件3中发生的安全事故,监理单位应承担责任。

因为监理单位接受建设单位的委托,承担了施工安全监督和管理的责任,并收取了监理费用,具备了承担责任的条件,而施工过程中,监理工程师对施工单位未编制专项施工方案,施工时现场又没有对专职安全生产管理人员的违规行为及时发现并采取措施制止,因此必须承担相应的监理失职责任。

根据《公路工程施工安全技术规范》(JTG F90—2015)对下列(不限于)达到一定规模的危险性较大的分部分项工程应编制专项施工方案,并附安全验算结果,经施工单位技术负责人、总监理工程师签字后实施,由专职安全生产管理人员进行现场监督:

(1)不良地质条件下有潜在危险性的土方、石方开挖。

(2)滑坡和高边坡处理。

(3)桩基础、挡墙基础、深水基础及围堰工程。

(4)桥梁工程中的梁、拱、柱等构件施工等。

(5)隧道工程中的不良地质隧道、高瓦斯隧道、水底海底隧道等。

(6)水上工程中的打桩船作业、施工船作业、外海孤岛作业、边通航边施工作业等。

(7)水下工程中的水下焊接、混凝土浇筑、爆破工程等。

(8)爆破工程。

(9)大型临时工程的大型支架、模板、便桥的架设与拆除、桥梁、码头的加固与拆除。

(10)其他危险性较大的工程。

4. 事件4中,监理工程师的行为是正确的。

因为施工单位的爆破作业人员、安装拆卸工、起重信号工等国家规定的特种作业人员必须按照国家规定经过专门的安全作业培训,并取得特种作业操作资格证书后,方可上岗作业。

5. 事件5中,监理工程师的行为是正确的。

因为监理工程师在收到施工单位提交的分项工程中间交工申请后,应检查各道工序的施工自检记录、交接单及监理工程师签认的关键工序的交验单;检查分项工程的质量自检和质量等级评定资料;检查质量保证资料的完整性。上述资料经检查符合要求后,监理工程师方可对分项工程进行中间交工验收,否则应拒绝进行中间交工验收。

6. 土方路基质量检验内容包括基本要求、实测项目、外观质量和质量保证资料4个部分。

土方路基质量检验实测项目主要有:①压实度;②弯沉值;③纵断高程;④中线偏位;⑤宽度;⑥平整度;⑦横坡;⑧边坡。其中关键项目为压实度和弯沉值。

7. 监理工程师的行为是合理的。因为施工单位没有按规定编制竣工资料,使得竣工资料不完善,不具备交工验收的条件。

公路工程进行交工验收应具备以下条件:

(1)合同约定的各项内容已完成。

(2)施工单位按现行《公路工程质量检验评定标准 第一册 土建工程》(JTG F80/1)及相关规定的要求对工程质量自检合格。

(3)监理工程师对工程质量的评定合格。

(4)质量监督机构按《公路工程质量鉴定办法》对工程质量进行检测,并出具检测意见。

(5)竣工文件已按交通运输部规定的内容编制完成。

(6)施工单位、监理单位已完成本合同段的工作总结。

第三章 总复习题

【复习题1】

某一级公路工程开工里程84km,建设单位通过公开招标分别与甲施工单位和某监理单位订立了书面的施工合同与监理合同。经监理工程师审查并报建设单位批准,甲施工单位将部分工程分包给乙施工单位,并与之订立了分包合同。在合同履行中发生了以下事件:

事件1:监理合同签订后,监理单位根据监理服务内容、服务期限、工程项目组成、工程规模、技术复杂程度、现场条件等因素,设置了二级监理机构,并确定了总监理工程师、驻地监理工程师及专业监理工程师人选。

事件2:在监理机构组建后,驻地监理工程师主持编制了该工程项目监理计划和监理细则。

事件3:在施工合同约定的工程开工日前,建设单位主持召开了第一次工地会议,通报、检查、落实开工准备工作。

事件4:在施工合同约定的工程开工日前,专业监理工程师主持召开了监理交底会,详细介绍了监理细则的相关内容。

事件5:在第一次工地会议结束后,甲施工单位向建设单位提交了合同工程开工申请,建设单位对合同工程的开工条件进行了核查,认为具备开工条件,于是签发了合同工程开工令,并通知了项目监理机构。

事件6:驻地监理工程师在审批甲施工单位提交的施工组织设计时,认为某段石方爆破工程危险性较大,要求甲施工单位编制石方爆破工程专项施工方案。甲施工单位编制了专项施工方案,其总工程师凭以往经验进行了安全估算,认为方案可行,并安排质量检查员兼任施工现场安全管理员,并将方案报送总监理工程师签认。

事件7:施工过程中甲施工单位因资金困难,没有按分包合同约定支付乙施工单位的工程款。乙施工单位于是向监理机构提出了支付申请。监理机构受理并经建设单位同意后,签发了支付证书。

事件8:监理工程师在巡视中发现,乙施工单位施工的某部位存在质量隐患,即向其签发了整改通知,要求乙施工单位立即整改,并消除隐患。

事件9:专业监理工程师在旁站时,发现某分项工程存在严重质量隐患,即向甲施工单位签发了工程暂停令,要求对该分项工程停工整改,消除隐患。

事件10:甲施工单位施工时不慎将乙施工单位正在施工作业的一台关键设备损坏,甲施工单位向乙施工单位作出了赔偿。因修复损坏的设备导致工期延误,乙施工单位向监理机构提出了工程延期的申请。

问题:

1. 事件1中,监理单位设置的监理机构是否合理?说明理由。
2. 事件2中,驻地监理工程师主持编制项目监理计划和监理细则是否正确?为什么?

3. 事件3中,建设单位主持召开第一次工地会议是否正确?为什么?

4. 事件4中,专业监理工程师主持召开监理交底会,介绍监理细则的相关内容是否妥当?试指出不妥之处,并说明理由。

5. 事件5中,建设单位做法是否妥当?为什么?

6. (1)事件6中,驻地监理工程师审批施工组织设计是否妥当?为什么?

(2)事件6中,石方爆破工程专项施工方案编制和报审过程中有何不妥之处?请写出正确做法。

7. 事件7中,监理机构的做法有何不妥之处,说明理由。

8. 事件8中,监理工程师的做法是否妥当?如不妥当,请写出正确做法。

9. 事件9中,专业监理工程师的做法是否妥当?如不妥,说明理由并写出正确做法。

10. 事件10中,乙施工单位向监理机构提出工程延期申请是否正确?若不正确,写出正确的做法。

【复习题2】

某公路工程,在施工招标及在施工过程中发生了如下事件:

事件1:发包人认为只要工程项目的建设资金已落实,就可以进行施工招标。

事件2:中标通知书发出后35天招标人与中标人签订了施工合同。

事件3:合同规定,施工所需某种材料由承包人自行采购。承包人与材料供应商所签订的材料供应合同中规定,施工所需材料由材料供应商运送到施工现场,但未明确材料的供应时间。施工急需该材料时,施工单位要求材料供应商马上将所需材料运抵施工现场,遭到材料供应商的拒绝。2天后才将材料运到施工现场。

问题:

1. 事件1中,发包人的观点是否正确?公路工程施工招标应具备哪些条件?

2. 事件2中,招标人与中标人签订的合同是否符合法律规定?说明理由。

3. 公路工程施工合同文件的组成包括哪些?

4. 事件3中,材料供应商的做法是否正确?说明理由。

5. 根据事件3,你认为合同当事人在约定合同内容时应包括哪些方面的条款?

【复习题3】

某桥梁工程施工过程中,由于地基条件发生了变化,建设单位根据施工合同条款的约定提出增加两根 $\phi2.0m$ 钻孔桩的变更要求,监理机构根据合同规定向承包人发出了变更指令。在对该变更进行估价时发现,合同工程量清单中没有 $\phi2.0m$ 钻孔桩的价格,而有 $\phi1.5m$ 钻孔桩的价格。监理工程师提出参考(借用)相邻标段工程 $\phi2.0m$ 钻孔桩的价格。施工单位认为该价格太低,于是提出自己组价计算的资料,根据该资料计算出的价格比相邻标段工程的价格高50%。

问题:

1. 变更工程价格确定方法有哪几种?

2. 监理工程师提出的确定变更工程价格的意见是否合理?为什么?

3. 承包人能否提出变更工程价格?为什么?

4. 监理工程师就变更工程价格能否与建设单位、承包人协商?能否做出让步?

5. 若监理工程师、建设单位和承包人三方就变更工程价格不能达成一致,监理工程师应如何处理?

【复习题 4】

某监理单位通过参加施工监理投标,承担了某高速公路施工阶段的监理任务。

在施工准备阶段,专业监理工程师熟悉设计图纸时发现,基础工程部分设计图纸不符合合同质量标准和技术规范。项目总监理工程师随即通过电话联系设计单位,并向设计单位提出了设计变更意见。设计单位口头同意总监理工程师的变更意见。总监理工程师随即把变更内容写成监理指令下发给施工单位执行。

在进行路基施工前,施工单位拟将部分路基排水工程分包给 A 施工单位,并向监理机构提交了分包计划、分包合同及分包单位资质审查材料。监理工程师审查批准了施工单位的分包要求后,向建设单位进行了备案。

施工过程中,专业监理工程师巡视检查时发现 A 分包单位承担的分部工程存在质量问题。为此,总监理工程师同时向施工单位和 A 分包单位发出整改通知。施工单位回函称,分包已经监理工程师审批,而且 A 分包单位的分包资格已经监理机构审查、建设单位同意,所以本单位不承担分包工程的质量责任。

问题:

1. 总监理工程师在下发变更指令的过程中有何不妥之处?正确的做法是什么?
2. 对分包单位的审批是否符合要求?为什么?对分包单位资质审查应包括哪些方面?
3. 施工单位对监理要求其整改通知的回函中的说法是否正确?为什么?

【复习题 5】

某公路工程施工合同签订后,施工单位在规定的时间内向监理机构提交了施工进度网络计划,如图 3-1 所示。

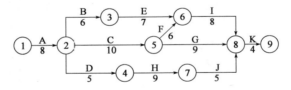

图 3-1 施工进度计划(单位:天)

监理机构经审查认为该施工进度计划符合要求,于是在规定的时间内批准了该进度计划。

施工合同约定:

(1)在施工期间,若由于建设单位原因或责任造成工期延误,建设单位应向施工单位补偿 1 万元/天;若由于施工单位原因或责任造成工期延误,应扣减工程款 1 万元/天。

(2)若施工中实际完成的工程量超过合同工程量清单中的工程数量 10% 时,超过部分按原单价 90% 计价。

施工中发生以下事件:

事件 1:A 工作为基础土方,基础土方合同工程量清单工程数量为 400 m^3。因设计变更,该工程实际完成的工程数量为 450 m^3。(工程量清单中,A 工程基础土方单价为 80 元/m^3)

事件 2:C 工作为圆管涵,施工结束后,监理工程师要求对圆管涵两侧回填土压实质量进行开挖检查。经检查发现圆管涵两侧回填土压实质量不合格,需返工处理。结果造成工期延误2天,返工费用3万元。

事件3:工程施工中施工单位发现建设单位提供的设计图纸有明显错误,于是立即书面报告监理工程师。由于修改图纸致使E工作施工拖延3天,停工窝工损失5万元。

事件4:在进行K工作中,施工现场遇到季节性大雨,造成工期延误2天。

问题:

1. 该项目计划工期为多少天?指出该工程项目网络计划中的关键线路,并说明哪些工作是关键工作。

2. 上述各事件中,哪些应给予工期、费用补偿,并说明理由。

3. 该工程项目实际工期为多少?应扣除施工单位工程款是多少?

4. 对于施工中发生的工程变更,对变更工作的估价应根据什么原则确定?

【复习题6】

某高速公路施工项目采用公开招标方式选择施工单位。经有关主管部门审查,由招标人自行办理招标事宜。招标人根据该项目特点和招标工作需要组织了该项目的施工招标。

1. 招标工作程序为:

(1)发布招标公告;(2)进行资格预审;(3)编制招标文件及标底;(4)发售招标文件;(5)公开开标;(6)接受投标文件;(7)召开标前答疑会;(8)组织现场考察;(9)确定中标人;(10)评标;(11)签订合同。

2. 招标人在招标公告中规定本地投标单位的施工资质必须为一级、二级企业;外地投标单位必须为一级企业,同时需垫资100万元。

3. 招标人于2014年3月1日向通过资格预审的投标单位发售了招标文件。招标文件规定投标截止时间为2014年3月10日。招标人在开标时,宣布了评标委员会成员名单。评标委员会成员由8人组成,其中招标人代表2人、上级主管部门代表1人、技术专家3人、经济专家2人。

4. 开标过程中出现以下问题:

(1)A投标人的投标文件没有按照招标文件的要求进行密封和加盖投标人公章。

(2)B投标人的投标文件中提出的投标工期比招标文件要求的工期长。

(3)C投标人在工程量清单所列的清淤子目中只填报了单价,而没有填报合价。

问题:

1. 上述招标工作程序是否正确?如不正确,请写出正确的招标工作程序。

2. 上述招标公告中的内容规定是否符合要求,为什么?

3. 上述有关发售招标文件至投标截止时间的规定及宣布评标委员会成员名单的做法是否妥当,为什么?

4. 请说明A、B、C三个投标人的投标文件是否有效,为什么?

【复习题7】

某高速公路桥梁工程的上部结构为预制小箱梁,梁跨25~30m,梁体重60~75t,施工单位拟采用HDJH30/100型架桥机逐跨架设。

施工单位的项目总工编制了箱梁架设专项施工方案后,直接报送标段监理工程师审批。

施工单位现场对架桥机进行了组装。组装完毕后,进行了安全自查。

在专项施工方案没有得到审批的情况下,施工单位以工期紧为由,擅自组织箱梁架设作业。监理工程师在巡视中发现施工单位违反程序组织施工,同时发现架桥机前支架支撑不牢固,存在严重的安全隐患,于是向施工单位发出书面暂停施工的指令,要求施工单位停工整改。但施工单位收到监理指令后拒不停工整改,继续进行架梁作业。现场监理工程师认为已经向施工单位发出监理指令,尽到了监理职责,而未采取进一步的措施。之后不久,架桥机前支架支撑失稳,小箱梁坠落,造成现场工人1人死亡、3人受伤,箱梁彻底报废的生产安全事故。

问题:

1. 专项施工方案编制审批是否妥当?为什么?桥梁施工中哪些危险性较大的分项分部工程需要编制专项施工方案?
2. 特种架桥设备验收时仅由施工单位完成自检,是否符合要求?说明原因。
3. 试对上述生产安全事故进行等级划分。该生产安全事故应由建设单位负责调查是否正确?为什么?
4. 此次事故中监理工程师是否有责任?为什么?
5. 你若是现场监理工程师,在发现安全事故隐患后应该如何处理?
6. 监理工程师在审查专项施工方案时,应重点审查哪些内容?

【复习题8】

某工程项目可分解为5项工作,根据各项工作间的逻辑关系,绘制成的双代号网络计划如图3-2所示。

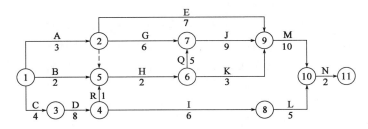

图3-2 施工进度计划网络图(单位:天)

工程实施至第12天末监理工程师组织有关人员对该工程进行了进度检查。检查时,A、B、C三项工作已完成,D和G工作分别实际完成5天的工作量,E工作完成4天的工作量。

问题:

1. 按工作最早完成时间计,D、E、G三项工作是否已延误?各延误多少天?
2. D、E、G三项工作中哪一项工作为关键工作?D工作的延误可导致该项目工期延期多少天?
3. 请分析在J、K、L三项工作不能缩短其持续时间的情况下,调整哪些工作的持续时间最有可能使该工程如期交工?

【复习题9】

某公路工程施工项目的建设单位,通过公开招标方式分别与施工单位和监理单位签订了施工合同和监理合同。施工合同签订后,施工单位在合同规定的时间内向监理工程师提交了该工程项目的施工进度计划,如图 3-3 所示。该施工进度计划已经监理工程师批准。

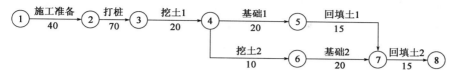

图 3-3　施工进度计划(单位:天)

在施工过程中发生了以下事件:

事件 1:打桩工程由于施工方法(该施工方法已经监理工程师批准)不当,导致质量较差,需要进行补桩处理。共计补桩费用 50 万元,且打桩工程的作业时间由原来的 70 天增加到 95 天。

事件 2:在挖土 2 工程施工中,由于连降暴雨,使局部土体塌方,造成损失 10 万元,同时挖土 2 工程的作业时间也由原来的 10 天增加到 20 天。

事件 3:在基础 1 施工完成后,施工单位为了抢时间,在自检合格后,马上进行了回填土 1 的施工。在回填土 1 施工到一半时,监理单位要求重新开挖检查基础 1 质量,施工单位认为监理单位的要求不合理。

问题:

1. 事件 1 中,在打桩工程完成后,施工单位要求工程延期,请问监理单位该如何决定?补桩费用该由哪一方承担?

2. 事件 2 中,在挖土 2 工程结束后,施工单位要求工程延期,请问监理单位该如何决定?局部土体塌方造成的损失费用该由哪一方承担?

3. 事件 3 中,监理单位的要求是否合理?监理要求重新开挖所造成的损失费用该由哪一方承担?

4. 对于事件 3 所造成的工期延误,在以后的结构工程施工中,谁有权下达赶工令?赶工所增加的费用该由哪一方承担?

【复习题 10】

某公路桥梁工程项目的建设单位通过公开招标方式分别与施工单位和监理单位签订了施工合同和监理合同。

在施工过程中,监理工程师发现以下问题:

(1)施工单位考虑到工期紧等因素,将部分桩基、立柱和墩台(约占总工程量的 50%)分包给 A 工程公司。施工单位与 A 工程公司签订分包合同后,A 工程公司立即组织有关人员、设备进场,并着手准备进行工程施工。

(2)施工单位在钢筋骨架加工过程中,为节省材料,将每根主筋均缩短了 10~15cm。

(3)为节省时间,施工单位在钢筋加工过程中,将双面搭接焊改为套管挤压联结方式。

问题:

针对以上问题监理工程师应如何处理?

【复习题 11】

某公路路基填筑工程在施工完成半月后,一段路基(长度约 80m)整体失稳垮塌,但未造成人员伤亡。经调查表明,该事故发生的原因是由于施工单位在该段路基施工时盲目赶进度,未将原地面的淤泥彻底清理干净所致。事故发生后,施工单位立即进行了返工处理,经检查验收合格。经监理工程师核实施工单位用于这次返工的各项费用共计90万元,事后施工单位根据合同规定,向监理工程师提交了费用索赔的各种文件资料,要求建设单位对返工所花费的90万元给予赔偿。

问题:
1. 试分析施工单位的索赔要求是否成立?为什么?
2. 试分析对该质量事故,监理单位是否应承担责任?为什么?
3. 根据题意,你认为此次质量事故属于哪级哪类事故?为什么?
4. 请说明公路工程质量事故分哪几类?
5. 公路工程质量事故书面报告内容包括哪些方面?
6. 公路工程质量事故处理实行的"四不放过"原则是什么?

【复习题12】

西岳公路隧道为某省重点建设项目,建设单位通过公开招标方式分别和某施工单位和某监理单位签订了施工合同和监理合同。

施工合同规定:对于施工中发生的质量或安全事故,若主要原因属于建设单位,则工程损失由建设单位承担75%;若主要责任属于承包人的,则建设单位承担25%。

施工合同签订后,建设单位通过监理单位向施工单位提供了设计图纸、技术规范及地勘资料等文件。设计图纸及地勘资料显示,该隧道左侧存在大型溶洞,于是施工单位在施工中对该隧道左侧进行了探测,结果未发现溶洞。

在该隧道工程项目进口段的施工中,掌子面隧道右侧发生大塌方,显示一个大型漏斗形底部,造成大量黏土充填物涌出,导致价值数万元的设备完全损坏,但无人员伤亡。事故发生后,监理工程师指令承包人采取措施消除隐患,并清理现场尽快恢复施工。经现场监理人员核实,清理涌出物的费用5万元,重新支护并恢复掌子面开挖花费10万元和2个月时间,二次衬砌加强增加工程费用6万元。

该事故发生后承包人以设计文件和地勘资料存在错误为由,要求建设单位赔偿所有经济损失和工期损失。而建设单位只同意合同工期顺延2个月,经济损失不予赔偿。

问题:
1. 请分析上述事故中承包人、监理单位和建设单位各有何责任?
2. 承包人提出的经济和工期赔偿的要求是否合理?具体损失的责任如何分担?哪些可以通过变更进行计量支付,哪些只能通过索赔方式予以解决?
3. 请说明上述塌方处理过程中的主要工序有哪些?

【复习题13】

某公路工程的建设单位通过公开招标的方式与某承包人签订了施工合同。该公路工程建设项目中有一座中桥,墩台基础为钻孔灌注桩基础。在监理工程师批准的施工进度计划中,该桥处在进度计划网络图的关键线路上。合同签订后,建设单位通过监理工程师向承包人提供了该桥梁的设计文件及地质勘探资料。

设计文件及地质勘探资料表明,该桥梁5号桩设计桩长14m,在桩身8m处有溶洞,深度为90cm,其余无不良地质情况。工程开工后,承包人按设计文件进行施工,当施工至8m时对溶洞进行了抛填复冲处理,继续冲孔施工,但施工至11m时又发现溶洞,且与周边水塘有横向连通,由于涌水严重,监理工程师指示承包人暂停施工,并报告建设单位。建设单位在接到监理工程师的报告后,要求设计代表立即到现场查看。根据现场实际情况,设计单位研究决定进行地质补勘。补勘结果显示此处溶洞深2.9m且有横向暗河与周边水塘相连。设计单位决定对原设计进行变更,对该溶洞采用灌注混凝土、抛填片石复冲并设置钢护筒,并将桩长加长以满足桩底嵌岩深度要求等措施进行处理。建设单位同意设计单位提出的对原设计进行变更的意见并向承包人提供了设计变更图(包括补勘图)。施工结束后,承包人依据设计变更图和补勘图提出索赔,要求变更桩基单价,补偿溶洞超灌混凝土、抛填片石复冲、钢护筒费用及施工人员、机械设备窝工费,支付给老百姓的水塘污染赔偿费用,并延长因此影响的工期。

问题:

1. 对承包人提出的索赔要求,哪些索赔可以批准,哪些不予批准,理由是什么?
2. 由此引起的工期延误是否可以获得补偿?

【复习题14】

某公路桥梁施工项目的建设单位通过公开招标方式选择了施工单位和监理单位,并签订了施工合同和监理合同。

施工合同的签约合同价是2.4亿元人民币,施工单位配备了2名专职安全生产管理人员。

该桥梁墩台基础设计均为钻(冲)孔灌注桩,平均桩长15m,最大桩长20m。合同工程开工报告监理工程师已批准。

施工单位采用人工挖孔成桩工艺组织施工。在开挖桩孔的施工过程中,监理人员发现孔口无维护隔挡、无送风管、提渣设备无紧急制动装置,且护壁混凝土厚度不足,现场未找到安全生产管理人员,随即下达监理指令,指示施工单位立即停止挖孔桩施工,要求施工单位即刻整改,认真进行三级安全技术交底并上报专项施工方案。但施工单位项目部劳务分包队在未按要求完成整改的情况下,又擅自进行挖孔施工作业。作业孔内无通风设备,也没用配备急救绳。施工中,一名挖孔作业人员晕倒在孔底,另一名作业人员下去施救晕倒的人员,因孔内有害气体浓度过大,也晕倒在孔底,两人随后紧急送往医院,经医院组织抢救无效均死亡。

问题:

1. 根据交通运输部的有关规定,该桥梁施工项目施工单位应配备几名专职安全生产管理人员?
2. 该生产安全事故属于哪一级事故?
3. 采用人工挖孔桩施工,孔深为多少时(或桩长为多少时)必须采取机械通风措施?施工前现场还应进行哪些防护、检测等相关准备工作?
4. 施工单位在组织挖孔施工问题上有哪些过错?监理单位存在哪些过错?

【复习题15】

某路桥工程公司在某大桥的施工过程中,采用了整体提升式脚手架和满堂支架。桥梁主体工程施工结束后,按照施工计划开始逐步进行支架和脚手架的拆除工作。

由于桥梁施工单位人手少,工期紧,于是桥梁施工单位就将拆除工作全部分包给了当地的一家水电安装队(事后经调查了解该水电安装队不具备相应的专业承包资质,施工人员从未进行过拆除作业)。该包工队在与桥梁施工单位协商后,在未编制专项施工方案,未对作业人员进行安全教育和安全技术交底的情况下,便立即组织人员进入施工现场开始拆除工作。监理单位也未对拆除工作进行监理。

某天上午,包工队负责人安排水电工杨某上支架拆除万能杆件,拆除时未系安全带。杨某在用割枪割断连接弦杆的钢筋后,就用左手往下推扔被割断的一根弦杆(该弦杆重60kg,长1.8m),弦杆在下落时,其上端的焊刺将杨某左手套挂住(帆布手套),杨某被下坠的弦杆扯着从18m的高处坠落,造成头部着地当即死亡。拆除作业进行时现场无人进行安全检查和监护工作。

问题:
1. 请对该生产安全事故进行等级划分。
2. 试从技术和管理两方面分析事故发生的原因。
3. 上述生产安全事故的性质是什么?
4. 对于上述生产安全事故的发生,施工单位、监理单位主要应承担哪些责任?

【复习题16】
某高速公路项目划分为8个施工合同段,监理机构划分为1个总监办和8个驻地办。该项目的施工监理招标,由建设单位委托招标代理机构对总监办和各驻地办分别招标。施工监理招标结束后,由总监办中标的监理单位划分确定了总监办和各驻地办各自的职责和权限。

由于工期紧迫,在施工合同签订后,建设单位要求有关重点施工段提前施工,于是2个长大隧道、1个特大桥标段根据建设单位的要求分别进行了洞口开挖和桩基施工。

在监理单位和施工单位全部进驻现场后,由建设单位主持召开了第一次工地会议,参加会议的有建设单位法定代表人及其他主要人员、施工单位项目经理及其他主要人员、监理单位领导、总监理工程师、驻地监理工程师、质量监督部门领导、纪检部门领导、项目所在地市县领导等。

会议议程如下:
(1)各方介绍各自的人员、组织机构、职责范围及联系方式。
监理单位领导宣布对监理工程师的授权,总监理工程师宣布对驻地监理工程师的授权;施工单位应书面提交对工地代表(项目经理)的授权书。
(2)施工单位陈述开工的各项准备情况,驻地监理工程师就施工准备以及安全、环保等予以评述。
(3)建设单位就项目建设的重要意义进行了说明;对质量、进度、安全、环保以及监理工作、廉政建设等方面提出了要求,并提出了各施工阶段的进度目标。
(4)监理单位就监理工作准备情况以及有关事项作出说明。
(5)监理工程师就主要监理程序、质量和安全事故报告程序、报表格式、函件往来程序、工地会议等进行了说明。
(6)总监理工程师进行会议小结,明确施工准备工作还存在的主要问题及解决措施。
(7)总监理工程师签发合同工程开工令。
第一次工地会议后,由总监办编制并向各参会单位发送了会议纪要。

问题:
试指出上述背景材料中做法的不妥之处,并说明理由。

【复习题 17】
某桥梁工程桥台采用扩大基础,桥墩采用钻孔灌注桩基础。
问题:
1. 扩大基础和钻孔灌注桩基础施工的主要质量控制点分别有哪些?
2. 若钻孔灌注桩施工结束后,经无破损检测发现有一根断桩。请说明监理工程师处理质量问题的一般工作程序要点。

【复习题 18】
某公路工程通过公开招标方式签订了施工承包合同。按合同规定承包人必须严格按照施工图纸和承包合同规定的内容及技术规范施工,由监理工程师负责计量。
1. 监理工程师在开工前,向承包人提出如下计量支付程序:
(1)对已完成的分项工程向业主申请质量认证。
(2)在合同约定的时间内向监理工程师申请计量。
(3)监理工程师对实际完成的工程量进行计量,并向承包人签发计量证书。
(4)承包人根据质量证书和计量证书向业主提出付款申请。
(5)监理工程师复核承包人提交的付款申请资料,确定支付款额,批准向承包人付款。
2. 在基础工程施工中,因以下两种情况引起工期延误:
(1)基坑开挖时,发现地下有大量的文物,使整个工程停工 10 天。
(2)施工中遇到了 5 天季节性小雨,耽误了 7 天工期。
针对以上工期延误,承包人按合同规定及时向监理工程师提出工期索赔申请。
问题:
1. 指出上述计量支付程序是否恰当?若不恰当,请写出正确的计量支付程序。
2. 监理工程师判定索赔成立的条件是什么?
3. 承包人提出的上述工期索赔要求是否成立?为什么?

【复习题 19】
某工程为钢筋混凝土框架结构,该工程的建设单位通过公开招标方式选择了承包人。承包人按合同规定进行了劳务分包。施工合同规定该工程的质量评定必须为优良。

在施工过程中监理工程师巡视时发现,拆模后的部分钢筋混凝土立柱存在着严重的蜂窝、麻面、孔洞和露筋现象,同时还发现施工人员正在用水泥砂浆对蜂窝、麻面、孔洞进行封堵。经现场调查和检测发现,施工队伍是劳务分包单位,该质量问题产生的原因是混凝土浇筑后没有按要求振捣,存在严重漏浆所致。其中,在发现有质量问题的 10 根柱子中,有 6 根整根柱子存在严重的蜂窝、麻面和露筋。经设计单位鉴定,不能满足结构安全及使用功能要求,需要加固补强;其余 4 根柱子虽表面蜂窝、麻面较轻,但混凝土强度等级达不到设计要求。经设计单位鉴定,能够满足结构安全及使用功能要求,可不加固补强。

在建设单位主持召开的该质量问题的现场分析会上提出了 4 种修补方案:
(1)6 根柱子加固补强,补强后尺寸稍有增大;4 根柱子不加固补强。
(2)6 根柱子砸掉重来,4 根柱子不加固补强。
(3)10 根柱子全部砸掉重来。
(4)10 根柱子全部进行加固补强,补强后尺寸稍有增大。

问题：
1. 监理工程师发现此质量问题应如何处置？
2. 该质量事故处理应采用哪个方案？为什么？
3. 该质量事故处理的技术方案应由谁提出？
4. 简述该质量事故处理的一般程序。

【复习题 20】
某结构工程水泥混凝土浇筑施工结束后，承包人的自检人员因外出未归，在没有自检的情况下，承包人请求监理工程师对该工序施工质量进行检查验收，监理工程师立即拒绝了承包人的要求。监理工程师要求承包人严格按照质量监理程序办事。后经承包人自检合格，再经监理检验确认不合格。承包人对监理工程师的检验结果提出异议，最终经政府质量监督机构指定的质量检验机构检验结果仍为不合格。于是，监理机构通知承包人返工处理。该质量事故共造成直接经济损失 28 万元人民币。

问题：
1. 简述质量监理的基本程序。
2. 试确定上述质量事故属于哪一类哪一级质量事故。
3. 简述质量事故处理的基本程序。

【复习题 21】
某公路桥梁工程施工项目，业主委托某监理单位进行施工监理，并分别与监理单位和施工总承包单位签订了合同。

在施工过程中，施工总承包单位没有做桥面防水层的专业技术，按照施工合同约定，总承包提出将桥面防水层的工作进行分包。为了保证施工质量，并赶在雨季前做完桥面防水层，建设单位选了一家专业防水施工公司，将桥面防水层的施工分包给专业防水施工公司（合同未签），并向施工总承包单位和监理工程师发出通知，要求总承包单位配合防水分包单位施工。

问题：
1. 你认为建设单位的做法是否正确？为什么？
2. 对于建设单位的行为，若总承包单位提出异议，监理工程师应按什么程序协调有关方的关系？
3. 分包单位施工完毕后，向监理工程师报送了工程款支付申请单和工程结算书，你认为监理工程师应如何处理？为什么？

【复习题 22】
某公路施工项目由 A、B、C、D 四个施工单位分包承包。在该项目施工过程中的一次工地例会上，项目总监理工程师根据施工中的实际情况，对各施工单位提出以下要求：

（1）A 施工单位路面施工现场管理混乱，无法保证施工质量，驻地监理工程师应及时签发合同工程暂停令，责令施工单位停工整改。

（2）B 施工单位桥台施工已经完成，但在施工过程中发生的安全事故现场处理未完成，为加快工程进度，总监办要求驻地办组织该桥台验收事宜，并签发"中间交工证书"。

（3）C 施工单位路基土方填筑实际完成的工程数量已超过了合同工程量清单中的数量，应暂停施工，待监理下达变更指令后再行施工，无变更指令，承包人不得施工。

问题:
总监理工程师提出的上述要求是否妥当?为什么?

【复习题 23】
某公路桥梁处在施工进度网络计划图的关键线路上。该桥在架设 T 梁时,当地突发泥石流,使桥墩被挤垮,已架设的 T 梁坠落报废,直接经济损失 48 万元,且造成工期延误。事后调查证实:挤垮的桥墩混凝土强度达不到设计要求。施工单位认为泥石流的发生无法预见,属于建设单位应承担的风险,已受损工程可以计量,并按合同规定提出工期索赔。

问题:
1. 该质量事故属于何等级的事故?并简述该质量事故处理程序。
2. 受损工程能否计量?为什么?工期索赔是否成立?为什么?

【复习题 24】
某高速公路施工项目,业主通过公开招标分别与监理单位和施工总承包单位签订了监理合同与施工总承包合同。施工总承包合同约定,在施工过程中,施工总承包单位因没有水利工程施工资质,可提出将跨越某水利设施的分离式立体交叉工程进行专业分包。为了保证工程进度,业主代表选择了一家具有水利工程施工资质的专业施工公司,将公路跨越水利设施的分离式立体交叉工程分包给该专业施工公司(但未签订合同),并向施工总承包单位和监理单位发函通知,要求施工总承包单位配合该分包单位施工。

问题:
1. 你认为业主代表的做法正确吗?为什么?
2. 分包单位施工结束后,向监理工程师报送了工程款支付申请单和工程结算书,你认为监理工程师应如何处理?为什么?

【复习题 25】
某监理单位经投标中标某高速公路 25km 的土建工程项目。该土建工程的建安造价为 9 亿元,合同工期为 3 年。中标后该监理单位根据监理合同规定的监理服务内容、服务期限、工程项目组成、工程规模、技术复杂程度、现场条件等因素设置了项目监理机构。

问题:
1. 该项目应设置一级监理机构还是二级监理机构?
2. 在建立工程项目监理机构的步骤中,除了"确定工程监理目标"和"确定监理工作内容"之外还有哪些步骤?
3. 在设置的项目监理机构中应具有合理的人员结构,请问项目监理机构对监理人员的结构有哪些要求?
4. 为确保对该工程实施有效监理,该项目监理机构宜配备几名交通运输部核准资格的监理工程师?
5. 指出以下监理人员的职责分工中哪些不属于专业监理工程师的职责?如果不属于专业监理工程师的职责,请说出应属于哪类监理人员的职责?
①参与编制监理计划,主持编制监理细则。
②负责组建监理驻地试验室。
③参与编制监理细则,对隐蔽工程施工进行旁站检查。

④主持召开监理交底会和第一次工地会议。
⑤审批分项工程开工申请,签发分项和分部工程暂停令和复工令。
⑥组织分部工程中间验收和质量评定,签发中间交工证书。

【复习题 26】

某公路工程在施工过程中发生如下事件:

事件 1:监理机构将监理工作按施工准备阶段、施工阶段和交工验收与缺陷责任期阶段三个阶段进行安排部署。

事件 2:施工准备阶段监理机构及时组织监理人员开展各项准备工作,为工程按时开工创造条件。

事件 3:施工过程中监理机构每月按时提交监理月报,及时对分项工程进行质量检验评定,为分部工程、单位工程的评定奠定基础。

事件 4:为做好安全监理工作,监理机构制定了各项安全管理制度。

事件 5:工程施工结束后,监理机构应及时审查施工单位提交的交工验收申请,提请发包人组织交工验收,以便工程能按期进入缺陷责任期。

事件 6:交工验收前,总监理工程师组织有关监理人员编写监理工作报告及其他监理资料,为参加交工验收做好准备。

问题:

1. 指出事件 1 中监理工作三个阶段是如何划分的?
2. 指出事件 2 中施工准备阶段监理工作包括哪些?
3. 针对事件 3,写出监理月报的主要内容。
4. 事件 3 中,分项工程质量检验的基本内容包括哪些?质量保证资料包括哪些?
5. 针对事件 4,监理机构应建立哪些安全管理制度。
6. 针对事件 5,写出交工验收与缺陷责任期阶段监理工作的基本内容。
7. 针对事件 6,写出监理工作报告的主要内容。

【复习题 27】

某一级公路工程施工项目投资总额为 1.5 亿元人民币。该项目的建设单位按照法律规定,采用公开招标的方式选择承包人。招标文件按照《公路工程标准施工招标文件》(2018 年版)编制。招标文件规定接受联合体投标。

在招标及施工过程中发生如下事件:

事件 1:就该项目是否应采取公开招标的方式选择承包人,在当地曾经引起争议。一部分人认为,该项目不适宜进行招标,应直接将其委托给某施工单位。另一部分人认为,该项目应采用邀请招标。

事件 2:该公路工程施工项目初步设计文件已获上级主管部门审批,项目法人已经确定,并符合项目法人资格标准要求。项目建设所需的资金 1.5 亿元人民币由两部分组成,其中自筹的 5000 万元已经到位,其余 1 亿元向银行贷款。目前项目法人正在和银行就有关贷款事宜进行谈判,谈判结果尚不能确定。在这种情况下,招标人决定对该项目进行公开招标。

事件 3:招标文件对联合体投标有以下规定:

(1)联合体各方应按招标文件提供的格式签订联合体协议书,明确联合体牵头人和各方的权利义务;联合体协议经招标人确认后作为合同附件。在履行合同过程中,未经发包人同意,不得修改联合体协议。

(2)联合体各方均应当具备承担招标项目的相应能力;由同一专业的单位组成的联合体,按照资质等级较高的单位确定资质等级。

(3)联合体各方可以再以自己名义单独或参加其他联合体在同一标段中投标。

(4)联合体所有成员数量不得超过投标人须知前附表规定的数量。

(5)联合体牵头人所承担的工程数量必须超过总工程数量的30%。

(6)联合体各方应分别按照招标文件的要求,填写投标文件中的相应表格,并由联合体牵头人负责对联合体各成员的资料进行统一汇总后一并提交给招标人;联合体牵头人所提交的投标文件应认为已代表了联合体各成员的真实情况。

(7)投标人在递交投标文件的同时,应按招标文件的规定递交投标保证金,并作为其投标文件的组成部分。联合体投标的,其投标保证金应由联合体各方分别递交。

(8)以联合体形式参与投标的,投标文件由联合体牵头人的法定代表人或其委托代理人按招标文件的规定签署并加盖联合体牵头人单位章。

(9)联合体中标的,联合体各方应分别与发包人签订合同协议书。

(10)联合体各成员在履行合同过程中负有连带的和各自的法律责任。

(11)合同签订后,在履行的过程中,联合体牵头人负责与发包人和监理人联系,并接受指示,负责组织联合体各成员全面履行合同。

问题:

1. 上述公路工程施工项目是否应通过招标的方式选择承包人?为什么?
2. 公路工程施工招标的项目应当具备什么条件?
3. 符合什么样的条件的公路工程施工项目可以进行邀请招标?
4. 逐项分析上述项目是否可以进行招标?为什么?
5. 针对事件3,逐条分析招标文件对联合体投标的规定是否正确?若不正确,请说明理由。

【复习题28】

某高速公路施工合同采用《公路工程标准施工招标文件》(2018年版)合同条款。发包人委托监理单位进行施工监理。该工程在施工过程中,陆续发生了如下费用索赔和工期索赔事件(假设要求追加的付款金额和延长的工期均符合实际)

(1)施工期间,承包人发现由监理人提供的施工图纸有错误,并及时书面通知监理人。监理人接到通知后经复核确认该施工图纸存在错误。监理人就此通知发包人和承包人。发包人于是要求设计单位修改。由于图纸修改造成停工10天。承包人提出延长工期10天和补偿费用1万元的索赔要求。

(2)施工期间因下雨,为确保路基填筑质量,总监理工程师下达暂时停工令,共停工10天。其中连续6天出现低于工程所在地雨季平均降雨量的降雨和连续4天出现50年一遇特大暴雨。承包人提出延长工期10天和补偿费用2万元的索赔要求。

(3)施工过程中,现场周围居民称承包人施工噪声对他们造成干扰,阻止承包人的混凝土浇筑工作。承包人提出延长工期5天和补偿费用1万元的索赔要求。

以上事件均发生在关键线路上。

问题：

试逐条分析承包人提出的索赔要求是否合理？监理人将如何处理？

【复习题29】

某公路在施工过程中发生了以下事件：

事件1：施工过程中发生下列事件，承包人提出索赔要求：

（1）开工后由于征地拆迁的问题，施工受到当地群众的阻挠。

（2）基坑开挖的时候，发现地下水位过高，挖土排水困难，增加了基坑支护费用。

（3）某隐蔽工程前经监理工程师检查验收合格，然后覆盖，但某日有人举报该隐蔽工程存在偷工减料质量问题，监理工程师要求承包人再揭露该隐蔽工程重新检验，检验后质量符合规范要求，并重新覆盖。

（4）招标时候业主提供了采石场和运距，但施工中发现石料不合格，承包人重新选择采石场，但运距增加，运费提高。

事件2：在路基施工过程中，遇有下列原因使工期拖延：

（1）业主拟将某段路基改为高架桥（处于关键线路上），在书面通知承包人两个月后才下发正式文件和变更图纸。

（2）在土方开挖（处于关键线路上）过程中遇到了一些地质勘探没有探明的孤石。

（3）6~8月份施工时遇到季节性降雨，雨量与往年相近。

（4）工程开工后发现业主指定的取土场经取样试验，不能用于路基填筑（处于关键线路上），必须重找借土场，为此花费了7天时间。

问题：

1. 针对事件1，指出监理工程师如何处理承包人提出的索赔？

2. 对于事件2中承包人就各项事件提出了延长工期及补偿停工期间窝工损失的申请，监理工程师应如何处理？

【复习题30】

某高速公路工程项目由政府投资建设，业主委托某招标代理机构代理施工招标事宜。招标代理机构确定该项目采用公开招标方式招标，招标公告在当地政府规定的招标信息网上发布。招标文件中规定：投标担保可采用投标保证金或投标保函方式担保。评标方法采用经评审的最低投标价法。投标有效期为60天。

业主对招标代理机构提出以下要求：为了避免潜在的投标人过多，项目招标公告只在本市日报上发布，且采用邀请招标方式招标。

项目施工招标信息发布以后，共有12家潜在的投标人报名参加投标。业主认为报名参加投标的人数太多，为减少评标工作量，要求招标代理机构仅对报名的潜在投标人的资质条件、业绩进行资格审查。

开标后发现：

（1）A投标人的投标报价为3.5亿元，为最低投标价。

（2）B投标人在开标后又提交了一份补充说明，提出可以降价5%。

（3）C投标人提交的投标保函有效期为70天。

(4) D投标人投标文件的投标涵盖有投标人企业及企业法定代表人的印章,但没有加盖项目负责人的印章。

(5) E投标人与其他投标人组成了联合体投标,投标文件中附有各方资质证书,但没有联合体共同投标协议书。

(6) F投标人投标报价最高,故F投标人在开标后第二天撤回了它的投标文件。

经评标委员会评审,A投标人被确定为中标候选人。发出中标通知书后,招标人与A投标人进行合同谈判,希望A投标人能再压缩工期、降低费用。经谈判后双方达成一致:不压缩工期,降价3%。

问题:

1. 业主对招标代理机构提出的要求是否正确?说明理由。
2. 分析A、B、C、D、E投标人的投标文件是否有效?说明理由。
3. F投标人的投标文件是否有效?对其撤回投标文件的行为应如何处理?
4. 该项目施工合同应该如何签订?合同价格应是多少?

【复习题31】

某公路工程项目在具备施工招标条件的情况下,建设单位欲通过公开招标方式择优选择施工单位。建设单位于2011年3月15日在国家指定的媒体上发布施工招标公告。在招标公告中要求参加投标的施工单位必须是本省二级及其以上施工资质的企业或外省一级以上施工资质的企业,近三年来有获得省、市级优质工程奖的项目,而且需要提供相应的资质证明文件。2011年4月1日向通过资格预审的施工单位发售招标文件,各投标单位购买领取招标文件时均要求在一张表格上登记确认。招标文件规定,工期不长于24个月,工程质量标准为优良。2011年4月18日为投标截止时间。

在招标过程中招标人发现,甲投标人没有派代表参加由招标人组织的现场考察,也没有出席开标活动。乙投标人在2011年4月17日上午书面通知招标人要求撤回投标文件。丙投标人在2011年4月19日上午书面通知招标人要求撤回投标文件。

2011年4月19日由当地交通运输主管部门主持公开开标。开标时,由各投标人推举的代表检查投标文件的密封情况,确认无误后,由招标人当众拆封,宣读投标人名称、投标报价、工期等内容。同时,招标人还宣布了评标标准和评标委员会名单。评标委员会由8人组成,其中招标人代表2人,交通运输主管部门代表1人,评标专家5人。

评标委员会在评标过程中发现一些投标人的投标文件中存在以下问题:

A投标人投标文件中缺少施工组织设计;

B投标人投标文件中的投标工期为28个月;

C投标人在工程量清单中没有填报某一子目单价;

D投标人没有提交投标保证金。

问题:

1. 指出该项目施工招标过程中的不妥之处,并说明理由。
2. 请说明能否以"甲投标人没有参加现场考察或没有参加开标活动"为由而认定其投标文件无效?
3. 试说明乙投标人和丙投标人能否撤回投标文件?

4. 试说明针对评标过程中一些投标文件中出现的问题,评标人应作何处理?

【复习题 32】

某公路项目的建设单位通过公开招标方式与某施工单位签订了施工合同。施工前,承包人向监理工程师提交了施工进度计划如图 3-4 所示,该进度计划已经监理工程师批准。

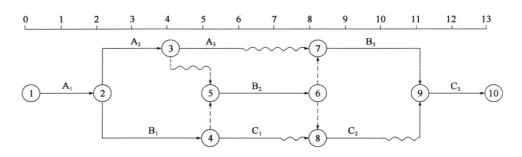

图 3-4　施工网络进度计划(时间单位:月)

工程施工到第 5 个月末检查时,A_2 工作刚好完成,B_1 工作已进行了 1 个月。

在施工过程中发生了如下事件。

事件 1:A_1 工作施工半个月发现业主提供的设计文件不准确,经监理工程师与业主协商确认,对原设计进行变更,设计变更后工程量没有增加,但承包人提出以下索赔:设计变更使 A_1 工作施工时间增加 1 个月,故要求将原合同工期延长 1 个月。

事件 2:工程施工到第 6 个月,遭受飓风袭击,造成相应损失,承包人及时向监理工程师提出费用索赔和工期索赔申请,经监理工程师审核的内容如下:

(1)部分已完工程遭受不同程度破坏,费用损失 30 万元;

(2)在施工现场承包人用于施工的机械受到损坏,造成损失 5 万元;用于工程上待安装设备(承包人供应)损坏,造成损失 1 万元;

(3)由于现场停工造成机械台班损失 3 万元,人工窝工费 2 万元;

(4)施工现场承包人使用的临时设施损坏,造成损失 1.5 万元;业主使用的临时用房破坏,修复费用 1 万元;

(5)因灾害造成施工现场停工 0.5 个月,索赔工期 0.5 个月;

(6)灾后清理施工现场,恢复施工需费用 3 万元。

事件 3:A_3 工作施工过程中,由于业主供应的材料没有及时到场,致使该工作延长 1.5 个月,发生人工窝工和机械闲置费用 4 万元(经监理工程师查证)。

问题:

1. 不考虑施工过程中发生各事件的影响,在施工网络进度计划中标出第 5 个月末的实际进度前锋线,并判断如果后续工作按原进度计划执行,工期将是多少个月?

2. 指出事件 1 中承包人的索赔是否成立,并说明理由。

3. 分别指出事件 2 中承包人的索赔是否成立,并说明理由。

4. 除事件 1 引起的索赔费用之外,承包人可得到的索赔费用是多少?合同工期可顺延多长时间?

【复习题 33】
某建设单位(甲方)拟修建一条二级公路,采用《公路工程标准施工招标文件》(2018 年版)招标,由某施工单位(乙方)承建。甲乙双方签订的施工合同摘要如下:
1. 协议书与下列文件一起构成合同文件
①中标通知书;②投标函及招标函附录;③项目专用合同条款;④公路工程专用合同条款;⑤通用合同条款;⑥工程量清单计量规则;⑦技术规范;⑧图纸;⑨已标价工程量清单;⑩承包人有关人员、设备投入的承诺及投标文件中的施工组织设计;⑪其他合同文件。

上述文件互相补充和解释,如有不明确或不一致之处,以上述顺序作为优先解释顺序(合同履行过程中另行约定的除外)。

签约合同价:人民币(大写)贰亿玖仟伍佰叁拾玖万元(295390000.00 元)。

合同工期:2 年。

承包人项目经理:在开工前由承包人采用内部竞聘方式确定。

工程质量:建设单位规定的质量标准。

2. 专用条款中有关合同价款的条款

(1)合同价款及其调整。

本合同价款采用总价合同方式确定,除如下约定外,合同价款不得调整。
①当工程量清单项目工程量的变化幅度在 15% 以上时,合同价款可作调整。
②当材料价格上涨超过 5% 时,调整相应工程价款。

(2)合同价款的支付。
①工程预付款:于开工之日支付合同总价的 10% 作为开工预付款。工程实施后,预付款从工程后期进度款中扣回。
②为确保工程如期交工,乙方不得因甲方资金的暂时不到位而停工和拖延工期。
③交工结算:工程交工验收后,进行交工结算。结算时按全部工程造价的 3% 扣留工程质量保证金。在保修期满后(本项目缺陷责任期为 2 年,缺陷责任期完成后进入保修期,规定保修期为 5 年),质量保证金及其利息扣除已支出费用后的剩余部分退还给乙方。

3. 补充协议条款

在上述施工合同协议条款签订后,甲乙双方又接着签订了补充施工合同协议条款。补充条款摘要如下:

(1)为满足地基承载力和抗冻性的要求,涵底增加 30cm 砂砾垫层。

(2)为了达到去钢材产能、缩短工期的目的,将预应力混凝土小箱梁全部改为小型钢箱梁。

(3)对桩基溶洞填充 C15 片石混凝土并埋设钢护筒。

问题:
1. 背景材料中所列出的合同条款有哪些不妥之处?应如何修改?
2. 按计价方式的不同,公路工程合同一般分为哪几种?各适合什么情况?
3. 对合同中未规定的承包人义务,合同实施过程中又必须实施的工程内容,承包人应如何处理?

【复习题 34】

某公路建设项目的建设单位通过招标与某施工单位按《公路工程标准施工招标文件》(2018年版)中合同协议书格式签订了施工承包合同。该项目路基单位工程主要的分项工程包括开挖土方、填方等。

施工承包合同规定按实际完成工程量计价。承包人必须严格按照施工图及承包合同规定的内容及技术规范要求施工，工程量由监理人负责计量，工程的总价款根据承包人取得计量证书的工程量进行结算。工程开工前，承包人向业主提交了施工组织设计和施工方案并得到批准。

问题：

1. 根据该工程的合同特点，监理人提出了计量支付的程序要求如下，试改正其不恰当和错误之处。

（1）对已完成的分项工程向业主申请质量认证。

（2）在协议约定的时间内向监理人申请计量。

（3）监理人对实际完成的工程量进行计量，签发计量证书给承包人。

（4）承包人凭质量认证和计量证书向业主提出付款申请。

（5）监理人复核申报资料，确定支付款项，批准向承包人付款。

2. 在工程施工过程中，当进行到施工图所规定的处理范围边缘时，承包人为了使压实质量得到保证，将压实范围适当扩大，施工完成后，承包人将扩大范围的施工工程量向监理人提出计量付款的要求，但遭到拒绝。试问监理人为什么会做出这样的决定？

3. 在工程施工过程中，承包人根据业主指示就部分工程进行了变更施工，试问变更部分合同价款应根据什么原则进行确定？

4. 在土方开挖过程中，有两个重大原因使工期发生较大的拖延：一是土方开挖时遇到了些地质勘探没有探明的孤石，排除孤石拖延了一定的时间；二是施工过程中遇到数天季节性小雨，由于雨后土中含水率过大不能立即进行压实施工，从而耽误了工期。随后，承包人按照正常索赔程序向监理人提出延长工期并补偿停工期间窝工损失的要求。试问监理人是否该受理这两起索赔要求？为什么？

【复习题 35】

某高速公路合同段，开工前承包人提交了总体施工组织计划并通过监理人的批准。

由于某段填方路基红线外有数户民房与红线距离较近，3月5日施工单位进行路基碾压时，由于振动导致一户民房开裂，因此赔偿10万元损失。此后村民不同意在民房附近300m附近采用振动压路机压实路基，承包人只得改用静力压实，减小铺筑厚度并报监理人批准执行，由此增加工程费用15万元，并导致工效降低，较原计划工期延长50天。

路基填筑到96天后，未施工任何坡面防护工程。进入雨季，当地降雨频繁，路基边坡冲刷严重。6月20日A地点因泥沙冲积淹没了附近水田、鱼塘。B地点一段路基被水浸泡，边坡滑塌，同时淹没一片花圃。为此，承包人在A地赔偿损失11万元，清理泥沙发生费用5万元；在B地处理边坡滑塌发生费用1万元，赔偿花圃损失3万元。随后监理人下发指令，要求承包人修整边坡，修建临时防护排水设施。为此承包人修整边坡发生费用3万元，修建临时排水设施发生费用4万元。事后查明B地积水原因在于设计疏忽，一处堰塘泄洪水沟被路基截断，未做任何设计处理,业主核查后决定增设一圆管涵并委托设计单位进行了设计补充。设计单位提供的补充图纸按原地面设计,工程量为:基坑开挖土方 250m³、回填土方 150m³、圆管涵 50m。雨季结束后承包人按设计单位提供的补充施工图进行了施工。实际发生工程量为:开挖土方 1000m³、回填土方 900m³、圆管涵 50m。

承包人于 3 月 7 日向监理人提交报告,要求业主承担由于施工振动产生的民房赔偿费用 10 万元,理由是由于业主拆迁范围过小,民房离红线距离太近,施工影响不能避免,同时上报了更改施工工艺的建议。经监理人批准施工工艺变更后,3 月 20 日承包人再次提交报告要求因施工工艺改变补偿费用 15 万元,工期延长 50 天。

承包人于 6 月 23 日向监理人提交报告,要求补偿费用 27 万元,理由是:①降雨影响非承包人原因造成;②监理人指令增加临时工程。

问题:

1. 承包人的索赔理由成立吗?如果成立,哪些费用可得到补偿?
2. 业主指令增加圆管涵后,承包人提交了变更申请,申请支付的细目为:开挖土方 1000m³、结构物回填土方 900m³、圆管涵 50m。但是监理人认为圆管涵以延米计量,开挖回填等均作为附属工作不另行计量,只给予计量圆管涵 50m,是否妥当?如有不妥,请按合理的方式给予计量。

【复习题 36】

某公路工程项目的建设单位通过施工招标与某施工单位签订了施工合同。该施工合同条款中明确规定了变更工程单价的确定原则:

(1)已标价工程量清单中有适用于变更工作子目的,采用该子目的单价。
(2)已标价工程量清单中无适用于变更工作的子目,但有类似子目的,可在合理范围内参照类似子目的单价确定变更工作的单价。
(3)已标价工程量清单中无适用或类似子目的单价,应重新定价。

该工程施工中因实际情况需要,变更增加平交口接线 20cm 厚水泥混凝土路面。合同工程量清单中,有隧道内 20cm 厚水泥混凝土路面子目,清单单价为 132 元/m²,承包人以此向监理人提出,按合同条款约定,接线 20cm 厚水泥混凝土路面单价应直接套用隧道内 20cm 厚水泥混凝土路面清单单价作为变更单价。

问题:

请问承包人的要求是否合理?如果不合理,该如何确定接线 20cm 厚水泥混凝土路面的清单单价?

【复习题 37】

某公路工程项目参照 FIDIC 合同条件模式签订了施工承包合同。该施工合同约定,某清单细目结算工程量高于合同清单细目工程量的 25% 时,超出部分的工程量单价调减;某清单细目结算工程量低于合同清单细目工程量的 75% 时,该清单细目单价调增,具体调整由承包人与监理人、业主商定。

该工程中某钢筋混凝土清单细目,单价 1000 元/m³,合同清单数量 8300m³。由于工程变更,结算工程量为 12500m³,因此承包人在规定的时限内提出了书面的调整通知。

问题:

通过承包人、监理人和业主商定,超出部分的钢筋混凝土单价为900元/m³,请问业主付给承包人总计多少元?

【复习题38】

某高速公路建设项目是国家投资建设的重点项目。通过施工招标,建设单位与施工单位依据《公路工程标准施工招标文件》(2018年版)签订了施工合同。

该工程项目主要工程量中包含一座大型互通式立交桥。红线周边居民较密集。投标报价中利润率为各项成本费用的5%,增值税税率9%。工程开工前承包人上报了施工组织计划并获得批准。

工程施工过程中发生了如下事件:

事件1:原计划4月30日全部完成的拆除工作至5月15日才完成,导致部分桩基无法按计划进行施工,其中某部分处于进度网络图关键线路的桩基计划开工时间为5月6日,因此推迟至5月16日开工,造成窝工600工日(投标报价文件中人工工日单价120元,窝工单价按工日单价的60%计算),设备A闲置60台班(投标报价文件中机械台班单价为1500元/台班,设备固定费用1000元/台班),设备B闲置75台班(投标报价文件中机械台班单价为1200元/台班,设备固定费用800元/台班)。

事件2:至6月10日,因部分桩基与红线外民房距离较近,冲击振动影响较大,被居民阻工,被迫停工10天,该工序位于批准的施工进度计划关键线路中。经施工、监理、业主共同研究决定改用回旋钻成孔。调运更换机械及窝工损失20万元以及因更改施工工艺导致后续施工费用增加30万元。

事件3:进入上部结构施工后突然接到业主通知,因市政规划原因,匝道工程暂时停工,等待重新设计。匝道工程处于进度网络图关键线路。接到通知时,匝道桥已搭设支架800t,经测算搭拆综合单价为400元/t;已制作模板4000m²,综合单价80元/m²;完成钢筋制作400t,钢筋清单综合单价6000元/t,当时的废钢材回收价格为2000元/t;地面硬化及其他费用20万元。90天后业主下发了新施工图并要求按新设计进行施工。按新施工图编制施工组织设计,匝道施工期比原施工期增加20天。新设计导致原设计匝道部分全部不能利用,报废工程500万元(实体已计量支付)。

事件1发生后,承包人向监理人提交了索赔报告,要求延长工期15天,并补偿费用252000元(计算式为600×120+60×1500+75×1200元)、利润25200元。

事件2发生后,承包人向监理人提交了索赔报告,要求延长工期10天,并补偿费用50万元。

事件3发生后,承包人向监理人提交了索赔报告,要求延长工期110天,并补偿费用824万元(计算式为800×400+4000×80+400×6000+200000+500000元)。

以上各项费用、价格均含税。

问题:

1. 请问上述三项索赔能否成立?为什么?
2. 分别计算各事项应批准延长的工期为多少天?
3. 分别计算各事件的索赔费用是多少?

【复习题39】

某高速公路根据法律规定通过公开招标,建设单位与施工单位按《公路工程标准施工招标文件》(2018年版)签订了施工合同。

施工合同约定,按实际完成工程量以合同清单单价进行结算。合同约定工期每拖延工期1天,交纳违约金1万元,工期每提前1天,奖励1万元。

该项目大桥3号墩桩基钻孔(该工作位于关键线路上)过程中多次遇到设计中未标示的溶洞和裂隙,导致多次塌孔、漏浆,成孔较计划推迟30天完成,并因处理塌孔漏浆增加费用5万元。

完成桩基施工后,经检测发现其中一根桩存在严重缺陷,经设计单位验算,需补桩一根,同时加大承台。业主根据设计单位提供的变更施工图下达了变更指令。此项变更增加一根钻孔灌注桩,按合同单价计算金额为18万元,钢筋混凝土承台体积增加,按合同单价计算金额为3万元,并因此在关键的工作面上再延误20天。

由于上述两个原因,现浇箱梁推迟开工50天。监理人下达指令,要求承包人调整计划,确保按合同工期竣工。因工期缩紧,不得不安排冬季施工(原计划冬季不进行施工),增加冬季施工措施费60万元。同时为了方便支架搭设,承包人将桥下一灌溉渠拆除,箱梁完成施工后又进行了恢复。因冬季施工工效较低,养护时间延长,经过努力最终工程完工时间仍超出合同约定时间10天。

问题:

1. 塌孔漏浆发生后,承包人按合同约定程序提交了索赔意向,该桩完成钻孔后承包人向监理人提交了一份索赔申请,要求补偿费用5万元、增加管理费3000元/天(经监理人核准)、利润1万元/天,合计增加44万元,延长工期30天。业主下发了变更设计图后,承包人向监理人提交了变更报告,变更增加工程价款21万元,同时提交一份索赔报告要求延长工期20天。请问上述两项索赔及变更是否成立?

2. 3号墩基桩及承台完成施工并经检验合格后,当期计量承包人将钻孔灌注桩及承台钢筋混凝土均按合同清单单价,以实际完成数量进行了计量。桥下灌溉渠恢复后,承包人在当期计量中按合同清单中的拆除圬工、改渠浆砌片石细目,以实际工程量进行了计量申请。请问作为计量工程师应如何办理上述两处计量?

3. 监理人下达要求调整施工计划的通知后,承包人立即上报了调整施工计划,获得监理人批准后,承包人随即上报了索赔报告,要求增加冬季施工措施费60万元,理由是因为无法预知的地质情况影响工期。完工后承包人又以工期提前20天为由要求给予奖励20万元。试问上述两项要求应当如何处理?

【复习题40】

某公路跨线桥工程,按《公路工程标准施工招标文件》(2018年版)招标并签订施工合同,基坑开挖后发现有城市供水管道横跨基坑(设计文件未显示有供水管道),须将供水管道改线并对地基进行处理,为此业主以书面形式通知承包人停工10天,并同意合同工期顺延10天。为确保继续施工,要求工人、施工机械等不要撤离施工现场,但在通知中未涉及由此造成承包人停工损失如何处理。承包人认为该事件对其造成较大损失,于是按合同条款规定的程序提出索赔要求。

问题:

1. 索赔能否成立,索赔证据有哪些?

2. 由此引起的损失费用项目有哪些？
3. 如果提出索赔要求，应向业主提供哪些索赔文件？

【复习题 41】
某公路工程按《公路工程标准施工招标文件》（2018 年版）招标并签订施工总价承包合同。投标利润率 5%。工程招标文件参考资料中提供的用砂地点距工地 4km，但开工后，发现该砂不符合质量要求，承包人只得从另一距工地 20km 供砂点采购，而在一个关键工作面上又发生了由几种原因造成的暂时停工：

(1) 4 月 20—26 日，承包人关键线路上的工程施工设备出现了从未出现过的故障；
(2) 应于 4 月 28 日，交给承包人的后续关键线路上的工程的图纸直到 5 月 10 日才交付；
(3) 5 月 13—15 日，工地下了 50 年一遇的特大暴雨。

问题：
1. 由于供砂距离的增大，必然引起费用的增加，承包人经过仔细计算后，在业主指令下达的第 3 天，向业主的监理人提交了将原用砂单价每吨提高 5 元的索赔要求。作为一名监理工程师您批准该索赔要求吗？为什么？
2. 由于几种情况的暂时停工，承包人在 5 月 16 日向业主的监理人提交了延长工期 22 天、成本损失费 2 万元/天（此费用已经监理人核准）和利润损失费 2000 元/天的索赔要求，共计索赔款 48.4 万元。
(1) 请分析应批准的索赔款额是多少？批准索赔工期多少天？为什么？
(2) 该项目能在建设单位支付给承包人工程进度付款中扣除逾期交工违约损失赔偿金吗？为什么？
3. 索赔成立的条件是什么？
4. 承包人对因业主原因造成的窝工损失索赔，要求设备窝工按台班计算，人工窝工按工日单价计价是否合理？如不合理，应怎样计算？

【复习题 42】
某公路路基土石方工程中，合同约定在一个旱季内完成。承包人在设计文件第一施工段（非关键线路）中标明有软石的地方未遇到软石，因此，该施工段的工期提前 1 个月。但在设计文件第三施工段（处于关键线路上）没有标明有岩石的地方遇到了较多的次坚石，由于石方施工比土方施工耗时更多，按正常施工效率，需要延长工期 3 个月。由于工期延长，部分土石方需要在雨季施工，由于雨季施工，又需合理延长工期 1 个月。为此，承包人准备提出索赔。

问题：
试分析承包人索赔是否成立？索赔内容、理由和依据是什么？

【复习题 43】
某公路工程施工项目发包人通过招标与承包人按照《公路工程标准施工招标文件》（2018 年版）签订了该工程的施工合同。承包人必须严格按照施工图及施工合同规定的内容及技术要求施工。承包人的分项工程首先向监理工程师申请质量验收，取得质量验收合格文件后，向监理人提出计量申请和支付工程款。工程开工前，承包人提交了施工组织设计并得到批准。

施工过程中发生以下事件：
事件 1：在工程施工过程中，承包人发现施工图纸存在明显差错，于是书面报告了监理工程师。监理工程师确认后,口头要求暂停施工,承包人亦口头答应。待施工图纸修改后,承包人恢复施工。事后监理人要求承包人就变更所涉及的工程费用问题提出书面报告。

事件2:在开挖土方过程中,遇到了一些工程地质勘察没有探明的孤石,排除孤石拖延了一定的时间,造成工期延误。

事件3:施工过程中遇到数天季节性大雨,后又转为特大暴雨引起山洪暴发,造成发包人、承包人施工现场办公用房等设施以及已施工的部分基础被冲坏,施工设备损坏,运进现场的部分材料被冲走,承包人中数名施工人员受伤,雨后承包人用了很多工时进行工程清理和修复作业。

事件4:在施工中发现了较有价值的出土文物,造成承包人部分施工人员和机械窝工,同时承包人为保护文物付出了一定的措施费用。

问题:

1. 事件1中,监理人和承包人的执业行为是否妥当?为什么?

2. 事件2中,承包人按照索赔程序提出了延长工期和费用补偿要求。试问监理人应如何处理此事?

3. 事件3中,承包人按照索赔程序提出了延长工期和费用补偿要求。试问监理人应如何处理此事?

4. 事件4造成工期延误和费用增加,承包人应如何处理此事?

【复习题44】

某新建一级公路里程为30km(包括3座技术复杂的特大桥),建设资金为财政补助资金、招标单位自筹及国内银行贷款。项目法人已确定,初步设计已经主管部门批准。资本金已落实了80%,银行贷款合同正在谈判过程中。设计单位基本完成了施工图设计。招标单位将项目分为3个合同段(每个合同段含1座技术复杂特大桥),各合同段自行组织施工招标。

招标单位委托咨询单位编制了最高投标限价和最低投标限价。招标单位对投标单位就招标文件所提出的所有问题统一作出了书面答复,并以补遗书的形式分发给各投标单位,为简明起见,采用表3-1形式。

招 标 补 遗 书　　　　　　　　表3-1

序　号	问　题	提问单位	提问时间	答　复
1				
……				
n				

招标单位组织了本地投标单位进行施工现场踏勘。在投标截止日期前10天,招标单位书面通知各投标单位,由于未达到收费里程长度,决定将收费站工程从原招标范围内删除。

问题:

1. 招标单位自行组织招标应具备的条件是什么?

2. 招标单位是否可以对投标单位进行资格预审?针对本案例的项目资格预审条件主要应包括哪些?

3. 该项目施工招标在哪些方面存在问题或不当之处？请逐一说明。

【复习题45】

某公路路基工程的招标人于2019年9月11日向通过资格预审的A、B、C、D、E共5家投标人发出投标邀请书，其中说明，9月14—18日9:00—16:00在招标人会议室购买招标文件，10月8日14:00为投标截止时间。该5家投标人均接受邀请，并按规定时间提交了投标文件。但投标人A在送出投标文件后，发现报价估算有较严重的失误，在投标截止时间前10分钟递交了一份书面声明，撤回已提交的投标文件。

开标时，由投标人推荐的代表检查投标文件的密封情况，确认无误后，由工作人员当众拆封。由于投标人A已撤回投标文件，故招标人宣布有B、C、D、E共4家投标人投标，并宣读该4家投标人的投标人名称、投标保证金递交情况、投标价格、工期和其他内容。

评标委员会委员由招标人直接确定，共由7人组成，其中招标人代表2人，本系统技术专家2人，经济专家1人，外系统技术专家1人、经济专家1人。

在评标过程中，评标委员会要求B、D两位投标人分别对其施工方案作详细说明，并对若干技术要点和难点提出问题，要求其提出具体、可靠的实施措施。参与评标的招标人代表希望投标人B再适当考虑一下降低报价的可能性。

按照招标文件中确定的综合评标标准，4个投标人综合得分从高到低的依次顺序为B、D、C、E，故评标委员会推荐投标人B为第一中标候选人。招标人根据评标委员会提出的评标报告以及推荐的中标候选人排序，确定投标人B为中标人。由于投标人B为外地企业，招标人于10月10日将中标通知书以挂号信方式寄出，投标人B于10月14日收到中标通知书。

从报价情况来看，4个投标人的报价从低到高的依次顺序为D、C、B、E。10月16日—11月11日，招标人又与投标人B就合同价格进行了多次谈判，结果投标人B将价格降到略低于投标人C的报价水平，最终双方于11月12日签订了书面合同。

问题：

1. 从招标投标的性质看，本案例中的要约邀请、要约和承诺的具体表现是什么？
2. 该项目在招标过程中存在哪些不妥之处？并说明理由。

总复习题参考答案

【复习题1】

参考答案：

1. 监理单位设置二级监理机构是不合理的。

因为一级公路开工里程在100km以下的，宜设置一级监理机构。

2. 驻地监理工程师主持编制监理计划和监理细则是不正确的。

因为监理计划和监理细则是由总监理工程师主持编制的。

3. 建设单位主持召开第一次工地会议是不正确的。

因为第一次工地会议是由总监理工程师主持召开的。

4. 由专业监理工程师主持召开监理交底会，并介绍监理细则的相关内容是不妥当的。不妥之处有以下两点：

(1)专业监理工程师主持召开监理交底会不妥。

理由:监理交底会是由总监理工程师主持召开的。

(2)介绍监理细则的相关内容不妥。

理由:监理交底会应介绍监理计划的相关内容。

5. 建设单位做法不妥当。

因为签发合同工程开工令是总监理工程师的权力。施工单位应向监理机构提交合同工程开工申请,经审查后确认具备开工条件的,由总监理工程师签发合同工程开工令,并报建设单位备案。

6.(1)"驻地监理工程师审批施工组织设计"不妥。

因为施工单位的施工组织设计是由总监理工程师审批的。

(2)爆破工程专项施工方案编制和报审过程的不妥之处有以下几点:

①"凭以往经验进行安全估算"不妥。

正确做法:应进行安全验算。

②"质量检查员兼任施工现场安全管理员"不妥。

正确做法:应配备专职安全生产管理人员。

③"并将专项施工方案报送总监理工程师签认"不妥。

正确做法:专项施工方案应先经甲施工单位技术负责人签认后,再报送总监理工程师签认。

7. 监理机构的做法不妥之处:

监理机构受理了乙施工单位的支付申请,并签发支付证书。

理由:乙施工单位和建设单位没有合同关系。乙施工单位应向甲施工单位申请支付。

8. 监理工程师的做法不妥当。

正确的做法是:监理工程师应向甲施工单位发出整改通知,要求甲施工单位立即整改,并消除隐患。

9. 专业监理工程师的做法不妥。

理由:专业监理工程师无权签发分项工程暂停令。

正确做法:专业监理工程师应向总经理工程师(或驻地监理工程师)报告,由总监理工程师(或驻地监理工程师)签发分项工程暂停令,并报建设单位。

10. 乙施工单位向监理机构提出工程延期申请不正确。

正确做法:乙施工单位应向甲施工单位申请延期。

【复习题2】

参考答案:

1. 事件1中,发包人的观点是不正确的。

公路工程施工招标应具备的条件包括:

(1)项目已获批准建设;(2)施工图设计文件已被批准;(3)建设资金已经落实;(4)项目法人已经确定,并符合项目法人资格标准要求(项目业主已设立);(5)招标人(招标机构)已确定。

2. 事件2中,招标人与中标人签订的合同不符合法律规定。

理由:根据招标投标法规定,招标人与中标人应在中标通知书发出后的30天之内签订施工合同。

3. 公路工程施工合同文件组成包括:

(1)合同协议书及合同附件;(2)中标通知书;(3)投标函及投标函附录;(4)项目专用合同条款;(5)公路工程专用合同条款;(6)通用合同条款;(7)工程量清单计量规则;(8)技术规范;(9)图纸;(10)已标价工程量清单;(11)承包人有关人员、设备投入的承诺及投标文件中的施工组织设计;(12)其他合同文件。

4. 事件3中,材料供应商的做法是正确的。

理由:当履行期限不明确时,债务人可以随时履行,债权人也可以随时要求履行,但应当给对方必要的准备时间。

5. 合同当事人在约定合同内容时,应包括以下条款:

(1)当事人的名称或者姓名和住所;(2)标的;(3)数量;(4)质量;(5)价款或者报酬;(6)履行期限、地点和方式;(7)违约责任;(8)解决争议的方法。

【复习题3】

参考答案:

1. 变更工程价格确定方法主要有以下三种:

(1)已标价工程量清单中有适用于变更工程的子目的,采用该子目的价格。

(2)已标价工程量清单中无适用于变更工程的子目,但有类似子目的,可在合理范围内参照类似子目的价格,由监理工程师按合同条款的规定商定或确定变更工程的价格。

(3)已标价工程量清单中无适用或类似子目的单价,可在综合考虑承包人在投标时所提供的单价分析表的基础上,由监理人按合同条款的规定商定或确定变更工程的价格。

2. 监理工程师提出的确定变更工程价格的意见不合理。

因为,合同条款规定,已标价工程量清单中没有适用于变更工程价格的,可在合理范围内参考类似子目的价格或在综合考虑承包人在投标时所提供的单价分析表的基础上,由监理工程师根据合同条款的规定商定或确定变更工程价格。

3. 承包人可以提出变更工程价格。根据合同条款规定,承包人在收到监理工程师发出的变更指示或变更意向书后,向监理工程师提交变更报价书,详细开列变更工程的价格组成及其依据。

4. 根据合同条款的规定,就该变更工程价格监理工程师可以与合同双方协商。只有不违反合同规定,监理工程师可以做出让步。

5. 若监理工程师、建设单位和承包人三方就变更工程价格不能达成一致,监理工程师应在认真分析研究后审慎确定变更工程价格,并在发出变更指令前征得建设单位同意。

【复习题4】

参考答案:

1. 总监理工程师电话联系设计单位不妥。因为监理单位与设计单位之间没有合同关系,而且总监理工程师无权决定设计变更。

正确的做法是:监理工程师发现设计图纸存在问题后,应立即向建设单位书面报告或向建设单位提出设计变更建议,由建设单位向设计单位提出变更要求。设计单位出具正式变更文件后由建设单位转发总监办,总监办签发监理指令由施工单位执行。

2. 对分包单位的审批不符合要求。

因为监理工程师对分包单位资质材料进行审查并提出意见后,应该报建设单位批准,而不是监理工程师批准后向建设单位备案。

对分包单位资质审查应包括以下几方面:

(1)分包单位法人营业执照及经营范围;(2)分包单位资质等级证书;(3)安全生产许可证;(4)分包单位的财务状况;(5)分包单位的业绩与信誉;(6)分包单位的项目经理和项目总工的资格;(7)主要管理人员和技术人员;(8)主要施工机械设备;(9)试验检测设备。

3. 施工单位对监理要求其整改通知的回函中的说法不正确。

因为监理工程师对施工单位分包的审批并不解除其对分包工程应承担的合同义务与责任。施工单位与分包单位对分包工程向建设单位承担连带责任。因分包单位的违约行为导致工程损害或给建设单位造成的损失,施工单位应承担连带责任。因此,施工单位对分包工程的质量不承担责任的说法是不正确的。

【复习题5】

参考答案:

1. 该工程计划工期为36天。

该工程项目网络计划中的关键线路为:①→②→⑤→⑥→⑧→⑨。关键工作有:A、C、F、I、K。

2. (1)事件1中,变更发生在A工作上,而A为关键工作,A工作计划工期为8天,合同清单工程量为$400m^3$,平均每天完成$400/8 = 50(m^3/天)$。

变更后,实际工程量增加了$450 - 400 = 50(m^3)$,

因此,A工作的工期增加1天,这1天应予以补偿。

A工作的工程量由$400m^3$增加到$450m^3$,$[(450-400)/400] \times 100\% = 12.5\% > 10\%$,按照合同约定,超过10%的按原单价的90%计价。

因此,由于变更导致增加的费用为:

$[50 - (50 - 400 \times 10\%)] \times 80 + (50 - 400 \times 10\%) \times 80 \times 90\% = 3920(元)$

或 $400 \times 10\% \times 80 + [50 - (400 \times 10\%)] \times 80 \times 90\% = 3920(元)$

由于变更造成工期延误和费用增加,因此,延误的工期1天和增加的费用3920元应予以补偿。

(2)事件2中,导致施工延误和费用增加是由于施工单位施工质量不合格造成的,施工单位应承担所有损失,因此,工期、费用均不予以补偿。

(3)事件3中,由于建设单位提供的设计图纸有错误导致施工延误和增加费用,但延误的工期发生在非关键工作E上,而且延误的3天时间没有超过E工作的总时差,对总工期没有影响,因此延误的工期不予补偿。但造成的5万元的费用应予以补偿。[注:工作E的总时差为:$36 - (8+6+7+8+4) = 3$天]

(4)事件4中,K工作进行中,遇到了季节性大雨天气,属于施工单位可预见的,施工单位应承担由此所造成的损失。因此,工期延误不予补偿。

3. 该工程项目实际工期应为:$36 + 1 + 2 + 2 = 41(天)$

共计延误工期 5 天,其中包括建设单位原因延误工期 1 天(事件 1)、施工单位原因延误工期 4 天(事件 2、事件 4)。

因此应扣减施工单位工程款:4 天×1 万元/天 = 4 万元。

4. 变更估价原则:

(1)如果取消某项工作,则该项工作的总额价不予支付。

(2)已标价工程量清单中有适用于变更工作的子目的,采用该子目的单价。

(3)已标价工程量清单中无适用于变更工作的子目,但有类似子目的,可在合理范围内参照类似子目的单价,由监理人按合同条款的规定商定或确定变更工作的单价。

(4)已标价工程量清单中无适用或类似子目的单价,可在综合考虑承包人在投标时所提供的单价分析表的基础上,由监理人按合同条款的规定商定或确定变更工作的单价。

(5)如果本工程的变更指示是因承包人过错、承包人违反合同或承包人责任造成的,则这种违约引起的任何额外费用应由承包人承担。

【复习题6】

参考答案:

1. 上述招标工作程序是不正确的。正确的招标工作程序如下:

(1)编制招标文件及标底;(2)发布招标公告;(3)进行资格预审;(4)发售招标文件;(5)组织现场考察;(6)召开标前答疑会;(7)接受投标文件;(8)公开开标;(9)评标;(10)确定中标人;(11)签订合同。

2. 上述招标公告的内容规定不符合要求。招标公告对于本地与外地投标单位规定不同的资质条件及要求,违反了公平与公正原则。

3.(1)上述有关发售招标文件至投标截止时间的规定不妥当。

因为按照交通运输部的规定,对于高速公路而言,招标文件发出之日起至提交投标文件截止时间不得少于 28 天,而招标文件规定只有 10 天。

(2)招标人在开标时,宣布了评标委员会成员名单不妥当。

因为按照有关规定,在中标结果确定之前,评标委员会成员名单应当保密。因此,不应在开标时宣布。

(3)"评标委员会成员由 8 人组成,其中招标人代表 2 人,上级主管部门代表 1 人,技术专家 3 人,经济专家 2 人"不妥当。

因为按照有关规定,评标委员会成员由招标人代表和有关技术、经济等方面的专家组成。上级主管部门代表不能作为评标委员会成员。

另外,评标委员会成员人数为 5 人以上的单数,其中技术、经济等方面的专家不少于成员人数的 2/3。

4.(1)A 投标人的投标文件无效。

因为投标文件未按招标文件规定进行密封,招标人应拒收该投标文件。

投标文件未加盖投标人单位公章,这违反了招标文件的符合性规定,未对招标文件的要求作出实质性响应,属于重大偏差,应作废标处理。

(2)B 投标人的投标文件无效。

因为投标工期比招标文件要求的工期长,这违反了招标文件中的响应性规定,未对招标文件的要求作出实质性响应,属于重大偏差,应作废标处理。

(3)C投标人的投标文件有效。

因为投标人在工程量清单所列的清淤子目中只填报了单价,而没有填报合价。这属于细微偏差,按招标文件的规定进行修正即可。

【复习题7】

参考答案:

1."项目总工编制了箱梁架设专项施工方案后,直接报送标段监理工程师审批"不妥。

因为按有关规定,专项施工方案编制完成后,应经施工单位技术负责人审核签字,再报监理工程师审核签字后实施。

桥梁工程中,以下危险性较大的工程需编制专项施工方案:

(1)桩基础、挡墙基础、深水基础及围堰工程。

(2)桥梁工程中的梁、拱、柱等构件施工等。

(3)大型临时工程中大型支架、模板、便桥的架设与拆除;桥梁、码头的加固与拆除等。

2.特种架桥设备验收时仅由施工单位完成自检,不符合要求。

因为按照有关规定,施工单位在工程中使用施工起重机械和整体提升式脚手架、滑模爬模、架桥机等自行式架设设施前,应当组织有关单位进行验收,或者委托具有相应资质的检验检测机构进行验收,验收合格的方可使用。验收合格后30日内,应向当地交通运输主管部门登记。

3.上述生产安全事故属于一般事故。

该生产安全事故应由建设单位负责调查不正确。因为按照有关规定,一般事故应由县级人民政府负责调查。

4.对此次安全事故的发生,监理工程师负有责任。

因为按照有关规定,在实施监理的过程中,发现工程存在严重安全隐患的,应立即书面指令施工单位停工整改,并向建设单位报告。若施工单位拒不停工整改时,应当及时向有关主管部门报告。

但实际情况是监理工程师书面指令施工单位停工整改,但没有向建设单位报告。另外,施工单位拒不停工整改时,没有向有关主管部门报告。因此,监理工程师没有尽到安全监理责任,对此安全事故负有监理失职的责任。

5.监理工程师在实施监理的过程中,如发现安全事故隐患,应立即书面指令施工单位整改;如发现严重安全事故隐患的,应立即书面指令施工单位停工整改,并及时报告建设单位。若施工单位拒不整改或者停止施工时,应当及时向有关主管部门报告。应注意的是整个处理过程要留有详细的文字记录和资料。

6.监理工程师在审查专项施工方案时,应重点审查以下内容:

(1)安全管理和安全保证体系的组织机构,包括项目经理、专职安全管理人员、特种作业人员配备的数量及安全资格培训持证上岗情况。

(2)是否制定了施工安全生产责任制、安全管理规章制度、安全操作规程。

(3)施工单位的安全防护用具、机械设备、施工机具是否符合国家有关安全规定。

(4)是否制订了施工现场临时用电方案的安全技术措施和电气防火措施。

(5)施工场地布置是否符合有关安全要求。

(6)生产安全事故应急救援预案的制订情况,针对重点部位和重点环节制订的工程项目危险源监控措施和应急预案。

(7)施工人员安全教育计划、安全交底安排。

(8)安全技术措施费用的使用计划。

【复习题8】
参考答案:
1. D、E、G 三项工作都已延误。

经计算可知:$T_{EF(D)}=12$,$T_{EF(G)}=9$,$T_{EF(E)}=10$。

因此,D 工作延误 $12-4-5=3$(天);E 工作延误 $12-3-4=5$(天);G 工作延误 $12-3-5=4$(天)。

2. 根据计算可知 D 工作为关键工作。

D 工作的延误可导致该项目工期延期 3 天。

3. 在 J、K、L 三项工作中,只有 J 为关键工作。除 J 工作和 D 工作以外,关键工作还有 C、R、H、Q、M、N,其中 Q、M 工作的持续时间较长,这两项工作比较容易采取技术措施,减少持续时间,使项目仍按原计划工期交工。

【复习题9】
参考答案:
1. 由于施工单位采用的施工方法不当造成的工程质量事故而导致工期延误,施工单位对此应承担全部责任,故监理单位不能批准施工单位提出的工程延期的要求。补桩费用由施工单位承担。

2. 由于暴雨不可抗力造成的工期延误是建设单位应承担的风险责任,因此,监理单位应同意施工单位提出的工程延期的要求。

暴雨不可抗力造成的施工单位的经济损失是施工单位应承担的风险责任,因此,暴雨造成塌方的损失费用应由施工单位承担。

3. 由于基础1施工完成后,未报请监理工程师检查验收,施工单位就进行了回填,施工单位的这一行为属于违约行为,故监理单位要求重新开挖检查属于正当要求,完全符合合同条款的规定。监理要求重新开挖检查所造成的损失费用应由施工单位承担。

4. 事件3中所造成的工期延误应由施工单位负责。因此,监理单位有权要求施工单位采取各种有效措施加快施工进度,把延误的工期抢回来,按合同工期完工。工程延误的赶工所增加的费用由施工单位承担。

【复习题10】
参考答案:
(1)按照合同条款规定:主体工程或关键性工作不得分包,且分包的工程累计不得超过总工程量的30%;专业分包计划和专业分包合同需经监理工程师审批,并报发包人核备。

因此,施工单位与 A 工程公司之间签订的分包合同无效。监理工程师应向施工单位发出监理指令,要求施工单位立即将 A 工程公司已进场的人员和设备撤出现场。

(2)监理工程师应按以下方式处理:①向施工单位发出暂时停工的指令,要求施工单位立即报告此质量问题发生的时间、部位、原因及采取的措施和进一步处理的方案;②监理工程师应对施工单位提交的处理方案进行审核后报建设单位批准;③监理工程师指示施工单位按批准的处理方案对该质量问题进行处理,并对处理的全过程进行旁站监理;④监理工程师对处理结果进行验收,经验收合格、隐患消除的,可向施工单位发出复工指令;⑤监理工程师向建设单位报告质量问题处理报告。

(3)监理工程师应按以下方式处理:①向施工单位发出暂时停工的指令,要求施工单位立即停止施工;②按规范规定的频率、方法抽检已加工的钢筋接头;③经抽检,若已加工的钢筋接头合格,要求施工单位按变更程序向监理工程师提出钢筋焊接方式变更申请,如建设单位同意,可继续施工;若经抽检已加工的钢筋接头不合格,则应清查不合格的部位、数量,要求施工单位进行返工处理,处理后按合同规定重新检查验收。

【复习题 11】

参考答案:

1. 施工单位的索赔要求不成立。

因为该质量事故发生的原因是施工单位施工时盲目赶进度,路基基底淤泥层未彻底清理干净,就强行进行路基填筑,导致路基整体失稳垮塌。施工单位这一行为违反了合同条款和技术规范的要求,是此次事故的责任方,对该质量事故应负全部责任。

2. 对该质量事故,监理单位应承担监理失职的责任。

因为按照有关规定,施工单位在原地面的淤泥层清理完成后,应报请监理工程师检查验收,经验收合格后才能填筑路基。在原地面的淤泥层清理完成后,未经监理工程师验收,或验收不合格,监理工程师不得同意路基填筑。显然,原地面的淤泥层清理完成后,要么监理工程师没有检查验收,要么检查验收工作不认真,没有发现淤泥层没有清理干净这一质量隐患。因此,监理工程师并没有尽到监理职责。

3. 此次质量事故属于质量问题。

一般质量事故,是指造成直接经济损失 100 万元以上 1000 万元以下,或者除高速公路以外的公路项目中桥或大桥主体结构垮塌、中隧道或长隧道结构坍塌,或者小型水运工程主体结构垮塌、报废的事故。

直接经济损失在一般质量事故以下的为质量问题。

4. 公路建设工程质量事故可分为特别重大质量事故、重大质量事故、较大质量事故和一般质量事故四个等级;直接经济损失在一般质量事故以下的为质量问题。

5. 公路工程质量事故书面报告内容包括:

(1)工程项目名称、事故发生的时间、地点、建设单位、设计单位、施工单位和监理单位的名称;(2)事故发生的简要经过、造成工程损伤状况、伤亡人数和直接经济损失的初步估计;(3)事故发生原因的初步判断;(4)事故发生后采取的措施及事故控制情况;(5)事故报告单位。

6. 公路工程质量事故处理的"四不放过"原则是:事故原因调查不清不放过;事故责任者没有受到教育不放过;没有防范措施不放过;相关责任人没有受到处理不放过。

【复习题 12】

参考答案:

1. 此次事件中,反映了承包人和监理人员在管理和技术上均存在明显的问题。

首先,承包人合同意识、施工技术、工程经验和对技术规范的理解存在问题;监理人员在工程经验、技术规范的执行和监理程序上存在问题。具体分析如下:

(1)承包人在阅读设计图纸和地勘文件时,应该正确看待其在工程施工中的作用。在隧道工程施工中,地勘资料标明的溶洞位置是指导性的,实际施工过程中承包人有责任加强探测和监控,使用地质雷达、超前钻探、周边钻探等探明隧道周围是否存在溶洞、溶洞的准确位置及溶洞大小等,而不仅仅是左侧,根据溶洞位置及大小,并采取相应的开挖措施。在该事件中,承包人完全依赖地勘和设计资料,没有尽到其应负的责任,因此对于该事件大发生,承包人应负主要责任。

(2)监理人员对承包人的问题没有起到相应的监督作用,对事件的发生负有一定的监理失职责任。

(3)由于建设单位提供的地勘资料属于指导性数据,且和实际相差不大,故建设单位对事件的发生不负主要责任。但作为对项目建设管理承担管理责任的建设单位,对承包人和监理人员在工作中的明显疏漏没有及时发现并纠正,仍然负有一定的管理失误的责任。

2. 根据以上分析可知,对于该事件的发生承包人负有主要责任,建设单位负有次要责任。按照合同约定,承包人提出的要求建设单位赔偿所有经济损失和工期损失的要求不合理。具体责任的承担应该是承包人承担75%的经济损失和工期损失,建设单位承担25%的经济损失和工期损失。

能够通过工程变更进行计量支付的部分为塌方处理费用。而塌毁的设备及工期损失等只能通过索赔方式解决。

3. 塌方处理过程中的主要工序有:(1)坍腔口的加固;(2)地表防排水处理;(3)管棚注浆;(4)分部开挖;(5)洞内防排水处理;(6)支护;(7)地表坍腔处理。

【复习题13】

参考答案:

1. 溶洞超灌混凝土、抛填片石复冲、钢护筒三项费用索赔可以批准,因为该费用的支出是由于设计变更造成的,并非由于承包人的原因。

变更桩基单价需按合同条款规定的变更估价原则处理。

施工人员及设备窝工的损失费用、水塘污染赔偿费三项费用索赔应予以批准,因为该费用的发生是由于变更造成的,并非承包人的责任引起的。

2. 由此引起的工期延误可以补偿。

因为该延误由于设计变更造成的,并非承包人的责任,且该工作处在关键线路上,因此该延误属于可原谅延误和可补偿延误,产生的工期延误可以补偿。

【复习题14】

参考答案:

1. 该桥梁施工项目施工单位应配备5名专职安全生产管理人员。

按照交通运输部的规定,施工现场应当按照每5000万元施工合同额配备一名的比例配备专职安全生产管理人员,不足5000万元的至少配备一名。

2. 该生产安全事故属于一般事故(造成3人以下死亡,或者10人以下重伤,或者1000万元以下直接经济损失)。

3. 现行《公路桥涵施工技术规范》(JTG/T 3650)规定,人工挖孔深度超过 10m 时(或桩长大于或等于 10m 时)必须采用机械通风。

施工前,现场还应做孔口隔离维护、悬挂安全警示标志、提渣设备配有紧急制动装置、配备机械通风设备、紧急救生爬梯(急救绳)、有害气体检测(或活体小动物测试)等。

施工单位还应在现场对施工班组和施工人员进行安全技术交底。

4.(1)施工单位在组织挖孔施工问题上的过错主要有:

未编制挖孔桩施工专项施工方案报监理工程师审批,改变施工工艺未履行变更报批手续,未单独提交分项工程开工报告报监理工程师审批,施工前各项安全措施没有落实,对挖孔作业人员没有进行岗前技术和安全培训教育,对施工班组和专业人员没有进行安全技术交底,对劳务分包人员没有进行有效的管理,专职安全生产管理人员配备的数量不符合规定且未在现场监控,未执行监理程序和监理指令擅自施工。

(2)监理单位的过错主要有:

对施工单位擅自改变已审批的开工报告及施工工艺并组织施工的行为,监理单位未及时下达指令予以制止;未严格检查审批安全保证体系和人员配备;未督促施工单位严格按要求执行施工安全交底制度;未要求施工单位在施工前编制专项施工方案并进行审批;对重大安全隐患未及时指令施工单位暂停施工并报告建设单位;对于施工单位拒绝整改的行为未向主管部门报告。

【复习题 15】

参考答案:

1. 该生产安全事故属于一般事故(一般事故,是指造成 3 人以下死亡,或者 10 人以下重伤,或者 1000 万元以下直接经济损失的事故)。

2. 从技术方面分析事故发生的原因主要有:

(1)进行高处拆除作业前,施工单位没有编制支架拆除专项施工方案,也未对作业人员进行安全技术交底,安排从未进行过拆除作业的水电工冒险爬上支架进行拆除工作,是事故发生的主要原因。(2)作业人员杨某安全意识淡漠,对进行高处拆除作业的自我安全防护没有采取任何措施,不系安全带就爬上支架,擅自割断连接钢筋,用手往下推扔弦杆,被挂坠地是事故发生的直接原因。

从管理方面分析事故发生的原因主要有:

(1)施工单位将大型安装拆除工程分包给不具有专业承包资质的包工队,严重违反《安全管理条例》和施工合同条款的有关规定。(2)施工单位未向分包单位的作业人员进行详细的安全技术交底,也没有对相关作业人员进行专门的安装拆除作业及安全教育培训。(3)从事拆除作业的人员没有特种作业操作资格证,这违反了相关法律有关拆卸工属于特种作业人员,需要进行专门的安全作业培训,并取得特种作业操作资格证后方可上岗作业的规定。(4)进行高处拆除作业的现场没有专职安全管理人员进行检查和监护,这也违反了有关规定。现场无人进行检查和监护工作,对违章作业无人制止,是事故发生的重要原因。(5)施工现场管理混乱,"三违"现象严重,事故隐患得不到及时发现、及时整改。(6)无论是总承包单位还是分包单位,对作业人员的安全教育不够,未进行培训教育和安全技术交底,盲目蛮干无人制止,管理失控。(7)监理单位对高处拆除作业安全监督不力,安全监理工作意识淡漠,责任心差。

3. 该项目忙于赶工期,抢进度,违法分包,忽视安全管理,有关单位和人员严重违反安全生产法律法规以及主管部门有关安全生产监督管理的有关规定,属于责任事故。

4. 施工单位的主要责任有:(1)拆除作业施工前未编制专项施工方案,也未进行安全技术交底,应承担管理失误的责任。(2)施工单位将拆除作业分包给不具备资质的包工队,违反了相关法律规定,应承担违法责任。(3)施工单位未经监理机构审查擅自分包工程,违反了施工合同条款的相关规定,应承担违约责任。(4)施工现场没有专职安全生产管理人员进行监督,对违章作业不能及时纠正和制止,应承担违章指挥责任。

监理单位的主要责任有:(1)监理单位未审查施工单位的安全技术措施或专项施工本方案,违反了相关法律规定,应承担违法责任。(2)监理单位未审查拆卸作业人员的特种作业操作资格证,违反了合同的有关规定,应承担违约责任。(3)监理单位对拆除作业施工过程没有实施监理,对施工单位的三违行为没有及时制止,对有关安全隐患没有即时要求施工单位整改,没有履行监理职责,应承担监理失职的责任。(4)监理单位没有按照法律、法规和工程建设强制性标准实施监理,违反了相关法律规定,应承担违法责任。

【复习题 16】
参考答案:

(1)由总监办中标的监理单位划分确定总监办和驻地办各自的职责和权限不妥。

监理规范规定,当采用二级监理机构和监理总承包时,应由中标的监理单位划分各级监理机构的职责和权限;当对监理机构分别招标时,应由建设单位划分确定监理机构各自的职责和权限。

(2)3 个桥隧重点施工标段在总监理工程师没有签发开工令之前就开始施工不妥。

只有在收到总监理工程师下达的合同工程开工令后承包人才能开工,否则就违反了合同规定和监理程序。

(3)第一次工地会议由建设单位主持召开不妥。

监理规范规定,第一次工地会议应由总监理工程师主持召开。

(4)施工单位法定代表人或授权代表不参加第一次工地会议不妥。

监理规范规定,施工单位法定代表人或授权代表必须出席第一次工地会议。

(5)纪检部门领导、项目所在地市县领导出席第一次工地会议不妥。

工地会议是工程建设三方的工作协调会议,因此,纪检部门领导、项目所在地市县领导不必出席第一次工地会议。

(6)监理单位领导宣布对监理工程师的授权不妥。

监理规范规定,建设单位应宣布对监理工程师的授权。

(7)建设单位就项目建设的重要意义进行了说明;对质量、进度、安全、环保以及监理工作、廉政建设等方面提出了要求,并提出了各施工阶段的进度目标不妥。

监理规范规定,在第一次工地会议上,建设单位应就工程占地、临时用地、临时道路、拆迁、工程支付担保情况以及其他与开工条件有关的内容及事项进行说明。

(8)总监理工程师签发合同工程开工令不妥。

若第一次工地会议通过对开工准备情况的通报、检查、落实,认为开工条件已具备时,会议在结束前由总监理工程师下达合同工程开工令;反之,在不具备开工条件时,总监理工程师在第一次工地会议上签发合同工程开工令不妥当。

(9)由总监办编制并向各参会单位发送了会议纪要不妥。

总监办应根据会议记录编制会议纪要,会议纪要经监理单位、建设单位、施工单位三方确认后发送给各参会单位。

【复习题17】

参考答案:

1.(1)扩大基础施工的主要质量控制点有:

①基底地基承载力的确认,满足设计要求;②基底表面松散层的清理;③及时浇筑垫层混凝土,减少基底暴露时间。

(2)钻孔灌注桩基础施工的主要质量控制点有:

①桩位坐标控制;②垂直度的控制;③孔径的控制,防止缩颈;④清孔质量;⑤桩底高程控制;⑥钢筋笼接头质量;⑦水下混凝土的灌注质量。

2.处理质量问题的工作程序要点如下:

(1)发出监理通知单,要求承包人报送质量问题的调查报告及处理方案等。

(2)审查质量问题处理方案,并报告业主。

(3)跟踪检查承包人对已批准的处理方案的实施情况。

(4)验收处理结果。

(5)向业主提交有关质量问题的处理报告。

(6)将完整的处理资料整理归档。

【复习题18】

参考答案:

1.上述计量支付程序不恰当。

正确的计量支付程序如下:

(1)对已完成的分项工程向监理工程师申请质量认证。

(2)取得质量认证后在合同约定的时间内向监理工程师申请计量。

(3)监督承包人按合同规定的计量方法进行计量。

(4)监理工程师按照合同约定对承包人的计量结果进行复核或与承包人联合进行计量。

(5)承包人根据质量证书和工程量报表向监理工程师提交付款申请。

(6)监理工程师审核付款申请资料,确定支付款额,向业主提供付款证明文件。

(7)业主审核有关文件后同意支付,监理工程师向承包人出具付款证书。

(8)业主在合同规定的时间内向承包人付款。

2.监理工程师判定索赔成立的条件:

(1)与合同相对照,事件已造成了承包人施工成本的额外增加或工期延误。

(2)造成费用增加或工期延误的原因,按照合同约定不属于承包人应承担的责任。

(3)承包人按合同约定的程序提交了索赔意向通知书和索赔通知书。

3.(1)第一种情况引起的索赔成立。

因为施工中遇到地下文物导致的停工属于业主应承担的风险,不属于承包人的责任。

(2)第二种情况引起的索赔不成立。

因为季节性小雨是承包人可以合理预见的,在投标报价和编制施工计划时应充分考虑该情况的发生,属于承包人应承担的风险责任。

【复习题19】

参考答案:

1. 监理工程师对此质量问题的处置方法:

(1)立即向施工单位发出停工指令,要求施工单位停止施工,并报告建设单位。

(2)要求施工单位提交质量问题报告,说明该质量发生的时间、部位、原因及已采取的措施和进一步应采取的技术措施。

(3)组织质量事故的调查分析,研究制定纠正措施。

(4)重新审查分包单位的资格,或建议取消分包。

2. 该质量事故处理应采用第三种方案。

因为合同规定该工程质量必须为优良,主体分部工程必须为优良。

3. 该质量事故处理的技术方案应由设计单位提出。

4. 该质量事故处理的一般程序为:

(1)监理工程师应立即向施工单位发出工程暂时停工指令,要求停止质量事故部位和与其有关联部位及下道工序的施工;并要求采取必要的措施,保护事故现场,防止事故扩大,做好相应记录;同时报告建设单位。

(2)监理工程师要求施工单位尽快提出质量事故的报告并按规定速报有关部门。

(3)监理工程师应积极配合质量事故调查组进行质量事故调查,客观地提供相应证据。

(4)监理工程师接到质量事故调查组提出的质量事故技术处理意见后,审核签认有关单位提出的质量事故技术处理方案。

(5)监理工程师指示施工单位按照批准的工程质量事故处理方案对事故进行处理。

(6)监理工程师对施工单位实施质量事故处理方案或对加固、返工、重建的工程进行监理,并进行检查验收。经检验合格后,监理工程师发出复工指令。

(7)向建设单位提交质量事故处理报告。

【复习题20】

参考答案:

1. 质量监理的基本程序:

(1)审批开工申请,签发开工令。

(2)审查工序质量检验通知单。

(3)进行工序检查,签发工序质量验收单。

(4)审查中间交工申请报告。

(5)进行中间交工验收,签发中间交工证书。

2. 属于质量问题。

3. 质量事故处理的基本程序:

(1)监理工程师应立即向施工单位发出工程暂时停工指令,要求停止质量事故部位和与其有关联部位及下道工序的施工,并要求采取必要的措施,保护事故现场,抢救人员和财产,防止事故扩大,做好相应记录。

(2)监理工程师要求施工单位尽快提出质量事故的报告并按规定速报有关部门。

(3)监理工程师应积极配合质量事故调查组进行质量事故调查,客观地提供相应证据。

(4)监理工程师接到质量事故调查组提出的质量事故的处理意见后,审核签认有关单位提出的质量事故技术处理方案。

(5)监理工程师指示施工单位按照批准的工程质量事故处理方案对事故进行处理。

(6)监理工程师对施工单位实施质量事故处理方案或对加固、返工、重建的工程进行监理,并进行检查验收。经检验合格后,监理工程师发出复工指令。

【复习题21】

参考答案:

1. 建设单位的做法不正确。

因为:①建设单位自行肢解工程进行分包,属于履行施工承包合同的违约行为;②建设单位未通过监理工程师直接向施工单位发出通知,属于履行监理合同的违约行为;③建设单位自行选择分包单位,属于履行监理合同的违约行为。

2. 由总监理工程师签发监理通知,召开协调会,终止建设单位的违约行为;由监理工程师对分包单位进行审查,若分包单位资格符合合同规定,则报建设单位批准;由总承包方与分包单位签订分包合同。

3. 退回分包单位的付款申请单和工程结算书。

因为工程付款申请单应由施工总承包单位报送,监理工程师不能直接审核分包单位提交的付款申请单。分包单位应与总承包单位进行工程款的结算,它不应与建设单位进行结算。

【复习题22】

参考答案:

(1)不妥当。因为合同工程暂停令应由总监理工程师签发。

(2)不妥当。因为安全事故未处理完成不能进行中间交工验收。

(3)不妥当。因为合同工程量清单中的数量仅是估算的工程量,实际完成工程量按合同规定计量即可,无须下达变更指令。

【复习题23】

参考答案:

1. 属于质量问题。

该质量事故处理程序如下:

(1)监理工程师应立即向施工单位发出工程暂时停工指令,要求停止质量事故部位和与其有关联部位及下道工序的施工,并要求采取必要的措施,保护事故现场,抢救人员和财产,防止事故扩大,做好相应记录。

(2)监理工程师要求施工单位尽快提出质量事故的报告并按规定速报有关部门。

(3)监理工程师应积极配合质量事故调查组进行质量事故调查,客观地提供相应证据。

(4)监理工程师接到质量事故调查组提出的质量事故的处理意见后,审核签认有关单位提出的质量事故技术处理方案。

(5)监理工程师指示施工单位按照批准的工程质量事故处理方案对事故进行处理。

(6)监理工程师对施工单位实施质量事故处理方案或对加固、返工、重建的工程进行监理,并进行检查验收。经检验合格后,监理工程师发出复工指令。

2.受损工程不能计量。质量不合格的工程不能计量。

工期索赔成立。泥石流属于不可抗力,造成的工期延误可以补偿。

【复习题 24】

参考答案:

1.业主代表的做法不正确。

因为:①业主代表自行选择分包单位,属于履行施工总承包合同中的违约行为。

②业主代表自行肢解工程进行分包,属于履行施工总承包合同中的违约行为。

③业主代表未通过监理工程师直接向施工总承包单位发出通知,属于履行监理合同中的违约行为。

2.监理工程师应退回分包单位报送的工程款支付申请单和工程结算书。

因为:①工程款支付申请单应由施工总承包单位报送给监理工程师。

②分包单位应与施工总承包单位进行结算,而不应与业主进行结算。

【复习题 25】

参考答案:

1.应设置一级监理机构。

2.监理机构组织结构设计;制定监理工作流程。

3.①合理的专业结构;②合理的年龄结构;③合理的技术职称结构。

4.4 名。[9/3=3(亿/年);30000/7500=4]

5.①、②、④、⑤、⑥不属于专业监理工程师的职责。

其中①、②、⑤、⑥为驻地监理工程师的职责;④为总监理工程师的职责。

【复习题 26】

参考答案:

1.公路工程监理应根据工程管理过程划分为下列三个阶段:

(1)监理合同签订之日至工程开工令确定的开工之日为施工准备阶段。

(2)工程开工之日至工程交工验收申请受理之日为施工阶段。

(3)工程交工验收申请受理之日至缺陷责任终止证书签发之日为验收与缺陷责任期阶段。

2.施工准备阶段监理工作的基本内容包括:

①参加设计交底;②审批施工组织设计;③检查保证体系;④核查工地试验室;⑤核查复测结果,验收地面线;⑥审批工程划分;⑦初审质量责任登记;⑧核算工程量清单;⑨签发开工预付款支付证书;⑩召开监理交底会、召开第一次工地会议。

3.监理月报应包括下列主要内容:

(1)当月工程实施情况。

(2)当月监理工作情况。

(3)当月工程质量、安全、环保、费用、进度监理和合同事项管理等情况统计。

(4)发现施工存在的主要问题及处理情况。

(5)下月监理工作重点。

4.(1)分项工程质量检验内容包括:基本要求、实测项目、外观质量和质量保证资料四个部分。

(2)质量保证资料应包括以下六个方面:

①所用原材料、半成品和成品质量检验结果;

②材料配比、拌和加工控制检验和试验数据;

③地基处理、隐蔽工程施工记录和大桥、隧道施工监控资料;

④各项质量控制指标的试验记录和质量检验汇总图表;

⑤施工过程中遇到的非正常情况记录及其对工程质量影响分析;

⑥施工过程中如发生质量事故,经处理补救后,达到设计要求的认可证明文件等。

5.工程监理单位应建立以下五项安全管理制度:

(1)安全技术措施审查制度。

(2)专项施工方案审查制度。

(3)安全隐患处理制度。

(4)严重安全隐患报告制度。

(5)按照法律法规与强制性标准实施监理制度。

6.交工验收与缺陷责任期阶段监理工作的基本内容包括:

(1)监理机构应按规定审查施工单位提出的合同段交工验收申请、审核施工单位编制的竣工图,应根据监理工作情况及工程质量评定结果,对是否同意交工验收进行审查并签署意见。

(2)监理机构应按工程验收办法等规定完成合同段工程质量评定、归集整理工程监理资料、编写监理工作报告,并提交建设单位。

(3)监理机构应参加交工验收工作,协助建设单位检查施工合同执行,并接受对监理合同执行情况的检查。

(4)合同段交工验收证书签发后,监理机构应审核施工单位提交的合同段交工结账单,并在规定期限内签认合同段交工结账证书,报建设单位审批。

(5)在缺陷责任期监理工作内容:监理机构应检查施工单位遗留问题整改情况;应检查工程质量,要求施工单位对工程质量缺陷修复,并调查缺陷产生的原因,确认责任和修复费用。

(6)在合同段缺陷责任期结束、收到施工单位向建设单位提交的终止缺陷责任申请后,监理机构应进行审查。对符合合同约定的,总监办应在规定期限内签发合同段缺陷责任终止证书,并向建设单位提交缺陷责任期监理工作总结。

(7)监理机构应参加竣工验收工作,提交监理工作报告和工程监理资料,配合竣工验收检查。

7.监理工作报告的主要内容包括:

(1)工程概况。

(2)监理工作概况,包括组织机构、人员、设备和设施情况等。

(3)监理工作成效,包括质量、安全、环保、费用和进度监理及合同事项管理等措施,施工过程中检查情况,工程质量评定情况及问题和事故处理情况等。

(4)交工验收时存在的问题及处理情况。
(5)监理工作体会、说明和建议。

【复习题27】
参考答案：
1. 应通过招标的方式选择承包人。因为该项目属于必须招标的工程项目范围,且满足规定的规模标准。
2. 公路工程施工招标的项目应当具备下列条件：
(1)项目已获批准建设。
(2)施工图设计文件已被批准。
(3)建设资金已经落实。
(4)项目法人已经确定,并符合项目法人资格标准要求(项目业主已设立)。
(5)招标人(招标机构)已确定。
3. 邀请招标应具备的条件。
符合下列条件之一,不适宜公开招标的,依法履行审批手续后,可以进行邀请招标：
(1)项目技术复杂或有特殊技术要求,且符合条件的潜在投标人数量有限的。
(2)受自然地域环境限制的。
(3)公开招标的费用与工程费用相比,所占比例过大的。
4. 上述项目不可进行施工招标。因为该项目的建设资金还没有落实,施工图设计还未批准,不具备招标条件。
5. (1)正确。
(2)不正确。
理由：由同一专业的单位组成的联合体,按照资质等级较低的单位确定资质等级。
(3)不正确。
理由：联合体各方不能再以自己名义单独或参加其他联合体在同一标段中投标。
(4)正确。
(5)不正确。
理由：联合体牵头人所承担的工程数量必须超过总工程数量的50%。
(6)正确。
(7)不正确。
理由：联合体投标的,其投标保证金应由联合体牵头人递交。
(8)正确。
(9)不正确。
理由：联合体中标的,联合体各方均应在合同协议书上签字盖章。
(10)正确。
(11)正确。

【复习题28】
参考答案：
(1)承包人的索赔要求成立。因为施工图纸错误造成的修改是发包人的原因或责任。

(2)应批准 4 天工期索赔,因为是由于异常恶劣气候条件造成的。

费用索赔不成立,因为低于工程所在地雨季平均降雨量的降雨造成的停工 6 天是承包人可预见的,应由承包人承担风险损失。出现 50 年一遇特大暴雨造成的 4 天停工属于不可抗力,造成承包人的损失由承包人承担。

(3)承包人应采用适当的施工方法和工艺,使周围居民的生活与工作不受影响,否则造成的损失应由承包人承担。

【复习题 29】

参考答案:

1.(1)索赔合理,应予受理。

(2)索赔不合理,应予拒绝。

(3)索赔合理,应予受理。

(4)索赔不合理,应予拒绝。

2.(1)索赔合理,应予受理。

(2)索赔合理,应予受理。

(3)索赔不合理,应予拒绝。

(4)索赔不合理,应予拒绝。

【复习题 30】

参考答案:

1.业主对招标代理机构提出要求正确与否的判断及其理由如下:

(1)"业主提出项目招标公告只在本市日报上发布"不正确。

理由:公开招标项目的招标公告必须在国家指定的媒介上发布,任何单位和个人不得非法限制招标公告的发布地点和发布范围。

(2)"业主要求采用邀请招标方式招标"不正确。

理由:因该工程项目由政府投资建设,而相关法规规定全部使用国有资金投资或者国有资金投资占控股或者主导地位的项目,应当采用公开招标方式招标。如果采用邀请招标方式招标,应由有关主管部门批准。

(3)"业主提出仅对报名的潜在投标人的资质条件、业绩进行资格审查"不正确。

理由:资格审查的内容还应包括信誉、技术能力、拟投入的人员和机械情况、财务状况等。

2.各投标人投标文件有效性的判定:

(1)A 投标人的投标文件有效。

(2)B 投标人的投标文件(或原投标文件)有效。但补充说明无效,因开标后投标人不能变更(或更改)投标文件的实质性内容。

(3)C 投标人的投标文件无效。因按有关规定投标保函的有效期应超出投标有效期 30 天(或在投标有效期满后的 30 天内继续有效)。

(4)D 投标人的投标文件有效。

(5)E 投标人的投标文件无效。因为组成联合体投标的,投标文件应附联合体各方共同投标协议书。

3.F 投标人的投标文件无效。招标人可以没收其投标保证金,给招标人造成损失超过投标保证金的,招标人可以要求其赔偿。

4. 合同的签订与合同价格。

(1)该项目应自中标通知书发出后的30天内按招标文件和A投标人的投标文件签订书面合同,双方不得再另行签订背离合同实质性内容的其他协议。

(2)合同价格应为3.5亿元。

【复习题31】

参考答案:

1. 该项目招标过程中的不妥之处如下:

(1)"该项目招标公告中对本省和外省投标人的资质等级要求不同"不妥。

因为这属于"招标人以不合理的条件限制或排斥潜在投标人",违反了公平、公正原则。

(2)"要求购买领取招标文件的投标人在表格上登记并确认"不妥。

因为按规定,招标人不得向他人透露已获取招标文件的潜在投标人的名称、数量等情况。

(3)"2011年4月18日为投标截止时间"不妥。

因为按规定。自招标文件发出之日起至投标人递交投标文件截止之日止,最短时间不得少于20天。

(4)"2011年4月19日公开开标"不妥。

因为按规定,开标时间和投标截止时间为同一时间。

(5)"开标由交通运输主管部门主持"不妥。

因为按规定,开标应由招标人主持。

(6)"开标过程中宣布评标委员会名单"不妥。

因为按规定,评标委员会名单在中标结果确定之前应当保密。

(7)"评标委员会由招标人代表、交通运输主管部门代表、评标专家组成"不妥。

因为按规定,评标委员会应由招标人代表和评标专家组成。

(8)"评标委员会由8人组成"不妥。

因为按规定,评标委员会应由5人以上的单数组成。

(9)"评标专家5人"不妥。

因为按规定,评标委员会成员中,有关评标专家不得少于成员总数的2/3。

2. 不能以甲投标人没有参加现场考察或没有参加开标活动为由认定其投标文件无效。

3. 乙投标人可以撤回投标文件。因为按规定,在投标截止时间之前,投标人书面通知可以撤回投标文件。

丙投标人不能撤回投标文件。因为按规定,投标截止时间以后即开标以后不得撤回投标文件。

4. 对评标过程中出现的问题评标人作以下处理:

(1)"A投标人投标文件中没有施工组织设计",属于投标文件不完备,未对招标文件的要求作出实质性响应,应认定为重大偏差,对该投标文件作废标处理。

(2)"B投标人的投标工期28个月",超过了招标工期,应视为未对招标文件作出实质性响应,应认定为重大偏差,对该投标文件作废标处理。

(3)"C投标人没有填报某一子目单价",应视为该子目单价已包含在其他子目单价中,属于细微偏差,对此偏差评标委员会应进行算术修正,修正结果投标人须确认,否则就应视为重大偏差,按废标处理。

(4)"D投标人没有递交投标保证金",应认为没有对招标文件作出实质性响应,为重大偏差,对此投标文件应作废标处理。

【复习题 32】

参考答案：

1.绘制第5个月的实际进度前锋线如图3-5所示。

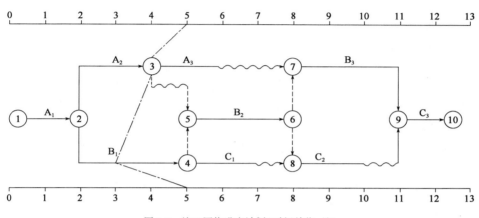

图 3-5 施工网络进度计划(时间单位:月)

如果后续工作按原进度计划执行,该工程项目将被推迟2个月完成,工期为15个月。

2.工期索赔成立。因设计资料不准确属业主的风险,且A_1工作是关键工作。

3.(1)索赔成立。因不可抗力造成的部分已完工程费用损失,应由业主支付。

(2)承包人用于施工的机械损坏索赔不成立,因不可抗力造成施工机械的损坏由承包人承担。

用于工程上的待安装设备损坏,索赔成立。因不可抗力造成待安装设备的损坏由业主承担。

(3)索赔不成立,因不可抗力造成停工损失由承包人承担。

(4)承包人使用的临时设施损坏的损失索赔不成立,业主使用的临时用房修复索赔成立,因不可抗力造成各方损失由各方分别承担。

(5)索赔成立,因不可抗力造成工期延误,可顺延合同工期。

(6)索赔成立,清理和修复费用应由业主承担。

4.(1)索赔费用:$30+1+1+3+4=39$(万元)。

(2)合同工期可顺延:$1+0.5=1.5$(月)。

【复习题 33】

参考答案：

1.该合同条款存在的不妥之处及其修改如下:

(1)承包人在开工前采用内部竞聘方式确定项目经理不妥。应明确为投标文件中拟定的项目经理。除合同条款约定的特殊情形外,投标人在投标文件中填报的项目经理不允许更换。

(2)工程质量为建设单位规定的质量标准不妥。本工程是公路项目,为国家的基础设施,工程质量验收按相关技术规范及《公路工程质量检验评定标准 第一册 土建工程》(JTG F80/1—2017)执行。

(3)本合同价款采用总价合同方式确定不妥。按工程量清单招标方式招标的合同,合同价款应采用单价合同方式确定,采用工程量清单计量规则计量。

(4)按工程量变化幅度和材料上涨幅度调整工程价款的约定不妥。应在专用合同条款中全面约定工程量价款可以调整的内容和调整方法。

(5)工程预付款的扣回时间不妥。开工预付款在进度付款证书的累计金额未达到签约合同价的30%之前不予扣回,在达到签约合同价的30%之后,开始按工程进度以固定比例(即每完成签约合同价的1%,扣回开工预付款的2%)分期从各月的进度付款证书中扣回,全部金额在进度付款证书的累计金额达到签约合同价的80%时扣完。

(6)工程质量保证金返还时间不妥。在约定的缺陷责任期满且质量监督机构已按规定对工程质量检测鉴定合格的情况下,承包人向发包人申请到期应返还承包人剩余的质量保证金。

(7)补充施工合同协议条款不妥。在补充协议中,未明确相应价款由谁承担及费用增减计价原则,未明确工期的调整情况。

(8)为确保工程如期交工,乙方不得因甲方资金的暂时不到位而停工和拖延工期。该条款不妥,失去了公正性,应该提出甲方资金不到位时相应的违约条款。

2. 公路工程的合同类型一般分为总价合同、单价合同和成本加酬金合同。

(1)总价合同对施工图纸的质量要求很高,只适用于施工图纸明确、工程规模较小且技术不太复杂的工程。

(2)单价合同对于施工图纸和设计深度适应性广,适用于后期的变更和索赔,对承包人的风险小,但管理工作相对较大。

(3)成本加酬金合同,主要适用于开工前对工程内容尚不十分清楚的项目。

3. 应先及时与甲方协商,确认该部分工程内容是否由乙方完成。如果需要由乙方完成,对于一般零星项目或工作经监理人同意后可按计日工的形式处理。但对于较大的合同工作内容变化,应与甲方商签补充合同条款,就该部分工程内容明确双方各自的权利、义务,并对工程计划作出相应的调整。如果由其他承包人完成,乙方也要与甲方就该部分工程内容的协作配合条件及相应的费用等问题达成一致意见,以保证工程的顺利进行。

【复习题34】
参考答案:
1. 对计量支付的程序要求改正如下:
(1)对已完成的分项工程向监理人申请质量认证。
(2)取得质量认证后在合同约定的时间内向监理人申请计量。
(3)监理人按照合同约定的计量方法对合同规定范围内的工程量进行计量,签发计量证给承包人。
(4)承包人凭质量认证和计量证书向监理人提出付款申请。
(5)监理人审核申报资料,确定支付款额,向业主提供付款证明文件。

2. 监理人拒绝的原因:按工程量清单计量规则该部分的工程量属于附属工作,已综合在工程量清单单价中,不单独计量。

3.变更价款确定的原则如下:
(1)如果取消某项工作,则该项工作的总额价不予支付。
(2)已标价工程量清单中有适用于变更工作子目的,采用该子目的单价。
(3)已标价工程量清单中无适用于变更工作的子目,但有类似子目的,可在合理范围内参照类似子目的单价,由监理人按《公路工程标准施工招标文件》(2018年版)第3.5款商定或确定变更工作的单价。
(4)已标价工程量清单中无适用或类似子目的单价,可在综合考虑承包人在投标时所提供的单价分析表的基础上,由监理人按《公路工程标准施工招标文件》(2018年版)第3.5款商定或确定变更工作的单价。
(5)如果本工程的变更指示是因承包人过错、承包人违反合同或承包人责任造成的,则这种违约引起的任何额外费用应由承包人承担。
4.对两项索赔的处理:
(1)对处理孤石引起的索赔,这是预先无法估计的情况,该项索赔应予受理。
(2)阴雨天气属正常季节性的自然现象,不属于异常恶劣的气候条件,这是有经验的承包人预先应估计的因素,在合同期内应作考虑,因而索赔理由不成立,该项索赔应予驳回。

【复习题35】
参考答案:
1.承包人索赔的理由部分成立,可以批准的索赔金额为7万元。
(1)路线沿线情况在图纸中已有反映,按照招标程序,承包人已对工现进行了踏勘,应认为有经验的承包人在投标时已充分考虑了可能影响工程组织及造价的全部因素。合同规定承包人应采取可靠措施确保沿线居民的生产生活不受影响,确保邻近的构筑物不受损坏,由此造成的一切损失由承包人承担。合同价格不因选择施工方法的不同而改变。因此3月7日及3月20日上报的索赔不成立。
(2)降雨是季节性的自然现象,作为有经验的承包人应在雨季到来之前妥善安排雨季施工措施,结合永久性工程做好必要的临时防护及排水工程,切实保证工程安全。由于承包人未能切实做好相关措施导致的一切损失由承包人承担。监理人指令增加临时防护排水工程是为了更好地保护已完成的工程,避免更大损失,不能为索赔依据。
(3)B地由于设计不完善造成积水,引起工程损失和周边财产损失,不是承包人的责任。根据《公路工程标准施工招标文件》(2018年版)通用合同条款第9.1.3项,发包人应负责赔偿以下各种情况成的第三者人身伤亡和财产损失:①工程或工程的任何部分对土地的占用所造成的第三者财产损失;②由于发包人原因在施工场地及其毗邻地带造成的第三者人身伤亡和财产损失),应由发包人承担赔偿花圃损失3万元,修建临时排水设施费用4万,合计7万元。
2.不妥,虽然合同约定圆管涵按延米计量,其他工作作为附属工作,不另行计量,但这是在通常施工条件下的计量规则。此处路基已填高,后增设圆管涵,必然导致已填筑路基的开挖和重新填筑。原地面以下的开挖和回填应认为包含在合同约定的综合单价内以延米计量,因此除圆管涵50m通常计量外,还应增加开挖土方750m^3、回填土方750m^3两项计量细目。

【复习题 36】
参考答案:
承包人的要求不合理。

因为虽然同为 20cm 厚水泥混凝土路面,但洞内外的施工工效存在一定的差异,所以洞外不应直接套用洞内工程量清单子目单价。

接线 20cm 厚水泥混凝土路面清单子目单价应采用类似单价方法确定,如洞内子目单价减洞内外的差价。

【复习题 37】
参考答案:
(1)工程量的变化:
增加的工程量:$12500 - 8300 = 4200(m^3)$,
工程量变化比例:$420 \div 8300 = 50.6\%$。
增加的工程量已超过原工程量的 25%,25% 以内的钢筋混凝土按原合同单价计算,25% 以外的钢筋混凝土按新单价计算。

(2)费用计算:
$8300 \times (1 + 0.25) \times 1000 + [12500 - 8300 \times (1 + 0.25)] \times 900 = 12287500(元)$。

【复习题 38】
参考答案:
1.(1)事件 A 的索赔成立。

根据合同条款第 2.3 项,发包人应按专用合同条款约定向承包人提供施工场地,以及施工场地内地下管线和地下设施等有关资料,并保证资料的真实、准确、完整。由于发包人未能按照本项规定办妥永久占地征用手续,影响承包人使用永久占地造成的费用增加和(或)工期延误,应由发包人承担,因此索赔成立。

(2)事件 B 的索赔不成立。

承包人选择适当的施工方法并确保沿线居民的生产生活不受影响是承包人的责任,由此导致的一切纠纷及损失由承包人承担。

(3)事件 C 的索赔成立。

由于规划原因导致设计变更,非承包人责任。

2. 事件 A 应批准延长的工期为 10 天,因为关键线路上的延误为 10 天;事件 C 应批准延长的工期为 110 天($90 + 20 = 110$ 天)。

3.(1)根据合同条款第 11.3 款,在履行合同过程中,由于发包人的原因造成工期延误的,承包人有权要求发包人延长工期和(或)增加费用,并支付合理利润。

事件 A 设备闲置所产生的费用为固定费用,未发生燃料、动力费等运行费用,按机械台班单价计算不妥,应只计算机械的窝工费,自有机械窝工费按机械固定费用计算。

该事件承包人索赔按 10% 计算利润不妥,按合同支付合理利润,由于投标利润率为 5%,低于概预算中的社会平均利润 7.42%,可按 5% 考虑合理利润。

设备闲置费用:$60 \times 1000 + 75 \times 800 = 120000(元)$;
人员窝工工资:$600 \times 120 \times 60\% = 43200(元)$

合理利润:$(120000+43200)\times 5\% =8160$(元);

税金:$(120000+43200+9600)\times 9\% =15552$(元);

合计:$120000+43200+9600+15552=188352$(元)。

(2)事件C计算索赔时,钢材应计算回收价值,报废工程已按工程实体进行了计量,索赔时不予计算,结算时按实际完成数量和清单综合单价进行结算,并在结算书中填写"报废工程一览表"。由于事件C中各项单价均为综合单价,不再计利润和税金。

承包人应获得的补偿费用:$800\times 400+4000\times 80+400\times (6000-2000)+200000=2440000$(元)。

【复习题39】

参考答案:

1.(1)图纸中未标明有地下溶洞,是承包人不可预见的情况,因此发生塌孔漏浆,产生额外费用,并延误了工期。根据施工合同条款,承包人提出的索赔理由应予以支持,可以索赔费用和工期。应批准的索赔费用为处理费用5万元、管理费9万元,延长工期30天。按合同约定,不能索赔利润。

(2)由于承包人施工造成工程质量缺陷,由此产生的返工、修复费用及损失由承包人承担。因此增加基桩及加大承台的工程量不能给予计量支付。工期延长的请求不予支持。

2.(1)桩基变更由于承包人施工质量原因造成,增加的工程量不能得到计量与支付,应按原设计数量予以修正。

(2)施工支架作为临时工程,应满足工程需要和规范规定,确保工程质量和安全,如何设计和选择适当的形式由承包人决定,其费用已综合在相关工程细目单价之中,不另行支付。桥下灌溉渠本不需要拆除,为搭设支架方便,承包人将其拆除,然后进行恢复,所产生的费用应由承包人承担,因此不能进入计量支付。

3.工期延误由两个事件造成,第一个事件不是承包人的责任,第二个事件由承包人承担责任,因此工期延误应由两事件责任方分别承担。由于第一个事件延迟30天,第二个事件延迟20天,增加冬季施工措施费60万元应由两个事件的责任方分别承担。

发包人承担措施费用为$60\times 30\div (30+20)=36$(万元)。

奖励金额计算:工期较合同工期仅延长了10天,扣除批准的工期索赔后实际上提前了20天,因此应给予奖励20万元。

【复习题40】

参考答案:

1.索赔成立,索赔证据有:①业主提出的要求停工的通知书;②《公路工程标准施工招标文件》(2018年版)通用合同条款第2.3项,即发包人应按专用合同条款约定向承包人提供施工场地,以及施工场地内地下管线和地下设施等有关资料,并保证资料的真实、准确、完整;③《公路工程标准施工招标文件》(2018年版)通用合同条款第11.3项,在履行合同过程中,由于发包人的原因造成工期延误的,承包人有权要求发包人延长工期和(或)增加费用,并支付合理利润。

2.费用损失主要包括:10天的工人窝工、施工机械停置及管理费用(包括保函、利息等)。

3.应向业主提供的索赔文件主要有:

(1)致业主的索赔信函,提出索赔要求。

(2)索赔报告:提出索赔事实和内容,引用文件、合同条款说明索赔的合理与合法性,提出索赔费用的计算依据及要求的赔偿金额。

(3)索赔费用计算书及索赔证据复印件。

【复习题 41】

参考答案:

1.对承包人提出的因砂场地点变化的索赔不予批准,原因是:按《公路工程标准施工招标文件》(2018 年版)专用合同条款第 4.10.1 项,发包人提供的本合同工程的水文、地质、气象和料场分布、取土场、弃土场位置等参考资料,并不构成合同文件的组成部分,承包人应对自己就上述资料的解释、推论和应用负责,发包人不对承包人据此作出的判断和决策承担任何责任。

2.(1)批准索赔款额 25.2 万元,批准索赔工期 15 天。

原因是:4 月 20—26 日的停工属于由承包人自身的原因造成的,应由承包人承担,因此,不考虑承包人的索赔要求。

4 月 28 日—5 月 9 日的停工属于由业主提供图纸延误造成的,根据通用合同条款第 11.3 条,在履行合同过程中,由于发包人的原因造成工期延误的,承包人有权要求发包人延长工期和(或)增加费用,并支付合理利润,应考虑承包人的费用索赔和合理利润索赔,合理利润按投标利润率(低于概预算编制办法的利润率)计算,索赔额为 $12 \times 2 \times (1 + 5\%) = 25.2$(万元)。索赔工期 12 天。

5 月 13—15 日的停工是属于通用合同条款第 11.4 条异常恶劣的气候条件、第 21.1.1 款不可抗力约定的内容,可以索赔工期 3 天。按通用合同条款第 21.3.1(4)目约定,承包人的停工损失由承包人承担。

(2)由上述事件引起的工程进度拖延不等于交工工期的延误。原因是交工拖期违约需要到交工时才能确定,承包人可以通过增加资源、调整施工方案等措施将延误的工期补回,如果不能补回,在交工结算时再处理。故不在中间工程进度付款的支付中扣除交工拖期违约损失赔偿金。

3.承包人的索赔要求成立必须同时具备以下 4 个条件:

(1)与合同相比较,已造成了实际的额外费用增加或工期损失。

(2)造成费用增加或工期损失的原因不是由于承包人的过失导致的。

(3)按合同规定不应由承包人承担的风险。

(4)承包人在事件发生后的规定时限内提出了索赔的书面意向通知。

4.不合理。因窝工而闲置的设备按折旧费或停置台班费或租赁费计价,不包括运转费部分。

人工费损失应考虑这部分工作的工人调去其他工作时工效降低的损失费用,一般用工日单价乘以一个测算的降效系数来计算这一部分损失。

【复习题 42】

参考答案:

该索赔成立。可以索赔费用和工期。

本事件由于意外地质条件造成施工困难,导致工期延长。根据《公路工程标准施工招标文件》(2018 年版)通用合同条款第 4.1.2 条承包人遇到不可预见的不利物质条件时,应采取适应不利物质条件的合理措施继续施工，并及时通知监理人。监理人应当及时发出指示，指示构成变更的，按合同条款约定办理。监理人没有发出指示的，承包人因采取合理措施而增加的费用和(或)工期延误，由发包人承担，可以采用变更的方式，按实计量挖土方和挖石方，工期合理延长。

由于合同约定在一个旱季内完成，原合同价中未包括雨季施工增加费，所以承包人可以就雨季施工的土石方向发包人索赔雨季施工增加费。

【复习题43】
参考答案：

1. 监理人和承包人的执业行为不妥。因为根据《公路工程标准施工招标文件》(2018年版)通用合同条款第1.7.1条，与合同有关的通知、批准、证明、证书、指示、要求、请求、同意、意见、确定和决定等，均应采用书面形式。在应急情况下，可采取口头形式，但事后应以书面形式予以确认。否则，在合同双方对合同变更内容有争议时，因口头形式协议很难举证，只能以书面协议约定的内容为准。本案例中甲方要求暂停施工，承包人亦答应，是发包人、承包人的口头协议，且事后未以书面的形式确认，所以该行为不妥。

2. 对处理孤石引起的索赔，这是地质勘探报告未提供的，施工单位预先无法估计的地质条件变化(不利的物质条件)，属于发包人应承担的风险，应给予承包人工期顺延和费用补偿。

3. 对于天气条件变化引起的索赔应分两种情况处理：

(1)对于前期的季节性大雨，这是一个有经验的承包人预先能够合理估计的因素，应在合同期内考虑，由此造成的工期延长和费用损失不能给予补偿。

(2)对于后期特大暴雨引起的山洪暴发，不能视为一个有经验的承包商预先能够合理估计的因素，属于通用合同条款第21.1.1项不可抗力约定的内容。除专用合同条款另有约定外，不可抗力导致的人员伤亡、财产损失、费用增加和(或)工期延误等后果，按通用合同条款第21.3.1条约定的原则分别承担。已投保建筑工程一切险和第三者责任险的，应先进行保险理赔。

①永久工程，包括已运至施工场地的材料和工程设备的损害，以及因工程损害造成的第三者人员伤亡和财产损失由发包人承担。

②承包人设备的损坏由承包人承担。

③发包人和承包人各自承担其人员伤亡和其他财产损失及其相关费用。

④承包人的停工损失由承包人承担，但停工期间应监理人要求照管工程和清理、修复工程的金额由发包人承担。

⑤不能按期竣工的，应合理延长工期，承包人不需要支付逾期竣工违约金。发包人要求赶工的，承包人应采取赶工措施，赶工费用由发包人承担。

根据合同约定，发包人施工现场办公用房等设施以及已施工的部分基础、运进现场的部分材料、工程清理和修复作业等经济损失由发包人承担。属于承包人施工现场办公用房等设施及施工设备损坏，承包人施工人员受伤以及由此造成的人员窝工和设备停置等经济损失应由承包人自己承担；工期应予以顺延。

4. 根据通用合同条款第1.10.1条，在施工场地发掘出的所有文物、古迹以及具有地质研究或考古价值的其他遗迹、化石、钱币或物品属于国家所有。一旦发现上述文物，承包人应采取有效合理的保护措施,防止任何人员移动或损坏上述物品,并立即报告当地文物行政部门,同时通知监理人。发包人、监理人和承包人应按文物行政部门要求采取妥善保护措施,由此导致费用增加和(或)工期延误由发包人承担。事件发生后承包人应按合同的规定将增加的费用和延误的工期提出索赔要求,并提供相应的计算书及其证据。

【复习题44】

参考答案:

1. 招标单位自行组织招标应具备的条件是招标人具有与招标项目规模和复杂程度相适应的技术、经济等方面的专业人员。

2. 招标单位可以对投标单位进行资格预审。

公路工程项目资格预审条件主要应包括:资质最低要求、财务最低要求、业绩最低要求、信誉最低要求、项目经理和项目总工最低要求、其他管理和技术人员最低要求、主要机械设备和试验检测设备最低要求。

3. 该项目施工招标存在以下问题:

(1)本项目建设资金尚未完全落实,资本金未全部落实,银行贷款合同正在谈判过程中,不具备施工招标的必要条件,尚不能进行施工招标。

(2)施工图设计文件未批准前,不能开展施工招标。

(3)不能编制最低投标限价。

(4)业主对投标单位提问只能针对具体的问题作出明确答复,不应提及具体的提问单位(投标单位)。

(5)根据《中华人民共和国招标投标法》的规定,若招标人需改变招标范围或变更招标文件,应在投标截止日期至少15日(而不是10日)前,以书面形式通知所有招标文件收受人。

若迟于这一时限发出变更招标文件的通知,则应将原定的投标截止日期适当顺延,以便投标单位有足够的时间充分考虑这种变更对报价的影响,并将其在投标文件中反映出来。

(6)招标人不能仅组织本地投标人踏勘项目现场。

【复习题45】

参考答案:

1. 本案例中,要约邀请是招标人的招标文件,要约是投标人的投标文件,承诺是招标人发出的中标通知书。

2. 该项目招标过程中存在如下不妥之处:

(1)招标人宣读B、C、D、E四家投标人的投标文件不妥。

因为根据《中华人民共和国招标投标法》,招标人在招标要求提交投标文件的截止时间前收到的所有投标文件,开标时都应当众拆封、宣读。

(2)评标委员会由招标人直接确定不妥。

按规定,一般招标项目应采取从评标专家库中随机抽取方式确定评标委员会中的技术、经济专家,特殊招标项目可以由招标人直接确定。本招标项目显然属于一般招标项目。

(3)评标委员会要求投标人提出具体、可靠的实施措施不妥。

按规定,评标委员会可以要求投标人对投标文件中含义不明确的内容作必要的澄清或者说明,但澄清或者说明不得出投标文件的范围或者改变投标文件的实质性内容。

（4）参与评标的招标人代表希望投标人 B 再适当考虑一下降低报价的可能性不妥。

按规定，招标过程中，招标人不得与投标人就投标价格、投标方的实质性内容进行谈判。

（5）中标通知书发出后，招标人又与投标人 B 就合同价格进行了多次谈判不妥。

按规定，招标人和中标人应按招标文件和投标文件订立书面合同，不得再行订立背离合同实质性内容的其他协议。

（6）最终双方于 11 月 12 日签订了书面合同不妥。

按规定，招标人和中标人应当自中标通知书发出之日（不是中标人收到中标通知书之日）起 30 日内订立书面合同，而本案例显然超过了 30 日。

第四章 预测模拟试卷

预测模拟试卷(一)

本试卷均为案例分析题,共6题,每题20分。要求分析合理,结论正确;有计算要求的,应简要写出计算过程。

第一题

某高速公路施工里程86km。建设单位通过施工监理招标,将施工监理工作委托给某监理单位。监理合同签订后,监理单位立即着手组建项目监理机构。监理单位根据该公路工程特点设置了二级监理机构,即总监理工程师办公室(简称"总监办")和驻地监理工程师办公室(简称"驻地办")。总监办配备1名总监理工程师和若干名监理员。驻地办配备1名驻地监理工程师和若干名专业监理工程师。

总监办和驻地办的主要职责如下:

总监办的主要职责有:(1)主持召开监理交底会;(2)审批施工组织设计;(3)签发支付证书;(4)签发合同工程开工令、单位或合同工程的暂停令和复工令;(5)审核变更单价和总额以及延期和费用索赔;(6)组织编写监理竣工文件及监理工作报告。

驻地办的主要职责有:(1)主持编制监理计划;(2)主持召开第一次工地会议;(3)审批总体进度计划、重要工程材料及混合料配合比;(4)审批分项工程开工申请,签发分项和分部工程暂停令和复工令;(5)日常巡视、旁站、抽检,并做好记录;(6)核算工程量清单,负责对已完工程进行计量;(7)组织分项、分部工程中间验收和质量评定,签发中间交工证书;(8)审查交工验收申请,评定工程质量;(9)组织编制监理月报。

建设单位和监理单位签订的监理合同由以下几部分组成:(1)监理合同协议书及附件;(2)中标通知书;(3)公路工程专用合同条款;(4)通用合同条款;(5)其他合同文件。

监理合同中有如下内容:(1)监理工作目标是确保工程获得"鲁班奖";(2)建设单位有权要求监理单位更换不能按监理合同的约定进行监理服务的监理人员;(3)监理单位可以将监理服务的任何部分转让或分包;(4)监理单位不履行监理职责,或与承包人串通损害建设单位利益,给建设单位造成经济损失的,应向建设单位赔偿,监理单位的累计赔偿限额为监理服务费总额;(5)建设单位应指定一名授权代表,与监理机构建立工作联系;(6)建设单位在监理合同约定的监理服务范围内对承包人的任何意见或要求可直接向承包人提出。

问题:

1. 监理单位设置二级监理机构是否合理?为什么?
2. 总监办和驻地办配备的监理人员是否合理?若不合理,请说明理由。
3. 试说明总监理工程师、驻地监理工程师的任职条件。

4. 指出本题所述的二级监理机构中总监办和驻地办的职责有何不妥之处？
5. 本工程监理合同的组成是否完备？如不完备，还缺少哪几种文件？
6. 若监理合同签订后，监理单位发现监理合同协议书、合同专用条款、合同通用条款对某一问题的规定不一致，应以哪一个文件的规定为准？
7. 本题所述监理合同的内容中有何不妥之处？为什么？

第二题

某公路工程施工项目，建设单位通过公开招标与某施工单位签订了施工合同。在该工程施工过程中，施工进度计划网络图中的关键线路上发生了以下事件：

事件1：某桥梁地基软弱，设计文件中规定采用碎石垫层加固处理。施工结束后经检测发现，加固处理后的地基不能满足要求，于是，建设单位提出变更，将碎石垫层改为碎石桩，由此导致施工单位停工20天。施工单位按照合同条款约定提出工程延期和费用索赔要求。

事件2：某小桥台背按照设计文件规定采用灰土夯填。施工结束后，经监理工程师检查签认，并给予计量支付。此后不久，有人举报该施工单位用于桥台背回填的灰土中石灰剂量不够，偷工减料。建设单位向监理工程师提出对该桥台背回填质量进行复查。于是，监理工程师要求施工单位开挖重新检验。检验结果表明，灰土中石灰剂量合格，但部分层位压实度不合格。施工单位进行了返工处理，由此造成的损失，施工单位提出了工程延期和费用索赔的要求。

事件3：在该工程项目招标时，招标文件中就施工所需填料指定了甲、乙两处料源场。施工开始后，施工单位经试验发现甲料场材料质量不合格，无法用于施工。由于乙料场储量不足以放下全部填料，于是，施工单位重新找到了另一处新料场。由此导致材料运距增大，造成施工成本增加。施工单位就此提出工期和费用索赔的要求。

问题：

1. 请说明承包人提出索赔的程序。
2. 试分析以上各事件中施工单位提出的工程延期和费用索赔要求是否合理？为什么？

第三题

某公路桥梁施工项目，建设单位通过公开招标将该桥梁的施工任务和施工监理工作委托给某施工单位和某监理单位，并签订了施工合同和监理合同。

在该大桥施工过程中，施工单位采用了整体提升式脚手架和满堂支架。桥梁主体工程施工结束后，按照原定的施工程序开始逐步进行支架和脚手架的拆除工作。由于施工单位人手少，工期紧，于是施工单位就将拆除工作全部分包给了当地的一家设备安装队（事后经了解该单位不具备相应的施工资质，施工人员从未进行过拆除作业）。该包工队与施工单位协商后，在未对施工作业人员进行安全教育和安全技术交底的情况下，未经监理单位审查批准，便立刻组织人员进入现场开始拆除工作，监理单位也未对拆除工作进行监理。

某天上午，包工队负责人安排本单位水电工杨某上支架拆除万能杆件。杨某上支架后，在未系安全带的情况下，就开始进行拆除作业。杨某在用割枪割断连接弦杆的钢筋后，就用左手往下推扔被割断的一根弦杆（该弦杆重80kg，长1.7m）。弦杆在下落的过程中，其上端的焊刺将杨某的左手套挂住（帆布手套），杨某被下坠的弦杆扯着从18m的高处坠落，造成头部着地，当即死亡。拆除现场无人进行安全检查和监护。

问题：

1. 试从技术和管理两方面分析该事故发生的原因。
2. 试分析该事故的性质是什么？
3. 试分析对于该事故的发生，施工单位、监理单位主要应承担哪些责任？

第四题

某公路工程项目，采用公开招标方式选择施工单位。招标文件要求，提交投标文件和投标保证金的截止时间为 2008 年 5 月 30 日。共有 5 家施工单位参加了投标。第 1 家施工单位于 2008 年 6 月 2 日提交了投标保证金。开标会于 2008 年 6 月 3 日由当地交通局主持召开。第 5 家施工单位于开标前向建设单位要求撤回投标文件和退还投标保证金。经过评标定标建设单位最终确定第 3 家施工单位中标。建设单位与中标的施工单位按规定签订了施工合同。

该公路工程在施工过程中发生了以下事件：

事件 1：因建设单位拆迁工作拖延，导致施工单位 A 项工作延误了 2 天，并造成人工窝工 6 个工日。

事件 2：施工单位与机械设备租赁商约定，C 工作施工用的某机械由出租方提供。但因出租方原因该机械未能按计划进场，造成施工单位 C 工作延误 2 天和人工窝工 8 个工日。

事件 3：因建设单位提出设计变更，导致施工单位 E 工作延误 4 天，增加人工 14 个工日，其他费用增加 9000 元。

事件 4：因建设单位提供的材料出现质量缺陷，导致施工单位 H 工作延误 2 天，增加人工 8 个工日，并使 F 工作延误 1 天，并造成人工窝工 20 个工日。

上述事件中，A、C、H 三项工作均为关键工作，其余工作均为非关键工作，并均有足够的机动时间。

问题：

1. 上述招标投标过程中，有哪些不妥之处？请说明理由。
2. 第 1 家施工单位提交投标保证金的时间是否符合规定？对其投标文件会产生什么影响？为什么？
3. 第 5 家施工单位撤回投标文件，招标方对其投标保证金应如何处理？为什么？
4. 施工单位能否就上述每项事件向建设单位提出工程延期和费用索赔？请说明理由。
5. 建设单位和施工单位签订的施工合同中约定，在施工过程中，由于建设单位原因造成施工单位经济损失时，建设单位应给予补偿的人工费标准为 25 元/日，窝工人工费标准为 15 元/工日，施工管理费、利润等均不予补偿。在该工程中，施工单位可得到合理的费用索赔有哪几项？费用索赔额是多少？

第五题

某公路工程，施工合同工期为 38 周。经监理机构批准的施工总进度计划如图 4-1 所示，各项工作可以缩短的时间及其增加的赶工费如表 4-1 所示，其中 H、L 分别为道路的路基、路面工程。

各项工作可以缩短的时间及增加的赶工费 表 4-1

分部工程名称	A	B	C	D	E	F	G	H	I	J	L	M	N
可缩短的时间（周）	0	1	1	1	2	1	1	0	2	1	0	1	3
增加的赶工费（万元/周）	—	0.7	1.2	1.1	1.8	1.0	0.4	—	3.0	2.0	—	0.8	1.5

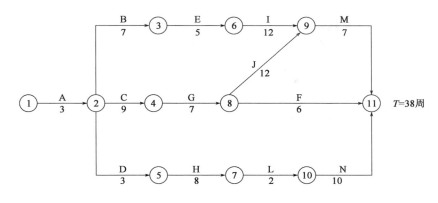

图 4-1 施工总进度计划(单位:周)

问题:

1. 开工 1 周后,建设单位要求将总工期缩短 2 周,故请监理单位帮助拟定一个合理的赶工方案以便与施工单位洽商。请问如何调整计划才能既实现建设单位的要求又能使支付给施工单位的赶工费用最少?说明步骤和理由。

2. 建设单位依据调整后的计划与施工单位协商,并按此方案签订了补充协议。施工单位修改了施工总进度计划。在 H、L 工作施工前,建设单位通过设计单位将此 400m 的道路延长至 600m。请问该道路延长后,H、L 工作的持续时间变为多少周(设工程量按单位时间均值增加)?对调整后的施工总进度计划的工期是否有影响?为什么?

3. H 工作施工第一周,监理人员检查时发现路基工程分层填土厚度超过规范规定,导致压实度严重不足。为保证工程质量,监理工程师签发了工程暂停令,停止了该部位工程施工。请问监理工程师的做法是否正确?监理工程师在什么情况下可签发工程暂停令?

4. 施工中由于建设单位提供的施工条件发生变化,导致 I、J、F、N 四项工作分别拖延 1 周,为确保工程按期完成,须支付赶工费。如果该项目投入使用后,每周净收益 5.6 万元,从建设单位角度出发,是让施工单位赶工合理还是延期完工合理?为什么?

第六题

某公路工程合同总价为 12000 万元,开工预付款为合同总价的 10%。承包人每月实际完成的工程计量款见下表 4-2,工程价款每月结算一次。

月度工程计量款　　　　　　　　　　　　　　　　表 4-2

月份	1	2	3	4	5	6	7	8
工程计量款(万元)	600	900	1500	1800	2400	1800	1800	1200

根据合同约定,开工预付款在工程计量款累计金额达到签约合同价的 30% 之后,开始按工程进度以固定比例(即每完成签约合同价的 1%,扣回开工预付款的 2%)分期从各月的进度付款证书中扣回,全部金额在进度付款证书的工程计量款累计金额达到签约合同价的 80% 时扣完。

问题：
1. 开工预付款金额为多少？
2. 开工预付款的起扣月是第几个月？列式说明理由。
3. 计算从起扣月开始每个月应扣回的开工预付款金额。

预测模拟试卷(一)参考答案

第一题参考答案

1. 监理单位设置二级监理机构不合理。因为根据现行《公路工程施工监理规范》(JTG G10)规定,高速公路开工里程在100km以下的,宜设置一级监理机构,即总监办。

2. 总监办配备的监理人员不合理。

理由:总监办应配备1名总监理工程师和若干名专业监理工程师及监理员、试验员等。

驻地办配备的监理人员不合理。

理由:驻地办应配备1名驻地监理工程师和若干名专业监理工程师及监理员、试验员等。

3. 总监理工程师应具有相应专业的高级技术职称、五年以上的现场工程监理经历,担任过两项以上同类工程的驻地或总监职务。

驻地监理工程师应具有相应专业的中级或高级技术职称、同类工程三年以上的监理经历。

4. 所列总监办的各项职责是正确的。

所列驻地办职责中的(1)(2)(3)(8)(9)不妥,这些职责应是总监办的职责。

5. 本工程监理合同的组成不完备,还缺少以下几种文件:(1)投标函;(2)项目专用合同条款;(3)委托人要求;(4)监理服务费用清单;(5)监理人有关人员、试验检测设备投入的承诺。

6. 按监理合同文件的优先次序,监理合同协议书排在最前面,因此,应以合同协议书的规定为准。

7. 监理合同中的不妥之处如下:

(1)"监理工作目标是确保工程获得'鲁班奖'"不妥。

因为"鲁班奖"是一种工程质量奖项,监理单位的产品是服务。因此,确保工程质量,获得"鲁班奖"是施工单位的职责。

(2)"监理单位可以将监理服务的任何部分转让或分包"不妥。

因为按照有关法律法规及规章的约定,监理单位不得转让工程监理业务,也不得将监理服务的任何部分分包。

(3)"监理单位的累计赔偿限额为监理服务费总额"不妥。

因为按照监理合同条款约定,监理单位的累计赔偿限额为监理服务费总额的30%。

(4)"建设单位在监理合同约定的监理服务范围内对承包人提出的任何意见或要求可直接向承包人提出"不妥。

因为按监理合同条款约定,建设单位在监理合同约定的服务范围内对承包人的任何意见或要求应通过监理单位提出。

第二题参考答案

1. 承包人提出索赔的程序如下:

(1)承包人向监理人递交索赔意向通知书。

承包人应在知道或应当知道索赔事件发生后28天内,向监理人递交索赔意向通知书,并说明发生索赔事件的事由。承包人未在前述28天内发出索赔意向通知书的,丧失要求追加付款和(或)延长工期的权利。

(2)承包人向监理人递交索赔通知书。

承包人应在发出索赔意向通知书后28天内,向监理人正式递交索赔通知书。索赔通知书应详细说明索赔理由以及要求追加的付款金额和(或)延长的工期,并附必要的记录和证明材料。

(3)索赔事件具有连续影响的,承包人向监理人递交延续索赔通知。

索赔事件具有连续影响的,承包人应按合理时间间隔继续递交延续索赔通知,说明连续影响的实际情况和记录,列出累计的追加付款金额和(或)工期延长天数。

(4)承包人向监理人递交最终索赔通知书。

在索赔事件影响结束后的28天内,承包人应向监理人递交最终索赔通知书,说明最终要求索赔的追加付款金额和(或)延长的工期,并附必要的记录和证明材料。

2.事件1中,施工单位提出的工程延期和费用索赔的要求是合理的。

因为软弱地基处理不满足设计要求,是由于原设计确定的加固处理方法不妥当所致,并非施工单位施工质量的问题,况且建设单位又提出变更要求,因此,导致索赔事件的发生是由于建设单位的原因或责任,且停工事件发生在关键线路上,所以施工单位的延期和费用索赔要求合理。

事件2中,施工单位的工程延期和费用索赔要求不合理。

因为根据合同条款约定,施工单位所承担的台背灰土回填质量,不因监理工程师对该工程的检查签认而解除。监理工程师对工程的计量支付,也不应视为监理工程师已同意、批准或接受了施工单位完成的该部分工程。监理工程师对质量有疑问的,可要求重新检验。经检验证明工程质量不符合合同要求的,由此增加的费用和工期延误由施工单位承担。由此,施工单位的延期和费用索赔要求不合理。

事件3中,施工单位提出的工程延期和费用索赔要求不合理,原因如下。

(1)建设单位提供的本合同工程的料场、取土场、弃土场位置等资料均属参考资料,并不构成合同文件的组成部分,施工单位应对自己就上述资料的解释、推拉和应用负责,建设单位不对施工单位据此做出的判断和决策承担任何责任。

(2)施工单位在送交投标文件之前,已进行了现场考察,对现场和周围环境以及可得到的有关资料进行了察看和核查。承包人已取得可能对投标有影响或起作用的风险、意外等的必要资料,并且在报价中考虑了这些因素。同时,施工单位的报价已包含了合同中约定的施工单位的全部义务以及完成本合同工程及其缺陷修复所必需的一切工作和条件。而且,案例中所述情况是施工单位能合理预计到的,施工单位应承担由此产生的风险责任。

第三题参考答案

1.事故原因分析

(1)技术方面:①进行高处拆除作业前,施工单位没有编制支架拆除方案,也未对作业人员进行安全技术交底,安排从未进行过拆除作业的水电工杨某冒险爬上支架进行拆除工作,是事故发生的重要原因。②作业人员杨某安全意识淡薄,对进行高处拆除作业的自我安全防护漠然置之,不系安全带就爬上支架,擅自割断连接钢筋后图省事用手往下推扔弦杆,被挂坠地是事故发生的直接原因。

(2)管理方面:①施工单位擅自将大型支架拆除工程分包给不具有专业资质的工程队,严重违反了有关法律的规定,构成违法分包。②法律规定,拆卸工属于特种作业人员,需进行安全作业培训,并取得特种作业操作资格证后方可上岗作业。施工开始前,施工单位应向施工班组和施工作业人员进行技术交底。但施工单位既未向有关作业人员进行技术交底,也没有对有关作业人员进行拆除作业培训,让没有特种作业操作资格证的人员进行特种作业,严重违反了法律规定。③进行高处拆除作业必须有人监护。但施工现场却无人进行安全检查和监护工作,对违章作业无人制止,也是事故发生的重要原因。④施工现场管理混乱,"三违"现象严重,隐患得不到及时整改。⑤施工单位有关作业人员安全教育制度不健全,监督措施不到位。对作业人员未进行培训教育和安全技术交底,盲目蛮干无人制止,安全管理严重失控。⑥监理单位对高处拆除作业监督不力,对施工单位的违规行为视而不见,安全管理意识淡薄,责任心差。

2. 该项目忙于赶工期,抢进度,违法分包,忽视安全管理,严重违反了相关法律、法规和主管部门的有关规定,属于责任事故。

3. (1)施工单位的主要责任有:①拆除作业施工前未编制专项施工方案,也未进行安全技术交底,应承担管理失误的责任。②施工单位将拆除作业分包给不具有专业承包资质的工程队,违反了相关法律规定,应承担违法的责任。③施工现场没有专职安全生产管理人员进行监督,对违章作业不及时纠正和制止,应承担违章指挥的责任。

(2)监理单位的主要责任是:安全监理工作不到位,未履行安全监理职责,对施工单位的违规行为未及时纠正,监管不力,违反国家和主管部门的有关规定,应承担监理失职的责任。

第四题参考答案

1. 上述招标投标过程中的不妥之处有:

(1)开标会由交通局主持召开不妥。

因为根据相关法律规定,开标应由招标人(建设单位)主持。

(2)2008年6月3日开标不妥。

因为根据相关法律规定,开标时间与提交投标文件的截止时间相同,即应在2008年5月30日开标。

2. 第1家施工单位提交投标保证金的时间不符合规定。

由于提交投标保证金的时间比规定时间迟了3天,该投标文件将被拒收,作废标处理。因为根据相关法律规定,投标人不按招标文件要求提交投标保证金的,该投标文件将被拒绝,作废标处理。

3. 第5家施工单位在开标前撤回投标文件,招标方应没收投标保证金。因为投标保证金是对投标的担保,不按规定提交投标文件或在开标前撤回投标文件的,招标人依法没收投标保证金,不予退还。

4. (1)事件1:可以向建设单位提出工程延期和费用索赔的要求。因为这属于建设单位没有按合同约定及时履行义务,属违约行为,且A工作为关键工作。

(2)事件2:不能向建设单位提出工程延期和费用索赔。因为这属于施工单位自己应承担的风险责任,与建设单位无关。

(3)事件3:可以向建设单位提出费用索赔,但不能提出工程延期。因为这属于建设单位应承担的事项,但E工作为非关键工作且有足够的机动时间,所以可以提出费用索赔,但不能提出工程延期。

(4)事件4:H工作延误的时间和造成的经济损失可以提出工程延期和费用索赔;F工作延误的时间不能提出工程延期,造成的经济损失可以提出费用索赔。因为这属于建设单位没有按合同约定提供合格材料,属违约行为,但H为关键工作,F为非关键工作。

5.施工单位可得到的合理费用索赔有事件1、事件3、事件4。

(1)事件1:窝工费:$6 \times 15 = 90$(元)。

(2)事件3:增加用工人工费:$14 \times 25 = 350$(元);

其他费用9000(元)。

(3)事件4:增加用工人工费:$8 \times 25 = 200$(元);

窝工费:$20 \times 15 = 300$(元)。

因此,索赔费用合计为:

$90 + 350 + 9000 + 200 + 300 = 9940$(元)。

第五题参考答案

1.步骤和理由:

(1)确定该网络计划的关键线路。

该网络计划的关键线路为:①—②—④—⑧—⑨—⑪或A—C—G—J—M。

(2)选择关键工作中增加的赶工费最小的一项工作进行第一次压缩,由表4-1可知,关键工作G的赶工费最小,故压缩工作G。将工作G压缩1周,此时总工期缩短1周。

(3)再确定工作G压缩1周后的关键线路,仍为A—C—G—J—M。

(4)第二次压缩,选择关键线路中的赶工费最小的一项工作M,将工作M的持续时间缩短1周,此时总工期又缩短1周。

所以,将工作G和M各自压缩1周,既实现了建设单位的要求,又能使支付施工单位的赶工费最少。

2.道路延长到600m时,工作H、L的持续时间为:

工作H:$8 \div 400 \times 600 = 12$(周);

工作L:$2 \div 400 \times 600 = 3$(周);

对修改后的施工总进度计划的工期无影响。

3.监理工程师的做法是正确的。

监理工程师在以下情况下可签发工程暂停令:

(1)施工作业活动存在质量、安全隐患,可能造成或已经造成质量、安全事故。

(2)施工作业活动严重违反有关环保规定。

(3)施工单位未经监理机构批准擅自施工或拒绝项目监理机构管理。

(4)以下情况监理工程师也可签发工程暂停令:

①施工中出现质量异常情况,经监理工程师指出后,施工单位未采取有效措施,或措施不

力未能扭转异常情况者。

②隐蔽工程未经监理工程师检查验收,而擅自封闭者。

③已发生的质量问题迟迟未按监理工程师要求进行处理,或者是已发生质量缺陷或问题,如不停工,则质量缺陷或问题将继续发展的情况下。

④未经监理工程师审查而擅自变更设计或修改图纸进行施工者。

⑤使用的原材料、构配件、混合料不合格或未经监理工程师检查确认者;或擅自采用未经审查认可的代用材料者。

⑥未经资质审查的人员或不合格人员进入现场施工者。

⑦擅自使用未经监理机构审查并报建设单位批准的分包单位进场施工者。

4. 导致拖延须支付的赶工费为:$3.0 + 2.0 + 1.0 + 1.5 = 7.5$(万元)。

因为 $7.5 > 5.6$,所以从建设单位角度出发,延期完工合理。

第六题参考答案

1. 工预付款为合同总价的 10%,即:$12000 \times 10\% = 1200$(万元)。

2. 起扣点:$12000 \times 30\% = 3600$(万元)。

前 3 个月累计完成:$600 + 900 + 1500 = 3000$(万元)。

前 4 个月累计完成:$600 + 900 + 1500 + 1800 = 4800$(万元)。

显然从第 4 个月开始预付款扣回,即本工程开工预付款的起扣月份为第 4 个月。

3. 开工预付款扣回金额:预付款为合同价款的 10%,超过起扣点后每次计量扣回的比例为计量款的 20%,计算方法:

$10\% \div (80\% - 30\%) = 20\%$,扣止点为 $12000 \times 80\% = 9600$ 万元。

第 1 个月:累计计量款为 600 万元,未达到开工预付款起扣点,不需扣回。

第 2 个月:累计计量款为 1500 万元,未达到开工预付款起扣点,不需扣回。

第 3 个月:累计计量款为 3000 万元,未达到开工预付款起扣点,不需扣回。

第 4 个月:累计计量款为 4800 万元,本月应扣回预付款 $(4800 - 3600) \times 20\% = 240$(万元)。

第 5 个月:当月计量款为 2400 万元,累计计量款为 7200 万元,本月应扣回预付款 $2400 \times 20\% = 480$(万元)。

第 6 个月:当月计量款为 1800 万元,累计计量款为 9000 万元,本月应扣回预付款 $1800 \times 20\% = 360$(万元)。

第 7 个月:当月计量款为 1800 万元,累计计量为 10800 万元,占合同价款的 90%,本月应扣回预付款 $(9600 - 9000) \times 20\% = 120$(万元)。

至此,开工预付款已全额扣回,第 8 个月不需再扣回开工预付款。

预测模拟试卷(二)

本试卷均为案例分析题,共6题,每题20分。要求分析合理,结论正确;有计算要求的,应简要写出计算过程。

第一题

某一级公路工程开工里程65km,建设单位通过公开招标分别与甲施工单位和某监理单位订立了书面的施工合同与监理合同。经监理工程师审查并报建设单位批准,甲施工单位将某分项工程分包给乙施工单位,并与之订立了分包合同。在合同履行中发生了以下事件:

事件1:监理合同签订后,监理单位根据监理服务内容、服务期限、工程项目组成、工程规模、技术复杂程度、现场条件等因素,设置了二级监理机构,并确定了总监理工程师、驻地监理工程师及专业监理工程师人选。

事件2:在监理机构组建后,驻地监理工程师主持编制了该工程项目监理计划和监理细则。

事件3:在施工合同约定的工程开工日前,建设单位主持召开了第一次工地会议,通报、检查、落实开工准备工作。

事件4:在施工合同约定的工程开工日前,专业监理工程师主持召开了监理交底会,详细介绍了监理细则的相关内容。

事件5:在第一次工地会议结束后,甲施工单位向建设单位提交了合同工程开工申请,建设单位对合同工程的开工条件进行了核查,认为具备开工条件,于是签发了合同工程开工令,并通知了项目监理机构。

事件6:驻地监理工程师在审批甲施工单位提交的施工组织设计时,认为某段石方爆破工程危险性较大,要求甲施工单位编制石方爆破工程专项施工方案。甲施工单位编制了专项施工方案,其总工程师凭以往经验进行了安全估算,认为方案可行,并安排质量检查员兼任施工现场安全管理员,并将方案报送总监理工程师签认。

事件7:施工过程中甲施工单位因资金困难,没有按分包合同约定支付乙施工单位的工程款。乙施工单位于是向监理机构提出了支付申请。监理机构受理并经建设单位同意后,签发了支付证书。

事件8:监理工程师在巡视中发现,乙施工单位施工的某部位存在质量隐患,即向其签发了整改通知,要求乙施工单位立即整改,并消除隐患。

事件9:专业监理工程师在旁站时,发现某分项工程存在严重质量隐患,即向甲施工单位签发了工程暂停令,要求对该分项工程停工整改,消除隐患。

事件10:甲施工单位施工时不慎将乙施工单位正在施工作业的一台关键设备损坏,甲施工单位向乙施工单位做出了赔偿。因修复损坏的设备导致工期延误,乙施工单位向监理机构提出了工程延期的申请。

问题：

1. 事件1中，监理单位设置的监理机构是否合理？说明理由。

2. 事件2中，驻地监理工程师主持编制项目监理计划和监理细则是否正确？为什么？

3. 事件3中，建设单位主持召开第一次工地会议是否正确？为什么？

4. 事件4中，专业监理工程师主持召开监理交底会，介绍监理细则的相关内容是否妥当？试指出不妥之处，并说明理由。

5. 事件5中，建设单位做法是否妥当？为什么？

6.（1）事件6中，驻地监理工程师审批施工组织设计是否妥当？为什么？

（2）事件6中，石方爆破工程专项施工方案编制和报审过程中有何不妥之处？请写出正确做法。

7. 事件7中，监理机构的做法有何不妥之处？说明理由。

8. 事件8中，监理工程师的做法是否妥当？如不妥当，请写出正确做法。

9. 事件9中，专业监理工程师的做法是否妥当？如不妥，说明理由并写出正确做法。

10. 事件10中，乙施工单位向监理机构提出工程延期申请是否正确？若不正确，写出正确的做法。

第二题

某省会城市投资修建一条高速公路，该项目为该市建设规划的重要项目之一。项目已经主管部门批准建设。项目法人设立后，随即开始对本项目筹集资金和进行设计。

该项目资金由自筹资金和银行贷款两部分组成。自筹资金已全部到位。银行贷款预计在2019年7月30日到位。

2019年3月18日设计单位完成了初步设计文件，随后进入施工图设计阶段，预计5月10日完成施工图设计。

考虑到该项目工期较紧张，建设单位组建了招标机构，并定于2019年3月18日进行施工招标。

在依法履行审批手续后，施工招标采用邀请招标方式，并于3月19日发布招标公告，同时向两家以前合作过的施工单位发出了投标邀请书，其中一家施工单位为省内企业，另一家为省外企业。

在招标文件中对省内与省外投标单位提出不同的资格要求，并规定2019年4月20日为递交投标文件截止时间。针对不同的投标单位，招标单位编制了两个标底，准备分别用于省内和省外施工企业的评标。招标单位对投标单位就招标文件所提出的问题统一作了书面答复，并以招标补遗书的形式分发给各投标单位。在补遗书中明确了提问单位、提问时间以及对问题的答复。在书面答复投标单位的提问后，招标单位组织各投标单位进行了施工现场考察。在2019年4月10日，招标单位书面通知各投标单位，由于某种原因，决定将收费站工程从原招标范围内删除。

开标前当地交通主管部门设立了评标委员会，评标委员会由4人组成，其中招标单位代表2人，其余2人为在交通主管部门提供的专家库中随机抽取的评标专家。2019年4月22日开标会议由公证机构主持召开。在开标会上由评标委员会检查投标文件的密封情况。但由于招标单位原因导致本次招标失败。

问题：
1. 公路工程施工招标应具备的条件有哪些？
2. 公路工程施工招标的方式有哪几种？各有何特点？
3. 必须进行招标的公路工程项目包括哪些？
4. 经批准可以采取邀请招标方式的公路工程项目应符合什么条件？
5. 本项目在上述条件下是否可以进行施工招标？为什么？
6. 招标单位在招标过程中的不妥之处有哪些？并说明理由？
7. 由于招标单位原因导致招标失败造成投标单位损失的，招标单位是否应予以补偿？说明理由。

第三题

某高速公路施工项目是某省重点建设项目，该项目包括路基路面、一座隧道、一座大桥，其中隧道和大桥相连，施工合同工期为36个月。相关合同约定，如果监理单位、施工单位没有履行合同义务和责任，建设单位有权依据合同条款，对监理单位和施工单位作出处罚。工程开始施工后不久，建设单位为了向国庆献礼，要求将工期压缩到28个月，并通过总监办向各驻地办和施工单位发出书面指令。

隧道施工过程中因洞口处边坡不稳定，连续发生两次坍塌，工期延误了2个月。为了赶工期、抢进度，隧道施工单位决定将隧道施工产生的弃渣倒入洞口外坡脚处。

桥梁施工单位因施工组织合理，基础和桥墩施工按原进度计划结束。在监理机构对桥墩进行验收时，发现靠近隧道洞口外坡脚处的两个桥墩中心线偏移56cm，总监办立即指令施工单位暂停施工，并通知了建设单位。接到通知后，建设单位即组织有关单位组成调查组进行事故调查。调查组经计算分析认为桥墩偏移是由于隧道施工单位向洞口外坡脚处大量倾倒弃渣，弃渣对桥墩产生推挤，导致桥墩偏移。于是，建设单位和总监办对桥隧驻地办、桥梁施工单位和隧道施工单位做出处罚决定。

问题：
1. 建设单位对桥隧驻地办和桥、隧施工单位作出处罚是否合理？为什么？
2. 建设单位是否可以对工程进度计划进行调整？
3. 本案例中，建设单位作出缩短合同工期的决定是否有效？为什么？
4. 一般情况下，建设单位是否可以压缩合同工期？为什么？
5. 对桥墩中心线偏移这一质量事故，现场监理机构是否应承担责任？为什么？

第四题

某公路工程施工项目，建设单位通过施工监理招标和施工招标，分别于2010年4月10日及2010年4月25日与某监理单位和某施工单位签订了施工监理合同和施工合同。在施工过程中发生了以下事件：

事件1：路基工程施工时，施工单位无法在工程现场附近找到满足技术规范要求的施工料源，施工中所需砂石料严重缺乏。因此，施工单位只得到极远的地方去运这些大宗材料，而且运距越来越长，加之路况极差，造成运输负担沉重，工期严重滞后，成本费用直线上升。施工单位认为建设单位没有在招标文件中将这种情况预先告知施工单位，建设单位应补偿施工单位由此而造成的工期和费用损失，并且在合同约定的时间内提出了工程延期和费用索赔的要求。

事件 2：在某小桥桥台基础施工时，施工单位为了保证工程质量，在现场监理工程师认可的情况下，将原设计要求的混凝土强度由 C18 提高到 C20，导致费用增加 6 万元。对此施工单位提出了费用索赔的要求。

事件 3：施工期间，施工单位发现位于施工网络计划图关键线路上的某分部工程施工图纸有误，立即报告监理工程师和建设单位。由于图纸修改造成停工 5 天，费用损失 2 万元。对此，施工单位提出了工程延期与费用索赔的要求。

事件 4：某段路基基底强度不足，按合同约定应采用强夯法进行加固处理。在工程施工过程中，当进行到施工图所规定的处理范围边缘时，乙方在取得现场监理工程师同意的情况下，为了使夯击质量得到保证，将夯击范围适当扩大，施工完成后，施工单位就扩大的夯击范围内的工程数量向监理工程师提出计量要求。

以上各项事件均发生在施工网络计划图中的关键线路上，且各事件经监理工程师核查均符合实际情况。

问题：

1. 对于以上各事件中施工单位提出的要求，监理工程师应如何处理？为什么？

2. 施工监理合同与施工合同的订立有何先后顺序要求？就该工程项目而言，施工监理服务开始于哪天？

第五题

某施工单位与建设单位按《公路工程标准施工招标文件》(2018 年版)签订了施工承包合同，合同工期 400 天，合同总价 5000 万元。施工前监理工程师已批准了施工单位提交的施工进度计划，其中的施工进度网络计划如图 4-2 所示。

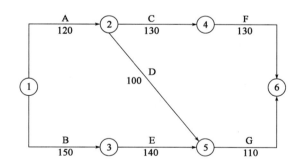

图 4-2 施工进度网络计划图（单位：天）

该工程在施工过程中出现了如下事件：

事件 1：施工期间因下小雨，为保证路基施工质量，总监理工程师下达暂停施工指令，导致工作 A 持续时间延长 10 天，费用损失 6 万元。

事件 2：桥梁基坑开挖时因边坡支撑失稳坍塌，造成工作 B 持续时间延长 15 天，费用损失 8 万元。

事件 3：因不可抗力引起施工单位的供电设施发生火灾，使工作 C 持续时间延长 10 天，费用损失 10 万元。

事件 4：因建设单位提出了工程变更，导致工作 E 持续时间延长 30 天，费用损失 20 万元。

问题:

1. 按照图 4-2 所示的施工进度图,确定该工程的关键线路和计划工期,并说明按此计划该工程是否能按合同要求的工期完工。

2. 对于施工过程中发生的事件,施工单位是否可以获得工期和费用补偿?分别说明理由。

3. 上述事件中施工单位可以获得的工期补偿是多少天?说明理由。

4. 施工单位租赁土方机械用于工作 A、B,日租金为 1500 元/天,则施工单位可以得到的土方租赁机械的租金补偿费用是多少?为什么?

第六题

某高速公路合同段,签约合同价为 6000 万元,工期为 9 个月。招标文件按《公路工程标准施工招标文件》(2018 年版)编制。发包人和承包人按照法律规定签订了书面施工合同。

施工合同条款中约定了如下事项:

(1) 按实际完成工程量以合同清单单价进行结算。

(2) 开工预付款为签约合同价的 10%,工程计量款累计金额达签约合同价的 30% 时开始扣回,至工程计量款累计金额达到签约合同价的 80% 时扣完。

(3) 工程价款每月结算一次,每月支付的最低限额为 300 万元。

(4) 预留质量保证金为合同价的 3%,在交工结算中扣留,缺陷责任期终止证书签发后最终结清。

开工后各月实际完成并经监理人确认合格的工程计量款见表 4-3。

月度计量工程款 表 4-3

月份	1	2	3	4	5	6	7	8	9
工程计量款(万元)	200	650	850	850	850	320	850	850	850

问题:

1. 工程价款结算的方式有哪些?

2. 计算本工程的预付款起扣月份和数额,以及完成扣回的月份。

3. 计算按月支付的工程进度款。

4. 计算本工程的结算款。

预测模拟试卷(二)参考答案

第一题参考答案

1. 监理单位设置二级监理机构是不合理的。
因为一级公路开工里程在100km以下的,宜设置一级监理机构。
2. 驻地监理工程师主持编制监理计划是不正确的。
因为监理计划是由总监理工程师主持编制的。
3. 建设单位主持召开第一次工地会议是不正确的。
因为第一次工地会议是由总监理工程师主持召开的。
4. 由专业监理工程师主持召开监理交底会,并介绍监理细则的相关内容是不妥当的。不妥之处有以下两点:
(1)专业监理工程师主持召开监理交底会不妥。
理由:监理交底会是由总监理工程师主持召开的。
(2)介绍监理细则的相关内容不妥。
理由:监理交底会应介绍监理计划的相关内容。
5. 建设单位做法不妥当。
因为签发合同工程开工令是总监理工程师的权力。施工单位应向监理机构提交合同工程开工申请,经审查后确认具备开工条件的,由总监理工程师签发合同工程开工令,并报建设单位备案。
6. (1)"驻地监理工程师审批施工组织计划"不妥。
因为施工单位的施工组织设计是由总监理工程师审批的。
(2)爆破工程专项施工方案编制和报审过程的不妥之处有以下几点:
①"凭以往经验进行安全估算"不妥。
正确做法:应进行安全验算。
②"质量检查员兼任施工现场安全管理员"不妥。
正确做法:应配备专职安全生产管理人员。
③"并将专项施工方案报送总监理工程师签认"不妥。
正确做法:专项施工方案应先经甲施工单位技术负责人签认后,再报送总监理工程师签认。
7. 监理机构的做法不妥之处:
监理机构受理了乙施工单位的支付申请,并签发支付证书。
理由:乙施工单位和建设单位没有合同关系。乙施工单位应向甲施工单位申请支付。
8. 监理工程师的做法不妥当。
正确的做法是:监理工程师应向甲施工单位发出整改通知,要求甲施工单位立即整改,并消除隐患。

9. 专业监理工程师的做法不妥。

理由：专业监理工程师无权签发分项工程暂停令。

正确做法：专业监理工程师应向总经理工程师（或驻地监理工程师）报告，由总监理工程师（或驻地监理工程师）签发分项工程暂停令，并报建设单位。

10. 乙施工单位向监理机构提出工程延期申请不正确。

正确做法：乙施工单位应向甲施工单位申请延期。

第二题参考答案

1. 公路工程施工招标应当具备的条件包括：

（1）项目已获批准建设。

（2）施工图设计文件已被批准。

（3）建设资金已经落实。

（4）项目法人已经确定，并符合项目法人资格标准要求（项目业主已设立）。

（5）招标人（招标机构）已确定。

2. 公路工程施工招标方式有公开招标和邀请招标。

公开招标的特点是：投标单位数量不受限制，竞争激烈，招标单位有较大的选择余地，能获得有竞争性的报价，有利于提高工程质量和缩短工期。但由于投标单位数量较多，一般要设置资格预审程序，而且评标的工作量较大，招标时间长，费用高。

邀请招标的特点是：不需要发布招标公告和设置资格预审程序，节约招标费用和节省时间，由于对投标单位以往的业绩和履约能力比较了解，减小了合同履行过程中承包方违约的风险。为了体现公开竞争和便于招标单位选择综合能力最强的投标单位中标，仍要求在投标文件内报送表明投标单位资质能力的有关证明材料，作为评标时的评审内容之一。但由于邀请范围小，选择面窄，可能排斥了某些在技术或报价上有竞争实力的潜在投标单位，因此投标竞争的激烈程度相对较差。

3. 下列公路工程施工项目必须进行招标，但涉及国家安全、国家秘密、抢险救灾或者利用扶贫资金实行以工代赈等不适宜进行招标的项目除外：

（1）施工单项合同估算价在400万元人民币以上的公路工程施工项目。

（2）法律、行政法规规定应当招标的其他公路工程施工项目。

4. 符合下列条件之一，不适宜公开招标的，依法履行审批手续后，可以进行邀请招标：

（1）项目技术复杂或有特殊技术要求，且符合条件的潜在投标人数量有限的。

（2）受自然地域环境限制的。

（3）公开招标的费用与工程费用相比，所占比例过大的。

5. 本项目在上述条件下不可以进行施工招标，因为该项目的施工图设计文件还未被批准，还不具备施工招标的必备条件。

6. 本项目在施工招标过程中的不妥之处如下：

（1）"招标单位于2019年3月18日进行施工招标"不妥。

理由：该项目施工图设计文件未被批准，不具备施工招标所需的条件。

（2）"招标单位发布招标公告"不妥。

理由：采用邀请招标方式的无须发布招标公告。

(3)"招标单位向两家施工单位发出投标邀请书"不妥。

理由：进行邀请招标时，必须向不少于3家的投标单位发出投标邀请书。

(4)"招标文件中对省内与省外投标单位提出不同的资格要求"不妥。

理由：招标投标活动应当遵循公开、公平、公正和诚信的原则，招标单位应平等地对待所有投标单位，不得在招标文件中制定不合理的条件限制或排斥投标人，不得对投标人实行歧视待遇。

(5)"针对不同的投标单位编制了两个标底"不妥。

理由：按规定一个工程只能编制一个标底，不能对不同的投标单位采用不同的标底进行评标。

(6)"在招标补遗书中明确了提问单位、提问时间"不妥。

理由：招标单位对投标单位的提问只能针对具体的问题作出明确答复，但不应提及具体的提问单位，也不必提及提问的时间。

(7)"在书面答复投标单位提问后，招标单位组织各投标单位进行了现场考察"不妥。

理由：现场考察应安排在书面答复投标单位提问之前，因为投标单位对施工现场条件也可能提出问题。

(8)"2019年4月10日，招标单位书面通知各投标单位，将收费站工程从原招标范围内删除"不妥。

理由：若招标单位需改变招标范围或变更招标文件，应在提交投标文件截止日期至少15天前以书面形式通知所有投标单位。

(9)"开标前，当地交通主管部门设立了评标委员会"不妥。

理由：评标委员会由招标单位依法组建。

(10)"评标委员会由4人组成，其中招标单位代表2人，评标专家2人"不妥。

理由：评标委员会由招标人的代表和技术、经济专家组成。评标委员会人数为五人以上单数，其中专家人数不得少于成员总数的三分之二。

(11)"2019年4月22日，开标会议由公证机构主持召开"不妥。

理由：开标时间应当与招标文件中确定的提交投标文件截止时间一致。开标会议由招标单位主持。

(12)"由评标委员会检查投标文件的密封情况"不妥。

理由：开标时，由投标人或其推选的代表检查投标文件的密封情况，也可以由监标人检查或招标单位委托的公证机构检查并予以公证。

7.招标单位原因导致招标失败造成投标单位损失不予补偿。因为招标对投标单位不具合同意义上的约束力，不能保证投标人中标。

第三题参考答案

1.建设单位对桥隧驻地办和桥、隧施工单位作出处罚是合理的。

因为根据建设单位和监理单位、施工单位所签订的合同约定，如果监理驻地办、施工单位在合同实施过程中，没有履行相关义务与责任，建设单位可以根据合同约定，对相关单位做出处罚。正是监理驻地办、桥隧施工单位没有履行合同义务与责任，才导致该质量事故的发生。

2. 当工程的实际进度与工程进度计划不符时,建设单位可以通过监理机构向施工单位作出调整工程进度计划的指示,从而对进度计划进行调整。

3. 建设单位作出压缩合同工期的决定无效。

因为施工合同有效成立后对双方当事人产生约束力,任何一方都无权擅自变更。建设单位提出缩短合同工期,必须与施工单位协商一致,签订缩短工期的补充协议才有效。本案例中,建设单位提出缩短合同工期的决定后,没有与施工单位协商,而是通过监理机构直接下达给施工单位。

4. 一般情况下,建设单位不能压缩合同工期。

因为按照有关法律规定,建设单位不得任意压缩合理工期。公路工程专用合同条款也规定,发包人不得随意要求承包人提前交工。如遇特殊情况,确需将工期提前的,发包人和承包人必须采取有效措施,确保工程质量。

5. 对桥墩中心线偏移这一质量事故,现场监理机构应当承担监理失职的责任。

因为:(1)对于建设单位随意压缩合同工期的行为没有及时劝阻。(2)对于隧道施工单位随意倾倒弃渣的违约行为没有及时阻止。

第四题参考答案

1. 事件1:监理工程师应拒绝施工单位提出的工程延期和费用索赔的要求。

因为根据《公路工程标准施工招标文件》(2018年版)合同条款的规定,应认为施工单位通过建设单位所提供资料及现场考察,已取得可能对投标有影响或起作用的风险、意外等的必要资料,并且在报价中考虑了这些因素的影响。同时,本题目中所述情况是一个有经验的承包人能合理预计到的。因此,施工单位应承担相关的风险责任。

事件2:监理工程师应拒绝施工单位提出的费用索赔的要求。

因为提高基础混凝土强度是属于施工单位本身所采取的保证质量的技术措施,它既不是合同文件要求的,也不是工程变更导致的,监理工程师也没有对施工单位提出这样的要求。因此,所增加的这部分费用应由施工单位自行承担。

事件3:监理工程师应同意施工单位提出的工程延期和费用索赔的要求。

因为施工图纸是建设单位提供的,施工图纸有误需要修改,并非施工单位的过错,建设单位应承担相应的风险责任。

事件4:监理工程师应拒绝施工单位提出的工程计量要求。

因为扩大夯击部分的工程量超出了施工图的要求,也就超出了工程合同约定的工程计量范围,所以监理工程师无权处理合同以外的工程计量内容,而现场监理工程师同意的是施工单位为保证质量而采取的技术措施。一般情况下技术措施费用应由施工单位自己承担。

2. 一般情况下先订立监理合同,后订立施工合同。

本工程项目施工监理服务开始于监理合同签订之日,即2008年4月10日。

第五题参考答案

1. 该工程网络计划图中的关键线路是①→③→⑤→⑥;计划工期为400天,按此计划该工程可以按合同工期要求完工。

2. 事件1:施工单位不能获得工期和费用补偿。因为下雨是施工单位能预见的,属于施工单位应承担的风险责任。

事件 2:施工单位不能获得工期和费用补偿。因为基坑边坡支撑失稳坍塌,属于施工单位施工方案有误,应由施工单位承担该风险责任。

事件 3:不能获得工期补偿。虽然建设单位应承担不可抗力的工期风险,但工作 C 延误的时间没有超过总时差,对工期没有影响,因此不能获得工期补偿。

能获得费用补偿,因为合同双方应分别承担不可抗力造成各自的费用损失。

事件 4:能获得工期和费用补偿,因为建设单位提出工程变更,建设单位应承担相应的风险责任。

3. 施工单位可获得的工期补偿为 30 天。

因为工作 E 可延长 30 天,因此新的计划工期为 430 天。

430 - 400 = 30(天)。

4. 施工单位不能得到租金补偿。

因为工作 A 和 B 持续时间的延长都是施工单位的责任或应承担的风险造成的,因此施工单位不能得到费用补偿。

第六题参考答案

1. 工程价款的结算方式主要分为按月结算、分段结算、竣工后一次结算、目标结算和双方议定的其他结算方式。

2. 预付款的起扣点:$6000 \times 30\% = 1800$(万元)。

前 3 个月工程计量款累计金额:$200 + 650 + 850 = 1700$(万元)

显然预付款从第 4 个月开始扣回。

预付款为合同价的 10%,超过起扣点后每次计量扣回预付款的比例为 $10\% \div (80\% - 30\%) = 20\%$;则第 4 个月扣回数额:

$(200 + 650 + 850 + 850 - 1800) \times 20\% = 150$(万元)。

扣回完成点:$6000 \times 80\% = 4800$(万元)。

第 7 个月累计完成 4570 万元,小于 4800 万元。

第 8 个月累计完成 5420 万元,大于 4800 万元,应在第 8 个月完成预付款的扣回。

3. 第 1 个月:未达到合同约定的付款最低限额,不能签发计量支付证书。

第 2 个月:$200 + 650 = 850$(万元)。

第 3 个月:850(万元)。

第 4 个月:$850 - 150 = 700$(万元)。

第 5 个月:$850 \times (1 - 20\%) = 680$(万元)。

第 6 个月:$320 \times (1 - 20\%) = 256$(万元),小于 300 万元,不签发支付证书。

第 7 个月:$(320 + 850) \times (1 - 20\%) = 936$(万元)。

第 8 个月:$850 - (4800 - 4570) \times 20\% = 804$(万元)。

第 9 个月:$850 - 6000 \times 3\% = 670$(万元)。

4. 工程程计量款累计金额:$200 + 650 + 850 + 850 + 850 + 320 + 850 + 850 + 850 = 6270$(万元)。

累计支付金额:$600 + 850 + 850 + 700 + 680 + 936 + 804 + 670 = 6090$(万元),其中 600 万元为预付款。

质量保证金:$6000 \times 3\% = 180$(万元)。

累计支付金额质量保证金:$6270 - 180 = 6090$(万元),与累计支付相吻合。质量保证金180万元在缺陷责任期满后最终在结清证书中支付。

因此,本工程结算款为6270万元。

预测模拟试卷(三)

本试卷均为案例分析题,共6题,每题20分。要求分析合理,结论正确;有计算要求的,应简要写出计算过程。

第一题

某一级公路开工里程42km,建设单位通过公开招标方式选定某监理单位承担该项目的施工监理工作。该公路施工项目的建安造价为18亿元,合同工期4年。

在实施监理的过程中发生如下事件:

事件1:监理单位按照"确定监理工作内容→确定监理目标→确定监理工作流程→监理机构组织结构设计"的步骤设置了监理机构。监理单位根据该项目特点和实际监理工作需要,设置了二级监理机构,配备了12名监理工程师及必要的监理员、试验检测员。

事件2:监理单位指派本单位的总工程师主持编制项目监理计划。编制监理计划的依据包括:①相关法律法规;②相关技术标准及规范;③项目设计文件和图纸;④施工组织设计与施工方案。监理计划编制完成后经监理单位总经理审批后在第一次工地会议上报送建设单位。

事件3:监理单位指派某专业监理工程师主持编制监理细则。监理细则的内容包括:①监理工作内容;②监理工作目标;③监理工作依据;④监理制度;⑤监理工作要点。监理细则编制完成后由监理单位总工程师审批。

事件4:监理单位根据工程项目特点和监理工作的具体情况明确了专业监理工程师的职责,包括:①审批施工组织设计;②审批主要原材料和混合料;③组织检查施工单位质量、安全和环保管理体系的建立及运行情况;④审批分部分项工程开工申请,并签发分部分项工程开工令;⑤组织分部分项工程质量评定。

事件5:由专业监理工程师主持召开监理交底会和第一次工地会议,介绍监理细则的主要内容。

问题:

1. 针对事件1,指出监理单位建立监理机构的步骤是否正确?如不正确,写出正确的步骤。
2. 事件1中,设置二级监理机构是否合理?说明原因。监理机构配备12名监理工程师是否合理?说明理由。
3. 指出事件2中监理单位编制项目监理计划的不妥之处,说明理由。
4. 事件4中,监理单位确定的专业监理工程师的职责是否合理?说明原因。
5. 指出事件5中的不妥之处,说明理由。

第二题

某公路工程施工过程中,施工单位发现某分项工程设计图纸有错误,为了节省时间,确保工程按期完成,施工单位直接找到设计单位,要求设计单位对该分项工程进行变更。设计单位便按照施工单位的要求对该工程进行了变更,并将变更图纸交给了施工单位。

问题:

1. 施工单位发现施工图纸有错误直接要求设计单位进行变更,该行为是否妥当?如不妥当,应如何处理?

2. 设计单位能否按照施工单位要求进行变更?为什么?

3. 对于施工图纸中的错误,监理机构应如何处理?

4. 施工单位收到监理机构提供的施工图纸后,如果认为存在导致变更情形的,应如何处理?

5. 监理机构在收到施工单位的变更建议后应如何处理?

第三题

某公路建设项目的建设单位采用公开招标方式分别选定了施工单位和监理单位,并与施工单位和监理单位分别签订了施工合同与监理合同。在施工过程中,发生了如下事件:

事件1:在某段土方开挖工作完成后不久,边坡出现了局部塌方,令地基土受到扰动,承载能力降低。

事件2:在基础工程施工结束后,因施工单位质量检查人员外出未归,未进行自检,为了能够提前进行基础的填埋工作,施工单位报请监理工程师对其进行检查验收,被监理工程师拒绝。

事件3:在某段危险性较大的高边坡处理工程,施工单位没有按规定编制专项施工方案。该高边坡处理工程施工时没有专职安全生产管理人员进行现场监督,施工时发生了安全事故。

事件4:某段石方爆破作业比较危险,施工单位为了保证本单位从事爆破作业人员的生命安全,决定从劳务市场雇用3名无爆破作业上岗证人员去实施爆破作业,监理工程师发现后立即予以制止。

事件5:某段土方路基完工后,施工单位申请中间交工验收,监理工程师检查发现施工单位的施工自检资料不完整,最终拒绝对该土方路基进行中间交工验收。

事件6:该公路项目施工结束后,施工单位提交了交工验收申请,监理工程师审查后认为竣工资料不完善,不具备交工验收条件。因而拒绝了施工单位的交工验收申请。

问题:

1. 事件1中所述边坡出现了局部塌方的问题可能是由于什么原因引起的(至少说出3个可能原因)?

2. 事件2中监理工程师拒绝施工单位要求其对基础工程检查验收的请求是否合理?为什么?

3. 事件3中所述的安全事故监理单位是否应承担责任?为什么?什么样的公路工程施工单位应编制专项施工方案?

4. 事件4中监理工程师的行为是否正确?为什么?

5. 事件5中监理工程师的行为是否正确?为什么?

6. 土方路基质量检验评定时质量检验内容包括哪四个部分?土方路基质量检验实测项目有哪些?

7. 事件6中监理工程师的行为是否合理?为什么?公路工程进行交工验收应具备的条件

有哪些?

第四题

某山区一级公路在施工过程中,发生了以下事件:

事件1:在一次石方工程爆破作业中,因施工人员的操作失误,造成2人死亡、多人受伤的生产安全事故。事后调查发现,施工单位事先没有编制专项施工方案,施工时也没有专职的安全生产管理人员进行现场监督,爆破作业人员没有经过培训、无证上岗以及违章作业是造成这次安全事故的主要原因。

事件2:该公路某结构工程施工过程中,由于施工单位违法将工程分包给不具资质的分包单位,分包单位为降低施工成本偷工减料,大量使用不合格材料,最终导致该结构工程倒塌的重大质量事故。

问题:

1. 施工单位应具备的安全生产条件包括哪些方面?
2. 对施工单位配备的专职安全生产管理人员的数量有何要求?其职责是什么?
3. 哪些危险性较大工程应当编制专项施工方案(列举出不少于5项)?
4. 对安全生产费用的数额及用途有什么要求?
5. 有关法规对建设工程分包及监理业务分包有什么规定?
6. 对于以上安全事故及质量事故监理工程师是否应承担责任?为什么?

第五题

某公路工程的施工合同工期为16周,项目监理机构批准的施工进度计划如图4-3所示。各项工作均按匀速施工。施工单位的报价单(部分)如表4-4所示。

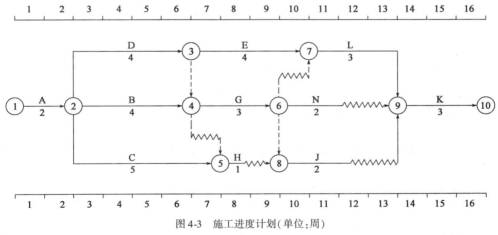

图4-3 施工进度计划(单位:周)

施工单位报价单(部分)　　　　　　　　　　　　　　　表4-4

序 号	工 作 名 称	估算工程量	综合单价[(元/m³)]	合价(万元)
1	A	800m³	300	24
2	B	1200m³	320	38.4
3	C	20次	—	—
4	D	1600m³	280	44.8

工程施工到第四周末时,总监办组织施工进度检查,发现以下事件:

事件1:A工作已经完成,但由于设计图纸局部修改,实际完成的工程量为840 m³,工作持续时间未变。

事件2:B工作施工时遇到异常恶劣的气候,造成施工单位的施工机械设备损坏和施工人员窝工损失,这两项损失共计2万元,检查时该工作实际只完成估算工程量的25%。

事件3:C工作为检验检测配合工作,检查时只完成估算工程量的20%,施工单位实际发生检验检测配合工作费用5000元。

事件4:施工中发现地下文物,导致D工作尚未开始,造成施工单位自有设备闲置4个台班,台班单价为300元/台班、折旧费为100元/台班。施工单位进行文物现场保护的费用为1500元。

问题:

1. 根据第四周末的检查结果,在图4-3上绘制实际进度前锋线,逐项分析B、C、D三项工作的实际进度对合同工期的影响,并说明理由。

2. 若施工单位在第四周末就B、C、D三项工作出现的进度偏差提出工程延期的要求,项目监理机构应批准工程延期多长时间?为什么?

3. 施工单位是否可以就事件2中的B工作和事件4中的D工作出现的情况提出费用索赔?为什么?可以获得的索赔费用是多少?

4. 事件3中C工作发生的费用应如何结算?为什么?

5. 前四周施工单位可以得到的结算款为多少?

第六题

某路桥工程有限公司通过投标竞争中标了某公路工程施工项目,于2019年3月10日与该项目的发包人签订工程施工承包合同。合同中有关工程价款及其支付的条款约定如下:

(1)合同总价为9000万元。

(2)开工预付款为合同总价的10%,于3月20日前拨付给承包人。

(3)工程进度款由承包人逐月(每月25日)申报,经审核后于当月30日前支付。

(4)开工预付款在工程计量款累计金额达到合同总额的30%之后,每完成合同总价的1%,扣回开工预付款的2%,全部金额在工程计量款累计金额达到合同总价的80%时扣完。

(5)工程交工后42天内,承包人提交交工付款申请单,经监理人审核后报业主,业主在14天内支付除工程质量保证金以外的工程价款,工程质量保证金为合同总价的3%,缺陷责任期(2年)终止证书签发后28天内全部结清。

合同中有关工程工期的规定为:4月1日开工,9月20日交工;工程款逾期支付,按每日0.8‰的利率计息;逾期交工,按每日10000元罚款。根据经监理机构批准的施工进度计划,各月计划完成产值见表4-5。

各月计划完成产值 表4-5

月份	4	5	6	7	8	9
计划完成产值(万元)	1200	1500	1800	1800	1500	1200

工程施工一直按进度计划进行,直到8月16日,因施工设备出现故障,停工2天,造成窝工50工日(每工日工资100元),8月实际产值比原计划少60万元。工程施工至9月6日,因

业主提供的某种材料质量不合格导致其中一个处于关键线路上的分项工程质量不合格,业主决定更换材料,将该项工程拆除重建。重建导致承包人增加拆除用工 60 工日(每工日工资 100 元),机械闲置 3 个台班(每台班按 400 元计),材料费损失 5 万元,其他费用损失 1 万元,重新修建费 10 万元。因拆除、重修使工期延长 5 天,工程最终于 9 月 29 日交工。

问题:

1. 按原施工进度计划,为业主提供一份完整的逐月拨款计划。

2. 承包人分别于 8 月 20 日提出延长工期 2 天,费用索赔额 5000 元,于 9 月 28 日提出延长工期 6 天,费用索赔额 178000 元。请问该两项索赔能否成立?应批准延长工期为几天?索赔费为多少元?并说明理由。

3. 按实际施工,8 月和 9 月业主应拨付的工程进度款分别为多少?

预测模拟试卷(三)参考答案

第一题参考答案

1. 事件1中,监理单位建立监理机构的步骤不正确。

正确的步骤为:确定监理目标→确定监理工作内容→监理机构组织结构设计→确定监理工作流程。

2. 事件1中,(1)设置二级监理机构不合理。

原因:根据《公路工程施工监理规范》(JTG G10—2016)规定,100km以下的公路工程施工项目应设置一级监理机构,即只设置总监理工程师办公室。

(2)监理机构配备12名监理工程师不合理。

理由:《公路工程施工监理规范》(JTG G10—2016)规定,高速公路、一级公路宜按每年每7500万元建安费配备监理工程师1名,并可根据工程特点和实际需要在0.8~1.2系数范围内调整。根据公路施工项目的建安造价为18亿元,合同工期4年计算可得,监理机构需配备监理工程师6名左右。

3. 事件2中,监理单位编制监理计划不妥之处及理由如下:

(1)监理单位指派本单位的总工程师主持编制项目监理计划不妥。

理由:《公路工程施工监理规范》(JTG G10—2016)规定,监理计划应由总监理工程师主持编制。

(2)编制监理计划的依据不妥。

理由:施工组织设计与施工方案不是编制监理计划的依据。

(3)监理计划编制完成后经监理单位总经理审批后在第一次工地会议上报送建设单位不妥。

理由:监理计划由总监理工程师审核,并经监理单位技术负责人批准后在第一次工地会议召开前报送建设单位。

4. 事件4中,监理单位确定的专业监理工程师的职责不合理。

原因:事件4中,监理单位确定的专业监理工程师的职责都应是总监理工程师的职责。

5. 事件5中的不妥之处及理由如下:

(1)由专业监理工程师主持召开建立交底会和第一次工地会议不妥。

理由:《公路工程施工监理规范》(JTG G10—2016)规定,监理交底会和第一次工地会议均应由总监理工程师主持召开。

(2)介绍监理细则不妥。

理由:在监理交底会和第一次工地会议上应介绍监理计划的主要内容。

第二题参考答案

1. 施工单位发现施工图纸有错误直接要求设计单位进行变更,该行为不妥当。

施工单位在发现施工图纸有错误后,应及时通知监理机构。

2. 设计单位不能按照施工单位要求进行变更。因为设计单位和施工单位之间没有合同关系。

3. 对于施工图纸中的错误,监理机构应立即书面报告建设单位。

4. 施工单位收到监理机构提供的施工图纸后,如果认为存在导致变更情形的,可向监理机构提出书面变更建议。

5. 监理机构在收到施工单位的变更建议后,应与建设单位共同研究,确认存在变更的,应在收到施工单位书面建议后的14天内作出变更指示。经研究后不同意作为变更的,应由监理机构书面答复施工单位。

第三题参考答案

1. 事件1中,边坡出现局部塌方的原因可能是:

(1)开挖坡度过陡,或通过不同土层时没有根据土的特性分别放成不同坡度,致使边坡失稳而塌方。

(2)未采取有效的降水排水措施,使边坡内土层湿化,内聚力降低,引起塌方。

(3)边坡顶部堆载过大,或受到外力振动影响,使边坡内土体剪应力增大,导致土体失稳而塌方。

(4)土质松软,开挖次序、方法不妥当而造成塌方。

2. 事件2中,监理工程师的行为是合理的。

因为监理工程师的质量检查与验收,是对施工单位作业活动质量的复核与确认;监理工程师的检查决不能代替施工单位的自检,而且,监理工程师的检查必须是在施工单位自检合格的基础上进行的。施工单位的质量检查人员没有自检或自检不合格不能报请监理工程师检查、验收。不符合上述规定,监理工程师一律拒绝进行检查。

3. 事件3中发生的安全事故,监理单位应承担责任。

因为监理单位接受建设单位的委托,承担了施工安全监督和管理的责任,并收取了监理费用,具备了承担责任的条件,而施工过程中,监理工程师对施工单位未编制专项施工方案、施工时现场又没有专职安全生产管理人员的违规行为没有及时发现并采取措施制止,因此必须承担相应的监理失职责任。

根据规定,对下列达到一定规模的危险性较大的分部分项工程应编制专项施工方案,并附安全验算结果,经施工单位技术负责人、总监理工程师签字后实施,由专职安全生产管理人员进行现场监督。

(1)不良地质条件下有潜在危险性的土方、石方开挖。

(2)滑坡和高边坡处理。

(3)桩基础、挡墙基础、深水基础及围堰工程。

(4)桥梁工程中的梁、拱、柱等构件施工等。

(5)隧道工程中的不良地质隧道、高瓦斯隧道、水底海底隧道等。

(6)水上工程中的打桩船作业、施工船作业、外海孤岛作业、边通航边施工作业等。

(7)水下工程中的水下焊接、混凝土浇筑、爆破工程等。

(8)爆破工程。

(9)大型临时工程的大型支架、模板、便桥的架设与拆除、桥梁、码头的加固与拆除。

4.事件4中,监理工程师的行为是正确的。

因为施工单位的爆破作业人员、安装拆卸工、起重信号工等国家规定的特种作业人员必须按照国家规定经过专门的安全作业培训,并取得特种作业操作资格证书后,方可上岗作业。

5.事件5中,监理工程师的行为是正确的。

因为监理工程师在收到施工单位提交的分项工程中间交工申请后,应检查各道工序的施工自检记录、交接单及监理工程师签认的关键工序的交验单;检查分项工程的质量自检和质量等级评定资料;检查质量保证资料的完整性。上述资料经检查符合要求后,监理工程师方可对分项工程进行中间交工验收,否则应拒绝进行中间交工验收。

6.土方路基质量检验内容包括基本要求、实测项目、外观质量和质量保证资料四个部分。

土方路基质量检验实测项目主要有:①压实度;②弯沉值;③纵断高程;④中线偏位;⑤宽度;⑥平整度;⑦横坡;⑧边坡。其中,关键项目有压实度和弯沉值。

7.监理工程师的行为是合理的。

因为施工单位没有按规定编制竣工资料,使得竣工资料不完善,不具备交工验收的条件。

公路工程进行交工验收应具备以下条件:

(1)合同约定的各项内容已完成。

(2)施工单位按交通运输部制定的现行《公路工程质量检验评定标准 第一册 土建工程》(JTG F80/1)及相关规定的要求对工程质量自检合格。

(3)监理工程师对工程质量的评定合格。

(4)质量监督机构按交通运输部规定的公路工程质量鉴定办法对工程质量进行检测,并出具检测意见。

(5)竣工文件已按交通运输部规定的内容编制完成。

(6)施工单位、监理单位已完成本合同段的工作总结。

第四题参考答案

1.施工单位应当具备的安全生产条件主要包括:

(1)施工单位应当取得安全生产许可证;施工单位的主要负责人、项目负责人、专项安全生产管理人员必须取得考核合格证书,方可参加公路工程投标及施工。

(2)施工单位的垂直运输机械作业人员、爆破作业人员等国家规定的特种作业人员,必须按照国家规定经过专门的安全作业培训,并取得特种作业操作资格证书后,方可上岗作业。

(3)施工单位在施工中使用施工起重机械和整体提升式脚手架、滑模爬模、架桥机等自行式架设设施前,应当组织有关单位进行验收,或者委托具有相应资质的检验检测机构进行验收。使用承租的机械设备和施工机具及配件的,由承租单位、出租单位和安全单位共同进行验收,验收合格的方可使用。验收合格后30日内,应当向当地交通主管部门登记。

(4)施工单位应当对从业人员进行安全生产教育和培训,保证从业人员具备必要的安全生产知识,熟悉有关的安全生产规章制度和安全操作规程,掌握本岗位的安全操作技能。未经安全生产教育和培训合格的从业人员,不得上岗作业。

2.施工单位应当配备专职安全生产管理人员。施工现场应当按照每5000万元施工合同额配备一名的比例配备专职安全生产管理人员,不足5000万元的至少配备一名专职安全生产管理人员。

专职安全生产管理人员的职责是：负责对安全生产进行现场监督检查，并做好检查记录，发现生产安全事故隐患，应当及时向项目负责人和安全生产管理机构报告；对违章指挥、违章操作和违反劳动纪律的，应当立即制止。

3. 对下列危险性较大的工程应当编制专项施工方案：

（1）不良地质条件下有潜在危险性的土方、石方开挖。

（2）滑坡和高边坡处理。

（3）桩基础、挡墙基础、深水基础及围堰工程。

（4）桥梁工程中的梁、拱、柱等构件施工等。

（5）隧道工程中的不良地质隧道、高瓦斯隧道、水底海底隧道等。

（6）水上工程中的打桩船作业、施工船作业、外海孤岛作业、边通航边施工作业等。

（7）水下工程中的水下焊接、混凝土浇筑、爆破工程等。

（8）爆破工程。

（9）大型临时工程中的大型支架、模板、便桥的架设与拆除；桥梁、码头的加固与拆除。

4. 施工单位在工程报价中应当包含安全生产费用，一般不得低于投标价的1.5%，且不得作为竞争性报价。

安全生产费用应当用于施工安全防护用具及设施的采购和更新、安全施工措施的落实、安全生产条件的改善，不得挪作他用。

5. 施工单位不得将建设工程分包给不具备相应资质条件的单位；施工合同中未有约定，又未经建设单位认可，施工单位不得将其承包的部分建设工程交给其他单位完成；施工总承包单位不得将建设工程主体结构的施工分包给其他单位；分包单位不得将其承包的建设工程再分包。

监理单位不得分包监理业务。

6. 对于以上安全及质量事故，监理工程师应承担相应的失职责任。

因为监理工程师未能及时地发现或制止施工单位的违法违规行为，应承担失职责任。

第五题参考答案

1. 实际进度前锋线如图4-4所示。

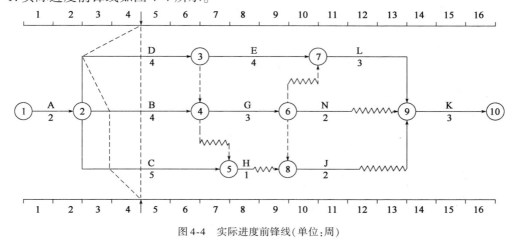

图4-4 实际进度前锋线（单位：周）

(1)B 工作拖后 1 周,不影响工期,因 B 工作总时差为 1 周。
(2)C 工作拖后 1 周,不影响工期,因 C 工作总时差为 1 周。
(3)D 工作拖后 2 周,影响工期 2 周,因 D 工作总时差为零(或 D 工作为关键工作)。

2. 批准工程延期 2 周。

因为施工中发现文物造成 D 工作拖延,该拖延不属于施工单位原因造成的,且 D 工作在关键线路上,影响工期 2 周,故应批准延期。

3. (1)事件 2 中的 B 工作不能索赔费用。

因异常恶劣的气候造成施工单位的经济损失,属于施工单位应承担的风险责任,该损失应由施工单位自身承担。

(2)D 工作可以索赔费用。

因施工中发现地下文物造成 D 工作未按时开工,属于建设单位应承担的风险,不属于施工单位的原因或责任。

可获得的索赔费用为:4 台班×100 元/台班+1500 元=1900 元。

4. 事件 3 中的 C 工作发生的费用不予结算。

因为施工单位在投标时对 C 工作没有报价,故认为 C 工作的费用已经分摊到其他项目中。

5. 前四周施工单位可以得到的结算款(即为 A、B、D 三项工作应得的结算款)如下:

A 工作:840m^3×300 元/m^3=252000(元)。

B 工作:1200m^3×25%×320 元/m^3=96000(元)。

D 工作:4 台班×100 元/台班+1500 元=1900(元)。

施工单位可以得到的结算款合计为:

252000+96000+1900=349900(元)。

第六题参考答案

1. 按原施工进度计划的逐月拨款计划:

(1)预付款:9000×0.1=900(万元)。

(2)预付款的起扣点:9000×0.3=2700(万元)。

(3)逐月拨款计划如下:

① 4 月:

本月完成产值 1200 万元,累计完成 1200 万元,占合同额的 13.33%。

未达起扣点,本月不扣回预付款。

本月拨付工程款:1200 万元,累计拨付 1200 万元。

② 5 月:

本月完成产值 1500 万元,累计完成 2700 万元,占合同额的 30.00%。

刚达起扣点,本月不扣回预付款。

本月拨付工程款:1500 万元,累计拨付 2700 万元。

③ 6 月:

已达到起扣点,从本月开始应扣回预付款。

预付款的扣回金额=(当月累计已完成工作量-起扣点)/合同总价÷1%×2%×预付款

-上月扣回预付款额。

本月完成产值1800万元,累计完成4500万元,占合同额的50.00%。

本月扣回的预付款:(4500-2700)÷9000÷1%×2%×900=360(万元),累计扣回360万元。

本月拨付工程款:1800-360=1440(万元),累计拨付4140万元。

④7月:

本月完成产值1800万元,累计完成6300万元,占合同额的70.00%。

本月扣回的预付款:(6300-2700)÷9000÷1%×2%×900-360=360(万元),累计扣回720万元。

本月拨付工程款:1800-360=1440(万元),累计拨付5580万元。

⑤8月:

本月完成产值1500万元,累计完成7800万元,占合同额的86.67%。

根据合同约定,全部预付款金额在累计金额达到合同总价的80%时扣完开工预付款,因此,本月扣回的预付款:900-720=180(万元)。

本月拨付工程款:1500-180=1320(万元),累计拨付6900万元。

⑥9月:

本月完成产值1200万元,累计完成9000万元。

本月扣留的质量保证金:9000×3%=270(万元)。

本月拨付工程款:1200-270=930(万元),累计拨付7830万元。

累计拨付工程款+预付款+质量保证金=7830+900+270=9000(万元),与累计完成产值一致。

2.8月20日提出索赔不予批准。理由是承包人施工设备故障应由承包人承担责任,承包不能索赔工期和费用。

9月28日提出的索赔应予批准。因业主提供的某种材料质量不合格属于业主责任,由其引起的损失的索赔业主应予批准。应批准延长工期为5天。

费用索赔额:60×100+3×4000+50000+10000+100000=178000(元)。

3.(1)8月业主应拨付的工程进度款:1500-60-180=1260(万元)。

(2)9月业主应拨付的工程进度款:

完成金额1200+60=1260(万元);

扣质保金额270万元;

索赔额17.8万元;

由于工期延误29-20-5=4(天),罚款4×1=4(万元);

9月业主应拨付的工程进度款1260-270+17.8-4=1003.8(万元)。

预测模拟试卷(四)

本试卷均为案例分析题,共6题,每题20分。要求分析合理,结论正确;有计算要求的,应简要写出计算过程。

第一题

某一级公路施工项目开工里程126km。建设单位通过公开招标方式选定某监理单位承担该项目的施工监理任务。

在签订监理合同及监理工作准备过程中发生如下事件:

事件1:在监理中标通知书发出后的第35天,招标人与中标人签订了施工监理合同。随后双方又订立了一份将监理中标价降低8.5%的协议。

事件2:监理单位根据该项目特点及监理工作实际需要,采用直线职能式组织结构形式设置二级监理机构。

事件3:监理单位要求监理机构应在审批施工组织设计之后立即由驻地监理工程师主持编制监理计划。

监理计划的内容应包括:①工程概况;②监理工作的依据、范围、内容和目标;③监理工作制度、监理程序及监理工作用表;④监理设施。

监理计划编制的依据包括:①有关法律法规及部门规章;②有关工程建设的标准、规范及规程;③工程设计文件和图纸;④施工组织设计与施工方案。

监理单位要求监理计划编制完成后由项目总监理工程师审批后在工程开工前报送建设单位。

问题:

1.指出事件1中,监理合同签订过程中的不妥之处,并说明理由。

2.针对事件2,写出直线-职能式组织结构模式的特点,并说明组织结构的几种基本模式。

3.事件2中,该项目设置二级监理机构是否合理?并说明理由。

4.指出事件3中,编制监理计划及报审过程中的不妥之处,并说明理由。

5.事件3中,监理单位编制的监理计划内容是否完备?写出监理计划应包含的主要内容。

6.指出事件3中,哪些文件不属于编制监理计划的依据。写出编制监理计划的主要依据包括哪些。

第二题

某高速公路建设项目,建设单位分别与土建和机电设备安装单位签订了土建、机电设备安装工程施工合同。按有关规定,建设单位委托某监理单位承担该建设项目施工监理工作,并与之签订了施工监理合同。

监理合同签订后,总监理工程师主持编制了项目监理计划,提出了质量目标控制措施如下：
(1)熟悉质量控制依据和文件。
(2)确定质量控制要点，落实质量控制手段。
(3)完善职责分工及有关质量监控制度，落实质量控制责任。
(4)对不符合合同约定质量要求的工程，拒签支付证书。
(5)审查施工单位提交的施工组织设计和施工方案。

在监理计划中规定，监理工作所需要的测量、检测试验仪器设备向施工单位借用，如不能满足需要，指令施工单位提供。

该建设项目正式施工之前，土建及设备安装单位都编制了相互协调的进度计划，进度计划已获得监理机构的批准。

土建工程施工完成后，设备安装单位按计划将设备安装材料及设备运进施工现场。经检测发现由土建施工单位施工的设备基础预埋螺栓有18%的位置偏移，偏移过大，无法安装设备，须返工处理，设备安装工作因基础返工而受到影响，由此造成安装单位的经济损失。

问题：
1. 监理工程师在进行目标控制时应采取哪些方面的措施？上述质量目标控制措施各属于哪一种措施？
2. 分析上述质量目标控制措施哪些是主动控制措施，哪些是被动控制措施。
3. 监理计划中关于监理设备配备的规定是否合理？为什么？
4. 安装单位的损失应由谁负责？为什么？
5. 对于设备预埋螺栓位置偏移过大的质量问题，监理单位是否应承担责任？为什么？
6. 监理工程师如何处理上述质量问题？

第三题

某高速公路建设项目划分为四个标段，建设单位通过公开招标确定甲、乙、丙、丁施工单位分别为第一、二、三、四标段的中标人。建设单位与甲、乙施工单位在规定时间内订立了书面施工合同。

在建设单位与丙施工单位订立书面施工合同之前，有人举报丙施工单位在投标时使用了假资质证书，经建设单位核查情况属实，于是取消了丙施工单位的中标资格。按规定将中标资格授予B施工单位，并与之订立了书面施工合同。

在建设单位与丁施工单位订立书面合同之前，发生了某种不可抗力，使双方无法在规定时间内签订书面合同。但双方通过电话商定，丁施工单位仍按合同约定，履行合同约定的各项义务。

按有关法律规定，建设单位通过公开招标选定某监理单位承担该建设项目施工监理工作，并与之签订了书面监理合同。

经监理工程师审查并报建设单位批准，甲施工单位把某分项工程分包给A施工单位，并与之签订了书面分包合同。

施工过程中发生了以下事件：

事件1：在第一合同段工程施工过程中，因A施工单位施工延误，导致乙施工单位不能按已批准的进度计划进行施工，造成工期延误和经济损失，对此乙施工单位向甲施工单位提出工程延期和费用索赔要求。

事件2：在第二合同段工程施工过程中，由于乙施工单位施工人员操作失误导致某分项工程质量不符合合同约定。

事件3：在第四合同段工程施工过程中，双方一直没有签订书面合同。丁施工单位已经按合同约定，履行了主要义务，建设单位也已接受。但在施工任务完成后，建设单位认为它与丁施工单位之间没有合同关系，而拒绝支付剩余工程款。

事件4：在第三合同段施工开始后，建设单位要求提前完工，并与B施工单位商签了补充协议。施工过程中发生混凝土工程质量事故，经调查认定该质量事故是B施工单位为赶工拆模过早，混凝土强度不足造成的，该事故未造成人员伤亡，但导致直接经济损失12万元。质量事故发生后，建设单位以B施工单位的行为与投标文件中的承诺不符，不具有履约能力，又不可能保证工程提前完工为由，提出终止合同。B施工单位认为事故是因建设单位要求赶工引起的，不同意终止合同。建设单位按合同约定提请仲裁，仲裁机构裁定终止合同，B施工单位决定向具有管辖权的法院提出诉讼，请求法院判决仲裁机构的裁定无效。

问题：

1. 该高速公路建设项目中存在的合同关系有哪些？

2. 丙施工单位使用假资质证书投标，导致合同不成立，该行为违背了《中华人民共和国民法典》合同编中的什么原则？应承担什么责任？对于建设单位的经济损失，丙施工单位是否应承担赔偿责任？

3. 《中华人民共和国民法典》合同编对建设工程合同形式是怎样规定的？建设单位与丁施工单位之间一直没有签订书面合同，它们之间的合同关系是否成立？为什么？

4. 在事件1中，因甲施工单位的分包人A施工单位的施工延误造成乙施工单位的损失，乙施工单位向甲施工单位提出索赔是否合理？为什么？乙施工单位应如何、向谁进行索赔？

5. 在事件2中，乙施工单位的行为是否构成违约？在合同履行过程中，违约方应承担的违约责任形式有哪些？

6. 在事件3中，建设单位因拒绝支付剩余工程款而与丁施工单位产生了纠纷，该纠纷是否属于合同纠纷，处理的方式有哪些？

7. 在事件4中发生的质量事故属于哪一类？该质量事故的技术处理方案应由谁提出？技术处理方案审核后，监理工程师应完成哪些工作？

8. 在事件4中，建设单位与B施工单位签订的补充协议是否具有与施工合同相同的法律效力？为什么？具有管辖权的法院是否受理B施工单位的诉讼请求？为什么？

第四题

某实施工程监理的一级公路，在施工过程中发生如下事件：

事件1：由于深基坑开挖（开挖深度6m）工程危险性较大，施工项目总工程师根据以往施工经验估算并组织编制专项施工方案，并亲自兼任施工安全管理员。专项施工方案编制完成，经施工项目经理审核签字后，提交给监理机构。

事件2：路基土石方工程施工中，在设计文件中标明有松软石的地方没有遇到松软石，因此工期提前1个月。但另一处设计文件中未标明有坚硬岩石的地方遇到更多的坚硬岩石，土石方开挖工作变得更加困难，因此工期拖延了5个月。由于工期拖延，使得后续工序施工不得不在雨期进行,按一般公认标准推算,影响工期2个月。由于实际遇到的地质条件比原合理预计的复杂,造成了实际生产率比原计划低得多,推算影响工期3个月。为此承包人准备提出索赔。

事件3:合同工程量清单上有某桥梁台背和锥坡回填子目及其土方数量,但没有单价。在施工过程中,该子目施工结束后,经监理工程师检查确认质量合格,各种验收手续齐全,无安全与环保隐患。承包人向监理工程师提出要求对该子目进行计量与支付。

问题:

1. 指出事件1中专项施工方案编审过程中的不妥之处,并说明理由。
2. 简要说明哪些工程需要施工单位编制专项施工方案。写出专项施工方案的审批程序。
3. 事件2中,承包人的索赔能否成立?为什么?在该索赔事件中,承包人应提出的索赔内容包括哪两方面?
4. 事件3中,承包人提出对台背和锥坡回填子目进行计量与支付的要求是否成立?为什么?

第五题

某工程,建设单位与施工单位按照《公路工程标准施工合同(示范文本)》签订了施工合同,经项目监理机构批准的施工总进度计划如图4-5所示,各项工作均按最早开始时间安排且匀速施工。

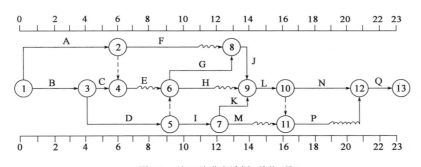

图4-5 施工总进度计划(单位:月)

施工过程中发生如下事件:

事件1:工作A为基础工程,施工中发现未探明的地下障碍物,处理障碍物导致工作A暂停施工0.5个月,施工单位机械闲置损失12万元,施工单位向项目监理机构提出工程延期和费用补偿申请。

事件2:由于建设单位订购的工程设备未按照合同约定时间进场,使工作J推迟2个月开始,造成施工人员窝工损失6万元,施工单位向项目监理机构提出索赔,要求工期延期2个月,补偿费用6万元。

事件3:事件2发生后,建设单位要求工程仍按原计划工期完工,为此,施工单位决定采取赶工措施,经确认,相关工作赶工费率及可缩短时间见表4-6。

工作赶工费率及可缩短时间 表4-6

工作名称	L	N	P	Q
赶工费率(万元/月)	20	10	8	22
可缩短时间(月)	1	1.5	1	0.5

277

问题：

1. 指出图4-5所示施工总进度计划的关键线路及工作E、M的总时差和自由时差。
2. 针对事件1，项目监理机构应批准工程延期和费用补偿各为多少？说明理由。
3. 针对事件2，项目监理机构应批准工程延期和费用补偿各为多少？说明理由。
4. 针对事件3，为使赶工费用最少，应选哪几项工作进行压缩？说明理由。需要增加赶工费多少万元？

第六题

某公路土方工程建设单位与施工单位签订了施工合同，合同中估算工程量为8000m^3，单价为200元/m^3，合同工期6个月。合同相关条款约定如下：

（1）开工前建设单位应向施工单位支付签约合同价20%的工程预付款。

（2）建设单位自第一个月起，从施工单位的工程款中，按5%的比例扣留质量保证金。

（3）当累计实际完成工程量不超过合同估算工程量10%时，单价不调整，当超过10%时，对超过部分进行调价，调价系数为0.9。

（4）工程预付款从累计工程款达到签约合同价的30%以上的下一个月起，至合同工期的第六个月（包括第六个月）平均扣回。

施工单位每月实际完成并由监理机构确认的工程量如表4-7所示。

监理机构确认的工程量   表4-7

月份	7	8	9	10	11	12
完成工程量(m^3)	1200	1700	1300	1900	2000	800
累计完成工程量(m^3)	1200	2900	4200	6100	8100	8900

问题：

1. 该施工合同的签约合同价为多少？工程预付款为多少？
2. 工程预付款从哪个月开始扣回？每月应扣工程预付款为多少？
3. 12月底监理机构应签发的进度付款金额为多少？

预测模拟试卷(四)参考答案

第一题参考答案

1. 事件1中,签订施工监理合同过程中的不妥之处及理由如下:

(1)在监理中标通知书发出后的第35天签订合同不妥。

理由:招标投标法规定,在监理中标通知书发出后的30天之内,招标人与中标人根据招标文件、投标文件和中标通知书等签订书面合同。

(2)订立合同后,双方又订立了一份将监理中标价降低8.5%的协议不妥。

理由:招标投标法规定,合同订立后,不得再另行订立背离合同实质性内容的其他协议。

2. 直线-职能式组织结构模式的特点:

(1)优点:集中领导、统一指挥、职责分明、任务明确、分工合理、专业化管理水平高。

(2)缺点:职能部门与指挥部门之间易产生矛盾,信息传递路线长,不利于互通信息。

常见的组织结构形式主义有:直线式、职能式、直线-职能式和矩阵式。

3. 事件2中,该项目设置二级监理机构合理。

理由:《公路工程施工监理规范》(JTG G10—2016)规定,100km以上的高速公路、一级公路可设驻地办,即可设置二级监理机构。

4. 事件3中,监理计划编制及报审过程中的不妥之处及理由如下:

(1)应在审批施工组织设计之后编制监理计划不妥。

理由:监理单位在接收到工程设计文件后即可组织有关监理人员进行编制,而且在召开第一次工地会议前提交给建设单位。

(2)由驻地监理工程师主持编制监理计划不妥。

理由:监理计划应由总监理工程师主持编制。

(3)监理计划的内容不妥。

理由:监理计划的内容不完备。

(4)由项目总监理工程师审批监理计划不妥。

理由:监理计划是由监理单位的技术负责人审批的。

(5)监理计划在工程开工前报送建设单位不妥。

理由:监理计划应在第一次工地会议召开前报送建设单位。

5. 事件3中,监理单位编制的监理计划内容不完备。

项目监理计划的内容应包括:①工程概况;②监理工作的依据、范围、内容和目标;③监理机构的组织形式、监理人员岗位职责,监理人员和设备配备及进退场计划;④监理工作制度、监理程序及监理工作用表;⑤工程质量、安全、环保、费用、进度等监理工作方案,应明确巡视、旁站、抽检和验收等具体计划要求;⑥合同事项管理和信息管理工作方案;⑦监理设施。

6. 事件3中,施工组织设计和施工方案不属于编制监理计划的依据。

编制项目监理计划的依据主要包括:①工程建设相关法律法规;②工程建设相关标准、规范及规程;③政府批准的工程建设文件;④工程项目设计文件和图纸;⑤施工合同和监理合同;⑥工程外部环境调查研究资料;⑦建设单位的合理要求;⑧工程实施过程中输出的有关工程信息。

第二题参考答案

1. 监理工程师在进行目标控制时应采取的措施有:组织措施、技术措施、合同措施、经济措施。上述质量目标控制措施中:(1)是技术措施;(2)是技术措施;(3)是组织措施;(4)是经济措施(或合同措施);(5)是技术措施。

2. 上述质量目标控制措施中,措施(2)(3)(5)属于主动控制;措施(4)属于被动控制。

3. 向施工单位借用和指令施工单位提供监理设备是不合理的。

因为按照监理合同条款约定,监理机构应配备能满足监理工作需要的测量、检测试验仪器设备。

4. 安装单位的损失应由建设单位负责。因为安装单位和建设单位有合同关系,建设单位没能按合同约定提供安装单位施工工作条件,使安装工作不能按计划进行,建设单位应承担由此引起的损失。

5. 对于预埋螺栓位置偏移过大的质量问题,监理单位应承担失职责任。

因为基础施工过程中的每一道工序及施工完成后,都要经现场监理工程师的检查、验收,但现场监理工程师未能及时发现质量问题,属于监管不到位,应负监理失职责任。

6. 对于预埋螺栓位置偏移的质量问题,监理工程师应向土建施工单位发出整改通知,要求施工单位返工处理,对施工单位提出的具体施工措施,监理工程师应进行审核,并严格监督检查施工处理情况,处理完成后应进行检查验收,验收合格后,组织办理移交签证,交由安装单位进行安装作业。

第三题参考答案

1. 该建设项目中存在的合同关系有:

(1)建设单位与甲施工单位之间有施工合同关系。

(2)建设单位与乙施工单位之间有施工合同关系。

(3)建设单位与B施工单位之间有施工合同关系。

(4)建设单位与丁施工单位之间有施工合同关系。

(5)建设单位与监理单位之间有监理合同关系。

(6)甲施工单位与A施工单位之间有分包合同关系。

2. 丙施工单位使用假资质证书投标,造成合同不成立,该行为违背了诚实信用原则,应承担缔约过失责任。对于建设单位的经济损失,丙施工单位应承担赔偿责任。

3.《中华人民共和国民法典》合同编第七百九十条规定:建设工程合同应当采用书面形式。

如若当事人订立建设工程合同,没有采用书面形式订立,"一方已经履行主要义务,且对方接受的,该合同成立。"

建设单位与丁施工单位之间虽然一直没有订立书面合同,但丁施工单位已经履行主要义务,建设单位也已接受了。因此它们之间的合同关系是存在。

建设单位以它与丁施工单位之间无合同关系为由拒绝支付剩余工程款的行为是不合法的。因为它们之间存在着有效的合同关系,建设单位应承担支付剩余工程款的义务。

4. 乙施工单位向甲施工单位提出索赔要求不合理。因为甲施工单位与乙施工单位之间无合同关系。乙施工单位与建设单位有合同关系,对于乙施工单位的损失可向建设单位提出补偿要求。因此乙施工单位应通过监理工程师向建设单位索赔。

5. 乙施工单位的行为构成违约,应承担相应的违约责任。

在合同履约过程中,违约方承担违约的责任形式有:(1)继续履行;(2)支付违约金;(3)赔偿损失;(4)采取补救措施;(5)定金罚则。

6. 建设单位与丁施工单位之间的纠纷为合同纠纷。该纠纷处理的方式主要有:(1)协商;(2)调解;(3)仲裁;(4)诉讼。

7. 该质量事故无人员伤亡,直接经济损失 12 万元,属于质量问题。

该质量事故的技术处理方案应由 B 施工单位提出。

技术处理方案审核后,监理工程师应完成以下工作:

(1)监督技术处理方案的实施。

(2)对技术处理后的工程进行检查、验收。

(3)验收合格后,签发复工令。

8. 建设单位与 B 施工单位签订的补充协议具有与施工合同相同的法律效力。因为合同履行中,双方经协商所签订的书面补充协议是施工合同的组成部分。

具有管辖权的法院不受理 B 施工单位的诉讼请求。因为按照法律规定,仲裁与诉讼两者只可选其一,即法院不受理已经仲裁的合同纠纷案件。

第四题参考答案

1. 事件 1 中专项施工方案编审过程中的不妥之处及理由如下:

(1)项目总工程师组织编制专项施工方案不妥。

理由:专项施工方案应由项目经理组织编制。

(2)根据以往施工经验编制专项施工方案不妥。

理由:专项施工方案应附具安全验算结果。

(3)该专项施工方案没有经过专家论证、审查不妥。

理由:根据《公路工程施工安全技术规范》(JTG F90—2015)规定,深度不小于 5m 的基坑土(石)方开挖、支护、降水工程的专项施工方案需经专家论证、审查。

(4)专项施工方案经项目经理审核签字不妥。

理由:专项施工方案经施工单位技术负责人审核签字后报送监理机构。

(5)项目总工程师兼任安全管理员不妥。

理由:施工单位应配备专职施工安全管理人员。

2. (1)技术复杂或采用新技术、新材料、新工艺或在特殊季节施工的或危险性较大的分项、分部工程,应要求施工单位编制专项施工方案。

(2)专项施工方案审批程序如下:

专项施工方案编制完成后,施工单位组织 5 人以上的专家组对专项施工方案进行论证、审查,提出论证、审查报告,施工单位根据论证、审查报告对专项施工方案进行修改完善,经施工单位技术负责人审核签字,报送监理机构审核,经总监理工程师审核签字后报建设单位批准。

3. 事件3中,(1)承包人提出的施工索赔能成立。

因为施工中在合同未标明有坚硬岩石的地方遇到更多的坚硬岩石,属于施工现场的施工条件与合同提供的条件有很大差异,这表明合同文件中存在缺陷,属于甲方的责任范围。

(2)本事件使承包人由于意外地质条件造成施工困难,导致工期延长,相应产生额外工程费用,因此,应包括费用索赔和工期索赔。

4. 事件4中,(1)承包人提出对该子目进行计量的要求成立。因为符合计量条件。

(2)承包人提出对该子目进行支付的要求不成立。因为投标时没有填报单价的子目,应视为其单价已包含在其他子目中,该子目不另行支付。

第五题参考答案

1. 关键线路 B→D→K→I→K→L→N→Q、B→D→G→J→L→N→Q。

E 的总时差为 1 个月,自由时差为 1 个月。

M 的总时差为 4 个月,自由时差为 2 个月。

2. 施工中发现文物和地下障碍物时,建设单位承担因此发生的费用,顺延延误的工期。但是由于 A 工作有 1 个月的总时差,所以 A 停工 0.5 个月不影响总工期,所以工程延期为 0 个月,可以索赔施工单位机械闲置损失 12 万元。

3. 由于工程设备是建设单位采购,建设单位承担由此发生的费用损失,顺延延误的工期。J 工作是关键工作,所以应批准工程延期 2 个月,费用补偿 6 万元。

4. (1)L、N、Q 为关键工作,由于 N 工作的赶工费率最低,故第 1 次调整应缩短关键工作 N 的持续时间 1.5 个月,增加赶工费 $1.5 \times 10 = 10$(万元),压缩总工期 1 个月。

(2)调整后 L、N、Q 仍然为关键工作,在可压缩的关键工作中,由于 L 工作的赶工费率最低,故第 2 次调整应缩短关键工作 L 的持续时间 0.5 个月,增加赶工费 $0.5 \times 20 = 10$(万元),压缩总工期 0.5 个月。

(3)经过以上两次优化调整,已达到缩短总工期 2 个月的目的,增加赶工费为:$15 + 10 = 25$(万元)。

第六题参考答案

1. 签约合同价为:$200 \times 8000 = 160$(万元)。

工程预付款为:$160 \times 20\% = 32$(万元)。

2. 30% 的签约合同价为:$160 \times 30\% = 48$(万元)。

第一个月实际完成工程款为:$200 \times 1200 = 24$(万元)。

第二个月实际完成工程款为:$200 \times 1700 = 34$(万元)。

到第二个月完成工程累计金额为:$24 + 34 = 58$(万元),已经超过 30% 的签约合同价,因此,预付款应从第三个月(9 月)开始扣回。

9 月、10 月、11 月、12 月每月应扣预付款金额:$32 \div 4 = 8$(万元)。

3. 到 12 月实际完成的累计工程量为 $8900m^3$,超过合同估算量 $8000m^3$ 的 10%,超出部分的数量为 $8900 - 8000 - 800 = 100(m^3)$,该部分按照新单价执行,新单价为:$200 \times 0.9 = 180$(元/$m^3$)。

12月份工程款为:$200 \times (800-100) + 180 \times 100 = 15.8$(万元)。
12月应扣质量保证金为:$15.8 \times 5\% = 0.79$(万元)。
12月应扣预付款金额为:8万元。
因此,12月底监理机构应签发进度付款金额:$15.8 - 8 - 0.79 = 7.01$(万元)。